近代中国的知识与制度转型丛书

# 『义与制不相遗』

## 蒙文通与近代学界

张凯

—— 著

社会科学文献出版社
SOCIAL SCIENCES ACADEMIC PRESS (CHINA)

本书承蒙浙江大学董氏文史哲研究奖励基金、浙江大学双一流建设经费资助出版，特致谢忱。

# 目　录

# 引　言

明清以来，程、朱、陆、王之学力图在德性之学与政教体系、社会秩序之间建构能动关联，乾嘉汉学意图超越宋明先天预成的形上之学，返求六经所载之道，却导致乾嘉学人以考证学的知识实践为依归，割裂义理学与经史学的关联，中国传统经史之学难以经世致用，有效应对时势。19世纪，随着现代世界体系的逐步形成，发源于欧美，以欧洲中心主义、科学主义和国家中心主义等论调为基础的现代知识范式随之确立，学术研究被划分为历史学、政治学、经济学、社会学、人类学等边界鲜明的学科。① 在现代学术体系之中，汉学或中国学往往被视作地方性知识，缺乏真正的主体性，既非世界学术的核心领域，无法与之平等对话，遑论参与现代学术关于普遍性原理的论述。②

民国肇建，新学制确立了学术分科的制度，以经学为主导的传统学术体系最终解体，经书被分门别类地归入文史哲等现代学科体系，并以历史的眼光与科学的标准将经典转化为各学科的知识素材，经学

---

① 〔美〕华勒斯坦等著，刘健芝等编译《学科·知识·权力》，生活·读书·新知三联书店，1999，第2~3页。

② 于治中：《重新认识中国，重新认识西方：一个认识论的考察》，张志强主编《重新讲述蒙元史》，生活·读书·新知三联书店，2016，第414~425页。

丧失其整体性与原有的内涵，在新学科体系中无栖身之所。至此，中国固有的知识体系因受现代学术的冲击而肢解，移植而来的新学术制度与学科体系以西方话语为主导，成为现代知识体系的底色与基础。民国时期，便有学人提出以西学系统研究中国学问，颇似将中国比拟为古埃及、古巴比伦之文明，以中国局部学术为一种客观的对象，用现代学术研究其一端一节或有精确可取之处，但往往缺乏同情，"无所谓体验与受用，更不求能发扬与光大也。中国人治中国学术安可效此？"① 1950 年代，钱穆总结晚近学术潮流时称，"此数十年来，国内学风，崇拜西方之心理，激涨弥已，循至凡及义理，必奉西方为准则"，"治中学者，谨愿自守，若谓中国学术，已无义理可谈，惟堪作考据之资料"。②

章学诚在讨论朱陆问题时，指出朱陆异同是"千古不可合之同异，亦千古不可无之同异也。末流无识，争相诟詈，与夫勉为解纷，调停两可，皆多事也。然谓朱子偏于道问学，故为陆氏之学者，攻朱氏之近于支离；谓陆氏之偏于尊德性，故为朱氏之学者，攻陆氏之流于虚无；各以所畸重者，争其门户，是亦人情之常也"。③ 程朱与陆王在"道问学"与"尊德性"之间的差异，源自与生俱来的"天性"与"至情"，展现为"沉潜"与"高明"的性情之分。后学往往囿于时代意见，"守器而忘道"，轻忽程朱与陆王的本意与宗旨，流于门户之争。若要克服囿于门户、以己度人的偏见，学者需要具备"独断于一心"的"识裁"，本于性情，融汇专门与通识，体察时代风气，辨析事与理，以"源流互质，言行交推"的方式究性命与切人事，从根源处回应朱陆异同这

---

① 《国立浙江大学中国文学系对于"部颁大学中国文学系必修选修科目表及审查意见"之意见》，浙江大学档案馆藏"国立浙江大学档案"，档案号：L053-001-1074，第9页。
② 钱穆：《〈新亚学报〉发刊词》，《新亚学报》第 1 期，1955 年 8 月，第 6 页。
③ 章学诚著，仓修良编注《文史通义新编新注》（上），商务印书馆，2017，第 126～128 页。参见何俊、吴洁《性情·风气·识裁：章学诚论朱陆异同》，《湖南大学学报》2023 年第 1 期。

一千古问题的关键。源流互质为实践"了解之同情"与"虚心实照"的学术境界提供了有效的路径，以此方法考察道咸以降中国学术的流变，将进一步揭示中国学术近代转承的内在脉络。

西学东渐自是近代学术变迁的主题，然传统学术内部亦有变动，晚清今文学的兴起即明证。乾嘉朴学源自江浙，但从嘉道之际开始，就已由诸多督抚大员四处推广。中国区域性的地缘文化自古较强，特定的区域文化对当地士人和大众的观念、行为有直接、间接的影响，故而在接受"汉学"时，各地形成了不同的支脉。钱基博视王闿运入川为近代学风变迁的转捩点，"疑古非圣，五十年来学风之变，其机发自湘之王闿运，由湘而蜀（廖平），由蜀而粤（康有为、梁启超），而皖（胡适、陈独秀），以汇合于蜀（吴虞）"。① 近代"蜀学"② 的兴起，始于尊经书院。民国肇建，四川国学院成立，该院汇聚了蜀中学界的精粹，刘师培也不期而至，"今古之辨"成为四川国学院讲学授徒的主线。廖平、曾学传、刘师培、吴之英等人就"汉宋""今古""经史"诸问题，各持己见，莫衷一是。然此四人于民国学界主流多有疏离，反而是于此求学的蒙文通，从而立之年（1923 年）起，屡次出川，游学南北，与民国学界各派学人皆有交集，参与了"整理国故""古史""新史学""今古""汉宋"等诸多民国学界重大议题的争论，进而以"今文学"为根底，对"汉宋""今古""经史"乃至中西文化问题构建了一套迥异于时、大与世殊的体系。考察蒙文通与民国学界之间的分合，并不意在为"被人所遗忘或误解的学者"系谱增加一个注脚，也不想落入所

---

① 钱基博：《四版增订识语》（1936 年 7 月 11 日），钱基博：《中国现代文学史》，中国人民大学出版社，2004，第 450 页。

② "蜀学"一词最早见于《三国志》，盛于两宋，其意屡变不定，对此过程的梳理可参见胡昭曦、刘复生、粟品孝《宋代蜀学研究》，巴蜀书社，1997，第 1~6 页；粟品孝《朱熹与宋代蜀学》，高等教育出版社，1998，第 1~6 页；胡昭曦《蜀学与蜀学研究権议》，《天府新论》2004 年第 3 期。近代"蜀学"其含义亦有差别，或指学堂，或泛指巴蜀的文教事业，或指巴蜀学术流别（参见粟品孝《"蜀学"再释》，《蜀学》第 3 辑，巴蜀书社，2008）。本书所言"蜀学"多取巴蜀学术流别之意。

谓"中心"与"边缘"解释模式的窠臼，[①] 以分殊立论更非为"中心"补偏救弊，为"边缘"争正统，虽然蒙文通本人或有此二意。就整体而言，蒙文通之学术、行事均为"民国学界"组成部分，研究二者的关联，有助于发掘蒙文通学术的内在价值，进一步呈现民国学界的多元情境，以此为凭借，上可探蜀学与晚清民国学术的纠葛，下可究民国以降学术的发展变迁。

钱穆曾言，中国史学是以人为中心，西方史学则以事为中心。[②] 近代学术史研究，向来以人物研究居多。以"个人"为中心的论文与专著，材料集中、线索清晰，部分优秀成果多能以深入细密见长，固能奠定后人研究相关问题的基础，不过，此类研究最易落入"见树木不见森林"的窠臼，等而下者更是"以传主之是非为是非"，进而对人物及其学术、思想做"标签化"的处理。放眼 1990 年代以来，"激进与保守"、"自由主义"与"保守主义"论争以及由此引发的国学热潮中的学术、思想史的研究著述比比皆是，风气至今未歇。结果"个人"成为各种主义、理论乃至意识形态论争的注脚，常常是"你方唱罢我登场"，好丹非素、颠倒黑白的情况更是屡见不鲜。陈寅恪就时而为"新史学"的代表，时而为"保守主义"的中坚，时而为"自由主义"的旗帜。与同辈学者相比，蒙文通身上的经学色彩恐怕是最浓厚的，其在近代学术史中的"身份"认定也是屡变不定，世人对晚清民国学界的整体认知也直接制约着对蒙文通的理解。

晚清以降，经史易位，此消彼长，"史学"成为学术大宗，"新史

---

① 《华严金狮子章》有云："师子眼耳支节，一一毛处，各有金狮子，一一毛处师子，同时顿入一毛中。一一毛中，皆有无边师子；又复一一毛，带此无边师子，还入一毛中。如是重重无尽，犹天帝网珠，名因陀罗网境界门。"（法藏著，方立天校释《华严金狮子章校释》，中华书局，1983，第64页）此言固为华严宗事事无障的宗旨张本。若不论佛法，似可比喻史学，历史与游走于历史之中的人以及他们所引发的事不亦正是"狮子"与"毛"的关系，所谓"主流"与"边缘"则是"金"与"狮子"，"或隐或显，或一或多"。

② 钱穆：《中国史学名著》，生活·读书·新知三联书店，2000，第58~59页。

学"则成为主流，代有学人综论此一变迁历程。从 1920 年代起，周予同就一再撰文，倡导经史分流，以史代经，并以"史料派"与"史观派"划分当时史学界。对其论述，虽有学人提出异议，但在分科之学当道之世，大多数学人或隐或显地认可此种派分。其后，不胜枚举的各类"学术史"综述，多以"新史学"为标的，以偏概全，蒙文通自然进入不了此类学术史的视野。蒙文通之于近代学术的价值仅是为各种学科门类提供知识参考。因此，1980—1990 年代，对于蒙文通的研究仅限于蒙文通的亲友、门生撰文，从整体上总结蒙文通的学术历程，赋予其学术史定位。1980 年，蒙文通的哲嗣蒙默以传记的形式对蒙文通学术思想做了提纲挈领的归纳;[①] 同时期，萧萐父对蒙文通的理学思想作出了高度评价。[②] 此后，蒙文通的弟子蒙季甫、童恩正、应永深、朱瑞熙、王家佑等人则以各自受学所得之心得体会出发，分别对蒙文通的经学、古史、宋史、道教等学术领域分别予以评述。[③] 1991 年，蒙默以整理刊布蒙文通经学遗稿为契机，辨析蒙文通的经学三变:倡鲁、齐、晋之学，以地域分今、古;破弃今、古文经家法，截然将汉代经学与周秦划分为二;提出汉代经学乃融会百家，综其旨要于儒家而创立的新儒学。[④] 此文澄清了蒙文通学术转变的内在理路。

伴随"在中国发现历史"的呼声与新一轮的"国学热潮"，反思原有以"新史学"为轴心的学术谱系成为学界共识。众多"被人所遗忘或误解的学者"相继被发现，近代"国学家"的网络愈织愈密，一时间，蒙文通被冠以"国学大师""历史学家""经学家""哲学家"等

---

① 龚谨述:《蒙文通》，《中国史研究动态》1980 年第 12 期。
② 萧萐父:《蒙文通先生〈理学札记与书柬〉读后》，《社会科学研究》1981 年第 5 期。
③ 蒙季甫:《文通先兄论经学》;童恩正:《精密的考证　科学的预见——纪念蒙文通老师》;朱瑞熙:《文通师论宋史》;王家佑:《文通师论道教》，诸文均载于蒙默编《蒙文通学记》，生活·读书·新知三联书店，1993。王家佑:《读蒙文通先师论道教札记》，《道教论稿》，巴蜀书社，1987。
④ 蒙默:《论经学遗稿三篇整理后记》，《中国文化》1991 年第 4 期（见蒙文通:《蒙文通文集第 3 卷·经史抉原》，巴蜀书社，1995）。

众多称号。研究蒙文通学术思想的学者渐渐越出其弟子的范围，介绍、弘扬蒙文通学术成就的专题论文不断涌现。此类研究无疑成为后学认知蒙文通学术思想的捷径。

21世纪之初，戴执礼与刘复生即就如何评价蒙文通的理学思想展开了争辩。蒙文通所学虽至广博，并不专攻理学，但自称"诸学中自得之深者厥惟理学"。戴执礼认为，由于蒙文通对程、朱与陆、王思想体系的不同之处没有彻底弄清楚以及蒙文通对生之谓性之性、气质之性、义理之性和性善之性等认识不清，其理学著作之中出现了许多纯驳不齐、互相矛盾之处。① 刘复生则认为戴执礼对蒙文通的理学思想实多未能深解，甚至对蒙文通的原著进行了任意的篡改和歪曲。② 此后，刘兴淑对蒙文通的理学思想进行了综合研究，指出蒙文通的理学思想数度变化，但万变不离其宗，都可归本于孟子。蒙文通认为儒家道统自孟子之后不曾断裂，《大学》深得思、孟之旨，至阳明，《大学》之义尽，洙泗之蕴得以充分阐发。③ 与此同时，陈德述主要侧重挖掘蒙文通今文经学的思想内涵，④ 蔡方鹿全面考察了蒙文通的经学思想，进而归纳其特点：继承廖平，阐发师说；重视传记，经表传里；因经以明道，义理与证据不偏废；经学与政治紧密联系。⑤

2004年10月，四川大学举行"蒙文通先生诞辰110周年纪念暨学术讨论会"，以此为契机，学界相继涌现出一批研究蒙文通经史各领域的专题论文。刘复生撰文系统地归纳总结了蒙文通整体的史

① 戴执礼：《〈蒙文通文集〉理学部分质疑》，《中国文化》2001年第17、18期合刊。
② 刘复生：《试论蒙文通的理学思想——〈《蒙文通文集》理学部分质疑〉驳议》，《中国文化》2004年第1期。
③ 刘兴淑：《蒙文通理学思想探讨》，《中华文化论坛》2005年第3期。
④ 陈德述：《蒙文通对今文经学研究的贡献》，四川大学历史文化学院编《蒙文通先生诞辰110周年纪念文集》，线装书局，2005。
⑤ 蔡方鹿：《蒙文通经学四变述论》，《四川大学学报》2004年第6期；《蒙文通经学思想探析》，《中国哲学史》2005年第1期；《蒙文通经学思想的特点》，《中华文化论坛》2005年第4期。蔡方鹿、刘兴淑关于蒙文通经学、理学思想的论著颇丰，皆收入蔡方鹿、刘兴淑合著《蒙文通经学与理学思想研究》，巴蜀书社，2007。

学成就。① 胡昭曦较全面地介绍了蒙文通在宋史方面的成就：对宋明理学的研究；探究唐宋之际社会的全面变革；辨析"熙丰变法"，认为王安石缺乏"变法本领"与"自信"；评论宋代商品经济的发展高度，说"宋代根本说不上什么'国内市场（或）民族市场的问题'"；着力于宋代史学史新体系的构建。② 粟品孝分析了蒙文通所言"浙东史学"的特色：南宋浙东史学渊源于北宋洛、蜀、新学三家，传承至明初，代际清楚，可分为义理、经制和事功三派，是一大完整的史学流派，但它没有与明末清初以来的浙东史学贯通起来。③ 何晓涛、向燕南、陈勇、宫陈等学者认为蒙文通的中国史学史研究自觉地区别于梁启超等人的模式，具有主通、明变、贵识等特点，突出传统学术中的经学、义理等观念对史学发展走向的影响，在早期中国史学史的书写中别具一格。④

与此同时，不断有学人质疑分科叙述近代学术史的研究路径，而力求综合探索"学术议题"的"典范转移"，以期更贴近晚近学术的整体脉络。罗志田在20世纪末就对近代学术史上的关键问题，诸如经史地位在近代的递嬗、"新宋学"对民国学术的影响等，做出了颇有创见的探讨。⑤ 刘巍则以章学诚"六经皆史说"的来龙去脉为线索，联系晚清今古文经学之争与民国新史学家提出的"六经皆史料"的口号，扼要勾勒了此说之影响与流变，深刻地反映了中国近代经学的衰败及其主导地位为史学所取代，而经典自身不能不以"史料"的身份寄身于"史

① 刘复生：《通观明变，百川竞发——读〈蒙文通文集〉兼论蒙文通先生的史学成就》，《四川大学学报》2004年第6期。
② 胡昭曦：《蒙文通先生对宋史研究的贡献》，《蒙文通先生诞辰110周年纪念文集》，第72~80页。
③ 粟品孝：《蒙文通与南宋浙东史学》，《浙江学刊》2005年第3期。
④ 何晓涛：《蒙文通与中国史学史》，《四川大学学报》2004年第3期；向燕南：《中国史学史还可以这样写》，《中国图书商报》，2006年7月18日，第A06版；陈勇、宫陈：《早期中国史学史研究范式论略——以蒙文通为考察中心》，《史学理论研究》2021年第1期。
⑤ 罗志田：《清季民初经学的边缘化与史学的走向中心》《"新宋学"与民初考据史学》，皆收入《权势转移：近代中国的思想、社会与学术》，湖北人民出版社，1999。其关于中国史学的后续研究多收入《近代中国史学十论》，复旦大学出版社，2003。

学"的历史命运。① 王汎森则以近代以来学术典范的转移为轴心，分析了中国近代学界内部的变化，以及不同学人或派别对中西思想资源的利用，以图应时而变等近代学术多元动态的走向。②

正是在考察近代学术典范转移的过程中，蒙文通"承前启后"的价值被"发现"与弘扬，他也被誉为近现代学术史上由经学向史学过渡的典范。罗志田较早即体会蒙文通治学方法与理念，一方面蒙文通是他切入晚清民国学界的重要媒介，其诸多论断常能精当引述蒙文通之言行立论；另一方面，罗志田能在近代学术的脉络中给蒙文通以适当的定位，并弘扬其学术方法，认为蒙文通主张通过多读前后左右之书来认识特定的学术思想，这与传统的博览取向和现代的跨学科取向均不同，而是有意识地从社会视角考察思想学术，同时侧重其学脉渊源和时代精神。一方面，不因史无明文就以为实无其事，当尽量寻觅蛛丝马迹，以连接历史可能割断之处；另一方面，又强调历史上"空言"和"行事"的紧密关联，以因事证明的方式，将相关时段的制度和理论结合起来研究，以见其全貌。③ 王汎森将廖平与蒙文通师徒视为经学向史学过渡的典型，认为蒙文通的学术有两个重点：一是"古史多元论"，二是"大势变迁论"，两者皆牵涉近代从经学向史学过渡的复杂学术背景，尤与廖平独特的经学观念相关。"古史多元论"这一震撼当时人心的新说，是蒙文通用历史思维处理廖平这位经学家所提出问题的结果；而"大势变迁论"则体现出蒙文通日益成为一位新学术体制中的专业史家。④ 在此基础上，方彦杰借由考察蒙文通的史学著作，探讨了蒙

---

① 刘巍：《章学诚"六经皆史"说的本源与意蕴》，《历史研究》2007年第4期；《经典的没落与章学诚"六经皆史"说的提升》，《近代史研究》2008年第2期。
② 王汎森：《中国近代思想与学术的系谱》，台北：联经出版事业股份有限公司，2003；王东杰：《走向多元动态的思想史——王汎森〈中国近代思想与学术的系谱〉读后》，《历史研究》2005年第6期。
③ 罗志田：《事不孤起，必有其邻：蒙文通先生与思想史的社会视角》，《四川大学学报》2005年第4期。
④ 王汎森：《从经学向史学的过渡——廖平与蒙文通的例子》，《历史研究》2005年第2期。

文通从经学到史学的转变对其上古史研究的影响；并探究了蒙文通的中国史学史研究，分析了蒙文通史学思想的特点；最后讨论了蒙文通在现代中国史学中的具体位置，指出蒙文通一生最关心的仍为儒学，但不可讳言，史学研究仍是其学术生命的重要部分，史学观点更有其特出之处。①

诚如张志强所言，"或许我们需要深入追问的是，究竟是何种经学向何种史学的过渡，构成为蒙文通成学过程的关键，如果我们忽视了不同经学向不同史学过渡的具体历史脉络的复杂性"，"我们或将无法完全理解蒙文通先生在现代学术建立中的独特贡献，也因此无法准确把握传统学术向现代学术转变的不同理路及其复杂性"。② 职是之故，不断有学人对此一"经学向史学"过渡的叙事提出疑问。

张循从汉、宋互动的角度来考察蒙文通的学术与思想在一个长时段里的变化，指出蒙文通学问里的汉、宋问题显然是继承了清代的汉、宋问题而来的。蒙文通一生的经学历程，很像是整个清代汉、宋关系演变的缩影。③ 张凯依据蒙文通所自道之宗旨，总结蒙文通的学术旨趣在 1930 年代初期有明显的转变，对蒙文通"经史分流""以史证经"的思想有所厘清，试图展现蒙文通早期学术思想的特殊性及其内在逻辑；④ 严寿澂则旗帜鲜明地指出蒙文通之学术乃"经通于史而经非史"；⑤ 张志强更是在明清以降中国学术思想的整体脉络中，以建立"批判儒学"的立场，论述蒙文通"儒学"观念的特质。首先从

---

① 方彦杰：《蒙文通史学思想探析》，（台北）"国立"政治大学历史研究所硕士学位论文，2008 年。

② 张志强：《经、史、儒关系的重构与"批判儒学"之建立——以〈儒学五论〉为中心试论蒙文通"儒学"观念的特质》，《中国哲学史》2009 年第 1 期，第 101 页。

③ 张循：《义理与考据之间：蒙文通先生的经学历程》，《道术将为天下裂——清中叶"汉宋之争"的一个思想史研究》，广西师范大学出版社，2017。张循学兄数年前即馈赠大作及众多研究资料，笔者受益良多，特此致谢。

④ 张凯：《蒙文通早期学术思想研究》，首都师范大学硕士学位论文，2006 年。

⑤ 严寿澂：《经通于史而经非史——蒙文通经学研究述评》，《中华文史论丛》2008 年第 4 期，第 235 页。

"义与制不相遗"：蒙文通与近代学界

思想根源上厘清廖平、刘咸炘、欧阳竟无等人与蒙文通学术理念的分合，进而指明蒙文通对经、史、儒关系的重构："蒙文通的'儒学'是一个在不同历史条件下，在不断向其义理价值根源进行历史性回溯中产生新的理想，并以此进行历史批判和建设的思想系统"，"儒学是对中国文明史的系统表达，而中国文明史其实就是儒学在历史中的展开"，因此，"儒学系统自身即内具了史学的精神，史学的方式是儒学形成自身的系统性并使其批判且导引历史之功能得以发挥的重要机制"。① 此论不仅澄清了前人对蒙文通学术的诸多误会，更在展现蒙文通"儒学"观念特质的同时，贴切地阐释了蒙文通学术的历史与现实价值。皮迷迷在此基础上，以蒙文通关于禅让的研究，分析了"儒史相资"的方法论与学术实践。② 王锐指出蒙文通从"儒史相资"的视角，思考儒学与现代性结合的可能性，挖掘儒家思想的批判性格，"阐释了一种并未自外于 20 世纪具有普遍性特征的历史进程的革命儒学"。③

　　沿着此种思路，蒙文通的学术理路渐趋明晰，但蒙文通与民国学术之纠葛所凝聚的丰富内涵仍有待进一步挖掘。若要切实呈现蒙文通与民国学界的关联，"论世""知人"是尤其关键的两大环节。时代赋予了个人生存与行事的具体时空与行为对象，就学人而言，时代的环境与学术发展的整体脉络，是其学术与行事的切实语境，正是在与时代思潮与制度变迁的互动中，复杂时代精神中学人的独特价值及其历史位置方能彰显。

　　梁启超曾言："凡'思'非皆能成'潮'；能成'潮'者，则其'思'必有相当之价值，而又适合于其时代之要求者也。凡'时代'非

---

① 张志强：《经、史、儒关系的重构与"批判儒学"之建立——以〈儒学五论〉为中心试论蒙文通"儒学"观念的特质》，《中国哲学史》2009 年第 1 期，第 110 页。

② 皮迷迷：《经史转型与"儒史相资"——以蒙文通的"禅让"研究为例》，《中国哲学史》2016 年第 2 期。

③ 王锐：《激活儒家思想的批判性——蒙文通的"儒史相资"论表微》，《哲学研究》2022 年第 3 期，第 71 页。

皆有'思潮'；有思潮之时代，必文化昂进之时代也。"① 近代是否为一"文化昂进之时代"暂且不论，然近代能称为学术思潮者必有"今文学"、"整理国故"、"古史辨"运动、"社会史论战"，而蒙文通与之皆有极大关联，或为参与者，或为批评者。而在与这些思潮互动之际，蒙文通先后求学、供职于四川国学院、支那内学院、四川大学、中央大学、河南大学、北京大学等，以各校性质言，由"传统"至"现代"；以地域而言，由西向东，由南而北；而蒙文通的学术亦有一"由经入史"的过程。三者虽无必然之因果关系，但就蒙文通一人而言，此三点相辅相成。是故关于上述思潮与学制的研究在"论世"的层面对"蒙文通与民国学界"一题不无借鉴意义。②

另外，人为历史的中心，且有思维、行为两面。首先，近代学人，尤其是蒙文通这样的通人异士，研究者若不能"心知其意"，往往只能限于自己的眼界"横看成岭侧成峰"。"论世"自为接近蒙文通行事、思维之语境以求"了解之同情"的有效途径。不过，治学之道甘苦自知，一如柳诒徵所言："凡论一家之学术，莫难于其人未尝自襮其宗旨，非就其生平种种著述，比较而归纳之，不易得其要领也。若其人生平已历述其宗旨，则后之学者，第须就其宗旨演绎而导扬之，不必更下己意。盖学问之事，甘苦自知，他人之议论，断不如自身之举示之确也。"③ 蒙文通亦偶有只言片语论及其学术宗旨，但往往高屋建瓴，点到即止。是故"就其生平种种著述比较而归纳之"成为理解蒙文通学术的主要手段。其次，"辨章学术，考镜源流"。蒙文通求学于四川国学院，其学承自廖平、刘师培、曾学传、吴之英等人，后又求教于欧阳竟无、邵瑞彭等人，而其弟子李源澄则颇能阐扬

---

① 梁启超：《清代学术概论》，刘梦溪主编《中国现代学术经典·梁启超卷》，河北教育出版社，1996，第 126 页。
② 学界相关研究颇丰，可供参考者甚多，在此不一一列举，行文至有所涉及时再具体征引、评述。
③ 柳诒徵：《顾氏学术：附陈第毛诗古音考序》，《学衡》第 5 期，1922 年 5 月，第 1 页（栏页）。

其学术。[1] 因此，研究蒙文通之学术，必须本此师承脉络，总体考量，才可定位妥帖。蒙默就曾扼要地梳理廖平经学衍至民国，蒙文通、李源澄对廖氏"今古学"与《春秋》学的传承与发扬，并对三人学术之异同有所评判。[2] "独学无友，其学必陋"。蒙文通屡次出川，由西向东，由南而北，与之交游论学者颇众，较为密切者有刘咸炘、唐迪风、彭云生、钱穆、汤用彤、熊十力、柳诒徵、缪凤林、章太炎、陈寅恪、顾颉刚、金毓黻等人，考察他们之间的交往、论学，有助于辨明蒙文通与民国各学术流派的分殊，对蒙文通与民国学界的纠葛自然有所呈现。

上述所言"论世""知人"分而论之，颇为寻常，合而观之，以俱舍宗解俱舍学的办法，或可将蒙文通的言行置于历史整体联系的脉络中，而非以后来的观念格义、嫁接，使知人与论学相辅相成。落实此法，以实证虚，其基本前提就是史料"还原"。

已有学人总结，在近代学术史研究的范畴内，史料大致可以分为四种。一、学者论著：主要为专书和文集。二、私人资料，包括日记、来往书信、自传、回忆录。三、档案。四、报刊，包括杂志、学报及报纸副刊。[3] 首先，学术史的核心在于"学"，因此，解读学人的专书、文集自然是研究学术史的门径，而书信、回忆录则成为学界习用的辅助材料。如今，研究蒙文通的论著日益增多，其重要原因即各类史

---

[1] 学界对李源澄研究不多，近年方有学者整理其生平与著述，可参考王川《近代学者李源澄的生平事迹及其学术成就》，《历史教学》（高校版）2008 年第 11 期；王川《李源澄先生（1909~1958）学术年谱简编》，《中国文哲研究通讯》第 18 卷第 3 期，2008 年 9 月。

[2] 蒙默：《廖季平先生的经学传承》，张本义主编《大连图书馆百年纪念学术论文集》，万卷出版公司，2007。

[3] 陈以爱：《整理国故运动的兴起、发展与流衍》，台北：政治大学历史系研究部博士论文，2002 年"前言"。该文对近代学术史研究中各类史料的利弊有较全面且深入的评判，极具参考价值，在此则略其所详，详其所略。关于晚近史史料的整体面貌可参见桑兵《晚近史的史料边际与史学的整体性——兼论相关史料的编辑出版》，《历史研究》2008 年第 4 期。

料的相继出版。蒙默用近 15 年的时间陆续整理出的蒙文通遗著，现已出版《蒙文通文集》6 卷、《蒙文通全集》6 卷；也有诸多学术丛书对蒙文通的学术成果有所收录，例如刘梦溪主编的《中国现代学术经典·廖平　蒙文通卷》；当然还有许多蒙文通学术著作的单行本，例如《中国哲学思想探原》。其次，许多回忆录和小传，扼要介绍和评述了蒙文通的治学生涯和道德文章。例如：蒙默所编的《蒙文通学记》，吴天墀作《蒙文通先生的治学与为人》等。这些史料自然为研究者提供了极大的便利，但同时亦增添了不少迷障。文集所收录的论著，皆经过编选者的加工，特别是以后起之学科分类，赋予所收著述某种标签，阅读者因此极易先入为主，以分科的视角研读文集、理解作者。至于相关回忆录多出自传主之亲友或门生，作者多与传主有所接触，自然能透露出原始文献所未言或讳言的信息，利用得当自是绝佳的史料，但是行文中"为尊者讳"甚至夸大褒贬的情形相当普遍，此则需要仔细辨析，以免"以传主之是非为是非"。是故，研讨"蒙文通与近代学界"的关联，尤其有必要复原蒙文通以及相关学人论著的本来面貌。

近代学术转型的一个重要媒介是学术刊物以及与之配合的新表达方式的出现，即专业期刊与现代的学术论文相互依托。蒙文通所处的民国学界则正好经历这样一个交替的过程。有老辈学人作风者往往对学术心得深自韬晦，略于学友师徒间的言语相接中有所表露，这与新式学人作专业论文以资发表，以期奠定学术地位的做法截然不同。而前者创办刊物、发表论文则多有与人论学的意味，以此褒贬世风、纠偏救弊。蒙文通与新老学人皆过从甚密，然其作风偏于老辈学人，撰文未必为发表，发表则意有所指。是故，以现存文献未必可囊括蒙文通等学人学术之全部，但将其所撰写、发表各文置于当时的时空则能充分体会其与当时学界的分合。因此，研究此题需要查阅、研读大量晚近报刊资料，此举或有"博而寡要，劳而少功"之嫌，然而通过此一过程，可以找到文集中失落的重要佚文，以及不同版本间的异同，由此推定现存文献发表的本意，从细微处探寻学人思想的变迁以及推衍其变迁的现实原因。更为重要的是，这一过程恰似一场旅行，帮助学者进入晚清民国的语境以体会学人的行事，以此为前提，或有益于澄清档案、日记、书信、回忆录之中的"言内""言外"之意，那么对民国学人之言行可能会有近真且整体的把握。上述之举似可视为"神游"，然能否达到"真了解"，"与立说之古人，处于同一境界"，则仍需"冥想"，其间的苦心孤诣，不可谓不是对学人心智的极大考验。

此方法运用于"蒙文通与民国学界"则集中体现在编订"蒙文通史事长编"，由于史料与蒙文通学人品质的限定，该长编主要以蒙文通的学术、交友为主，以蒙默所编的《蒙文通学术年表》《蒙文通先生年谱》与王承军《蒙文通先生年谱长编》为基础，参考了相关档案（四川大学档案、四川省立图书馆档案）、地方志、蒙文通后学的回忆文章和他人为蒙文通所作的小传，以此基本梳理了蒙文通一生的经历。在此基础上，笔者查阅了大量的晚清民国时期的报刊，以此复原《蒙文通文集》中所发表、改订各文的原貌，同时找到一些前人尚未注意的蒙文通的著述。笔者做的另一项工作是结合民国学人的日记、回忆录和文集，搜集大量与蒙文通论争的文章、蒙文通与一些学者的来往信函，乃至不同时期各类学人对蒙文通学术研究的回应和评价，由此基本构建了蒙文通的学术交友网络，蒙文通与民国学界的关联也得到切实地呈现。本书各章正是以此为线索，在具体的时空中，探讨蒙文通"义与制不相遗"的学术旨趣与民国学界的分合，而蒙文通与民国学界纠葛的源头则始于晚清"蜀学"的兴起。

# 第一章

# 清季民初"蜀学"之流变

道咸以降，西学东渐，中学式微，晚清民国学人在接收西学时，往往是接收新理论，解释旧材料。近人按照新文化派分科眼光形成的学术史叙述，见证与催化了"用夷变夏"的历程。突破分科的局限，以疏源浚流的方式梳理和呈现中国固有学术在晚清民国时期传衍流变的实情，成为超越中西格义的突破口。西学东渐的同时，传统学术内部仍在变动。清代学术蔚然成一潮流，带有时代运动色彩者，在前半期为考证学，后半期为今文学。[①] 两者皆源自江浙，嘉道之际，在接受汉学时，各地形成了不同的支脉。李学勤认为传统文化发展的中心位置，至晚清发生了转移，转移的重心，"一个是湘学，一个是蜀学"。[②]

"蜀学"一词，起源于汉晋之际，特指"蜀本无学士"，文翁化蜀之后，"蜀学比于齐鲁"。两宋时期，"蜀学"的含义有所拓展，或指成都府学，或泛指巴蜀学人与学术文化，更常见的是指以苏轼为代表

---

① 梁启超：《清代学术概论·自序》，朱维铮校注《梁启超论清学史二种》，复旦大学出版社，1985，第 2 页。
② 李学勤：《弘扬国学的标志性事业》，《西南民族大学学报》2005 年第 9 期，第 1 页。

的三苏蜀学派。① 上述含义，延续至晚清。"蜀学"在经历了明清两朝的相对沉寂之后，于同光之际蔚然兴起。川省官绅创办尊经书院，志在"绍先哲，起蜀学"。有学人不满于学分南北的格局，廖平著《今古学考》，平分今古，拟纂《十八经注疏》，"以成蜀学"，拯救"南学"的流弊。此后，"兴蜀学"成为川省学人的群体诉求，各派学人对于"蜀学"的理解与取径因时而异，各有侧重。与江浙学术立异，以"东西"代"南北"成为清季民初川省"好今文家言"者的群体追求，"蜀学"在近代学术转型中独树一帜。

就学术流派而言，有自称、他指与后认三类。晚近学界往往"后认"学术流派，或以行政、地理区划代指学术流别，"蜀学"也不例外。民国学人夏君虞曾称，"既谓之蜀学，当然以四川一省的学问为对象"，"凡是四川人创造的或者是别人创造而为四川人奉行的学问，都可谓之为蜀学"，"还有虽不是四川人，而是奉行蜀学，或者说是学于蜀的，也不能说不是蜀学！"② 近年盛行以地域命名学派，此举固然有利于发掘乡土文化资源，却无助于区分学术内部的不同流派，以地域泛称学派使得学术的内在渊源脉络越发模糊。③ 有学人强调蜀学是一个被"表述"出来的对象，反映了蜀学内部彼此歧异的学术立场，诚为确论。④ 本章梳理"蜀学"着重于自称，略及他指，不采后认，重点阐述清季民初巴蜀学人与江浙学术的分合，及其有意识建构"蜀学"学脉的本意，丰富对清季民初传统学术渊源流变的认知。⑤

---

① 粟品孝：《"蜀学"再释》，《蜀学》第 3 辑，巴蜀书社，2008，第 51~56 页；粟品孝：《朱熹与宋代蜀学》，高等教育出版社，1998，第 1~6 页。

② 夏君虞：《宋学概要》，商务印书馆，1937，第 93 页。

③ 朱维铮：《关于清代汉学》，《走出中世纪二集》，复旦大学出版社，2008，第 282 页。

④ 王东杰：《地方认同与学术自觉：清末民国的"蜀学"论》，《四川大学学报》2010年第 6 期，第 34~56 页。此文侧重地方认同与区域学术自觉的视角，仍难免"后认"蜀学流派，以地域泛化蜀学发展脉络。因此，对"蜀学"流变及其与近代学术之关系仍有进一步讨论的空间。

⑤ 关于此问题意识的讨论与研究典范，可参考桑兵《晚清民国的学人与学术》，中华书局，2008。

# 第一节 "绍先哲，起蜀学"

四川僻处西南，较少浸染清代汉学的风气。咸同之前，锦江书院为四川仅有的省级书院，"大抵惟科举是务，虽曰习经，涉猎而已，未有专业教者，即欲以古学倡，其如规模之未具何？"① 以乾嘉汉学的标准，咸同之前，巴蜀学术实无足观。集清代学术大成的《皇清经解》没有收录一部四川学者的著作。桂文灿在《经学博采录》中称四川学术自蹈虚诬、荒经蔑古，治经者仅有曾受知于何绍基的王劼一人而已。② 王劼《毛诗读》一书，何绍基、张之洞"见而称之"。戴纶喆视王劼为"豪杰之士"，"当乾嘉鸿儒辈出之时，蜀风气未开，先生独覃精朴学，欲上窥兴观群怨之旨"，又说"自何公后蜀人始知治经，张公后蜀人之治经者始众"。③

同光之际，张之洞任四川学政，批评某些四川士人将理学、释老、方技糅合在一起著书授徒，或请仙扶乩，指出"此大为人心风俗之害"，"乃俗语所谓魔道"。④ 四川总督吴棠为了扭转"岁课锦江书院率以制艺"的局面，"迨移节来蜀，六载于兹"，"诸生有志学古，爰为重

---

① 伍肇龄：《尊经书院课艺二集序》，赵所生、薛正兴主编《中国历代书院志》第16册，江苏教育出版社，1995，第443页。

② 桂文灿著，王晓骊、柳向春点校《经学博采录》，华东师范大学出版社，2010，第147页。

③ 戴纶喆：《国朝四川儒林文苑传》（续第17期），《广益丛报》第210号，1909年，第3页（栏页）。

④ 张之洞曾说："近年川省陋习，扶箕之风大盛，为其术者，将理学、释老、方伎合而为一……将《阴骘文》、《感应篇》、世俗道流所谓《九皇经》、《觉世纪》与《大学》、《中庸》杂糅牵引，忽言性理，忽言《易》道，忽言神灵果报，忽言丹鼎符箓，鄙俚拉杂，有如病狂，此大为人心风俗之害，当即痛诃而魔去之，明理之士急宜猛省，要知此乃俗语所谓'魔道'，即与二氏亦无涉也。"《輶轩语》，苑书义、孙华峰、李秉新主编《张之洞全集》第12册，河北人民出版社，1998，第9777页。

刊此集（《诂经精舍文续集》——引者注），俾见一斑"。① 1874 年，工部侍郎薛焕回乡"丁忧"，联络蜀地官绅 15 人上书四川总督吴棠和学政张之洞，请求创办一所书院，以"通经学古课蜀士"，此举正中吴、张二人下怀。"世运之明晦、人才之盛衰，其表在政，其里在学"，② 张之洞主张"欲治川省之民，必先治川省之士"，期望新建书院，改良巴蜀的学风、民风。书院的首要目的是把士子们纳入儒家正统的轨道，将书院命名为"尊经"，即此意，而后落实到培养"通博之士，致用之材"，"绍先哲，起蜀学"。③ 所谓"绍先哲"，即绍继经学传统，复兴两汉之际曾经"比于齐鲁"的蜀中儒学。四川承宣布政使易佩绅在为《尊经书院初集》作序时，称道"夫文王之化可被江汉，孔子之教岂不能达于巴蜀耶！是以刘氏之兴，蜀学比于齐鲁……国家右文之治超越往古，蜀之文学视各行省未称极盛。光绪初元，学使张公与督部吴公始立尊经书院，今督部丁公尤加意经营，为诸生择师王壬秋，院长实来不数年，蜀才蔚起，骎骎乎与两汉同风矣"。④ 所谓"起蜀学"，即培养"通经、学古"之士。尊经书院力图使士风由"荒经蔑古"转为"尊经""学古通经"。张之洞明确要求"经史小学，舆地推步，算术经济，诗古文辞皆学"，但"凡学之根柢必在经史。读群书之根柢在通经，读史之根柢亦在通经"。⑤

晚清学界纷纷扰攘于汉学、宋学，张之洞虽在《輶轩语》中提倡汉宋兼修，勉人为学不要区分门户，但是从《书目答问》一书中，可

---

① 吴棠：《重刊诂经精舍文续集序》，赵所生、薛正兴主编《中国历代书院志》第 15 册，第 295 页。
② 张之洞：《劝学篇·序》，苑书义、孙华峰、李秉新主编《张之洞全集》第 12 册，第 9704 页。
③ 张之洞：《创建尊经书院记》，苑书义、孙华峰、李秉新主编《张之洞全集》第 12 册，第 10074 页。
④ 易佩绅：《尊经书院初集·序》，赵所生、薛正兴主编《中国历代书院志》第 16 册，第 2 页。
⑤ 张之洞：《创建尊经书院记》，苑书义、孙华峰、李秉新主编《张之洞全集》第 12 册，第 10075 页。

以察觉出他更倾于汉学，教人治学从阮元刊刻的《学海堂经解》以及《段注说文》入手，以此为治学的门径："由小学入经学者，其经学可信，由经学入史学者，其史学可信，由经学史学入理学，其理学可信，以经学史学兼词章者，其词章有用，以经学史学兼经济者，其经济成就远大。"① 按照张之洞等人对尊经书院的期望与设计，大约是想模仿诂经精舍和学海堂，而立志汉学的取向在尊经书院山长一职的人选上表露无遗。清代书院选聘外地人任山长，江浙汉学名流是首选，尊经书院也不例外。起初，蜀督吴棠、学政张之洞聘请张文虎主持四川尊经书院讲席，张氏以年老辞谢不赴；② 吴棠、张之洞亦皆致信聘俞樾，俞氏则以"老母在堂，未便远离"为辞，不就；③ 后来樊增祥托缪荃孙推荐浙江会稽李慈铭，亦未果。④ 这些学术名流均推辞山长一职，除了"蜀道难"之外，更暗含轻视蜀学之意。最后，薛焕聘浙江海宁钱保塘、嘉兴钱保宣二人为主讲，钱保塘讲学特重《说文》，二钱"以注疏课士，蜀人乃知有经学"。⑤

张之洞在离任时曾致信继任者谭宗浚："身虽去蜀，独一尊经书院，拳拳不忘"，期望"他年院内生徒，各读数百卷书，蜀中通经学古者，能得数百人；执事之赐也"。⑥ 张之洞还向谭宗浚推荐了杨聪（杨锐之兄）等四位教官和"尊经五少年"：

> 蜀才甚盛，一经衡鉴，定入网罗。兹姑就素所欣赏者，略举

① 张之洞：《书目答问》，《张之洞全集》第 12 册，第 9976 页。参考安东强《张之洞〈书目答问〉本意解析》，《史学月刊》2010 年第 12 期，第 50~56 页。
② 张文虎：《舒艺室诗存》，《近代中国史料丛刊》第 966 册，台北：文海出版社，1966，第 382 页。
③ 俞樾：《与吴仲宣制府》《与张香涛学使》，《俞曲园书札》，大中书局，1932，第 110~111 页。
④ 樊增祥：《致缪荃孙函》，顾廷龙校阅《艺风堂友朋书札》（上），上海古籍出版社，1980，第 109 页。
⑤ 沃丘仲子：《近现代名人小传》，北京图书馆出版社，2003，第 34 页。
⑥ 张之洞：《致谭叔裕》，苑书义、孙华峰、李秉新主编《张之洞全集》第 12 册，第 10129~10130 页。

一隅。

　　五少年：

　　杨锐　绵竹学生。才英迈而品清洁，不染蜀人习气，颖悟好学，文章雅赡，史事颇熟，于经学、小学，皆有究心。

　　廖登廷　井研学生。天资最高，文笔雄奇拔俗，于经学、小学极能研索，一说即解，实为仅见，他日必有成就。

　　张祥龄　汉州学生。敏悟有志，好古不俗，文辞秀发，独嗜经学、小学，《书》笃信古学，不为俗说所惑。

　　彭毓嵩　宜宾学生。安雅聪悟，文藻清丽，甚能深索经学、小学。

　　毛瀚丰　仁寿学生。深稳勤学，文笔茂美。

　　以上五人，皆时文、诗赋兼工，皆在书院。美才甚多，好用功者亦不少，但讲根柢者，实难其人。此五人未能深造，尚有志耳，已不易矣。此五人皆美质好学而皆少年、皆有志古学者，实蜀士一时之秀。洞令其结一课互相砥砺，冀其它日必有成就，幸执事鼓舞而教育之，所成必有可观。①

"讲根柢者，实难其人"一语可知张之洞离任时，虽心系尊经书院，但对其并不看好。以上五人仅是"有志古学者"，可堪造就。谭宗浚上任后，又将"尊经五少年"的名目扩而广之，写成《尊经书院十六少年歌》，②除前面的"五少年"外，又加入华阳范溶、华阳傅世洵、宜宾邱晋成、乐山张肇文、忠州任国铨、成都周道洽、富顺宋育仁、成都曾培、犍为吴昌基、成都顾印愚、江津戴孟恂等 11 人，谭氏所增加的 11 人中多为优于辞章者，这其实暗示其所重与张之洞所

---

① 张之洞：《致谭叔裕》，苑书义、孙华峰、李秉新主编《张之洞全集》第 12 册，第 10133 页。

② 谭宗浚：《荔村草堂诗钞》，《续修四库全书》第 1564 册，上海古籍出版社，2002，第 258 页。

谓“学古”有所出入。谭宗浚为学，优于辞章，与张之洞提倡“学古”有所出入。谭宗浚指责“近来弟子稍读经史，辄薄八股为不足道”之举为“大谬”，所谓“八股之析理论事尽有精处，断非心浮气浮者所能工”。① 尊经书院有不少弟子认同谭宗浚的主张，宋育仁追忆，“蜀学初开，高才生惟知竞词章耳。时诋经解为钞胥，并未尝问途也”。②

此时，张之洞着力培育尊经书院的学古风气，尊经书院的主讲并未更换。张氏一面让薛焕等人将谭宗浚所出观风题寄呈，一面命二钱翻刊《书目答问》与《𬨎轩语》。③ 1878 年冬，谭宗浚集尊经诸生三年以来“课艺”及“下车观风超”等卷，刊为《蜀秀集》8 卷，即被人认为“所刊皆二钱之教，识者称为江浙派”。④《蜀秀集》秉承张之洞主汉学的思路，以“实事求是，博稽制度”为纲，“课之以研经，引之以读史，旁兼诸子，下逮百家”。⑤ 时人称赞：“《蜀秀集》粗得包举众艺，表见群英，识者谓与诂经、学海相颉颃。”⑥ 尊经弟子张祥龄也认为“同治甲戌，南皮张先生督学，提倡阮、纪两文达之学”，“以《说文》及《提要》为之梯阶”，“川省僻处西南，国朝以来不知所谓汉学，于是颖异之士，如饥渴之得美膳，数月文风丕变，遂沛然若决江河”。⑦

在尊经书院初期，江浙派学风占主导地位，然当王闿运掌院之后，情况发生了根本的转变。1879 年，川督丁宝桢聘王闿运为尊经书院山

---

① 谭宗浚：《止庵笔语》，李霞点校《荔村随笔（外三种）》，广东人民出版社，2023，第 49 页。
② 宋育仁：《续文史校雠匡谬正俗并序》，《国学月刊》第 15 期，1923 年，第 21 页。
③ 钱宝宣：《与缪荃孙书》，顾廷龙校阅《艺风堂友朋书札》，第 721 页。
④ 廖幼平编《廖季平年谱》，巴蜀书社，1985，第 19 页。
⑤ 谭宗浚：《蜀秀集·序》，《蜀秀集》，清光绪五年成都试院本，第 1~2 页。
⑥ 王祖源：《尊经书院初集·序》，赵所生、薛正兴主编《中国历代书院志》第 16 册，第 3 页。
⑦ 张祥龄：《翰林院庶吉士陈光明君墓志铭》，《受经堂集》，转引自《续修四库全书总目提要》第 36 册，齐鲁书社，2006，第 254 页；张祥龄《翰林院庶吉士陈居墓志铭》，宋桂梅编《张祥龄集》，巴蜀书社，2018，第 218 页。

长，固是看中了王闿运的"帝王之学"和"纵横之术"，希望王闿运辅佐自己成就一番非凡之业。王闿运出任尊经书院山长，或可视为一种权宜的安置；① 另外，丁宝桢对此时尊经学风颇为不满。己卯春，制府丁公视学考程，横经课士，忻门户之已成，惜真传之未启"。② 丁宝桢视当时解经者"多不顾其义理之安而惟章句之新奇是务，驯至穿凿附会，破碎决裂，几使先圣载道之文，至于不可通晓"。故教导尊经诸生："解经贵求心得，必得于心而后能有合于古，有合于古而后能有益于身。"③ 无心插柳柳成荫，"丁文诚公开府蜀中，以尊经书院新创，思得名师，迎湘潭王壬秋先生来院掌教，蜀学由斯称盛"。④ 若以长远论，此说诚是，然王闿运主持尊经书院之初也是颇费周折。

王闿运入蜀后，初见丁宝桢即称："凡国无教则不立，蜀中教始文翁遣诸生诣京师，意在进取，故蜀人多务于名。"⑤ 半年后，又曰："文翁教泽未善，务于显明其门生，遂有题桥之陋，不若贵州尹珍、王守仁之正，故黔习犹胜蜀也。"⑥ 王闿运此言自在针砭蜀士贪位慕禄的陋习，故对尊经书院的规制、课艺均有所变革，最主要是提高院课的地位，减少官府的干预，削弱主讲的权力。《湘绮楼日记》记载："至穉公处久谈，略言书院规制变通，使官课不得夺主讲之权，主讲亦不宜久设，仍当改成学长，学长亦随课绌取，庶免争竞也。"⑦ 尊经书院设立由山长或主讲的讲课制度，开始不设考课，唯分校勘、句读各门，以便初学，

① 李晓宇：《王闿运受聘尊经书院史事考》，《四川大学学报》2008 年第 2 期。关于四川尊经书院最新的系统研究，见李晓宇《尊经书院与近代蜀学研究》，上海三联书店，2023。
② 王祖源：《尊经书院初集·序》，赵所生、薛正兴主编《中国历代书院志》第 16 册，第 3 页。
③ 丁宝桢：《尊经书院初集·序》，赵所生、薛正兴主编《中国历代书院志》第 16 册，第 1 页。
④ 刘樊：《刘子雄传》，《责善半月刊》第 1 卷第 9 期，1940 年，第 19 页。
⑤ 王闿运：《湘绮楼日记》，岳麓书社，1997，第 720 页。
⑥ 王闿运：《湘绮楼日记》，第 820 页。
⑦ 王闿运：《湘绮楼日记》，第 732 页。

后以官府意分设官、师考课，每月两次课考。[①] 首任山长薛焕在学术上造诣无多，讲课制度主要为两位主讲钱保塘、钱保宣主持。王闿运提出"使官课不得夺主讲之权，主讲亦不宜久设"无疑是将书院全权收归院长，进而改革书院的课艺内容。关于尊经书院开办之初的教育内容，各种文献的记载不尽相同，大致可信者有下列二说。张之洞《创建尊经书院记》："督部吴公初议，入院者人给《五经》一，《释文》一，《史记》一，《文选》一，《史记合评》一，……更有《国语》、《国策》、《两汉》、《三国》、《说文》（必须兼《检字》）、《历代帝王年表》、《简明目录》，皆成都有版，价值亦廉，诸生节衣缩食，亦须置之。"[②] 廖幼平编《廖季平年谱》（1875年条）："所课为经、史、小学、辞章，尤重通经。人立日记一册，记每日看书起止及所疑所得。山长五日与诸生一会于讲堂。监院呈日记，山长叩诘而考验之。不中程者有罚。月二课，课四题。（经解一、史论一、赋与杂文一、诗一）"[③] 王闿运所变革者并非内容，而是在削弱官课、主讲之权时，将读经考辨变为"抄书"，"宜先为有恒之学，唯在抄书"，[④] 在王闿运的倡导下"诸生纷纷抄书"，[⑤] "今年议不作经文，而程公限经文五道，余遂牌示禁院生应课"。[⑥]

此类改革随即引起了轩然大波。光绪五年（1879）三月廿四日，"程藩使以诸生课卷不齐，县牌来责。人言纷纷，有云盐道怒我而挑之者；有云钱宝宣怨望而激之者；有云司道合谋振兴文教，讲习经策，愠我以不应试为教，而专相龃龉者。言皆有因，而皆无如何。假使院生得抗藩使，即无上下之分，使告督府以诇司道，又非儒学之雅"。[⑦] 此一

---

① 廖幼平编《廖季平年谱》，第16页；胡昭曦：《振兴近代蜀学的尊经书院》，《蜀学》第3辑，第3页。

② 张之洞：《创建尊经书院记》，《张之洞全集》第12册，第10076页。

③ 廖幼平编《廖季平年谱》，第13页。

④ 王闿运：《湘绮楼日记》，第736页。

⑤ 王闿运：《湘绮楼日记》，第749页。

⑥ 王闿运：《湘绮楼日记》，第763页。

⑦ 王闿运：《湘绮楼日记》，第765页。

事件虽以王闿运令诸生补作课卷，而"众嚣悉定"，然此事引发了王闿运与"司道""二钱"的矛盾。前者集中于"不以应试为教"，司道"甚责诸生不作经文之非"。王闿运入川伊始就针砭蜀士贪位慕禄的陋习，遂提倡"抄书"以为"有恒"之学，即有意扭转此风气，此举让人感觉王闿运诚是"以不应试为教"。其实不然。商衍鎏即论："同治、光绪间，讲求时艺之风，转而为研究古文经史时务之学。阮元、姚鼐提倡于嘉道前，黄体芳、王先谦、张裕钊、俞樾、吴汝纶、王闿运诸人继起于后，或职宗师，或主讲席，同光二三十年间崇实黜华、风气为之一变。"① 经史实学逐渐成为科举之重心，这就是尊经书院官课讲经史的主要原因，但王闿运仅以抄书为前提，奠定有恒之学的基础，之后就分经会讲，"拟定分经会讲之法，为设一午食，使诸生得观摩，俟司道不扰学时当行之"。② 可见，王闿运改革的主要目的在于减少官府对书院教学的干预。实际上，王闿运对科场之事洞察尤明，"朝食后放牌，题纸未到，出场诸生处得一纸，题亦平正，唯《春秋》题'会于郓'，未知其意例耳。且喜未出古文《书》，亦近日风气将转之兆"。③ 由于龚自珍、魏源的影响以及潘祖荫、翁同龢等士林领袖的偏好，公羊学在晚清风行一时，尤其是潘、翁二人，长期担任科举主考，门生众多，对科举风气不无影响。④ 王闿运一面提倡抄书，一面仍"为诸生讲说，多发明《公羊春秋》之义例"，因此尊经书院有志于《春秋》者不乏其人，而尊经书院此年科场的佳绩，也印证了王闿运的高明。光绪五年（1879）己卯四川乡试，据王闿运日记所记，尊经书院"共中正榜廿一人，副榜二人，皆余所决可望者，其学使所赏及自负能文者，果皆不中"，并颇为得意地称，"余素持场屋文字有凭之说，屡验不爽也。堂课七次，取第一者中五人，所列三等者无一中，何必《四书》文乃能决科，其

---

① 商衍鎏：《清代科举考试述录及有关著作》，百花文艺出版社，2004，第 256 页。
② 王闿运：《湘绮楼日记》，第 774 页。
③ 王闿运：《湘绮楼日记》，第 824 页。
④ 章太炎：《救学弊论》，《华国月刊》第 1 卷第 12 期，1924 年，第 1~13 页（文页）。

以为喜"。① 后来，尊经弟子廖平、吴之英也认为："经学为科举先资本，无妨于科举，或有心亦好之而恐误科名不敢习者，不知果能通经，未必不掇巍科，终身株守制义，未必成名，得之不得，有命存焉，经学之于科举，有益无损也。"②

王闿运与"二钱"的矛盾则颇有与江浙学术争锋的意味。钱保塘已于1879年初被派往清溪赴任，院中只剩下钱保宣（字徐山）一人。王闿运、钱保宣二人多有不和，王闿运称"钱（钱保宣）前阅书院二课卷，人亦俗雅，浙派之潦倒者"。然"张生祥龄来，多为钱徐山言，似疑我不能容之"。③ 四川和湖南都地处偏远，乾嘉朴学盛行于吴、皖之时，蜀学、湘学皆尚未预流，然正因无所依傍，使得蜀学和湘学以博杂之习出入乾嘉考据与常州今文之间。张之洞创尊经书院的本意是以蜀学为江浙汉学之支脉，但经王闿运一番教化，与江浙派立异却成为晚清乃至民国"蜀学"的主题。王闿运初到成都，就对尊经书院的学生说，"六经之文，字无虚下，解经不词，先师蚩之。经学非独无剩字，亦无炼字"，"以点题为说经，不待四书文兴而汉学大儒已出题完卷矣，是可疑也则可说也。今愿与诸子先通文理，乃后说经，文通而经通，章句之学通，然后可以言训诂义理，而先师之所秘密自负者，必恍然于昔者之未通章句也"，④ "治经以识字为贵，非识《说文解字》之文字为贵"。⑤ 丁宝桢称"斯言诚后世说经者不易之准绳"。⑥ 此说亦为廖平等弟子所接受，乾嘉朴学主张以字解经，而后起之蜀学则重以师说、家法、条例解经。刘岳云后撰《四川尊经书院讲义》，其主要内容虽是清

---

① 王闿运：《湘绮楼日记》，第831页。
② 廖平、吴之英：《经学初程》，《六译馆丛书》，四川存古书局，1921，第1页。
③ 王闿运：《湘绮楼日记》，第792~793页。
④ 王代功：《湘绮府君年谱》，《晚清名儒年谱》（13），北京图书馆出版社，2006，第89、92页。
⑤ 王闿运：《释贵》，《尊经书院初集》卷一，赵所生、薛正兴主编《中国历代书院志》第16册，第17页。
⑥ 丁宝桢：《尊经书院初集·序》，《中国历代书院志》第16册，第1页。

代历朝皇帝的"圣谕"和"四书五经"，但"经师家法之大要，诸生尤愿闻焉"。①

王闿运在尊经书院讲学注重词章之学，讲经学以《仪礼》《春秋》为主。② 提倡《仪礼》，一面让学生实践《仪礼》以养成庄重之风，一面教书院学生研究《仪礼》，以《礼》解经。③ 正是基于"《礼》明而后治《春秋》"，④ 王闿运才于光绪六年（1880）作《春秋例表》，指导廖平研治《春秋》。虽说王氏尊经书院时期的弟子亦有分化，对王氏之教各有取舍，廖平及其弟子就对王氏经学不以为然，但不可否认王闿运以《仪礼》《春秋》教蜀士，启发蜀学形成不同于江浙学派的学术风格。费行简认为："院生日有记，月有课，暇则习礼，若乡饮、投壶之类，三年而彬彬进乎礼乐。其后廖平治《公羊》、《穀梁春秋》、《小戴记》，戴光治《书》，胡从简治《礼》，刘子雄、岳森通诸经，皆有家法，未尝封于阮氏《经解》，视诂经、南菁、学海之徒曰：'经解者，盖不可同日语。'蜀学成，还主长沙校经书院。"⑤ 钱基博称道尊经弟子"能不为阮元《经解》所囿，号曰'蜀学'，则闿运之以也"。⑥ 费行简、钱基博强调"蜀学成"正有将"江浙派"与"蜀学"截然为二的意味。缪荃荪对此不以为然，称钱保塘"在蜀三十五年"，"传经弟子，不乏英隽，至今称颂不置，使蜀士常奉君为依归，何至邪说暴行流毒于

① 刘岳云：《四川尊经书院讲义》，光绪二十二年尊经书局刻本，西南大学图书馆藏。转自前引胡昭曦《振兴近代蜀学的尊经书院》。
② 杨度之弟杨钧即称："湘绮讲学，约分两期，在四川尊经书院时，则重词章；在衡州船山书院时，则重经学。湘绮先生本壮岁学词章，晚年治经学者也。"（杨钧：《草堂之灵》，岳麓书社，1985，第204页）
③ 《世载堂杂忆》记载："王壬秋最精《仪礼》之学，平生不谈《仪礼》，人有以《仪礼》问者，王曰：'未尝学问也。'黄季刚曰：'王壬老善匿其所长，如拳棒教师，留下最后一手。'"（刘成禺：《近代学者轶事》，《世载堂杂忆》，辽宁教育出版社，1997，第247页）关于尊经书院时期，王闿运以《仪礼》教化蜀士的研究，可参看李晓宇《尊经书院与近代蜀学兴起》，《湖南大学学报》，2008年第5期，第37~45页。
④ 沃丘仲子：《近现代名人小传》，第19页。
⑤ 沃丘仲子：《近现代名人小传》，第20页。
⑥ 钱基博：《近百年湖南学风》，中国人民大学出版社，2004，第63页。

天下耶"。① 费、钱二人所言"蜀学",缪氏所言"邪说暴行",一褒一贬,其中关键就是廖平。

# 第二节　"汉学"与"宋学"

廖平早年笃好宋学,治经亦有小学基础。廖平入尊经书院,便从笃好宋学转而博览考据,于《说文》一书用功最多,"予丙子为《说文》之学者,数月后遂泛滥无专功,辛巳冬作《转注假借考》颇与时论不同,丙戌春间乃知形事之分"。② 王闿运讲学,提倡今文家说,主通大义,这直接促成了廖平早年学术的另一重大变化:"庚辰(1880)以后,厌弃破碎,专事求大义,以视考据诸书,则又以为糟粕而无精华,枝叶而非根本,取《庄子》、《管》、《列》、《墨》读之,则乃喜其义实,是心思聪明至此又一变矣。"③ 不过与王闿运重《公羊》有所不同,廖平专求大义,而特重《穀梁》。1881—1885 年,廖平专攻大义,集中于《穀梁》一书。据《廖平年谱》,他在 1885 年 8 月编订为《穀梁春秋内外编》,所作《穀梁》著述共计达 37 种 50 卷之多。廖平治《穀梁》学,以礼制言家法条例,"以《王制》为主,参以西汉先师旧说,从班氏为断"。④ 1883 年,廖平第二次上京应试,成为其学术道路的分水岭:"居蜀时,未敢自信其说,出游后,会俞荫甫、王霞举诸公,以所怀疑质之,皆莫能解,胆乃益大。于湘潭之学,不肯依傍。"⑤ 或可说,在此之前,廖氏之学囿于张之洞、王闿运二人的学术主张,而之后则自成体系,改变蜀学依违于江浙学派与湘学之间的现状,在《今古

---

① 缪荃荪:《清风室诗文钞序》,《清风室文钞》,1913 年刻本,第 1 页。

② 廖平:《六书旧义序》,《六译馆丛书》,第 1 页(目录前页)。

③ 廖平、吴之英:《经学初程》,《六译馆丛书》,第 12 页。

④ 《重订穀梁春秋经传古义凡例》,《重订穀梁春秋经传古义疏》,严代孝义家塾本,第 2 页。

⑤ 吴虞:《爱智庐随笔》,赵清、郑城编《吴虞集》,四川人民出版社,1985,第 93 页。

学考》中为"蜀学"注入了新的内涵：

> 予创为今、古二派，以复西京之旧，欲集同人之力，统著
> 《十八经注疏》（《今文尚书》、《齐诗》、《鲁诗》、《韩诗》、《戴
> 礼》、《仪礼记》、《公羊》、《穀梁》、《孝经》、《论语》。《古文尚
> 书》、《周官》、《毛诗》、《左传》、《仪礼经》、《孝经》、《论语》、
> 《戴礼》。《易》学不在此数），以成蜀学。见成《穀梁》一种。①

清代雍乾以降，郑学盛行，治汉学者，"宁道周孔错，不言马郑非"。②
廖平则称，郑玄之学"主意在混合今、古"，"予之治经，力与郑反，
意将其所误合之处，悉为分出"，"经学至郑一大变，至今又一大变。
郑变而违古，今变而合古"，"因旧欲约友人分经合作，故先作《十八
经注疏凡例》"。③廖平治经以今、古为大纲，批评"近贤声训之学，
迂曲不适用，究其所得，一知半解，无济实用"，"如段氏《说文》、王
氏《经传释词》、《经义述闻》，即使全通其说，不过资谈柄、绣鞶帨，
与帖括之墨调滥套，实为鲁卫之政，语之政事经济，仍属茫昧"。阮刻
《学海堂经解》"多嘉道以前之书，篇目虽重，精华甚少"，"上半无经
学，皆不急之考订"，"下半亦非经学，皆《经籍纂诂》之子孙"。④此
即廖平所言："南学繁杂，絜要在泛博，览观既难于默识，临事更乱于
辨说，以其博而不精。"⑤

就清代汉学流变的内在脉络而言，陈寿祺父子早已"渐别今古，
由粗及精"，俞樾也论及以《王制》解释孔子改制，廖平《今古学考》
更进一步，"综其终始"，"六艺同源，贯以一孔"。廖平欲纂《十八经

---

① 廖平：《今古学考》，李燿仙主编《廖平选集》（上册），巴蜀书社，1998，第89页。
② 廖平：《知圣篇》，李燿仙主编《廖平选编》（上册），第206页。
③ 廖平：《今古学考》，李燿仙主编《廖平选集》（上册），第89页。
④ 廖平：《知圣篇》，李燿仙主编《廖平选集》（上册），第208页。
⑤ 廖幼平编《廖季平年谱》，第29页。

注疏》，遵循治《榖梁》学的原则，讲家法条例，以《王制》《周官》为今、古学的总纲，明经说本旨，阐发孔子《春秋》拨乱反正之义，发明孔子所定的一王之制。廖氏六变之学，尊孔为其主轴。吴虞评价廖平："耻为《经籍纂诂》之子孙，超出阮王二家，自成六变；直指《读书杂志》无师法，离开湘潭一派，独有千秋。"[①] 此论深得廖平"以成蜀学"之意。廖平后来襄校尊经，"同学相与讲明古学之伪，除课艺外，同学各任一门"。不久，廖平应张之洞邀请赴粤时，尊经学子百余人聚集成都延庆寺，条列今古义例，"相约分任编纂"，以期"煌煌蜀学，自成一家"，"继续两汉"。[②]

是时，汉学渐成为四川学术主流，"吾蜀学术思想其由文章空言而入经史实学，实启于南皮，成于湘潭，至廖季平、吴之英诸人出，研经治史，发扬而光大之，于是自杨升庵、李雨村后，蜀中学人复为世重"。[③] 锦江书院与尊经书院对峙，仍以讲论宋明理学为主，对"尊经"学风颇有微词。肄业锦江书院的刘光第指出："南皮学使去后，朴学渐开。但真能上进者亦属寥寥，实为可叹！"[④] "尊经锦江，又考全蜀而为隽。成都人强半聪颖，省垣首风气，大过穷乡僻邑；浮华者亦往往习虚侨，其病乃为他邑所无。锦江承故事，尊经高材生明敏好学者不乏，惰弛者不足责，因而骄謇且倾轧者，是自弃自贼材。惟心知向学，不求乎实用，拘文牵义，摘句而寻章，按格而就局，咡拾乾嘉以来余习，佟然方谓所据乃千秋之业"，"成都人士学问流弊至是，又当为隐忧"。[⑤] 究其原因，刘光第认为是"正学不讲久矣"，"道统茫茫，一线几坠"，"吾人今日为学，只有闭户读书，澄心观理。不夺于邪说，不摇于俗

---

① 中国革命博物馆整理《吴虞日记》（下册），1932 年 9 月 26 日，四川人民出版社，1984，第 651 页。

② 郑可经：《郑本四变记》，《国学荟编》第 7 期，1915 年，第 23 页。

③ 《受经堂集·提要》，《续修四库全书总目提要》第 36 册，第 254 页。

④ 刘光第：《京师与正之书》，《刘光第集》编辑组编《刘光第集》，中华书局，1986，第 289 页。

⑤ 刘光第：《武昌书〈赠陈黻臣〉》，《刘光第集》，第 49~50 页。

尚，沉潜反复，涵养既深，驯至道明德立，然后徐出所学。"① 可见，学界主要从重考据而轻义理质疑川省新学风。江瀚认为尊经书院开办后，蜀学风气日上，昔日好讲《易》学，今日则喜言《春秋公羊传》，从而导致"词章考据争鸣，而义理之学益以微灭"。② 黎庶昌批评"蜀中人士习俗弊坏已久，虽有张、王二公为之提唱于前，未能挈要钩玄，十余年来，其习文辞者，骈散不分；讲经学者，率趋诡僻，绝无儒者读书气象"。③

廖平提倡"统著《十八经注疏》，以成蜀学"，旨在取代江浙学术重塑汉学正宗。鉴于此，倾向官方立场的言宋学者，意图将"蜀学"纳入宋明理学系统，对廖平学术颇有微词。1886 年，王闿运返回湘潭，尊经书院山长由锦江书院山长伍肇龄兼任。伍氏意图将锦江书院的办学宗旨与学风移植到尊经书院，几次欲用宋学取代汉学。尊经弟子多有不满，伍肇龄认为"诸生不服教，欲驱我走"，萌生退意。不过，川省总督刘秉璋斥责诸生，坚持留任伍肇龄。④ 1887 年，新任四川学政高赓恩文行并重，刊刻《北学编》。高氏还命题《蜀学编》，作为尊经书院诸生的季课，"欲肄业诸生搜辑先哲言行、考订学术"。方守道将诸生课业编订成册，在"凡例"中说明：

> 古之学一而已，后代乃有文学、理学、训诂、经济等学之分，实则学而得所以为学，文也，即理也，训诂、经济所以明此而行此，以全乎为人者也。其人而非矣，无论训诂文章不足道，经济且以欺世也，托之理学亦自树门户而已……心术不端，所学亦必不正，是编所录皆择其心术学术不诡于正者。⑤

---

① 刘光第：《书赠唐晋渊》，《刘光第集》，第 51 页。
② 江瀚：《题郑海门尚绸堂杂录》，《慎所立斋文集》，沈云龙主编《近代中国史料丛刊》(709)，台北：文海出版社，1966，第 76 页。
③ 黎庶昌：《慎所立斋文集·叙》，《慎所立斋文集》，第 26~27 页。
④ 刘声木：《苌楚斋随笔》，中华书局，1998，第 39~40 页。
⑤ 方守道辑，高赓恩重辑《蜀学编·凡例》，《蜀学编》，锦江书局光绪二十七年重刊本，第 2 页。

《蜀学编》依循《北学编》，宣扬"节行无可疵议"与"敦崇四教"，[①]以此维持正学，勾勒蜀学流变，"将与《洛学》、《关学》、《北学》诸篇共相辉映"。[②]对于蜀学学统，高赓恩有明确规范："窃维蜀学之脉凡四五：汉则传经重大师，取其有行谊，如张叔文一流，而扬子大儒不敢诬，李唐附之，是谓洙泗之脉。宋初诸儒渐启周程之绪，中叶以来，圣学昌明，则取谢、谯、范一流，而苏子名儒不敢摈，是谓伊洛之脉。南轩为晦翁畏友，鹤山乃紫阳再传，一时承学翕然，智术无二，则取张、魏两门，而虞子伟儒不敢外，是谓湖闽之派。元承宋学，明初承元学，嘉靖以还，少海似薛、吕，大洲宗陈、王，学者趋之，是谓津会姚泾之派。国朝名儒宗派虽殊，渊源自合，据是为断。"[③]锦江书院童子木曾撰楹联："毋自画，毋自欺，循序致精，学古有获；不苟取，不苟就，翘节达志，作圣之基。"高赓恩为褒奖"正学"，将此楹联"刊悬各书院，以诏多士"。[④]高氏为伍肇龄所刻《近思录》作序时，批评廖平"寝树藩篱，操本忘末，世儒之蠹"。最后，廖平不得不离开尊经书院暂避锋芒。[⑤]

此后，吴庆坻来蜀督学，力图"渐导新学，尽洗俗陋要务，衷经折圣，不为游谈"。[⑥]吴庆坻认为："蜀士通小学、知考订、工词章者不乏其人，比年留心时务者亦不少，而沈潜义理学者盖鲜，故往往优于文而绌于行，高谈元妙，诚为无补。求其切实可信从者，惟《朱子语类》一书。拟取善本复刻，俾人读之，其于说经论事，举可师法。"[⑦]吴氏

---

① 伍肇龄：《蜀学编·序》，《蜀学编》，第1页。

② 伍肇龄：《蜀学编·记》，《蜀学编》，第13页。

③ 高赓恩：《续刻蜀学编序》，《蜀学编》，第12页。

④ 戴纶喆：《国朝四川儒林文苑传》（2），《广益丛报》第207期，1909年7月7日，第5页（栏页）。

⑤ 黄开国：《廖平评传》，百花洲文艺出版社，1995，第148页。

⑥ 吴庆坻：《致汪康年书》（12），上海图书馆编《汪康年师友书札》，上海古籍出版社，1986，第379页。

⑦ 吴庆坻：《致沈曾植书》（1899年4月13日），转引自许全胜《沈曾植年谱长编》，中华书局，2007，第214页。

命戴纶喆著《国朝四川儒林文苑传》，戴氏认为："史汉《儒林》为传经者设，而其后遂归诸束身名教之儒，《宋史》创《道学传》，识者非之。"所谓"儒者之不徒空言而已"，"蜀士多躬行实践，罕讲学之名。尊经书院未开以前，尚考据者亦少，但读书暗然自修而已"。① 因此，戴纶喆将清代川省潜心宋明理学以及孝义之士均归入《儒林传》。其实，戴纶喆受吴庆坻影响，轻视考据，虽称赞王劼为豪杰之士，"蜀人始知治经"，但仍把王劼归入《文苑传》。

清末四川提学使赵启霖提出川省办学"极应提倡义理之学，希望大家相互勖勉，在本原上用功。学术有本原，而后人才有效果"。② 他创办四川存古学堂的目的是以理学转移学风，四川存古学堂以理学为主课，强调理学的正统地位。赵启霖与徐炯"以道义相切靡，最称莫逆"，聘徐氏兼授存古学堂理学课程。徐炯痛心晚近学者"以破碎之考据，纤艳之词章，目为国学"，遂作《国学解》，指出："是学也，蕴蓄于内则为道德，彪炳于外则为事功，传之永久则为著述。粗之在洒扫应对之间，精之在天人性命之际，始之在视听言动之细，终之在参赞位育之宏，非居敬不能入其门，非穷理不能探其奥，非成己成物不能满其量。"③ 相形之下，虽同为湘潭弟子，廖平与赵启霖治学倾向不合，曾因"讲经学离奇怪诞"而被赵氏从高等学堂及优级师范学堂经学教员任上辞退。赵启霖还通令各属学堂不得传看廖平讲义。

同光以降，川省学人辈出，尊经书院以"经史词章之学倡导后进"，"文雅彬彬，比于江浙"，治经学者，"辐辏并出"，"号称极盛"。④ 宋学之风，清初迄于晚清，绵延不绝，此时渐由"魔道"而归

---

① 戴纶喆：《国朝四川儒林文苑传》（续第 15 期），《广益丛报》第 208 期，1909 年，第 3 页（栏页）。

② 赵启霖：《瀞园自述》，施明、刘志盛整理《赵瀞园集》，湖南出版社，1992，第 337 页。

③ 刘子健：《徐子休先生传》，《新四川月刊》第 1 卷第 2 期，1939 年，第 1 页，第 46~47 页。

④ 黄崇麟：《寿栎庐丛书序》，《寿栎庐丛书》，1920 年名山吴氏刊本，第 1 页。

于"正学"。虽然唐才常旅川之后，认为"四川文风，不逮湖南远甚"，"惟词章之学，较之八股，略胜一筹；经解则门径未悉，体例未谙，曾不若湖南之一知半解者"。① 不过，吴庆坻预言"蜀士它日有兴起者，当可与东南诸子颉颃"。② 实际上，廖平拟纂《十八经注疏》，"以成蜀学"，与江浙学术立异，即意在扬弃乾嘉以降汉学传统，在复古求解放的道路上更进一步。清末民初，杨赞襄、蒙文通等好今文者明确提出以"蜀学"承前启后，扭转清学流弊，济道术之穷。

## 第三节　"维新"与"复古"

"十年以来，汉宋既息，新旧代兴。"戊戌维新前后，清季学界争论的重心已渐渐从"汉宋"转向"新旧"（中西）。瞿鸿禨在督学四川时就主张"中学西学，皆求实用，无取空谈，必能通贯经史，考求时务，然后为有用之才"，"尤必心术端正，不染习气，方能竭诚报国，共济时艰"，遂"请颁锦江、尊经两书院御书匾额"。③ 晚清学人开始普遍关怀"政"与"教"的关系，并着重从"教"的内涵来检讨"中体"的位置。1898 年，张之洞撰《劝学篇》，明确提出"中学为体，西学为用"：今日中国面临自古以来所未有的世变，"图救时者言新学，虑害道者守旧学"，"旧者不知通，新者不知本。不知通则无应敌制变之术，不知本则有非薄名教之心"。④ 川省官绅纷纷成立蜀学会，与之

---

① 唐才常：《上父书》（5），湖南省哲学社会科学研究所编《唐才常集》，中华书局，1980，第 207~208 页。

② 吴庆坻：《致汪康年书》（12），《汪康年师友书札》，第 379 页。

③ 余肇康：《清故诰授光禄大夫经筵讲官军机大臣协办大学士外务部尚书瞿文慎公行状》，闵尔昌纂录《碑传集补》卷二，《近代中国史料丛刊》第 100 辑，台北：文海出版社，1973，第 186 页。

④ 张之洞：《劝学篇·序》，苑书义、孙华峰、李秉新主编《张之洞全集》第 12 册，第 9704 页。

相呼应。杨锐、刘光第联合傅增湘等旅京四川官绅成立蜀学会，创办蜀学堂，以期"风气渐开，将来必有人材挺出为国家之用"。① 四川远而僻，风气未开，"官绅难契洽"，"与人谈时务，诧为希有，信者寥寥"。② 为此，宋育仁顺应《时务报》《湘学报》所开风气，在重庆发行《渝报》，"先即在重庆通衢开馆，为风教之先"。③ 1898 年，宋育仁被聘为尊经书院山长，遂与杨道南、吴之英、廖平等人在成都设立蜀学会，将《渝报》改为《蜀学报》，印行《蜀学丛书》，与蜀学会相表里："学会开讲，报局随即出版。"二者皆隶属尊经书院，"报局与学会相表里，学会与书院相经纬，分为三事，联为一气"。④

《渝报》主张"讲学无论中西，取其切于实用"，⑤ 江瀚曾为《渝报》托请汪康年物色翻译西文人才。⑥《蜀学报》旨在昌明蜀学，开通全省风气，"中外政学分为官、士、农、工、商五门，取有关实用可以考镜得失，不分中外，随文多寡列入"。因"农工二门，无专门之师，尚难遽语"，只能"俟风气渐开，再行添入泰西机器新法"。⑦ 若要开风气，"去塞求通"，首先是会通中西。潘清荫指出，"士生今日，率旧者服习经史，而诋趋时为效颦，崇新者竞务西学，而笑泥古为株守"，此皆"不善学"，"苟心知其意而善学之，固有相为贯通之理"，"苟明中土之旧规，即可无诧欧州之殊俗，又况失官而学在四夷，且可参彼之有余，以佐吾之不逮乎？"⑧ 廖平特作《改文从质说》，称"中国文弊已深，不能不改，又不能自创"。西学则"自新无术，而内向中国"，"中

① 刘光第：《自京师与自流井刘安怀堂手札》（第五十四函），《刘光第集》，第 280~281 页。
② 吴德潇：《致汪康年函》（16），《汪康年师友书札》，第 398 页。
③ 宋育仁：《学报序例》，《渝报》第 1 册，1897 年，第 8 页（栏页）。
④ 《蜀学会章程》，《蜀学报》第 1 册，1898 年，第 3 页（文页）。
⑤ 宋育仁：《学报序例》，《渝报》第 1 册，1897 年，第 9 页（栏页）。
⑥ 江瀚：《致汪康年函》（3），《汪康年师友书札》，第 261 页。
⑦ 《蜀学报章程》，《蜀学报》第 1 册，1898 年，第 1、2 页（文页）。
⑧ 潘清荫：《经史之学与西学相为贯通说》，《渝报》第 2 册，1897 年，第 18~19 页（栏页）。

取其形下之器，西取我形上之道"，"中外各自有长短，弃短取长是为交易"，"文质彬彬，合乎君子，此文质合通百世损益之大纲也"。① 为此，《渝报》《蜀学报》刊载大量宣扬沟通中西、讲求实功、变法维新的文章，如宋育仁的《时务论》，吴之英的《矿议》《政要论》《赋役论》《救弱当用法家论》，寿州王荣懋的《开风气说》《论强》《论富》。

面对儒术危殆之局，对于如何"存中学""固中体"，张之洞强调"今欲强中国，存中学，则不能不讲西学"，故高度关注"西学为用"。② 不过，蜀学会同人兴蜀学，以会通中西为本，提倡维新即复古。蜀学会与《蜀学报》各有偏重，学报侧重开风气，学会主讲经训。宋育仁批评"重新学者，驰骛于末流，持旧学者，墨守于肤受"，③ 主张"维新不在惊奇，而在涤染，与民更始不待智者而辨，然则维新为言筌，其中有物，舍复古安归乎？""今之所谓守旧者，护弊而已；彼惟未学于古，故不知今以弊为旧。"因此，"吾所谓复古者，正欲启其聪明乃所以维新"。维新之关键不在于"艺术"，而在于明"事理"，"艺术日新无穷，而事理终古不易"。事理寓于教中，"我欲不易教而治，讲学必依教为根，君子反经而已"，"反经即复古，复古即维新"。④ 正如潘清荫所言，中学不竞于西，乃"沉溺帖括之文，其体裁轨敝"，而"恪奉为造士育贤之准中"。⑤ 因此，宋育仁所言反经、复古，即探源经史，兴蜀学，重新阐释儒家经典。对"西用"而言，是所谓"复古"；对"中体"而言，则是"维新"。

蜀学会侧重经训，温故知新，"与祖尚西人、专门西学者有别"，"格物穷理，无分中外，临讲务求折衷至当，不得是彼非此，率相诋

---

① 廖平：《改文从质说》，《蜀学报》第2册，1898年，第12~13页，参校《四益馆杂著》，《六译馆丛书》，第65~68页。

② 张之洞：《劝学篇》，《张之洞全集》第12册，第9724页。

③ 宋育仁：《学报序例》，《渝报》第1册，1987年，第8页（栏页）。

④ 宋育仁：《复古即维新论》，《渝报》第1册，1897年，第9~11页（栏页）。

⑤ 潘清荫：《经史之学与西学相为贯通说》，《渝报》第2册，1897年，第18~19页（栏页）。

諆，致长轻浮"。① 吴之英为蜀学会主讲，称"蜀学微矣，学者失其所以学，今将反吾故焉，故以蜀学名也"，"蜀何学？曰：学周孔耳"。因此，"蜀学"必合于周孔，抉其精髓，而"今言时事者，右西法"，"所执周孔之末迹"。学会"购西书报"，"采西说"，"此所以尊周孔也"。"英与宋君、廖君之纪纲斯会者，此意也。不惟英与宋君、廖君之意，会中人意也。会中人意即蜀中人意也，亦即中国人士积久欲发之意也。"② 蜀学会为"发扬圣道、讲求实学"，以孔子经训分为伦理、政事、格致三科。③ 然"格致一科尚乏专长之士主持，俾众观摩，必得一优于此道者植之表，庶可以相与有成"，宋育仁拟以千金力邀新学教员，未果。④ 蜀学会的重心自然在伦理、政事两科。

甲午战后，立国之本从主张改善传统之"政"到要求引进西洋之"政"，那么，中国之"教"何去何从的问题，引起了朝野上下的普遍关注。蜀学会首重人伦，即扬孔门之教，应对危局，维持中学之体。廖平称："时务之学当分二途：学人之事，官吏主之；教人之事，师儒主之。古法以《孝经》治内，《春秋》治外，今当反用其道，以《春秋》政治治内，《孝经》名理驭外，百僚当北面师考其养育富强文明之治功，师儒一如该国立校讲学。"⑤ 以"《孝经》名理驭外"，以人伦为本，首要于辨析中西之教的差异与优劣。吴之英《人伦说》开篇就说："人道以彝伦为重，而西学谓人受天地之气以生，父母特托始焉，故立敬天之说，据公法以割私情，其议炽若将燎焉，学会开讲以此发端，因撰是篇，原其所自。"在吴之英看来，"西人固灭五伦、弃外亲、畔五服，不知我身之何属，而肇造天地者也"，"西人言之可也，行之可也"，但是"居中国去人伦无君子，如之何其可也？"⑥ 胡绍棠进一步

---

① 《蜀学会章程》，《蜀学报》第 1 册，1898 年，第 1~2 页（文页）。
② 吴之英：《蜀学会报初开义述》，《蜀学报》第 1 册，1898 年，第 5~6 页（栏页）。
③ 《蜀学会章程》，《蜀学报》第 1 册，1898 年，第 2 页（文页）。
④ 宋育仁：《致汪康年函》（3），《汪康年师友书札》，第 544~545 页。
⑤ 廖平：《改文从质说》，《四益馆杂著》，《六译馆丛书》，第 68 页。
⑥ 吴之英：《人伦说》，《蜀学报》第 2 册，1898 年，第 10~11 页。

称，"两教相持，不入于此则入于彼"，西国之教出于墨，"杨墨之道向与孔子为敌，今益张其帜而烈其焰，其为中国人心之害实甚然"。欲拯其弊，必行孔子之教。以孔孟人伦说质疑西国之教，以及人权、民权学说。所谓"《春秋》者，万世之公法，《孝经》者，天下之公理"，"圣人之教将遍于殊方绝域而莫之能外也"。① 蜀学会首次会讲时，廖平就提出："孔子志在《春秋》，行在《孝经》。《孝经》是内圣，《春秋》是外王，内圣可以统外王，故《孝经》可以统万事。倘于孝字之外别求一道、别定一名，万不能统也。"② 宋育仁总结道："兴蜀学以伦理为主，故每届专讲《孝经》"，《蜀学报》论撰，首冠《人伦说》，"即是蜀学宗旨所标"。③

戊戌维新之际，在蜀学会学人看来，以"政"与"教"而论，即便政不如西，中国之教仍优越于西洋。陈炽认为："泰西之所长者政，中国之所长者教。道与器别，体与用殊，互相观摩，互资补救。"④ 中国之政既不能送穷退虏，必须效法西政，中国之教自然会面临严重危机，不仅要保种、保国，更要保教。蜀学会提倡"以通经致用为主，以保教、爱国为先"。有别于直接效法西政，蜀学会研究艺学、政学，必须"根柢于义理，取材于子史，而洞瞩于天下之利弊，参酌于泰西之异同"，⑤ "西国之教源于墨氏，吾弗从其教"，"西国之政，近于《周官》"。因此，"从西法者，复古法而已"。⑥ 宋育仁在为《庸书》作序时，主张："先王之政，备于孔子之书，为万世制作"，"不必言洋务"，"言治内而已"，治内则"舍孔子之言，先王之政，又安归乎?"⑦

---

① 胡绍棠：《原教》，《蜀学报》第 3 册，1898 年，第 9~10 页。

② 《学会讲义》，《蜀学报》第 1 册，1898 年，第 9 页。

③ 杨赞襄记：《七月朔讲义》，《蜀学报》第 13 册，1898 年，第 1~3 页（文页）。此文由四川大学李晓宇提供，特此致谢。

④ 陈炽：《庸书》，赵树贵、曾丽雅编《陈炽集》，中华书局，1997，第 139 页。

⑤ 王荣懋：《统筹蜀藏全局论（续）》，《蜀学报》第 3 册，1898 年，第 11 页。

⑥ 王荣懋：《开风气说》，《蜀学报》第 4 册，1898 年，第 3 页。

⑦ 宋育仁：《庸书·序》，《陈炽集》，第 2 页。

也就是说，政不如西洋，复兴的关键仍是复古，"天下竞言维新，不必言维新也，复古而已"，①"《周官》治内，《春秋》治外，先富而后教，由兵而反礼，则何者不备？""然则舍孔子何法，舍六经何向？"② 蜀学会政事门"专主稽求经术，明周、孔经世，《论》、《孟》言治，皆主封建、井田之世，立法与郡县且有不同，更无论外国民权、民主诸野说，故论井田、封建，是探古制起点所在，不得牵合汉唐，附会时务"。③宋育仁认为，"封建、井田乃救时急务，非矫语高远"，复此二法，则"国无游民"，"无游民则必富强，外侮何从入哉"。④

　　诚如有论者所言，中体西用文化模式所带来的实际结果，却是"西用"的范围逐步扩大。时人言用必言西学，实际上在暗示中学至少在当下"无用"。⑤ 中国传统学术以通经致用为要，一旦中学不能为"用"，中学之体、经学正统地位自然动摇。沿着这种思路，清末民初学人重建"国学"、保存国粹、整理国故，中学由"体"逐渐演化为"故"，中国学术体系完全为西学分科所取代。与此相反，蜀学会诸人温故知新，偏向"故"，依援古籍，重封建伦理，而对西方民权、民主学说存疑，所讲之学皆以孔子经训为本，以复古为号召。好作比附，其根源在于夷夏之辨、文质观念根深蒂固，无缘深究西学则是不可忽视的外因。李源澄认为："（廖平）惟为时代所限，囿于旧闻，故不免尊孔过甚，千溪百壑皆欲纳之孔氏，又当时海禁初开，欧美学术之移植中土者浅且薄，不足以副先生之采获。"⑥ "尊孔过甚"则竭力发掘儒学精义，使得"蜀学"在清末民初"保存国粹""经史递嬗"过程中弘扬儒家义理，坚守中国文化本位，因应时代变迁，实践学术转型。如果

① 宋育仁：《复古即维新记》，《渝报》第 1 册，1897 年，第 9 页（栏页）。
② 宋育仁：《庸书·序》，《陈炽集》，第 2~3 页。
③ 杨赞襄记《七月朔讲义》，《蜀学报》第 13 册，1898 年，第 1~3 页（文页）。
④ 杨赞襄记《五月望日学会讲义》，《蜀学报》第 8 册，1898 年，第 1~2 页（文页）。
⑤ 谢放：《中体西用：转型社会的文化模式》，《华中师范大学学报》1996 年第 3 期，第 1~8 页。
⑥ 蒙文通：《廖季平先生传》，《经史抉原》，第 144~145 页。

说，中体西用的文化模式将中学的体、用一分为二，最终导致中学之体都无法成立，那么，蜀学会同人集思广益，以"维新即复古"为宗旨，既坚守儒学义理，又阐发先王之政，以通经致用为主，讲人伦以封建、井田等古制为本。这种貌似不合时宜、泥古不化的论调，却启发蜀学后进蒙文通、李源澄在民初今古文经论争、经史嬗递的洪流中，倡导"义与制不相遗"，力图会通义理、制度、事实，回应民国学界纷纷扰攘的汉宋、今古、经史问题。

## 第四节 "有东西无南北"

清末民初，中西学战、国粹与欧化论辩之时，学界开始重新梳理传统学术，区分国学与君学。清末民初的国学观呈现出一种超越儒学的倾向，所谓"以儒术为国学者，名不称实之举也，朕即国家之学也"。①新旧学人多参照西学分科整理中学，清末留日的"蜀学"后进也实践此"欧风变转学术新"的风气。谢无量曾在北京倡导"蜀学会"，认为"蜀学会之所以立者三，曰捷，曰通，曰礼。守其固有之学，谓之捷；明其未有之学，谓之通；成捷成通而致于其极者，谓之礼"。清末民初，川人地方意识高涨，四川学者十分关注蜀学在全国的地位。谢无量在论"蜀学原始"时，鲜明地提出"蜀有学先于中国"，并以原始儒学为禹所创，易学为商瞿所传支持此说。所谓"通"所指"通天地人曰儒，而一事不知为耻。"当今天下"国国相属，大者数十，小者盈万，哲人魁士，何地蔑有？各竞智能，著书成文，弥纶当世，不可卒算"，"俗殊辞异，不可不尽心，虽难遍明，要当习其文字，最重要者，古文则希腊、拉丁，今文则英、法、德、俄、意！"西欧学术可分为中庸之

---

① 孙叔谦：《国学：致〈甲寅杂志〉记者》，《甲寅》第 1 卷第 4 期，1914 年，第 34 页（栏页）。

**39**

学、形而上学、形而下学。中庸之学为入门之学，分为五类，文学、历史、地理、物理、数学；形而上学"任理而弛说，远者极幽微，近者化成天下，无体而用宏"，分为三派，神学、哲学、政治学；形而下学为其质，分为九流，化学、机械学、电学、矿学、冶学、工艺学、医学、建筑学、农学。蜀学会的宗旨即会通原始蜀学与欧西新学。"会所以明学，礼所以持会"，谢无量详定了 25 条章程，第十五条规定："本会当设《蜀学报》，以明蜀相传之古学及近世新学。"①

相形之下，川中学人治国学者则多囿于儒学，以尊孔言经为主旨。1905 年，跟随王闿运时间最长的尊经弟子吕翼文鉴于"海内方驰骛于欧化"，独立编撰《朴学报》，"以纾所蕴，遍说群经史传小学诸子以及词章医术"。② 吕翼文创办九经学会，发行《九经朴学报》，其宗旨为"存湘绮楼朴学家法，使鸿爪雪迹，足以示诸将来"，"由经学入经济者，其经济成就远大，史者经济之所会归也"。③ 在新式教育的冲击下，为求保存国学，张之洞在湖北创办存古学堂，四川绅学积极响应。1908 年秋，眉州绅士邹炳琅等人筹设"预备"存古学堂，眉州知州详请督宪立案。川督赵尔巽以"存古学堂惟鄂省奏设有案，体大用繁，断非一府一州之力所能举"为由，饬令其改办初级师范学堂。④ 1909 年初，《四川官报》称川省"拟仿江、鄂两省开办存古学堂，又以经费支绌，暂难议及"。故廖平、范玉宾、彭兰荪等人"组织一国学研究会"，"先由赏鉴图书入手，予以门径"，愿入会者"纷纷不一"，"其人要以中学略有根柢为限"。⑤ 而当提学使赵启霖到任伊始，范溶等即呈请"在省开办学堂，注重国学，以维文化"。赵尔巽认为"用意甚善"，批饬提

① 谢无量：《蜀学会叙》，舒大刚主编《巴蜀文献》第 4 辑，四川大学出版社，2018，第 10~12 页。

② 林思进：《华阳人物志》，《清代地方人物传记丛刊》（9），广陵书社，2007，第 720 页。

③ 吕翼文：《九经朴学报叙》，《九经朴学报》第 1 期，1905 年，第 1~2 页（文页）。

④ 《公牍批·眉州详邹炳琅等筹设存古学堂一案》，《四川教育官报》，光绪三十四年（1908）第 9 期，第 6~7 页（栏页）。

⑤ 《本省近事·国学研究》，《四川官报》宣统元年（1909）第 4 册，第 1 页。

学司"集众共商"。此后不久，赵启霖详文呈请川督奏设四川存古学堂。宣统二年（1910）二月初，赵尔巽批复，设宋四先生祠兼作存古学堂"如详立案"。翌月，赵尔巽奏请筹设存古学堂获准。蜀中学人将四川存古学堂视为"古学嗣响"，吴之英、伍肇龄均认为四川存古学堂继承了尊经、锦江书院的蜀学学脉。①

赵启霖刚就任即至教育会演说，针对当时"学风日坏，浮躁自恣，卑陋相仍"的积弊，提出川省办学"极应提倡义理之学，希望大家互相劝勉，在本原上用功。学术有本原，而后人才有效果"。②他创办四川存古学堂的目的是以理学"转移"学风，学堂简章即在"参酌"江苏、湖北两省办法的基础上，增设理学为"主课"，强调理学的正统地位，赵启霖亲自监督讲授，所以四川存古学堂以"理学、经学、史学、词章为主课；兼习地学、算学，其余学科，姑从缺略"。③

存古学堂所聘师资皆一时之选，如：学堂监督兼词章正教员谢无量、教务长兼经学正教员吴之英、斋务长兼史学正教员杨赞襄、监学罗时宪。尤值得一提是徐炯、廖平二人。赵启霖署理四川提学使期间，与徐炯"以道义相切靡，最称莫逆"，宣统二年聘徐氏兼授存古学堂理学课程，以实现其凸显理学的宗旨。廖平则与赵启霖治学倾向不合，曾因"讲经学离奇怪诞"而被赵氏从高等学堂及优级师范学堂经学教员任上辞退，"并通饬各属学堂不得传看廖平讲义"。在赵启霖离任后，廖氏才又被委以经学正教员一职。

对于专门研习经史学问的存古学堂而言，学生具备"相当之程度"的中学根底格外重要，四川存古学堂招生范围限于举人、贡生或新式中

---

① 吴之英：《王护院许将尊经锦江书刻移存古书院启》，吴洪武等校注《吴之英诗文集》，四川大学出版社，2008，第287～288页。

② 赵启霖：《瀞园自述》，《赵瀞园集》，第337页。

③ 何域凡：《存古学堂嬗变记》，四川省政协文史资料研究委员会编辑《四川文史资料选辑》第33辑，四川人民出版社，1984，第156页。

学堂毕业生，而存古学堂优良的师资力量对蜀中具有天资且倾心于经史之学的高才士子非常有吸引力。学堂开办一年后添招"通学两班"，蒙文通特意捐了监生的"功名"以取得报考存古学堂的资格，最终被录取。①

蒙文通，原名尔达，字文通，1894 年生于四川省盐亭县。5 岁时入私塾读书，敏悟强记，所肄《四书》《诗经》《书经》，诸子之文，至老犹能成诵。后随伯父蒙公甫至成都，就读高等小学堂。1907 年秋，四川高等学堂为解决生源问题，开办附属中学，第一任监督是徐炯，最初招了甲、乙两个班。蒙文通于 1908 年春考入高等学堂附属中学丙班，当时是高等学堂历史教习刘士志任监督。刘氏为同盟会员，富有革命思想，向学生介绍《民报》等进步书报，作风清明正直，严而不厉。丙班同学有王光祈、张怡荪、曾琦、周太玄、魏时珍、李劼人、郭沫若等，后来皆为中国政治、文化运动中相当活跃之人物，而蒙文通当时则被刘士志称为"维持风化之先生"。②据蒙文通回忆："余年十五，从人家借《四库总目提要》、《书目答问》读抄之，然后知学有汉、宋之殊，遂取《说文》及清两《经解》略事披阅，欣然以为循是足以为汉学也。"③ 与此同时，他当时对英语、数学等课程相当反感。④ 1911 年，蒙文通考入四川存古学堂，因辛亥革命，学堂当年并未开学，蒙文通遂转入四川国学馆就读，并在四川国学馆奠定了一生学术基础。

1912 年 2 月，川省即"以前清存古学堂基址，与旧日原有之学生

---

① 关于四川存古学堂兴办过程之详情可参见郭书愚《四川存古学堂的兴办进程》，《近代史研究》2008 年第 2 期；郭书愚《清末四川存古学堂述略》，四川大学硕士学位论文，2002 年。

② 李劼人：《追念刘士志先生》，《李劼人选集》第 5 卷，四川人民出版社，1986，第 58 页。

③ 蒙文通：《廖季平先生与清代汉学》，《经史抉原》，第 116 页。

④ 蒙文通：《从中学生的"用"来说中学生的"学"》，《中等教育季刊》第 2 卷第 1 期，1942 年，第 1~2 页（文页）。

及经费"组成国学馆,用"存古学堂国学馆"的名义继续开办。国学馆分为三部:教科部、印刷部、杂志及讲会部,而原有存古学堂学生概为旧班(又称本班),并新招预备班,办学宗旨及学科设置等,多沿袭"存古"旧制。辛亥革命时,"大汉四川军政府"沿袭唐宋旧制,设枢密院为咨询机关,聘请廖平为院长,下设院士数人。1912年,尹昌衡任四川都督,为了整理四川文献,搜集国史文献、编修光复史,将枢密院改组为国学院。国学院聘请当时名宿10人负责各项事务,其中以吴之英为院正,刘师培为院副,下设院员8人。国学院以研究国学、发扬国粹、沟通古今、切于实用为宗旨。所办事宜主要有:编辑杂志,审定乡土志,搜访乡贤遗书,续修通志,编纂本省光复史,校定重要书籍,附设国学专修科。① 同年11月,省议会以国学院、国学馆性质相近,为节省经费,将国学院与国学馆合并,院址则迁至存古学堂旧址。② 院正由吴之英担任,原存古学堂监督谢无量与刘师培同任院副。国学学校附设于国学院,刘师培以院副兼任校长。"仅刻一小碑,悬于二门,行文对外,则用院名,一般人士,只知有国学院,而不知存古学堂改附于院为国学馆。"③ 学校章程还特别说明:"本校系赓续前清存古学堂办理,即以前清宣统二年五月开校为开校之始",表明了与存古学堂的继承关系,生源与课程皆酌采存古章程"变通办理"。④ 国学院详细的机构设置与各项分工,当时四川教育厅出版的《文牍月刊》有详细介绍,见表1-1。

---

① 《四川国学院造具国学馆并入后员司一览册·章程》,《文牍月刊》第6册,1913年,第1~7页(栏页)。

② 《奉民政长令国学馆合并国学院通令各属遵照一案》,《文牍月刊》第5册,1913年,第18~19页(栏页)。

③ 何域凡:《存古学堂嬗变记》,四川省政协文史资料研究委员会编《四川文史资料选辑》第33辑,第160~161页。

④ 《四川国学院附设国学学校章程》,1912年11月,四川大学档案馆藏四川存古学堂、国学学校档案。本节所引四川大学档案馆藏档案均转引自郭勇、张丽萍《四川存古学堂及四川国学学校考略》一文(《蜀学》第3辑,第27~44页)。

表 1-1　四川国学院造具国学馆并入后员司一览

| 职任 | 姓名 | 籍贯 |
|---|---|---|
| 院正兼国学专修科主课教员 | 吴之英 | 四川名山 |
| 院副兼国学专修科主课教员 | 刘师培 | 江苏仪征 |
| 院副兼办搜访遗书事宜 | 谢无量 | 四川乐至 |
| 院员兼国学专修科主课教员 | 廖平 | 四川井研 |
| 院员兼国学杂志总编辑 | 曾培 | 四川成都 |
| 院员兼办讲演会事务 | 楼藜然 | 浙江诸暨 |
| 院员兼国学专修科史学教员 | 杨赞襄 | 四川天全 |
| 院员兼国学专修科理学教员 | 曾学传 | 四川温江 |
| 院员兼国学专修科心地教员 | 曾瀛 | 四川新繁 |
| 院员兼国学专修科教育心理教员 | 李尧勋 | 四川资阳 |
| 名誉评议员 | 周翔 | 四川彭山 |
| | 龚煦春 | 四川井研 |
| | 陆慎言 | 四川华阳 |
| | 龚道耕 | 四川华阳 |
| | 祝介 | 四川华阳 |
| | 黄云鹏 | 四川永川 |
| | 钟正楸 | 四川永川 |
| | 贺孝齐 | 四川永川 |
| | 吴季昌 | 四川井研 |
| | 王昌麟 | 四川灌县 |
| | 林思进 | 四川华阳 |
| | 崔映堂 | 四川绵州 |
| | 邓昶 | 四川绵州 |
| | 曾道 | 四川金堂 |
| | 周炳煃 | 四川成都 |
| 庶务长兼国学杂志总发行 | 张子梁 | 四川崇庆 |
| 会计长 | 彭治平 | 四川隆昌 |
| 文牍兼国学专修科外史教员 | 舒修序 | 湖南溆浦 |
| 代理文牍督理藏书抄书事宜 | 敖希仲 | 四川荣昌 |
| 国学专修科管理办存古书局 | 罗元黼 | 四川崇庆 |
| 国学专修科算学教员 | 蒲助孜 | 四川郫县 |
| 国学专修科法学教员 | 傅振举 | 四川会理 |
| 国学专修科检查员 | 唐作霖 | 四川开县 |

| 职任 | 姓名 | 籍贯 |
|---|---|---|
| 管理图书 | 李少湘 | 四川营山 |
| 助理庶务 | 傅泽生 | 四川崇庆 |
| 助理会计 | 戴文度 | 四川富顺 |
| 收发文件 | 杨焕堂 | 四川成都 |
| 购买 | 艾南滨 | 四川灌县 |
| 缮写公文函牍书记生 | 胡久培 | 四川崇庆 |
| 缮写杂志书记 | 杨子青 | 四川天全 |
| | 刘舜臣 | 四川乐至 |
| 帮写杂志书记 | 萧映湘 | 四川秀山 |
| 缮写讲义书记生 | 胡子耀 | 四川崇庆 |
| 缮写讲义书记生帮管图书 | 吴小波 | 四川名山 |
| 编写表册书记生 | 李法三 | 四川成都 |
| 缮写金石文字书记生 | 龚荣光 | 四川井研 |
| 抄写遗书书记生 | 郑绍德 | 四川梓潼 |
| | 罗耕余 | 四川成都 |
| | 朱锦文 | 四川名山 |
| | 蒋绍华 | 四川双流 |
| 探访全省遗书金石 | 沈峻清 | 浙江仁和 |
| 川西道志稿探访员 | 张学波 | 四川灌县 |
| 川东道志稿探访员 | 黄子箴 | 四川永川 |
| 川北道志稿探访员 | 蒙裁成 | 四川盐亭 |
| 上川南道志稿探访员 | 赵维德 | 四川天全 |
| 下川南道志稿探访员 | 岁时先 | 四川彭县 |
| 光复史采访员 | 余根云 | 四川隆昌 |
| 存古书局校对兼杂志抄校 | 郑兰 | 四川璧山 |
| 存古书局司事 | 詹荷光 | 四川乐至 |
| 存古书局分局司事 | 袁西屏 | 四川德阳 |
| 帮理国学杂志发行 | 余安平 | 四川成都 |
| 演讲会干事 | 胡忠渊 | 四川简州 |
| | 陆蓍那 | 四川三台 |
| 裱订事籍 | 张文光 | 四川金堂 |
| | 胡见知 | 四川成都 |

资料来源:《四川国学院造具国学馆并入后员司一览册》,《文牍月刊》第6册,1913年,第4~7页(栏页)。

从表 1-1 可以看出，四川国学院汇聚了蜀中学界的精英阵容，相比存古学堂，规模更大。存古学堂原有学生一律转入国学馆，仍依旧制。① 国学馆又于秋季招收新生一班，资格较存古学堂放宽，自行报名考投，官署及有名望学者推荐亦可，随到随考。此期先后录取 50 余人，注册时再加甄别，分为新甲、新乙两班，有别于"存古"旧班。因生源学业程度不尽相同，新甲学生 18 人，同"存古"旧班一起上课，新乙学生 30 余人则别开一班教授。国学院之职员或改评试卷，或兼理院务，刘师培即谓馆与院为同一事，此乃"建国之道，教学为先"之意。②

比照存古学堂所设课程，国学馆将课程划分为主课（必须科）、附课（随意科）。经史词章为必须之课，"有所专精，无所偏重"，如经学，规定学生分年专治一经，若合格，再改治另经，由此递升，按年分授，以求深入。并由教员规定学员用功次第、点阅何书、参看编辑何书，教员则每周批答学员所上交之札记与课卷。遇到经史疑义，则由学生与教员共同商议、公决。算数、法政、经济、外史、外国地理、博物等科为附课，除算术实习聘请一人专授外，其余各科仅选择编译善本，使学生自习，按月发题考试。后开设之新班仍以经学、史学、国文为主要课，力求通经致用、洞达古今、发明学理。地理、伦理、医学、教育、数学为辅助课。后开设的国学学校学制 5 年，预科 2 年，本科 3 年。预科有经学（主讲《白虎通义》《五经异义》）、小学（主讲《说文解字》《尔雅》）、史要（主讲史要）、国文（讲授讲读与作文）、心理（讲授心理学）、算学（主讲算术）等 6 科，附设医学专科。本科有经学（主讲群经大义）、历史（主讲中国历史）、中国文学（主讲文学研究法与作骈散文）、周秦诸子（主讲周秦诸子之学）、宋理学（主讲

---

① 《函复国学院送还国学学校学生清册请转知该校另照部令办理》，《文牍月刊》第 9 册，1913 年，第 1 页（栏页）。

② 刘师培：《左盦外集·国学学校同学录序》，《刘申叔遗书》，凤凰出版社，1997，第 1793 页。

理学)、地理(第一二学年讲中国地志,第三学年讲外国地志)、伦理
(主讲人伦道德之要旨)、教育(第一学年为教育学、第二学年为教育
史、第三学年为教授法)等8学科。每周校阅、授课以30小时为限,
其余时间为学生抄书、诵读、札记时间。如1913年3月至7月,每周
经学14小时,史学2小时,国文4小时,习字1小时,算学4小时。
学校教育与存古学堂一以贯之,以抄书、点书、写札记及各习一经为
主,抄书、点书以经史典籍为主,诸如《白虎通义》、前四史之类。
各科所采用课本如下:经学采用《白虎通义》《五经异义》《十三经
注疏》;史学则用《资治通鉴》以及教员自编历史课程;国文采用
《昭明文选》《古文辞类纂》;理学则用曾学传自编之《宋儒学案约
编》;算学则用古历法与五经算术为主;医学则以《灵枢》《素问》
为主。①

国学院之设,本为收集川省文献,编撰光复史,附设国学学校后,
更是有必要丰富馆藏以资教学。存古学堂创始之初图书匮乏,伍肇龄、
监督谢无量等呈请督学两署,以停办的锦江、尊经两书院所遗存籍刻
版,"计百余种,版片计四万余张",②移交存古学堂接收,保存备用,
得到总督部堂的批准。不但书版,尊经阁原藏碑碣,均一并移交,这些
后来都并入国学院。同时,又得民政厅批准,通令各府厅州县知事会同
地方法定团体,如教育会、地方自治会等,将境内遗书、碑刻、乡贤传
状、名人旧稿详加搜集会集至国学院,其中碑刻需求拓本,传状需要
"揭撰人其有关系重要之件"。如果国学院各道采访人至各地访求时,
上述政府机关团体需一应配合。③此后半年期间,便收到各县文征约20
部,私人撰著较著者,有富顺米梅君诗文2册,资中魏天春《赋箫楼

---

① 郭勇、张丽萍:《四川存古学堂及四川国学学校考略》,《蜀学》第3辑,第35~
38页。
② 孙心磬:《国立四川大学图书馆概况》,《中华图书馆协会会报》第17卷第1、2期合
刊,1942年,第5页。
③ 《通令各属知事国学院采访员到时会同办理一案》,《文牍月刊》第4册,1912年,
第20页(栏页)。

集》5 册，绵竹杨锐、富顺刘光第手札约 10 件，富顺陈崇哲《八代文章志》4 册，华阳曾彦《妇典》30 卷（6 册）等。①

为发扬国学，1912 年刘师培、谢无量、廖平等共同发起成立四川国学会，附设于国学院，约集通才定期讲论，凡在馆学生及校外学者均可入会听讲。该会出版《四川国学杂志》，民国元年创刊，一月一期，1—4 期为铅印，继改木刻，共出 12 期。从 1914 年改为《国学荟编》，仍每月 1 期，全部木刻印刷。至民国 8 年止，共出 63 期。"国学"一词，古已有之，所指乃国家一级的学校。近代意义的"国学"，在 20 世纪初开始较普遍使用，相对于新学多指旧学，相对于西学多指中学。统而言之，即中国传统学术。② 这一模糊而笼统的界定使得"国学"一名的含义随世迁转，屡变不定。清末民初的国学观，呈现出一种超越儒学的倾向。③ 章太炎于 1906 年曾言："为甚提倡国粹？不是要人尊信孔教，只是要人爱惜我们汉种的历史。这个历史，是就广义说的，其中可以分为三项：一是语言文字，二是典章制度，三是人物事迹。"④ 孙叔谦亦认为："国学者，必萃一国之思想学术也。若以一家之思想学术为教只得曰一家之学，而不可曰国学。朕即国家之妄语，久为天下所弃。思想学术，犹有同情。一家之学，不称国学，即渺渺之躬，不可命名国家也。不然，以儒术为国学，则若道，若墨，若法，若阴阳，若兵，若农，与邹鲁荐绅，势类水火，将屏诸国学之外乎？指为夷狄之学，盗贼之学乎？故以儒术为国学者，名不称实之举也，朕即国家之学也。"⑤

相形之下，《四川国学杂志》则以尊孔研经为主旨，"设国学院为

① 何域凡：《存古学堂嬗变记》，四川政协委员会编辑《四川文史资料选辑》第 33 辑，第 160 页。
② 桑兵：《晚清民国时期的国学研究与西学》，《历史研究》1996 年第 5 期。
③ 罗志田：《国家与学术：清季民初关于"国学"的思想论争》，生活·读书·新知三联书店，2003。
④ 章太炎：《东京留学生欢迎会演说辞》，汤志钧编《章太炎政论选集》上册，中华书局，1977，第 276 页。
⑤ 孙叔谦：《国学：致甲寅杂志记者》，《甲寅》第 1 卷第 4 期，1914 年，第 34 页（栏页）。

全省国学倡以发扬国粹为宗旨，首编辑《国学杂志》以资发扬弘义，鼓吹群伦，事綦重也。忆昔大地狉獉，东方先旦，神州建国，圣哲笃生，撰合乾坤而伦理出焉，天精地粹，会其极于我孔子"。志在"博文约礼，温故知新，下学上达，自有夷途，近收丽泽之益，远征心理之同。"遂制定义例如下："一通论：凡发扬国粹，推阐至理，总括弘义者，皆入此门；二经术：中华国粹，荟于群经，微言大义，务触类引申，以为匡世之本，惟经学必通音训，而以小学附焉；三理学：孔道失真，由忽躬行，有宋理学，功在实践，欲正人心，莫切于此；四子评：国粹以孔学为正宗，能旁考诸子得失，观其会通，益足以彰孔学之博大；五史学：孔作《春秋》，其文则史，往迹虽陈，其义自富，是在学者推陈出新而史例考证附焉；六政鉴：历代政制，亦得失之林，折衷古今，足资考镜，推核中外，尤关时用；七校录：征文考献，搜残补阙，校雠目录，稽古君子，在所不废；八技术：孔门立教，不废游艺，下及小道，亦有可观，医卜杂技，古书及新有发明，并入此类；九文苑：蜀士弘著，或同人私稿，根于性情，有关风教者，均可采录，不涉浮滥；十杂记：笔记丛谈，均以辨析事理，切关社会为主要；十一蜀略：凡关蜀故，足以发挥文献，阐扬风教者，并入此门，以备怀旧之士览焉"。①

在"国粹以孔子为正宗"的义例下，四川国学会内部对如何发扬国学存在分歧。刘师培认为研究汉学唯在"谛古言、审国故"，发扬国学当以求真求是为前提。在为《国学杂志》作序时，刘师培提出"夫为人之学，非徒揭衒赖赢已也，诎伸偶变，用学混同。即志佛时，亦攸为己。何则？用世之术，卑迩斯周"，"治学之方，弟隆求是，秉执品科，以稽为决"。②另外，廖平提重构道与六经的关系，倡孔圣制作，将六经置于"孔经哲学"的框架中重新解释。廖平认为："至圣生知前

① 曾学传：《国学杂志义例》，《四川国学杂志》第1期，1912年，第2~3页。
② 刘师培：《国学会序》，万仕国编著《刘师培年谱》，广陵书社，2003，第220页。

**49**

知俟后诸名义，久失其传，诸儒不得其解，遂以古文考据、义理八比为孔子，欲明经学，必先知圣与制作六经之本旨。近有《知圣编》、《制作考》等书。今拟掇其精华，分门别类，更加推阐，学者必先知圣而后可以治学，必先知经而后可以治中西各学。”① 曾学传强调国学当以儒家伦理为宗旨，“懿维孔学，群伦之宗，万流之极，不可不察也”。曾学传认为孔学乃“吾国学之粹”，“若夫佛老之去欲反本，管墨之为民谋生，良有足多者，故列论之，俾学者知吾儒之粹，众美悉备而无其失，岿然为伦理宗主，本末大小精粗一贯也”。② 在梳理历代儒学源流时，曾学传批评章太炎“以为儒术惟文学著作而止，不及德行”，告诫学者应当“立天下之大本而后渐达于圣人经世之用”，切忌“诿诿以文学自大，张己伐人，钓名贾利以欺天下之耳目”。③

刘师培曾于20世纪初指出：“世之称中国者，孰不曰‘守旧之国哉’？虽然守旧者，必有旧可守者也，必能保存国粹者也。乃吾即今日之中国观之，觉一物一事之微，无一与古代相同者。吾得以一语而断之曰：中国并不保存国粹。”④ 究其原因，“按之中国之制，则非合进化之公理者也”，则“今日之中国，岂犹有国粹之存耶？”⑤ 他入端方幕府后则上书称：“守礼即所以保邦。为学首基于植本”，主张兴办国学专门学校，“至学生毕业之期，限以三载，俾得各出其所习，施教于其乡，以膺国学教员之任，庶尊孔爱国之词，克以实践。即正人心、息邪说之功，胥于是乎在。”⑥ 刘师培此论，国学院院正吴之英甚为认可，吴氏治学，宗主郑学，“创通大义，发疑正读，与二戴、高密未知孰为

① 廖平：《治学大纲》，《四益馆杂著》，《六译馆丛书》，第129页。
② 曾学传：《国学钩元》，《四川国学杂志》第1期，1912年，第6~9页。
③ 曾学传：《历代儒学概论》，《世界观杂志》第1卷第4期，1915年，第57~58页。
④ 刘师培：《论中国并不保存国粹》，《警钟日报》，1904年6月22日第2版。
⑤ 刘师培：《论中国并不保存国粹（三续）》，《警钟日报》1904年6月25日，第二版。
⑥ 刘师培：《第三次上端方书》（1909年5月），万仕国编著《刘师培年谱》，第174~176页。

后先，贾公彦以下弗及也"。① 其论学主专精求是，"古论学问，唯专乃精。约礼未能，博文无当"，"要所以成此专执，荟精一家，固无害其通材，乃有补于雅教，不然涉猎失御，枉媚心目，泛滥忘归，犹矜口耳"。②

四川国学院中，廖平、曾学传皆倡言尊孔，组织与参与过多种尊孔团体。曾学传主张"学当致用"，"君子之学，岂有殊端，令民生惑，惟革变之秋，群言蜂起，众流竞进，不为钩元，曷瞻大道，懿维孔学，群伦之宗，万流之极，不可不察也"。孔子之学，乃性理学，"其为道也，经纬弘博，不名一家"；老学乃生理学，"隆古治化旁流，吾民不识不知顺帝之则"；管墨之学乃生计学，"古者六府之修，五土之宜，食货百工之治"；佛学乃灵魂学，"非吾儒性理经世之学"，"可为权法，特非若董子所谓天地之常经，古今之通谊也"。在孔、老、管墨、佛四学中，孔学乃"吾国学之粹也"，且"吾道固自足也"。③ 就曾学传所提倡之国学，以尊孔论，廖平是有过之而无不及，"今欲尊孔保教必先舍去制义讲章之腐语与夫心性道妙之悬言，而专就日用伦常研究其利害坚脆"。④

此类观念上的冲突，造成了国学会内部的人际分殊。吴之英就此曾致信胡文澜："院士彬彬，颇尽西南之美。况廖季平，一廛近市，绛帐垂门。近与刘申叔清语，便如忘食忘寝。令与同治院事，尤为身臂相扶。"⑤ 吴、刘二人学风相近，相互之间多有赞誉。对廖平之学，二人则多持异议。对此，国学会内部有清楚的认识，《国学杂志》发刊义例中就此就有所调和："即或汉宋交攻，朱陆互辨，要在明理，非关争胜，折衷至当，道有攸归，庶几匡时之万一。"⑥ 可以说，刘师培入川

---

① 黄崇麟：《寿栎庐丛书序》，《寿栎庐丛书》，名山吴氏刻本，1920，第1页。
② 吴之英：《答人问博学书》，吴洪武等校注《吴之英诗文集》，第285页。
③ 曾学传：《国学钩元》，《四川国学杂志》第1期，1912年，第6~9页。
④ 廖平：《中外比较改良编序》，《四益馆文集》，《六译馆丛书》，第35页。
⑤ 吴之英：《与胡文澜书》，吴洪武等校注《吴之英诗文集》，第261页。
⑥ 曾学传：《国学杂志义例》，《四川国学杂志》第1期，1912年，第1页（文页）。

在某种程度上改变了四川的学术格局，对"汉学"在蜀地的推广大有帮助，有学人即认为刘师培"手订《左庵集》雕版行之，蜀学丕变"。① 然廖平之学为"蜀学"大宗，弟子遍及川省。今古文大师廖平、刘师培于国学院角力，为民初国学院讲学授徒之主线，"今古之辨"集于一校，更是近代学术史上少见的文化现象。

国学院院正吴之英善说礼制，对廖平创分今古、发挥孔经哲学的主张颇不以为然，"礼制何必说古今，历代损益圣贤心"，"每思君法我欲去，又憾我法君不与，拟革君法用我法，古人心情在何许？"② 因此，吴氏希望刘师培能扭转国学院中"肆挥今文"的学风。今古文大师廖平、刘师培的角力，为民初国学院讲学授徒的主线。二人争辩今古，渊源有自，可谓清末"蜀学"与江浙学术争锋的缩影。

南方有学人称"廖说若行，南方经学，罕能立足"，③ 章太炎著《今古文辨义》，对廖平"微言之说，多所驳难"。廖平坚持齐鲁之学有"微言、大义"二派，"二千年以来专言大义，微言一失，大义亦不能自存"，如今若求有用之学，须阐明"微言为圣门正传"。④ 章太炎抨击今文经学以学术缘饰政治，别有用心，称"鄙意提倡国学，在朴说而不在华辞，文学诚优，亦足疏录。然壮言自肆者，宜归淘汰。经术则专主古文，无取齐学"。⑤ 宋恕指出"对于粹，应有二主义焉：则保也，复也"。⑥ 章太炎、廖平的分歧，即"保"与"复"的分别。章太炎发展"六经皆史说"，保存国粹，发扬国光，归一于民族文化。廖平主张经史分流，主讲孔子制作，"用圣作则经可推行，言述则经必废亡"，批评"以古文争一虚名，忍使六经废亡，而不思改变"；"保国保种之

---

① 尹炎武：《刘师培外传》，《刘申叔遗书》，第17页。
② 吴之英：《寄廖平》，吴洪武等校注《吴之英诗文集》，第67~72页。
③ 吴虞：《爱智庐随笔》，《吴虞集》，第91页。
④ 廖宗泽编撰《六译先生年谱》，《儒藏·史部·儒林年谱》第49册，四川大学出版社，2007，第819页。
⑤ 章太炎：《与某书》，《国粹学报》第24期，1907年，第7页（栏页）。
⑥ 宋恕：《国粹论》，《宋恕集》上，第460页。

52

法，无俟别求，以为圣作有百利而无一害，以为贤述有百害而无一利"。① "保存"的结果是国粹沦为国故，"复兴"孔圣哲学却难以为世人认可。朱昌时即称，"廖氏其人厄于当道"，"但岿然独存"，极力向邓实表彰四益馆诸书。②

刘师培曾作《南北学派不同论》，认为"近代之儒所长者，固不仅考证之学"，"训诂、典章之学，皆可以考证二字该之"，而且"著作必原于考据，则亦以考据该近代之学"。若就地域而言，"虽学术交通，北学或由北而输南，南学亦由南而输北，然学派起源夫固彰彰可证者也，黄、惠、江、庄谓非儒术之导师欤？且南、北学派虽殊，然研覃古训，咸为有功于群经"。③ 称赞近代考据兴盛，当是表彰清儒学术成就，以南北言考据学，东部学人习以为常。宋育仁的高徒、国学院史学教员杨赞襄则质疑刘师培"南北考证学"的划分，为"蜀学"争名分。

杨赞襄认为，巴蜀盛行今文家说，宋育仁于"微言大义，独有会心，其宗旨在以教养致富强"，"通经乃能致用"，"此富顺学派也"；廖平"别有会心，其宗旨以皇帝王霸循环逆数为归宿，或咎其作符命，不尽然也"，廖学更"逾岭而南，康、梁实为巨子，与章、刘旗鼓中原，遂影响于革命、保皇二党"，"此井研学派也"；王闿运弟子吕翼文以朴学著称，与新宁傅晋卿并称"湘潭学派"。"章、刘、王、宋、廖、康皆思以其道易天下"，此非"从前考证家所能及"。所谓"旧邦既焕新猷，旧学亦开新派。吴则刘子，越则太炎，其考证用古文法式，而理论则近于今文，又湛于佛"。因此，杨赞襄主张学术流派在晚清以降当以"东西"代"南北"，"两汉经学有东西无南北，今之新考证家亦复

---

① 廖宗彝：《代廖季平答某君论学第三书》，《广益丛报》第117号，1906年，第4页（栏页）。

② 朱昌时：《致邓枚子书》，《蜀报》第5期，1910年，第2页（栏页）。

③ 刘师培：《南北学派不同论·南北考证学不同论（续第6期）》，《国粹学报》第7期，1905年，第1~8页（栏页）。

如是"。"东"自然是汉学大本营"吴越"，"西"则是以今文学开新考证学之"楚蜀"，甚至就"理论"而言，吴越也要纳入今文的范围，所谓"理论渐趋统一而事实随之"。[①] 这言外之意自然是要以巴蜀为代表的今文学为学术正统，而"吴越巨儒"仅为附庸而已。杨赞襄曾上书川省都督，希望宋育仁能讲学于四川国学馆，则"国粹必愈昌明，正堪与刘申叔相得益彰"，[②] 此事未果。不过，廖平与刘师培的今古分合似乎印证杨赞襄的预言。

刘师培和廖平在经史关系、天人性命之说等问题上各持己见，其焦点则是争辩今古。廖平在国学会定期讲论，发挥今文学，作《尊孔篇》，"为中外提倡微言，发明哲理，阅者以哲学视之可也"。[③] 在国学学校教授群经大义，多以《经话》为依据，"其说经之书，初谓之《经话》，如《今古学考》诸作，皆自《经话》中录出，遂成卷帙"。[④] 刘师培主讲音韵训诂与《春秋左氏学》，"讲授之余，课以札记。有以疑义相质者，亦援据汉师遗说，随方晓答"。[⑤] 不过，刘师培在四川国学院时期扬弃廖平以礼制辨别今古的说法，"廖书断古文学为伪，诚非定论（今亦不主此说）。武断穿凿，厥迹尤多。然区析家法，灼然复汉学之真，则魏晋以来所未有也"。[⑥] 此时，刘师培"朝夕共廖氏讨校，究心于《白虎通义》、《五经异义》之书"，深究今、古文师说。[⑦] 此后，刘师培详考史事，以史证经，因事证明今古二说各有所本，明堂之制本有今古两说者，一为鄠鄏之制，一为雒邑之制；又著《西汉周官师说考》，以疆域礼文之殊，比次班书，甄录贾马诸说，兼采春

---

① 杨赞襄：《书刘申叔〈南北考证学不同论〉后》，《四川国学杂志》第 3 期，1912 年，第 1~2 页（文页）。
② 杨赞襄：《上都督书》，《四川国学杂志》第 8 期，1913 年，第 67~69 页。
③ 廖平：《尊孔篇》，《四益馆杂著》，《六译馆丛书》，第 1 页。
④ 蒙文通：《廖季平先生传》，《经史抉原》，第 143 页。
⑤ 刘师培：《春秋左氏传答问·序》，《刘申叔遗书》，第 311 页。
⑥ 万仕国编著《刘师培年谱》，第 217 页。
⑦ 蒙文通：《经史抉原·议蜀学》，《经史抉原》，第 102 页。

秋传记、大戴礼记、周书之属，以证周官师说同制，"櫽栝古学，立异今文"。①

在国学院与廖平朝夕讨教的经历，使刘师培治学道路逐渐转向以礼制讲经古文，在考证经籍、疏通史迹的基础上为经古文学立家法条例，为清代汉学建构"理论"，这也是刘师培晚年学术研究殚精竭虑之处。邵瑞彭即称："三百年来古文流派至此确然卓立。"② "入蜀之役"是刘师培学术道路上的重要转折点。同时，刘师培执教国学院，在某种程度上改变了四川的学术格局，有学人即认为刘师培"手订《左庵集》雕版行之，蜀学丕变"。③ 此语或有溢美之嫌，但刘师培对川省汉学的传播的确功不可没。刘师培入川不久，吴虞便登门求教研究汉学的门径。

1913年暑间，国学院学术风气亦为之一振。1913年上半年，谢无量因病离院，廖平则赴全国统一读音会，刘师培出川北游，吴之英以病请辞。恰逢此年暑期考试完毕，存古旧班学业已满3年，学生均提出毕业，无人愿意留院继续4年升造，此时代理院务的曾培遂许存古班毕业。然民元秋季所招入的新甲班，原本即与旧班合课，提出既然受同等教育，亦当同时毕业，新乙班亦提出甲乙两班乃同时招入，应同时结束。于是所有学生，全部走尽。廖平返川后，曾致信召回部分学生。见此情形，四川官绅以事关国学前途，呼吁从速设立国学专门学校，院正吴之英呈四川民政长公函称"存古旧班之学生，在前清末造，又系举、贡、廪、附暨中学毕业考入，皆具有根柢，分科专肄，学级实同于高等，造诣远超乎中学，历年成绩亦似优异"，请求"量才器使，以收作人之效"，④ 然"当此科学分立，国学不振，似应

---

① 孙海波：《西汉周官师说考·提要》，《续修四库全书总目提要》第37册，第439页。

② 邵瑞彭：《礼经旧说题记》，《刘申叔遗书》，第99页。

③ 尹炎武：《刘师培外传》，《刘申叔遗书》，第17页。

④ 吴之英：《四川国学院咨四川民政长》（1913年8月），"存古学堂档案"转引自郭勇、张丽萍《四川存古学堂及四川国学学校考略》，《蜀学》第3辑，第30页。

另立国学专门，以弘造就"。① 1914 年 3 月，省行政公署以经费支绌，决定废院存校，专办国学学校，延聘廖平为校长。学校于春季招收新生一班，资格取中学毕业者，学制仍定为 5 年，此时的国学学校与国学院时期相比，师资与生源在规模上都削减了不少。

表 1-2　四川国学学校 1912～1914 年办理概况一览

| 年度 | 1912 | | | | 合计 | 1913 | | | | 合计 | 1914 上半年 | | 合计 |
|---|---|---|---|---|---|---|---|---|---|---|---|---|---|
| 科别 | 经学科 | 史学科 | 词章科 | 预科乙甲 | 五科 | 经学科 | 史学科 | 词章科 | 预科 | 四科 | 旧班预科 | 新班预科 | 二科 |
| 班次 | 旧班 | 旧班 | 旧班 | 新班乙甲 | 五班 | 旧班 | 旧班 | 旧班 | 新旧 | 四班 | 旧班 | 新班 | 二班 |
| 学生名数 在学 | 32 | 20 | 6 | 35 | 93 | 32 | 20 | 6 | 28 | 86 | 10 | 32 | 42 |
| 学生名数 毕业 | | | | | | 32 | 20 | 6 | | 58 | | | |
| 教职员总数 | 11 | | | | 11 | 12 | | | | 12 | 7 | | 7 |

资料来源：郭勇、张丽萍《四川存古学堂及四川国学学校考略》，《蜀学》第 3 辑，第 42 页。

表 1-3　国学学校 1914 年主要教职员一览

| 职务 | 姓名 | 籍贯 | 年龄 | 授课 | 到校年份 | 离校年份 | 月俸银（外支夫马费） |
|---|---|---|---|---|---|---|---|
| 前校长（院副） | 刘师培 | 江苏仪征 | 31 | 经学、词章 | 1912 | 1913 | 120（60） |
| 校长（院员） | 廖平 | 井研县 | 62 | 经学 | 1912 | | 120 |
| 庶务长 | 罗元黼 | 崇庆县 | 58 | 习字 | 1912 | | 60 |
| 前庶务 | 张子梁 | 崇庆县 | 35 | 教员 | 1912 | 1914 | 100 |
| 庶务 | 吴开甲 | 南充县 | 35 | 数学 | 1914 | | 30 |
| 学监 | 黄镕 | 乐山县 | 52 | 经学 | 1914 | | 50 |
| 学监 | 季邦俊 | 乐山县 | 49 | 经学 | 1914 | | 40 |
| 院正兼教员 | 吴之英 | 名山县 | 56 | 经学 | 1909 | 1913 | 140 |
| 院员兼教员 | 杨赞襄 | 天全县 | 42 | 史学 | 1909 | 1913 | 100（30） |

① 吴之英：《为国学学校定名四川国学专修学校事致四川民政长公函》（1913 年 6 月 24 日），"存古学堂档案"，转引自郭勇、张丽萍《四川存古学堂及四川国学学校考略》，《蜀学》第 3 辑，第 30 页。

| 职务 | 姓名 | 籍贯 | 年龄 | 授课 | 到校年份 | 离校年份 | 月俸银（外支夫马费） |
|---|---|---|---|---|---|---|---|
| 院员兼教员 | 曾瀛 | 郫县 | 50 | 史学 | 1912 | 1914 | 100 |
| 院员兼教员 | 曾学传 | 温江县 | 53 | 理学 | 1912 | 1914 | 100 |
| 院员兼教员 | 李尧勋 | 资阳县 | 37 | 教育学 | 1912 | 1914 | 100 |
| 教员 | 伍肇龄 | 邛崃县 | 86 | | 1914 | | 100 |
| 教员 | 蒲助孜 | 郫县 | 49 | 算学 | 1909 | 1913 | 30 |
| 教员 | 陈文垣 | 成都县 | 57 | 国文 | 1914 | | 30 |

资料来源：郭勇、张丽萍《四川存古学堂及四川国学学校考略》，《蜀学》第 3 辑，第 35~36 页。

从表 1-2、表 1-3 中，不难看出，1914 年国学学校学生数量不足之前的一半；教员中，刘师培、吴之英、曾学传、杨赞襄等"东西"之争的干将皆已离校，言"今学"者尚有廖平及其弟子，言"古学"者则已流失殆尽。此时国学学校的经学课程，多为廖平自任，修身也是自编教材授课，"学堂修身教科书苦无善本"，"使初学无从领受，视为畏途"，"今以《容经》为主，专就身字立说，以符其名实，举切于耳目手足，衣服饮食之事，专主行迹，不涉理论，教者故易于指授，学者亦易于领解"。[1] 其他经学教员黄镕、季邦俊皆廖平弟子，谨守廖平之学，黄镕会同胡翼等人作《致菊室主人书》以解答章太炎《今古文辨义》之驳难，称四益乃"收残拾缺，继绝扶危，以复西汉之旧"，"合中国学术而论，以孔子为尊，必先审定孔子"，"以求有用之学，庶几圣道王猷，略得班管"。[2] 后又作《五变记笺述》，阐发廖师学术大义。季邦俊则于是时笔述廖平《春秋三传折中》，并为之作叙。由此可见此时国学学校专讲廖平一人之学，不复今古角力之局面，此亦可由现存国学学校课卷题目中窥见：

---

[1] 廖平：《容经凡例》，《四益馆杂著》，《六译馆丛书》，第 2 页。

[2] 黄镕、胡翼等：《家学树坊·致菊室主人书》，李燿仙主编《廖平选集》（下），第 623 页。

国学学校春季课题目（民国三年三月三日）：《列子》尊孔诟儒分类钞，《庄子》尊经诟儒分类钞，《墨子》尊经诟儒分类钞，《灵枢》疾病每门分类表（如五脏十二经之类，每门分列一表，即以其病状异同分列于下），《素问》疾病每门分类表（同上），《论衡》疑经攻孔驳义，《史通》疑经攻孔驳义，经学不厌精攻孔疑经驳，章太炎攻孔疑经驳，辑《春秋》以前中人以上程度与今欧美风气习俗相同（左国诸子事迹），立孔教为国学议。

夏季课题目：五运六气民病考（月令董子淮南纬书诸言政失民病者），诸子医国说（先钞图书集成总论，再补之），《尚书》干支五运六气考（移光定位六合三十度），春秋以前字母遗迹考（如《礼记》鲁薛鼓○口音律工尺，《左传》手纹苗人铜鼓花纹之类），辑《容斋五笔》驳古器款识，孔子以前金石文字驳（引《图书集成》春秋以前文字诸说而驳之），《史记扁鹊仓公传》释，引《灵素·五解篇》附经下为解钞，《周礼》注疏以律吕调阴阳考，分野州国皆翻译非春秋师说考（详《诗》、《易》非《春秋》以国名，详一统非中国一隅地名），《灵》《素》经说考（凡与经传相同辑之），《灵素》分科篇目（分为数种：天学、帝学、全体、卫生、政治、疾病针灸），纬书经说类钞，辑古书藏府异同说，旧医略于外肾后乃代以命门考（所称命门作用大抵指外肾言），督任冲为京师十二经为十二牧说，伤寒金匮脉法三部九候钞，九针十二原即九州岛十二牧说（针与镇同五土以原为首如九洛八十一州），辑上古至隋全文医书医学说，辑《全唐文》医书序及医学说，辑纬书字说（与《说文》不同者不用篆），辑纬书北斗七星散为各物考。[①]

此时廖平多言天人之学，掺杂纬书及岐黄之书，上述33个春夏课题题

---

① 《国学学校春（夏）季课题目》，《国学荟编》1914年第1期，1914年，第70～71页。

目中，其中 13 个是医学题目，经学条目则多攻讦古文，论今文纬书、天人大小之学，尊孔意识尤重。在"立孔教为国学议"一条下注明："略具题解发挥补足刊入《尊孔集说》，孔教包天人兼大小，不应以国字囿之。中国于孔学服习二千余年，国教为外国法，诸请立国教者皆属空词泛论，未有草案及组织范围之细则，驳者动以外国争教为恫赫之词，孔教广大无所不容，且教与政混合为一，与海外性情资格迥不相同。孔教与外教迥殊，未见规条，所虑应无庸议。"① 《国学荟编》原本即刊刻师生著作之园地，之前尚有刘师培、吴之英、曾瀛等人校订经史的文章，而 1915 年之后几乎成为廖平学术的一言堂，所刊学生的课卷多也以廖氏之学为宗。

至此，四川存古学堂三经嬗变，培养人才无数，其中较著名者有三台陆耆那、崇庆杨永浚、崇庆彭云生、资阳曾尔康、盐亭蒙尔达、巴县向承周、资中邓宜贤、井研廖宗泽等 20 余人。在各种学风影响之下，"此辈或擅词章、或治小学、或通经史"。② 若就师承而论，可见刘师培、曾学传、廖平三人之学术传衍，姑且以向宗鲁、彭云生、蒙文通三人略论之。在蒙文通看来，向、彭二人乃"闻其（廖平）绪论，而皆自成其学"，③ 这二人所自成之学多少留有刘师培、曾学传的影子，而蒙文通则终生以传衍廖平学术自任。

向宗鲁 1911 年负笈成都，入存古学堂肄业。廖平之经今义学，非向氏所好。向宗鲁经常向廖平质疑问难，致力群经史子，一意探求戴震、钱大昕、段玉裁、王念孙实事求是之学。从国学院毕业后，1922～1931 年，向宗鲁在汉口为私人家庭教师，与徐行可、黄季刚交游。此时"恣为著述，《说苑》、《淮南子》、《史通》、《文选》诸书校治之业，

---

① 《国学学校春（夏）季课题目》，《国学荟编》1914 年第 1 期，1914 年，第 70 页。
② 1918 年，遵教育部大专学校规定，改国学学校为"四川省立国学专门学校"，1927 年改为公立四川大学中国文学院，亦以保存国学为名，但学术体制已渐纳入民国新学制，且课程重新厘定，旧学之外加以新学，比前增多数倍。此不赘述，具体情况可参前揭何域凡、郭勇、张丽珠诸作。
③ 蒙文通：《廖季平先生传》，《新四川月刊》第 1 卷第 1 期，1939 年，第 56 页。

皆始于是时"。① 《校雠学》为 1938～1940 年向宗鲁在川大所写讲稿，尝谓："昔人校雠之名，本以是正文字为主。而郑樵、章学诚之流所谓辨章学术、考镜原流者，特为甲乙簿录，语其宗极，而冒尸校雠之名，翩其反矣。彼徒见向歆之业，著于录略，而不知簿录之始，必于校雠之终，事或相资，而名不可贸。辨章学术者，校雠之余事，是正文字者，校雠之本务也。"② 从向宗鲁之交游与著述，或可为尹炎武所说刘师培"手订《左庵集》雕版行之，蜀学丕变"作一注脚。

彭云举于 1913 年 3 月考入四川国学院，师从吴之英、廖平、刘师培诸先生，然未及数月，经历国学院毕业风波之后，离蓉赴渝，彭氏当不在廖平所招纳返校人员之中，故受廖、刘二人之教甚浅。而早在 1910 年，彭云生就师从曾学传，读《陆象山集》，后亦参与曾学传所办的孔教扶轮会。③ 彭云生研治经史皆有成就，然疏于著述，流传于世者，仅《薛涛丛考》《薛涛诗笺》《杜诗版本考》《草堂文献汇编》等稿。蒙文通曾对后学说："彭先生深藏不露，是最有学问和涵养的人。"④ 彭云生尤精于理学，提倡研究理学者"必须具有切实作人之念，然后细求诸家所得，反身体认，乃为有益，若徒教其短长，腾诸口说，非惟与己无益，其弊较之隋唐更有甚也"，"宋明诸儒因矫正隋唐经学芜蔓之弊，倡为身心性命，修己治人之学"，乃"使儒家大公至公之道大明于天下"，⑤ 其学斯可谓得曾学传之传。

蒙文通自 1911 年考入存古学堂至 1916 年毕业返乡，在三人中，肄业国学院时间最长，经历了存古学堂至国学学校的更替，亦深刻感受汉

① 屈守元：《精于校雠的学者向宗鲁》，四川省政协文史资料研究委员会、四川省文史馆编《四川近现代文化人物》，四川人民出版社，1989，第 278～279 页。

② 向宗鲁：《校雠学》，商务印书馆，1944，第 1 页。

③ 彭铸君供稿，政协文史研究委员会整理《彭芸生年谱》，《崇庆县文史资料选辑》第 5 辑，内部发行，第 33～34 页。

④ 吴天墀：《刘咸炘先生学术述略》，刘咸炘：《推十书》第一册，成都古籍书店，1996，第 21 页。

⑤ 彭云生：《宋明理学之流别》，《国学会刊》，四川大学文学院，1945，第 1 页。

宋、今古诸学之论辩，这也造成其择取学术道路的某种紧张，"朝夕所闻，无非矛盾，惊骇无已"，其一生之学术也确实受益于廖平、刘师培、曾学传三先生。1915年，在廖平主持国学学校时，蒙文通撰写了《孔氏古文说》，以今文学的观点来讨论晚周秦汉的六经与旧史之别，明确地提出了"博士之经同符孔籍"，并"考还博士之旧，肇复古文"。① 此文得到廖平之称赞，特刊于1915年《国学荟编》第8期。此事或可为蒙文通常提及"少好今文家言"的源头，而今文学立场成为蒙文通日后学兼汉宋、出入经史的起点。诚如程千帆所言："蒙文通先生现在是以一个上古史专家的面目出现在学术界的，其实他的学问源于清末四川今文经学的大师廖季平。他是把廖季平那些稀奇古怪的想法用现代学术加以表现出来的。"② 若就今古之争而论，刘氏早逝，廖平中风，两位大师之间的学术争辩自然戛然而止，此后，蒙文通则在与民国各派学人的交往中，以"义与制不相遗"为宗，将"今古之辨"应世予以权变。

---

① 蒙文通：《孔氏古文说》，《经史抉原》，第4页。
② 程千帆：《书绅杂录》，《桑榆忆往》，上海古籍出版社，2000，第156~157页。

# 第二章

# "少好今文家言"：
# 平议汉学与抉原经史

章太炎指出，清初学人研治经学"尚无今古文之争"。乾嘉学人分别今、古文，仅是发明汉代一家之学，"自今文家以今文排斥古文，遂有古文家以古文排斥今文来相对抗"。① 钱穆认为近代经今古文之争源自晚清今文学的代表人物廖平、康有为的门户之见，不能将后起的经今古文之争等同于两汉经学的历史实情。不过，钱氏承认今文学推寻汉代家法，"抽绎坠绪，未为无功"。晚清今文学拉开近代学术由经入史的序幕，诚有筚路蓝缕，以启山林之功，近代今文学可谓观察晚清以来学术流变的有效切入点。蒙文通作为廖平之嫡传弟子，"少好今文家言"，"沉思今古事"贯穿其学术道路之始终，但蒙氏独不信改制之说。1923年，蒙文通首次出川，与提倡整理国故的学者多有交涉，返川之后即有"议蜀学"之举，严辨今古文门户。此后，蒙文通将公羊学视作"伪今文学"，只有以礼制为本，按家法条例治《穀梁》才是"成熟之今文学"。

---

① 章太炎：《清代学术之系统》，马勇编《章太炎讲演集》，河北人民出版社，2004，第104页。

# 第一节 "期观同光以来经学之流变"：
## 蒙文通首次出川

一 "复古为解放"

四川国学院时期廖平、刘师培之间的今古论争，曾经困扰了蒙文通十年时间：

> 自壬子（1912——引者注）、癸丑（1913——引者注）迄于癸亥（1923——引者注），十年之间，寻绎两师之论，未得尽通。①

这一问题背后隐含着蒙文通如何评判"今古"，是尊今抑古、尊古抑今，还是平分今古："文通于壬子、癸丑间，学经于国学院，时廖、刘两师及名山吴师并在讲席，或崇今，或尊古，或会而通之。持各有故，言各成理。朝夕所闻，无非矛盾。惊骇无已，几历年岁，口诵心维而莫敢发一问。虽无日不疑，而疑终莫解。"不过此疑问在1922年底有所突破，蒙文通自称：

> 壬戌秋初，适渝，身陷匪窟，稽滞峡中，凡所闻见，心惊魄悸，寝不寐食不饱者殆月有余。忧患之际，思若纯一。绎导旧义，时有所开。推本礼数，佐以史文，乃确信今文为齐、鲁之学，而古文乃梁、赵之学也。古文固与今文不同，齐学亦与鲁学差异。鲁学为孔、孟之正宗，而齐、晋则已离失道本。齐学尚与邹、鲁为近，而三晋史说动与经违，然后知梁、赵古文，固非孔学，邹、鲁所

---

① 蒙文通：《井研廖师与汉代今古文学》，《经史抉原》，第135页。

述，斯为嫡传。及脱险抵渝，走笔追述所得，尽三日之力乃已。爰益以旧稿，著论九章，以赞师门之旨。①

至此，在"今古"之间，蒙文通认定了今文为齐鲁之学，乃孔孟嫡传。

恰在此时，蒙文通应友人杨效春之邀，为《友声》征文作《近二十年来汉学之平议》，此文上半部分发表于《友声》双十增刊，后半底稿则在编辑部散失。后因友人唐迪风之催促而重新写就，更名《经学导言》。后者删去了前稿中的诸多评语，但仍保留了对近三百年学术"以复古为解放"的判断："近三百年来的学术，可以说全是复古运动，愈讲愈精，也愈复愈古，恰似拾级而登的样子。这三百年间的进步和结果，真是可惊。""宋明是一步，晋唐是一步，东汉是一步，西汉是一步，这真是拾级而登、愈复愈古了。"② 然今文、古文两个问题，却引发了二十年之久的学界争议："近二十年间汉学的派别很多，可说是清朝一代的缩影，就说他是中国几千年学术的缩影亦无不可。"廖平《今古学考》乃今古学超前绝后之著作，近来讲今文的（以康有为为领袖），谈古文的（以章太炎为领袖），何尝出得廖平的范围。也就是说，今古文学集清代学术乃至中国学术之大成，而廖平则是自顾炎武一系清代学术承前启后的人物。蒙文通既然认定了今文为齐鲁之学，是故"现在讲经，是不能再守着两汉今古文那样讲，是要追向先秦去讲"，也就是要复古至周秦，"说我是脱离这部书在宣告独立也可。说近来的今文家、古文家和我这篇文字的主张，都是《今古学考》一书下面的三个修正派亦无不可"。③

正是由于在今古文问题上的突破，蒙文通方才认可清代三百年之学，以复古为前进，而他自己当仁不让地成为这一运动的接班人。同时，他认为清代学术在"别一方面却很退步"，"前面有人讲了许久的

① 蒙文通：《经学抉原》，《经史抉原》，第46~47页。
② 蒙文通：《经学导言》，《经史抉原》，第10~12页。
③ 蒙文通：《经学导言》，《经史抉原》，第12~13页。

今、古学，后来又有许多人提出齐、鲁学，这自然是令我们满意的了，我们是要认为进步的了，究竟近代经学是不是进步超过前代，我们对近代儒者是不是满意的很，这却是个问题"。① 这种退步与不满的根源就在于清儒复古的方式与目的。上一章曾提到四川国学院中刘师培、廖平关于治经方法的分别：廖氏主张从汉师家法条例的分析入手，刘氏则主张声韵文字、小学训诂。两人对于蒙文通治《说文》之学，一赞扬，一责骂。据蒙默所述，蒙文通在受到廖平的批评后，"深韪其言，自是循廖氏之旨以治经，惟家法条例之求，而不屑屑于训诂名物矣"。② 从蒙文通一生的学术历程来说，这大致是不错的，但具体到他 30 岁出川前，则有一番艰难的抉择。1932 年，蒙文通作《廖季平先生与清代汉学》，回忆说：

> 年二十，从本师井研廖季平先生、仪征刘申叔先生问经学。廖师屡曰："两《经解》卷帙虽繁，但皆《五礼通考》、《经籍纂诂》之子孙耳。"又言清代各经新疏及曩在江南见某氏未刊之某经正义稿，大要不能脱小学家窠臼。刘师则直谓："清代汉学未必即以汉儒治经之法治汉儒所治之经。"又言："前世为类书者（《御览》、《类聚》之类），散群书于各类之中；清世为义疏者（正义之类），又散各类书于经句之下。"两师讪諆清代汉学若此。余初闻而骇之，不敢问，以为两《经解》尚不足以言经术，称汉学，舍是则经术也、汉学也、于何求之？亦竟不能揣测两师之意而想像其所谓。及年已三十，教学渝州，欲一览清末经术家言，稍搜各家书读之，始知考据之学无与于经术，称考据为汉学者陋矣。……惟就经例以穷汉学，故廖刘相得而益彰，舍经例而言汉学，争今古，由贤者视之，则蛙鸣又何辨乎公私！③

---

① 蒙文通：《经学导言》，《经史抉原》，第 10、43 页。
② 龚谨述：《蒙文通》，《中国史研究动态》1980 年第 12 期，第 13 页。
③ 蒙文通：《廖季平先生与清代汉学》，《经史抉原》，116~117 页。

由此可见，家法条例与文字训诂两种治经路数，在蒙文通心中造成了持久的紧张，一直到 30 岁时，他才最终确定选择前者而舍弃后者。此时，蒙文通方才察觉刘师培之转变："余于年三十以后，始觉左盦之学与廖师同归，其未入蜀前所著作，与入蜀后者不复类。……左盦初本长于声均文字之学，世治《左氏》而守《说文》，其入蜀后……专以《五经异义》、《白虎通义》为教学之规。……左盦之渐渍于廖师，此其明验。"[1]

正是在"小学训诂"与"家法条例"之间有所取舍，所以蒙文通批评清代汉学，大约 3/4 以上的经师只知道在一字一物上偶有所发明，却终生不晓得经是怎么一回事，真可谓"野言乱德"。若按贯通家法、精晓条例的治经标准，清代经学大多只是"以小辩相高，不务守大体，或求之章句文字之末，人人自以为许、郑"。而只有进到刘逢禄、张惠言时，经学才由散漫无纪的考订名物训诂发展到能够专明一家，这一层只是明训注，到了后来胡培翚疏《仪礼》，明注又能破注，这一层算是明传了，传记既然明了，那自然要明经，这便是其师廖平的独到之处。廖平通晓各传家法后，折中三传来讲《春秋》，"真是两千年来一大快事了"，"廖先生著一部《今古学考》，真是平分江汉、划若鸿沟"。[2]以后康有为、章太炎只是把他的说法大大地申论了一番，也可以说两派的旗帜愈见分明，但不能说是向前进展了。在这里，"魏晋以来无此识力"的廖平是清代学术的集大成者，已经做到了通传以明经。只有贯通家法、精晓条例的刘逢禄、张惠言、胡培翚、廖平等人优于考据学，才算得上是真正"超越前代"。

"复古为解放"的思路是清季民初学术界的某种共识，清代学术发展的内在理路本有研究对象越来越古的趋势存在，叶德辉早就从学术争论的角度预测说："学既有变，争亦无已，由实入虚易，由虚入实难，

---

① 蒙文通：《廖季平先生与清代汉学》，《经史抉原》，第 119 页。
② 蒙文通：《经学导言》，《经史抉原》，第 43~44、12 页。

有汉学之攘宋，必有西汉之攘东汉。吾恐异日必更有以战国诸子之学攘西汉者矣。"① 一如陈柱所言："吾国学术莫盛于周末。自秦以后，忽焉就衰。盖周末为创作时期，其所著书，虽称古先王，而实皆各有己意，唯以吾国民族，雅尚经验，故以古言为重，非真复古。""以古学为重"仅是表达"己意"的途径，而非真为复古，"有清一代之学术，言古学则可谓总前代之大成，言思想则可谓开今后之先河"。② 不过，民初接续此"先河"者，言古学的旨趣却大不相同。1920 年代初，梁启超总结二百年清代学术，认为清代学术乃"对于宋明理学一大反动"，所谓"综观二百余年之学史，其影响及于全思想界者，一言蔽之，曰'以复古为解放'"。③ "复古为解放"由此成为认知"清代学术"的典范，这一解释自如地过渡到梁启超一直所宣扬的清代思潮"其动机及其内容，皆与欧洲之文艺复兴绝相类"，后来成为"科学史学派"领军人物的傅斯年此时也尤其侧重清学"文艺复兴"的一面。时人将清代学术与文艺复兴相类比，顺理成章地为西来的"科学主义"提供了历史依据与学理基础。作为"新文化"运动的重要环节，胡适、顾颉刚倡导"整理国故"和"古史辨"运动正是以严肃的学术运动来参与和支持反孔非儒的"新思潮"，其起点正是回归原典，④ 在继承乾嘉汉学的基础上更上一层楼。

蒙文通所言"复古求解放"是以"通经折传"为前提，寻经学本旨，而梁启超、胡适等人的目标则不再是复古代经典的大义，而是西方的"德先生"与"赛先生"。不过，蒙文通也不以"通经折传"为满

---

① 叶德辉：《叶吏部与戴宣翘校官书》，苏舆编《翼教丛编》，上海书店出版社，2002，第 174 页。清季"古学复兴"问题可参见罗志田《中国文艺复兴之梦：从清季的古学复兴到民国的新潮》，《裂变中的传承——20 世纪前期的中国文化与学术》，中华书局，2003。

② 陈柱：《清儒学术讨论集序》，陈柱等《清儒学术讨论集》，商务印书馆，1930，第 1~2 页。

③ 梁启超：《清代学术概论》，朱维铮校注《梁启超论清学史二种》，复旦大学出版社，1985，第6 页。

④ 林庆彰：《中国经学史上的回归原典运动》，《中国文化》2009 年第 2 期。

足，而是紧接着追问：

> 经里边究竟说的是什么？究竟为的是什么？只是区区明家法、通条例便算成功了吗？这便不能不更进一步，由明经进而明道。……我们想，若是只能讲些六经义例，只做些道问学的功夫，而把明庶物、察人伦、致广大、尽精微等一段尊德性的事都放置一边，这也还是未到顶上的一层。我们看《乐记》、《书传》、《系辞》、《中庸》里边，很有些又精又纯的理论，这些都是六经的微言，都是因经以明道的，尤其是孟子发挥得透彻无遗。孟子是邹鲁的嫡派，他说的礼制都是和鲁学相发明的，《孟子》和《穀梁传》这两部书，真要算是鲁学的根本了。《孟子》这部书的精奥，一直到了宋代方发明出来，到了泰州一派才算阐发尽致，我们说要明道，也便是要在这一层上着手，所以我在《绪论》里把这个道理简单的说了一下，深惜明后便渐渐的晦而不明了。……不能做明道的学问，那还算不得一个造诣高深的学问家。[1]

乾嘉以降，经典考证蔚成风尚，清儒群趋"道问学"一途，他们笔下虽仍不时出现"尊德性"的字样，但多数是一种空泛的门面语，无所指涉。[2] 蒙文通的抱负却不仅是道问学而已，他要通经明道，或者说由考据而明义理，因道问学而尊德性。他直言自己要明的"道"，就是泰州王学业已"阐发尽致"的"孟子之道"，在经学上"博极群书、剖析毫芒"的最终目的也在于体认宋明理学之道。也正因为清儒多言"道问学"，考据学取得了"霸权"地位，所以道咸以降之推崇宋学者，莫不先在考据上下功夫以确立自身的发言权，然后才敢言汉

① 蒙文通：《经学导言》，《经史抉原》，第44~45页。
② 余英时：《清代学术思想史重要观念通释》，《中国思想传统的现代诠释》，江苏人民出版社，1989，第232页。张循：《从此殊途——儒学社会性格的明清嬗蜕》，巴蜀书社，2022。

宋之学。① 蒙文通自然十分重视"通经折传"这些道问学的功夫,不明经传难得孔孟之道,研讨经学是明道的基础。

怀揣此一抱负,恰逢而立之年的蒙文通随即出川,到清代学术大本营吴越求学问道。蒙文通 1923 年底出川,大约于 1924 年秋返川,对于这近一年的经历,在《经学抉原》序言中有简单的追述:

> 稿既脱,乃南走吴越,博求幽异,期观同光以来经学之流变。而戎马生郊,故老潜遁,群凶塞路,讲贯奚由。遂从宜黄欧阳大师问成唯识义以归。②

有学人依此回忆,结合 1924 年江浙军政之事,推测当年的真实情况:1923 年秋,蒙文通赴南京,本打算在支那内学院逗留一段时间,俟时前往上海拜会康有为、章太炎。1924 年 9 月,"江浙战争"爆发,去上海无望,遂继续留在内学院学习,其"访求同光以来经学之流变"的最大愿望自然没有实现。③ 这种分析着眼于社会与政治环境的影响,自有可取之处。但蒙文通所言的"故老"是否限于康、章二人,为什么到南京会逗留于支那内学院而不是直接拜访"故老",这都是悬而未决的问题。实际上,蒙文通首次江南之行的境遇与晚清以降传统学术的变迁以及全国学术格局的改变有莫大关联,颇似民初新兴的"蜀学"与吴越这一经学大本营的直接碰撞。是时原为经学大本营的江南,经学正统业已衰落,佛学等正异军突起,整理国故之风更是方兴未艾。但这一论域的转变尚未完全传到经学仍潜居主流的巴蜀,颇具"礼失求诸野"的意味,而蜀地饱学之士认为经学重镇仍在吴越,并对其寄予厚望。④

---

① 罗志田:《"新宋学"与民初考据史学》,《权势转移:近代中国的思想、社会与学术》,第 361 页。

② 蒙文通:《经学抉原》,《经史抉原》,第 47 页。

③ 李晓宇:《蒙文通先生佛学研究中的经学问题》,《宗教学研究》2006 年第 4 期。

④ 罗志田:《事不孤起,必有其邻:蒙文通先生与思想史的社会视角》,《四川大学学报》2005 年第 4 期。

二 "问成唯识义以归"

晚清以来政治、社会局势的激变，特别是废除科举之后，儒学顿失其所，无处依归，士人在传统的知识资源中难以找到消除危机、走出困境的良方。佛学、诸子之学遂异军突起，西学更是有整体取代经学之势。陈黻宸《经术大同说》（1903 年）中有一段话颇能道出当时的情景："况于今日，时势所趋，而百家诸子之见排于汉初者，今日骎骎乎有中兴之象，则皆与我经为敌者也。环海通道，学术之自彼方至者，新义迥出，雄视古今，则又皆我经所未道者也。"① 清廷覆灭，民国肇建，随之而来的新文化运动更对经学所蕴含的价值体系施以最有力的抨击，"覆孔孟，铲伦常"的口号，影响异常深远，经学所承载的种种正统观念被彻底动摇。在西学的整体冲击之下，潜伏着相当大的危机，即中学很可能不仅丧失其"本"位，而且学人会以外来学说，推测解释古人的意志，最终导致本相真意无人可解的尴尬局面。② 新学制的建立，学术分科化，以经学为主导的传统学术格局最终解体，经学也日渐抽离其原有的学术内涵，甚至在新学科体系中无栖身之所。吴越作为经学大本营，也是较早开风气之地，其论域自然随之变化，新文化运动之后的东部学人，无论"新派"还是"旧派"，就整体上讲，正在建设一种"纯学术"的研究，多讳言"义理"，1923 年则投入整理国故的洪流。

在新文化运动中暴得大名的胡适等人提倡整理国故，使得国学研究成为时尚。1923 年初，北大国学门同人发表了"以新的原则和方法来研究国学"的《〈国学季刊〉发刊宣言》，这份新国学的研究大纲宣称，"用历史的眼光来扩大国学研究的范围"，"用系统的整理来部勒国学研究的资料"，"用比较的研究来帮助国学的材料的整理与解释"。③ "西

---

① 陈黻宸：《经术大同说》，陈德溥编《陈黻宸集》（上），中华书局，1995，第 539 页。
② 桑兵：《民国学界的老辈》，《历史研究》2005 年第 6 期。
③ 胡适：《〈国学季刊〉发刊宣言》，《国学季刊》第 1 卷第 1 号，1923 年 1 月，第 16 页。

学"成为国学的参照物，而"科学"则成为整理国故的关键词。此宣言刚一发表就引起学界瞩目，掀起了新一轮的国学热潮，欧美科学主义顺势蜂拥而至。江浙学人自然不甘心学术首善之区为北京所夺，各派学人立刻作出回应，纷纷成立国学机构，发行国学杂志与之相抗衡。南京东南大学的学衡派以归国留学生为核心，主张昌明国粹、融化新知，与胡适等人争辩输入西学的正统和研究学术的纯正；同属东南大学的"国学研究会"则直接继承了《国粹学报》和《国故》的学术旨趣，其整理国故的宗旨按照国故的不同分为两类，"以科学理董国故"或"以国故整理国故"，而反对胡适所倡导的以"科学方法"统领整理国故的一切领域；① 南社出身的胡朴安与友人在上海创设国学研究社，一面吸收新潮，一面整理国学，弘扬传统文化。虽然各派学人对"整理国故"见解各异，但都坚信"整理国学之声，洋溢于耳，国学终有复兴之一日，不过整理方法，颇费斟酌耳"。虽说老辈学人章太炎、陈衍也发行国学刊物，对整理国故运动有所针砭，但均不足以扭转世风。事实上，整理国故运动的目的就在于除旧布新。对立志于"输入学理"的学人而言，老辈的学问只能代表过去，不足以开创未来，因而与现在的学术无关："惟世界息息推移，学术亦时时递变，诸先生之学术，仅足结清室之终，未足开民国之始，其著作之精粹，可供吾人之诵读，其治学之方法，不能为吾人之楷式。虽诸先生在今日尚有存者，而于民国十二年之国学无与。"② 新锐学人视老辈的学问只能代表过去，不足以开创未来，主张除旧布新，吸收新潮，整理国学，杜绝国学遗老化。③

在两千年未有之大变局之下，四川自然不可能置身事外，有川籍学人批评新学制乃"一味崇拜西欧，以为缘饰"，成都的高校"尤为不遵

---

① 许小青：《从"国学研究会"到"国学院"——东南大学与 20 年代早期南北学术的地缘与派分》，《江苏社会科学》2006 年第 2 期。
② 胡朴安：《民国十二年国学之趋势》，《民国日报·国学周刊》1923 年国庆日增刊，1923 年 10 月 10 日，第 1 版。
③ 陈问涛：《国学之遗老化》，《学灯》第 5 卷第 10 册第 16 号，1923 年，第 1 页。

此轨"，"然功令所限，始终有不得不同文共规之势"。① "尤为不遵此轨"一语道出被视为国中"异乡"的四川确也存在许多不同的声音。事实上，"蜀学"早在晚清就存与吴越学人争胜之心。当吴越学人倡言国故时，四川学人也不甘人后，宋育仁于1922年底创刊《国学月刊》，探求"中国内圣外王之道"，② "中国之国粹何在乎？孔子之道，孔子之学最矣，今将由国粹以睿新知，非所谓温故而知新者耶"，"古义不明则国粹不能保"。③ 当胡适发表"新国学"研究纲领后，宋育仁公开逐字逐句加以批驳，批评倡言整理国故者"说来说去只是一件历史考据"，"太看重汉后二千年史料，未窥经术门径，故忽却秦前二千年史料"，"所说方法是史家本色，非治经门路"，因此导致"后学治史而不知经，则眼光视线，到汉唐为止，于春秋以来之三代时间二千余年皆茫然，所以错比；又因中外文字统系不同，致多错译"。④ 对梁启超等人开列的国学书目时"读中国书，自然像披沙拣金"的态度，也是颇为不满。在他看来，"读两汉以后书，才是要披沙，而且唐以前以后，有多少书并拣不出金来。……有一目十行的书，有十目一行的书。有读百遍的书，又看不必满一遍的书，须分别是何等人的书，一句总话：圣人的书不比我们的书"。⑤ 其心目中的国学自然是以孔子所一手修订的六经为核心，而非乾嘉之所谓经学，乾嘉学术在他看来仅达经学之初程，"始成其科学之方式"，须由此以进于制度，"使心通大义，悟入微言"，正所谓"下学而上达，必由之阶级，而非可以遏等释阶而登天也"。⑥

① 陶亮生：《先师向仙乔言行忆录》，成都市政协文史资料研究委员会编《成都文史资料》总19辑，1988，第46页。

② 《绪言》，《（四川）国学月刊》第1期，1922年，第1~2页。

③ 宋育仁：《正论孔学之统系》，《（四川）国学月刊》第5期，1922年。

④ 问琴：《评胡适国学季刊宣言书》，《（四川）国学月刊》第16期，1923年，第52~54页。

⑤ 问琴：《评梁启超〈国学入门书要目及其读法〉》，《（四川）国学月刊》第19期，1923年，第44~47页。

⑥ 问琴：《国学尊经辨惑》，《（四川）国学月刊》第18期，1923年，第4页。参见张凯《"述文化于史"：宋育仁与近代经史之学的省思》，《近代史研究》2017年第4期。

这与"整理国故"运动仅视六经为史料，甚至要"捐除经学"之名的立场，① 截然对立，判若云泥。

江浙与巴蜀学风的差异，自然与蒙文通"访求同光以来经学之流变"的本意相差甚远。蒙文通由此发出"故老潜遁""讲贯奚由"的慨叹，就不足为奇了，"遂从宜黄欧阳大师问成唯识义以归"。虽无史籍可征蒙文通此番从"宜黄欧阳大师"问学的细节，但蒙文通何以会向欧阳竟无问学，而其所成之唯识义又当作何解，均是不能回避的问题。欧阳竟无继承杨仁山之遗业，接掌金陵刻经处编校事业，后于刻经处设研究部，为方便刻经处同事自由研究，于 1918 年筹设支那内学院。后得沈曾植、陈伯严、章炳麟、蔡元培等人之协助，支那内学院于 1922 年 7 月正式成立。欧阳竟无自任院长、周少猷任事务主任，邱晞明任编校主任，吕澂任教务主任。学院成立之初，首重唯识学，欧阳竟无与梁启超、梁漱溟、汤用彤及陈铭枢、王恩洋众弟子咸聚内院，遂在内院主讲《唯识抉择谈》。据 1924 年 12 月所编订《内学院概览》，内学院"研究系"有 5 科，"一般研究（现在院研究者廿人）、研究部试学（一班十五人，现为第三学期）、一般研究会（每两月开一次，现已开至第九次）、特殊研究会（因明研究会现开至第三次）、藏文研究（校勘旧译摄论庄严经论因明论三种）"。② 年终编印成《内学》年刊及杂刊。其中，内学院研究部试学，自 1923 年 9 月开办，历时两载，"讲习课程，各科相备"，于 1925 年 7 月底结束，前后 4 学期，担任教授指导者有欧阳竟无、邱晞明、王恩洋、吕澂、聂耦耕、汤用彤，在学者前后共 16 人，蒙文通即其中之一。③《内学》第一辑收录蒙文通撰《中国禅学

---

① 朱希祖：《整理中国最古书籍之方法论》，周文玖选编《朱希祖文存》，上海古籍出版社，2006，第 95 页。朱氏此论颇为学界认可，吕思勉即称："以经学为一种学科而治之，在今日诚为无谓，若如朱君之说，捐除经学之名，就各项学科分治，则此中正饶有开拓之地也。"［《答程鹭于书》（1921 年），《吕思勉论学丛稿》，上海古籍出版社，2006，第 681~682 页］

② 《支那内学院概览》，《内学》第 1 辑，1924 年，第 295 页。

③ 《本院概况·研究部试学之结束》（1925），《内学》第 2 辑，1925 年，第 239 页。

考》，并注明"民国十三年一月内院第四次研究会研究论文"。<sup></sup>① 可知，蒙文通在 1923 年底已入内学院研究部试学。

蒙默编订的《蒙文通先生年谱》"1923 年"条下有言：

> 先生始至内院，大师问以为何前来学佛，先生答以受用，既而方知大师最不乐闻学佛以受用之言，然先生当时并未受到斥责，斯可异也。②

内学院虽 1922 年即成立，但蒙文通出川本意是寻访吴越巨儒以解答汉、宋学方面的疑惑，入支那内学院本不在计划之内，只因"故老潜遁""讲贯奚由"，不得已方入内学院。也就是说，访"吴越巨儒"是体，师从欧阳是次；研治经学是体，研治佛学是用。欧阳竟无对此未斥责，或因蒙文通研究佛典的方法与之相通。在内学院中，欧阳竟无将印度佛教、中土佛教皆列入应研究的范围，提出了"一切佛法研究皆是结论后之研究，非研究而得结论"，③ 把佛学研究限定在不逾佛学基本结论的前提下，注重回归原典。章太炎即言："欧阳所述，大抵故言。此即佛法中，惠定宇、孙渊如一派。倡始之初。此种不可少，渐有心得，则义解当转道。"④ 蒙文通是"推治经之法以治二典"，而蒙文通在出川之前就已经对治经之法有所抉择：以"家法条例"解经，就清儒而言，与惠栋一系为近。在《内学》第 1 辑所刊之《中国禅学考》正是上溯本源，穷尽支流，探究禅宗的起始演变，文中考二十八祖不可信、考达摩的部派、考《传法正宗定祖图》的真伪、考达摩至神秀所尊何经、考六祖慧能所创何教，全都围绕的是"师法源流"这个主题。二人方

---

① 蒙文通：《中国禅学考》，《内学》第 1 辑，1924 年，第 126 页。
② 蒙默：《蒙文通先生年谱》，四川大学历史文化学院编《蒙文通先生诞辰 110 周年纪念文集》，第 417 页。
③ 欧阳竟无：《今日之佛法研究》，《内学》第 1 辑，1924 年，第 9 页。
④ 章太炎：《与吴承仕书》（1919 年 1 月 11 日），马勇编《章太炎书信集》，第 310 页。

法相通可以《蒙文通学记》所记之"俱舍宗通俱舍学"一事相印证，蒙文通言："大师读俱舍之法，用于他书，何读不然。"[1] 欧阳竟无以宗派言"学"正符合蒙文通所言"畅家法，明条例，钩深抉微，实能阐二千年来不传之坠绪"。欧阳竟无后来亦称："孔书本孔。不牵于佛，解经家法，法尔如是，唯我文通，始足与谈孔学。"[2] 二人互相激赞皆源于"通家法、明条例"一事。

不过，欧阳竟无意再言佛法，一如章太炎所说"渐有心得，则义解当转道"。1924 年春，欧阳竟无开始在内院筹设法相大学，吕澄在开学典礼中作演讲，在报告的最后部分说："吾侪大师苦心提倡，历十余年，卒在今日于佛法基础立法相幢，慧日曙光，重睹一线。诸君认识既真应不迟疑应知提倡佛法实唯法相一途，绝非推尊一宗，亦非欲以一宗概括一切。正此趋向，专志精勤，必使纯真佛法遍现世间，是皆诸君之责。"[3] 正当欧阳竟无"提倡佛法实唯法相一途"时，蒙文通与欧阳竟无订下"师门五年之约"后，于是年下半年返川，任教于重庆二女师。

1923 年，蒙文通入支那内学院时，武昌佛学院与内学院有多次争论："初有史一如与聂耦庚关于因明作法之争；次有唐畏三（慧纶）与吕秋逸关于释尊年代之辨；后有大师与景昌极关于相分有无别种之诤。"[4] 蒙文通均未直接参与，而是密切关注江浙学人整理国故的动向，并主动与之辩难。

三 今文学方士化辨

1922 年 10 月，东南大学正式成立"国学研究会"，指导员有陈钟凡、顾实、吴梅、陈去病和柳诒徵 5 位，5 人中尤以陈钟凡、顾实二人

---

① 蒙文通：《治学杂语》，蒙默编《蒙文通学记》（增补本），生活·读书·新知三联书店，2006，第 3 页。

② 欧阳竟无：《致蒙文通函》（1940），《中国哲学》第 5 辑，生活·读书·新知三联书店，1981，第 374 页。

③ 吕澄：《法相大学特科开学讲演》，《内学》第 2 辑，1925 年，第 224 页。

④ 释印顺编著《太虚法师年谱》，宗教文化出版社，1995，第 89 页。

最为热心此事。顾实于《国学丛刊·发刊辞》中称："夫本会同人，近且出其平素之研究，而有《国学丛刊》之举行，岂有他哉？一言以蔽之曰：爱国也，好学也，人同此心而已矣。"① 此言颇有以国粹激励种性的意味。陈钟凡学承刘师培，重礼制以守古文学，顾实早年留学日本，受章太炎等人的影响很大，二人作为国学研究会的骨干，其言论与今文学针锋相对。

顾颉刚在 1919 年曾指出："今文学的影响在学术上是'深探孔子的微言'，在政治上是'提倡改制'，在宗教上是'建立孔教'。"② 1922 年 11 月 24 日，陈钟凡在国学研究会演讲《秦汉间的儒术与儒教》时，即称："至隋此风乃息，而近之今文家，犹复盛倡孔教之说：其亦知非所以尊孔，实所以诬孔也。"③ 在《国学丛刊》创刊号上，陈钟凡则直斥"秦汉今文经师之方士化"，在他看来，中国学术之衰在于秦汉之际儒学一变而为儒教，"秦汉之际，儒者类方士，其学亦绝似宗教"，"方士之说，倡于齐人，采于秦皇，而秦经师亦多通其说"。汉代今文学出于齐人，伏生、辕固又皆为秦博士，汉武帝大兴方术阴阳学之后，则"汉儒者莫不杂糅其说以言五经"，从而导致"淆乱经旨，致古义湮晦，非常可怪之论，触目皆是"。④ 陈氏此论一出，孙德谦即致信提出商榷："经学在汉初以前只有口说，若阴阳五行，乃是汉儒别传，非尽方术家言也。""汉儒释经，均言阴阳五行，可见古之儒者，通于天人之故，非仅如考据家溺于声音训诂，而其弊至支离破碎也。"孙德谦意在调和汉宋，熄今古之争，"今日治经，既不必为宋学，亦不必为汉学，徒争此门户之见，所至要者，发明圣经垂世，本是经世之学"。⑤

① 顾实：《〈国学丛刊〉发刊辞》，《国学丛刊》第 1 卷第 1 期，1923 年，第 1~2 页。
② 顾颉刚：《中国近来学术思想界的变迁观》（1919 年），《中国哲学》第 11 辑，人民出版社，1984，第 307 页。
③ 陈钟凡讲演，王汉笔记《秦汉间中国之儒术与儒教》，东南大学南高师范国学研究会编《国学研究会演讲录》第 1 集，商务印书馆，1923，第 81 页。
④ 陈钟凡：《秦汉今文经师之方士化》，《国学丛刊》第 1 卷第 1 期，1923 年，第 4~8 页。
⑤ 孙德谦：《孙益庵论学三书》，《国学丛刊》第 1 卷第 3 期，1923 年，第 154 页。

对孙德谦"圣经垂世"的态度，陈钟凡不以为然："谓为经学之别传，不知舍古文纯朴鲜述礼祥外，其正传又安在哉？"[1] 此后，孙、陈二人又往来数函，各持己见，孙德谦坚持，"方士与阴阳家不可并为一谈"，"采之阴阳家言即以其有方士化则不可"，"于学术而求其折衷"；[2] 陈钟凡尊古立场更坚："至明验确据在前，不敢苟从，一惟古人是尊，宗教家对其所崇奉之教主则然，学者对古人不敢如是也。矧学说各有主张，未容强天下以从同，考古贵有左证，欲磨灭捏造，并所不可。"[3]

陈氏之说源自刘师培，早在 1905 年《谶纬论》一文中，刘师培即指出："方士之流，欲售其术，乃援饰遗经之语，别立谶纬之名，淆杂今文，号称齐学。大约齐学多信谶纬，鲁则不信谶纬。"对刘师培而言，谶纬乃是出自方士之手的文献，它并不是原属儒家学术体系的材料。并据此批判齐学为儒术之异端，"经学之淆，至此始矣"。[4] 蒙文通虽称赞陈钟凡所作《泰誓年月考》等文意在"寻西京古文学，犹左庵之道"，但同时认为"近代今文家说经，皆好取义于纬，方士与今文并为一谈久矣。左庵著论（《孔子不改制考》诸篇），亦复如是"。所谓"学不可苟同，苟同则道不明"，蒙文通对"陈、孙之争"，"窃有疑焉"，并以此为契机对在《经学导言》中"未能畅论"的"内学"问题形成了较为系统的看法，在蒙文通看来：

> 秦汉间，有经师之传统；有方士之传统；以经生而习阴阳家言者有之；以阴阳家而习经生家言者亦有之；而经生之与方士，终不可混也。夏侯始昌之徒传灾变之说，而各以授所贤弟子。此盖内学之号所由起。夫既曰授所贤弟子，是经则遍受弟子而灾变不以遍授。故仲舒著论，而吕步舒不知其师书，以为大愚。……翼奉好律

---

① 陈钟凡：《陈斠玄答孙益庵书》，《国学丛刊》第 1 卷第 3 期，1923 年，第 158 页。
② 孙德谦：《孙益庵来书》，《国学丛刊》，第 1 卷第 4 期，1923 年，第 108 页。
③ 陈钟凡：《陈斠玄复孙益庵书》，《国学丛刊》，第 1 卷第 4 期，1923 年，第 110 页。
④ 刘师培：《左盦外集·谶纬论》，《刘申叔遗书》，第 1371 页。

历阴阳，同门之匡衡、萧望之则不必晓律历阴阳也。此则章句与灾
变虽一师传之，而道究未尝混也。[①]

蒙文通按两汉今古文学重师说家法的原则，认为经学是传授给所有弟
子，但阴阳灾变说之所以成为内学，正是因为只是传给部分弟子。经术
与五行之传授不同，传五经者不必即传五行，经学之道未尝与方士之学
相混；今古文两家，有许多兼通经学与内学，不能因贾徽、郑玄通阴阳
星历则称古文方士化；况且也有诸多今文家反对阴阳灾异之说，故
"不必内学即今文，今文即内学"。此说自不脱廖平四变之学的影子，
廖平学经四变，综合大纲立四门，第一即微言门："微言秘密传心，不
足为外人道，此派自西汉以后绝响"，微言虽多非常可骇之论，但"言
经必先微言"。[②]

另外，古文学批评今文家好"附会内学者"，矛头所指便是"公羊
家"，陈钟凡即说"董仲舒治《公羊春秋》，始推阴阳为儒者宗"，"何
休等欲兴《公羊》，亦莫不傅会谶说，以动时主"。[③] 但在蒙文通看来，
世之奢言《公羊》齐学者，根本不究于灾变之故，"探五胜之原，尤不
知其间各家异同分合之所在"。[④] 实际上，这些内学立说的根本并非
《公羊传》，因为非常异义可怪之论，皆在董仲舒的《春秋繁露》，而不
在《春秋公羊传》，汉代经学自有经学之传统，而灾变阴阳又自为其传
统，西汉混阴阳之说与经学始于董仲舒、夏侯始昌。在此之前，阴阳之
说未尝淆于《公羊》，故不能"以其传学者之故"，而将《公羊》学称
为灾变阴阳之学，"它经更可知"。

至于图谶之学，则更不足道。西汉阴阳之学原于晚周，先秦之时就

---

① 蒙文通：《蒙文通先生与陈斠玄先生论学书》（1924 年 3 月 10 日），收入姚柯夫编
《陈中凡论文集》，上海古籍出版社，1993，第 103~104 页。
② 廖平：《尊孔论》，《四益馆杂著》，《六译馆丛书》，第 1、4 页。
③ 陈钟凡：《秦汉今文经师之方士化》，《国学丛刊》第 1 卷第 1 期，1923 年，第 7 页。
④ 蒙文通：《井研廖季平师与近代今文学》，《经史抉原》，第 107 页。

有了"图书"之说，入汉则并之为谶，纬学虽起源于西汉，但"西京为律历阴阳之学，而非成、哀以后东京图谶之学"，二者之道"不相谋"。"灾变之与谶记，其本各殊，其辨亦显，两汉所尚，自各不同"。① 东汉之时，方才兴起以谶说经之习，而"中兴之前终章之徒"将图谶混于经学之中，其罪又在董仲舒之上也。

基于上述区分，蒙文通认为近代今学与汉代师儒往往好言内学，"是其一短"。实际上，今学与内学是两家之学，纯正的今文学应该"屏除阴阳，而一断于礼"。② 不久，陈钟凡便回复蒙文通，认为前文乃从大体而言，不免概括之失，"前言秦汉今文经师方士化，亦谓西汉学者，大抵皆推说灾异，以傅会《六经》之旨。固未尝言两汉经说与谶纬不分，两汉经师尽为方士也"。但陈钟凡也不认同蒙文通所强调的师说家法，"诸家灾异之说，固不必上承之师，下传其徒，吾人亦绝不能以其师若徒无灾异之言，遂并诸家灾异之说否认之"。所谓"以一端而概全体，以全体而概一端，皆为逻辑所不许"，暗示蒙文通所言仅为"一端"，陈氏则仍坚持秦汉今文之方士化为"全体"，进而认为"西汉学涉阴阳，东汉学涉图谶，两者并属今文经师，无豫古学"，而且"正赖有此古学以相质证，今学内学乃终不致于混淆"。③

四 三体石经之争

正始时，古学立为学官，由此立三体石经，故三体石经成为古学之依据，石经残文可补正许氏《说文》学，然"三字石经之争久矣"。1923 年，洛阳附近出土魏三体石经，立即引起学界的广泛关注，王国维认为，"此事于经学、小学关系至大"。④ 章太炎视认为"逮三体石经

---

① 蒙文通：《经学抉原》，《经史抉原》，第 85~87 页。

② 蒙文通：《蒙文通先生与陈斠玄先生论学书》（1924 年 3 月 10 日），姚柯夫编《陈中凡论文集》，第 106 页。

③ 陈钟凡：《陈斠玄先生复书》，《国学丛刊》第 2 卷第 2 期，1924 年，第 145~146 页。

④ 王国维：《致神田喜一郎书》（1923 年 5 月 11 日），吴泽主编，刘寅生、袁英光编《王国维全集·书信》，中华书局，1984，第 348 页。

之立，《书》、《春秋》古文一时发露，然后学有一尊，受经者无所恇惑"。① 故章氏对此事非常重视，致信于右任说："以此知书本壁中，春秋本张苍所献，汉世秘府所藏，特于斯一见之。"② 随即撰文考订三体石经。首先即确定三体石经的作者。卫恒《四体书势》言："魏初传古文者出于邯郸淳，恒祖敬侯写淳《尚书》后，以示淳，而淳不别。至正始中，立三字石经，转失淳法，因科斗之名，遂效其形。"此为诸书言三体石经之缘起，但范晔《后汉书》则将三体石经归于蔡邕。章太炎考证卫家与邯郸淳"有旧"，且卫恒逝世离正始才 50 年，而范晔则"去则去正始二百年"，所以"传闻之与目睹虚实易辨不须博征"。蔡邕与邯郸淳二人著作权之争，实有关石经今古文性质之别。蔡邕曾立一字石经（熹平石经），《诗》举鲁，《尚书》举伏生，《春秋》举《公羊》，皆当时官学所用今文经传。若三体石经也为蔡邕所立，则当亦属今文无疑。章太炎指出卢植对蔡邕此举已表反对，"上书请刊正碑文，且言古文科斗"。而邯郸淳所写古文经以待摹刻，其亦与卢植同旨。后人以正始石经视为熹平石经遭董卓之乱后之补刻，"此未知文有古今，学有纯驳，有匡正之义无补缮之责也。一字石经立于汉，三字石经立于魏"，二者有今古文师法之不同。其后又以两汉《尚书》之源流与邯郸淳《尚书》学的师承论定：邯郸淳乃"采获旧本，得其真迹，手写其文，以示博士弟子，无足怪者，不得以杜林事为疑也"。③ 随后，章太炎陆续将新出石经与《说文》两相参证，以经古文为前提，由拓本推测三体石经之总体字数与每面行数。章氏此论一出，胡朴安即刻致信于右任，"觉太炎与先生书中所论，韫玉有不能苟同者"，④ 二人遂多方辩难。其一，胡朴安

---

① 章太炎：《太炎文录续编·汉学论（下）》，《章太炎全集》（五），上海人民出版社，1985，第 22 页。
② 章太炎：《与于右任论三体石经书》，上海《民国日报·国学周刊》第 5 期，1923 年 6 月 7 日，第 1 版。
③ 章太炎：《新出三体石经考》，《华国》第 1 卷第 1 期，1923 年，第 1~6 页（文页）。
④ 胡朴安：《与于右任论三体石经书》，上海《民国日报·国学周刊》第 15 期，1923 年 8 月 15 日，第 1 版。

以史籍记载以及真伪《尚书》之流别,否认章太炎以古文学推论石经之碑文字数与每面行数,章太炎亦同意"经古文形成诡异,有不可尽合者",后来亦接受了胡朴安的说法,在《新出三体石经考》中将三体石经之每面行数更正为33。其二,胡朴安虽认为三体石经为古文,但三体石经为邯郸淳所书之说,顾炎武、冯登府、万斯同诸说早已否定,章氏"仅据《魏略》未遍及各书也";章太炎之后则强调正始年间,邯郸淳或已过世,但因年代相近,其弟子尚在,此或符合卫恒所言"转失淳法"之义,而胡朴安乃"因疑淳去正始年代隔绝,竟似石经与淳绝不相涉者,斯又失卫氏书势之义"。① 其三,胡朴安认为"三体石经之出土,大足以增长汉简之价值,若谓于文字学极有发明","尚未见及"。不过石经之发现,"不仅以稀见重,可以确定三体石经之行数,有益于考古甚巨"。② 章太炎则认为胡氏过在"轻于论古"。③

蒙文通对"三体石经之争",特别是章、胡的分歧,早已"观其梗概"。适逢此时,蒙文通在南京亦得见三体石经拓本,故"奉其谀闻从诸贤后之兴"。④ 蒙文通引《世说新语注》与《晋书赵至传》论证"石经古文,非邯郸淳书,乃嵇康书","正始立石,叔夜殆与于从事也",且谓"三字石经显不限于《尚书》、《春秋》二种",亦有《毛诗》。但蒙文通并未仅以作者来质疑三体石经,而是将重点落于"博士与石经之关系",以此怀疑石经《尚书》。章、胡二人均认为"当时马郑之学方盛行,故石经所写定为古文",且"当魏立三体石经时,伪古文尚书未曾发见",所以"石经所书之尚书,非伪孔传"。⑤ 并据《晋书・卫

---

① 章太炎:《与于右任论三体石经书》,《华国》第 1 卷第 4 期,1923 年,第 2 页(文页)。
② 胡朴安:《三体石经跋尾》,上海《民国日报・国学周刊》第 33 期,1923 年 12 月 19 日,第 4 版。
③ 章太炎:《与于右任论三体石经书》,《华国》第 1 卷第 4 期,1923 年。
④ 蒙文通:《与胡朴安论三体经书》,上海国学研究社编《国学汇编》第 2 集,国学研究社,1924,"文录"第 7 页。
⑤ 胡朴安:《三体石经跋尾》,上海《民国日报・国学周刊》第 33 期,1923 年 12 月 19 日,第 4 版。

恒传》认为三体石经所书必孔壁古文。① 蒙文通则考曹魏博士制度证明壁中古文与伪孔《尚书》在魏晋十九博士之内，此事可以汉末曹魏经学之演变证明。据丁晏所考《孔传》之作者为王肃，而据《王肃传》与王朗《易传》可知"肃注各经，一时皆在校官"，既然王肃之学"以姻娅之故已尊于魏，则出于子雍之《尚书》孔传宜得立于学官，而古文勒石非鲁壁之真审矣"。若真如章太炎所言正始石经为《九共》《汨作》等57篇，为壁中古文，"则旧书煌煌共见"，伪孔何以能立于学官，而且当时郑学之徒，"于《家语》、《孔传》固未尝一辨真伪，则《伪孔》之学，得刊于石经，立于博士，无不可也"。如此一来，"博士、石经同据《伪孔》，则古文亦未必真壁中文字"。② 那么，魏初邯郸淳所传是否为真古文字，自然值得怀疑。

另外，正始所依之蝌蚪文，"穷其形声，复多难晓"，故蒙文通赞成胡朴安所言"只足以增《汉简》之价值，不敢谓于文字有所发明"。不仅石经《尚书》如是，石经《春秋》《毛诗》之文字亦如是，由此可断定石经所刻，"非鲁壁故物"。不过，在《经学抉原》中，蒙文通对三体石经却有所肯定，谓邯郸淳所传当为鲁壁中书，而正始立石之时，"壁书尚存，犹得据之"，视石经为"六经之支与流裔"。③ 蒙文通之所以有此转变，其关节或在王国维。在作《与胡朴安论三体石经书》时，"前闻王静庵、罗叔言于此皆有考论，惜都未睹其文"。王国维早在1916年即作《魏石经考》一文，后来又根据新出土的三体石经残石进行续考，在1923年作《魏正始石经残石考》，在1925年又作《魏石经续考》。蒙文通在《古史甄微》以及后续之周秦民族研究中，充分利用了王国维的相关成果，那么就"三体石经"一事参看王国维上述诸

---

① 胡朴安：《与章太炎论三体石经书》，上海《民国日报·国学周刊》第29期，1923年11月21日，第1版。

② 蒙文通：《与胡朴安论三体石经书》，上海国学研究社编《国学汇编》第2集，"文录"第7页。

③ 蒙文通：《经学抉原》，《经史抉原》，第100页。

文，自在情理之中。

通过一系列考证，王国维以翔实的史料说明"魏时学官所立《尚书》，既为马、王、郑三家，则石经亦当用三家之本"，诸书"虽未必为壁中原书，亦当自壁中本出矣"，"魏之石经古文，果壁中本若其子本，抑用当时字指学家自定之本，均不可知。然即令出于字指学家之手，而字指学家之所据，亦不外壁中古文"。而且"今就魏石经遗字中古文观之，多与《说文》所载壁中古文及篆文合，且有与殷周古文合而为许书所未载者。然则谓魏石经古文出于壁中本，或其三写、四写之本，当无大误"，"固不能以杜撰议之矣。至其与壁中本相异者，亦可得而言"。① 蒙文通在某种程度接受了王国维的考证，才会在《经学抉原》中认定"夏竦、郭忠恕所著录，与洛阳发见残石，正可相发，足征文之非诬。辑比其字，孔氏古文，可得十六七，保残守缺，不犹愈于徒守许书以正六籍之文乎？"② 此一态度，与王国维所说"郭、夏所见，未必遽多于此矣。宋以后，苏胡诸刻尽亡，魏石经一线之传，惟存于《隶续》，若存若亡者又六百年。今幸《周书》残石出于洛阳，我辈始得见正始原刻，因足傲欧、洪诸君于千载之上矣"。③ 虽一侧重复孔氏古文之真，一偏重考古之真，但二者语气若合符节。其实，蒙文通致信胡朴安，是认为章太炎考证三体石经时浓厚的古文学色彩"殊令人迷眩"，故让胡朴安"乞一衡之"。④ 因而，在参见王国维的成果之后，对三体石经态度为之一变，当在情理之中，而且就学理而言，蒙文通并未将"鲁壁中书"视为经古文之根基，故三体石经之事不必坚守门户。

蒙文通与"整理国故者"之辩难，各据其理，莫衷一是，实源于论辩双方的立场不同。《国学丛刊》主张"学无畛岸，囿国而小。然植

---

① 王国维：《魏石经考三》，《观堂集林》，河北教育出版社，2001，第599~601页。
② 蒙文通：《经学抉原》，《经史抉原》，第100页。
③ 王国维：《魏石经考四》，《观堂集林》，第604页。
④ 蒙文通：《与胡朴安论三体石经书》，上海国学研究社编《国学汇编》第2集，"文录"第8页。

基于是，推而远之，事半功倍。故括举纲领，藉便来者"。治学首为小学，"理董先典，非此莫属。近世王俞懋绩卓著。音韵训诂，最为奥远。发明形体，求古铭刻"。次及经学类，"先审文字，后明义理。今文古文，汉氏师承。近世考证。曲畅旁通。专精一经，再及其余"。① 就整理国故而言，章太炎立场大体与之相类，其与弟子门生所创办的《华国》志在"甄明学术，发扬国光，选材则慎，而体例至宽。举凡《七略》所录，分科所肄"，②"和会中西"，以振兴六经之道为任。③ 章太炎考证三体石经的用心正在于此，为此曾特作诗一首："正始传经石，人间久不窥。洛符无故发，孔笔到今垂。八体追秦刻，千金笑华碑，中原文武尽，麟出竟何为。"④ 若以今古文分界，《国学丛刊》《华国》二系学人倾向经古文学，批评今文学，立古文门户，胡朴安于1923年即指出"《国故》与《华国》及东南大学之《国学丛刊》，皆《国粹学报》之一脉，而为太炎学说所左右者"。⑤ 胡氏出自南社，立志从事旧学之整理，治学由子学、文学入，其治学以修己立人为归，然不限于汉宋门户，所谓"汉学尚是书本子上学问，宋学是做人的学问，汉学之基础是训诂，所以甚有条理，宋学之基础是格物"，"汉学家只博学审问，宋学家只慎思明辨，汉宋二家，仅各做一半，至于笃行者，汉宋学家皆无也"。⑥ 其主持《国学周刊》时，就与学界老辈划清界限，主张治国学当戒除"怪异之说"（以章太炎为例）、"附会之谈"（以刘古愚、廖平为例）与望文生义（以刘师培为例）之弊。⑦ 蒙文通首次出

① 顾实：《〈国学丛刊〉发刊辞》，《国学丛刊》第1卷第1期，1923年，第1页（文页）。
② 章太炎：《〈华国〉发刊辞》，《华国》第1卷第1期，1923年，第3页（文页）。
③ 孙世扬：《国学通论》，《华国》第1卷第1期，1923年，第1~2页（文页）。
④ 章太炎：《右任赠三体石经》，上海《民国日报·国学周刊》第6期，1923年6月13日，第4版。
⑤ 胡朴安：《民国十二年国学之趋势》，上海《民国日报·国学周刊》1923年国庆日增刊，1923年10月10日，第1版。
⑥ 汪东：《寄庵随笔》，上海书店出版社，1987，第77页。
⑦ 胡朴安：《论研究国学当戒除之二弊》，上海《民国日报·国学周刊》第3期，1923年5月23日，第1版。

川，与陈钟凡论今文学方士化，以及针对章太炎论三体石经，其严辨今古文的意图毋庸置疑，正是与诸多整理国故者有所交涉，蒙文通才会在返川之后有"议蜀学"之举。

# 第二节 "以乡老之术济道术之穷"

## 一 《议蜀学》

虽说求学问道的初衷未能达成，但正是江南一行，目睹"浮丽之论张、百家之言兴"、孔学隐而不彰的世风，蒙文通治学意向最终确立。这一情况，体现于《议蜀学》《在昔》两文中，首先有必要确定《议蜀学》《在昔》的写作时间。《议蜀学》最早发表于1925年12月天津《甲寅周刊》第1卷第21期，这是此文作成时间的下限，再根据文中的一段文字，可以更准确推断成文时间。此文结尾有云：

> 近者先生（指廖平——引者注）方讲论《诗》、《易》于锦城，阐其六变之说，盖其道益以幼眇难知，而愚方滞渝中，未得闻其旨要，不敢论，以俟面聆天人六译之绪者，赞而辨之。①

这表明《议蜀学》的成稿时间同廖平"讲论《诗》、《易》于锦城"的时间很接近。而廖平此次讲学的时间是可以确知的，据廖幼平所编《廖季平年谱》：

> 民国十三年甲子（一九二四）……三月，成都佛学社延先生讲《诗》、《易》，即以近年《诗》、《易》稿作讲稿。夏，《诗易合

---

① 蒙文通：《议蜀学》，《经史抉原》，第103页。

纂》成，交佛学社排印。九月，女幼平、子成劼、孙宗泽至成都，奉先生归井研。①

1924年9月，廖平归井研后，便再也没有回过成都，所以蒙文通所谓"讲论《诗》、《易》于锦城"即指此事。那么《议蜀学》肯定是作于1924年3月以后的。同时，蒙文通又说"愚方滞渝中，未得闻其旨要"，可知廖平在成都讲学前后，蒙文通正在重庆，以故"未得闻"也。蒙文通曾在1922年10月由成都抵重庆，先后任教于四川省立第二女师及重庆联中等校，但在1923年的下半年，他就离开重庆"南走吴越"问学去了。所以我们完全可以肯定，他所谓的"方滞渝中"绝不会是在出川前，只能是指从吴越返川的时候。文中言"近者"，表明那时廖平已经讲论过了，但距讲论的时间并不久；又说"方讲论"，表明那时廖平应该犹在成都，尚未回井研。这样我们就可以大致确定《议蜀学》的成稿时间，应该是在1924年的下半年，而极有可能就在8—9月。②

《议蜀学》一文完稿时间既定，《在昔》所作时间则不难断定。《在昔》乃蒙文通致章士钊信，文末落款时间为"七月十日"，发表于1925年12月天津《甲寅周刊》第1卷第21期，随信附有《议蜀学》一文，故此信的写作时间当为1925年7月10日。致信章士钊的直接起因应该是王恩洋向章士钊推荐蒙文通，"通之企仰先生，自昔已久，往者得王恩洋书，言先生在海上见拙著《经学导言》，嘱以再易稿时，送呈尊处刊布"，故蒙文通特致信章士钊汇报近两年的治学大概，并特意附送"《议蜀学》一篇，则拟质之同志"。③与廖平出游后"胆乃益大"一样，返川之后，蒙文通所作《议蜀学》无疑是对东部学界的宣言书：

---

① 廖幼平编《廖季平年谱》，第80~81页。
② 参考张循《义理与考据之间：蒙文通先生的经学历程》，《道术将为天下裂：清中叶"汉宋之争"的一个思想史研究》，广西师范大学出版社，2017，第226~274页。
③ 蒙文通：《在昔》，《甲寅（北京）》第1卷第21期，1925年，第16页。此文收入上海世纪出版集团2006年版《经学抉原》，更名《与章行严（士钊）论疏经纂史书》。

道穷则变,逮其(清代——引者注)晚季,而浮丽之论张,儒者侈谈百家之言,于孔氏之术稍疏,经术至是虽欲不改弦而更张之,诚不可得……廖氏之学,自为一宗,立异前哲,岸然以独树而自雄也。盖三百年间之经术,其本在小学,其要在声韵,其详在名物,其道最适于《诗》、《书》,其源则导自顾氏者也。廖氏之学,其要在《礼经》,其精在《春秋》,不循昔贤之旧轨,其于顾氏,固各张其帜以相抗者也。世之儒者矜言许、郑氏学,然徒守《说文》、《礼注》耳。廖氏本《五经异义》以考两汉师说,剖析今、古家法,皎如列星,此独非许、郑之学乎?……今世纷纷言今、古学,而左菴礼疏全帙未显,则古学可得而言乎?廖氏欲作《王制义证》,康更生欲作《孔子会典》,又皆不成,则今学可得而言乎?昧者不察,乃拘牵于文字异同之故以立论,斯亦游谈梦呓已尔,岂足道哉?……自顾氏以迄于今,其道已敝,吴、越巨儒,复已悔其大失,则蜀中之士,独不思阐其乡老之术,以济道术之穷乎?[①]

所言清季以来儒学之弊,盖指乾嘉汉学一脉,与整理国故者的辩难,使蒙文通觉得"今之倡言整理国故者,往往昧此而妄立科条,任意比附,此诚不知其本者也"。[②] 在 20 年代兴起的整理国故运动中,大部分学人对待国学的态度,基本上已经扬弃了原有保存国粹的固有心理,不再认为提倡国学是为了阐扬民族精神或保存传统文化,对他们而言,整理国故是为研究历史,所以他们把泛涉一切中国传统学术文化在内的"国故"都看作学术研究的材料。基于这种学术立场,国学不再被视为不可动摇的学术之本,也使得当时倡言国学者自如地接纳西方视角,以西学的眼光重新诠释传统学问。[③] 考证仍是整理国故者治学的前提,虽然

① 蒙文通:《议蜀学》,《经史抉原》,第 101~102 页。
② 蒙文通:《在晋》,《甲寅》(北京)第 1 卷第 21 期,1925 年,第 16 页。
③ 桑兵:《晚清民国时期的国学研究与西学》,《历史研究》1996 年第 5 期,第 30~45 页。

不能将他们视为清代考证学的简单延续，但事实上，整理国故运动与乾嘉汉学（特别是晚清古文学一系）不论在治学方法、还是人员组成、师友关系、人际脉络上都有千丝万缕的联系，乃至整理国故运动被时人冠以"新考据学"，被视为乾嘉考据学的变相复兴。胡朴安甚至依照清代学术的流派来分类整理国故运动中的不同阵营：

> 吴学一派，笃信好古，掇拾旧闻；今之为结账式之整理国学者，由此一派而出者也。皖学一派，好学深思，心知其意；今之为科学式之整理国学者，由此派而出者也。焦氏之学，以经证经，条分缕析，脉络分明；今之以分类方法求学术之统系者，由此派而出者也。要之，皆为亭林学派之所推衍。[1]

正由于诸学派"皆为亭林学派之所推衍"，蒙文通便理直气壮地论断源自顾炎武、多宗古文的清代汉学已经到了山穷水尽的地步，不仅不能适应近代以来的社会变动，与其一脉相承的整理国故运动更使得中国学术丧失"大本"，以文字异同纷言今、古学者，根本不足为道，那么该如何解其弊，济道术之穷呢？

清末民初，吴虞尝谓"蜀学孤微，不仅受南方人士之排抑（正续两《经解》、正续《碑传集》、《文苑》、《儒林》，皆不收蜀人），即蜀中士夫，亦未尝有崇拜维持之事"，"其所标榜者皆虚伪不学之辈。而后生之继起者，于前辈为学之本末，用心之深苦，毫无所见"，故而"不能不为蜀学前途悲也"！[2] 蜀学之受川省内外学人的漠视，当为民初之实情。川外学人多认为"中国学界人才之递嬗，从历史上观察之，有自北而南之势"，"自明末以至民国，数百年来，学海中之明星，犹多出三江。近则浙人章太炎博综诸学，若文学史学音韵学玄学（章氏

---

① 胡朴安：《清代学术丛书·序》，《广东国民大学图书馆馆刊》第 2、3 期合刊，1933 年，第 87 页。

② 吴虞：《爱智庐随笔》，《吴虞集》，第 92 页。

谓哲学为玄）皆所孜孜勿倦者。至梁任公、邓秋枚诸辈，并今日之大学问家，而皆粤人，其所述作，视陈兰甫（清陈澧番禺人）愈益精博矣。至闽人诗文之盛，亦为诗所艳称"。① 那么，"蜀中士夫"又是何意见呢？吴虞此论，受廖平说法至深，《爱智庐随笔》即记载了其与廖平商讨经学的言谈，故所言"虚伪不学之辈"，于"前辈为学之本末，用心之深苦，毫无所见"，所说"前辈"当指廖平，"虚伪不学"或为廖平痛斥的考据学。虽说廖平、吴虞认为考据学不足道，但川省亦有学人为"小学"不倡而担忧，赵少咸即在给顾实的信中称："蜀中自南皮湘潭以经史文章诏导后学，经则季平、伯揭，史则张森楷，文章则宋芸子，而小学一科，虽颇有所著述，多拘牵形体，习安邱之书，废金坛之学，戴王孔严存而不论，观《寿栎庐遗书》中，与学子讲论者，亦足以见。今新学昌披，研求益寡。"②

蒙文通在吴越，故能体会时人对蜀学的漠视，亦能得见赵少咸之担忧。但赵氏所言即蒙文通所指清学的流弊。道穷则变，清代学术必须改弦更张，与整理国故者将经学当史学材料、妄以西学诠释经学不同，蒙文通第一步就是沿传统学术发展的内在理路，按照经学的义例、统一的宗旨整理清代的学术成就，以此整合清代经学的歧义，其次"能进法石渠、白虎之盛，讲论异同，宗于一是"，但此事体大，"非敢望于今之儒者"，"惟就国立大学，别开经科，教授高材，俟之翌日"，③ 弘扬道术，张大儒学，中国文化之"新义"才能勃然而生。是时，宋育仁亦主张"欲发皇国学以救新学之横流，必在讲明经学以通经术"，然此经学固非囿于理学与章句考据，以免毁及孔经之空疏无据。④ 如果说在1923年平议近三百年学术时，蒙文通仍是将廖平一系置于顾炎武所开创的清学系谱之下的话，那么此时则要改弦更张，自树旗帜。当下领会

① 《国学尊闻·学海述闻十五则》，《国学杂志》第 5 期，1915 年，第 11 页。
② 《赵少咸来书》，《国学丛刊（南京）》第 1 卷第 3 期，1923 年，第 159 页。
③ 蒙文通：《在昔》，《甲寅（北京）》第 1 卷第 21 期，1925 年，第 16 页。
④ 宋育仁：《学战概括论》，《国学月刊》第 1 期，1923 年，第 5~8 页。

儒学精义的关键便是"兴蜀学"，以廖平本于礼制，明今古家法，由传以明经，依经以决传，与以小学考据为本的清代考据学"各张其帜以相抗"，考据之学最适合研究《诗》《尚书》，终究不过是"要在声韵"，"详在名物"，而"兴蜀学"则是要本于《礼经》《春秋》"济道术之穷"，发儒学之"新义"。刘咸炘亦致信蒙文通，谈到"饾饤之习乃近日中国日本所同，其所以趋此者，以么小考证易于安立，少引驳难，乃来名之捷径"。①

不过，当时巴蜀学人对"蜀学"的定位亦有分歧。宋育仁重修四川通志，倡导以"蜀学"维持旧学，恢张国学。② 修志一事，刘咸炘与宋育仁宗旨迥异，曰："咸炘于史学服膺会稽章氏，章氏分别撰述、记注，其所发明别识心裁，发凡起例，皆撰述之事。今之通志似犹未可及，此旧志体例且勿深论，即言记注亦无所成，缺略孔多，考证之功几于无有，即以人物艺文言之，吾蜀人文莫盛于宋时。"③ 刘氏以为："蜀学崇实，虽玄而不虚"，"统观蜀学，大在文史。寡戈矛之攻击，无门户之眩眛"。④ 他在成都大学国学研究会上的一次讲演中说，为学态度有深广两种，蜀学"长于深而短于广"，如好为议论之类。若要想辅之以广，"当复宋世之史学"，此则专指章实斋所提倡之浙东史学而言，绍复浙东史学，"正是中兴蜀学，非吾蜀学者之当浙东史学务乎？"

如果说，刘咸炘旨在借修《宋史》而"中兴蜀学"，蒙文通"议蜀学"则是在肯定廖平以礼制剖析汉代今、古家法之后，提倡廖氏之春秋学，所谓"廖氏之学，其要在《礼经》，其精在《春秋》"，"谓廖

---

① 刘咸炘：《推十文集·复蒙文通书》，《推十书》第三册，第 2209 页。
② 宋育仁：《重修〈四川通志〉例言》，成都昌福公司，1926。
③ 刘咸炘：《推十文集·复宋芸子书》，《推十书》第三册，第 2207 页。
④ 刘咸炘：《推十文集·蜀学论》，《推十书》第三册，第 2102 页。具体论述可参考刘复生：《表宋风，兴蜀学——刘咸炘重修〈宋史〉简论》，《四川大学学报》2003 年第 5 期；《刘咸炘〈蜀学论〉及其在学术史上的意义》，《社会科学研究》2006 年第 3 期。关于刘咸炘学术思想的系统研究可看周鼎《刘咸炘学术思想研究》，巴蜀书社，2008。

氏之说礼，诚魏、晋以来未之有也，至其考论《春秋》，则秦汉而下，无其偶也"。① 在这里，作为廖平今文学传人的蒙文通顺理成章地肩负起济道术之穷、发儒学新义的重任，表彰廖氏《春秋》学，暗示蒙文通要在复古求解放的道路上，由廖平以今古讲两汉，进而以《春秋》论先秦。

正如陈钟凡言"秦汉今文经师之方士化"其意在于驳斥所谓"今文运动"，"末世妄人，生千载之下，乃犹思掘其泥而扬其波，以'今文运动'之名，号召于世，闻吾说其亦废然知所反乎?"② 是时，对今文学的批评多集中于此，连廖平亦认为："王（闿运）怪属于旧，章（太炎）怪属于新，要皆有以自成其学而独立，与夫近来口谈名教，依草附木，毫无新旧学之可言者，诚有凤凰鸡鹜之别矣!"③ 是故，蒙文通首先即要摒除今文学内部的浮词，以礼学为本，祛除世人对今文学的诟病和疑惑。1920 年代末，蒙文通作成了《古史甄微·后序》，指出："宋（翔凤）、魏（源）、龚（自珍）、康（广厦）之流，肆为险怪之辩，不探师法之原，徒讥讪康成，诋诟子骏，即以是为今文"，"是前代之今文学惟一，而近代之今文学有二，鱼目浑珠，已非一日"。④《古史甄微·后序》在 1933 年被改作成《古史甄微·自序》，文字上大同小异，在关于清代今文学的这段论述中，唯"宋（翔凤）、魏（源）、龚（自珍）、康（广厦）之流"变成"刘（逢禄）、宋（翔凤）、龚（自珍）、魏（源）、崔（适）、康（有为）之流"，⑤ 在"伪今文学"的行列中增加了刘逢禄和崔适。1932 年，蒙文通作《井研廖季平师与近代今文学》，更系统地论述了清代今文学的传承，"刘逢禄之流，信《公羊》则并驳《左》、《穀》，而《周官》亦为疑书，党伐之诤以起。

---

① 蒙文通：《议蜀学》，《经史抉原》，第 101~103 页。
② 陈钟凡：《秦汉今文经师之方士化》，《国学丛刊》第 1 卷第 1 期，1923 年，第 8 页。
③ 吴虞：《爱智庐随笔》，《吴虞集》，第 94 页。
④ 蒙文通：《古史甄微·后序》，《史学杂志（南京）》第 2 卷第 2 期，1930 年，第 1~2 页（文页）。
⑤ 蒙文通：《古史甄微·自序》，《古史甄微》，巴蜀书社，1999，第 2 页。

宋于庭以十四博士为一家，至是而后有联合之今文派，与古文为仇，较为整个之今文学。"然而，此派以立学官与否区分今古，"是则知表而仍不知其里"，"不足以言成熟之今文学"，"然其区分今古，对垒抗行，自此之后遂有整个之今文学，功实亦不可没"。①

蒙文通曾褒奖孔广森、张惠言之流专门名家者，于六经传记能"倡家法，明条例，钩深抉微，实能阐二千年来不传之坠绪"，此乃有清三百年"复古求解放"过程中的上乘之作。但若以经今文学而言，张惠言、刘逢禄之流皆是未成熟之今文学，前者懂得依据家法条例，明一经之意，但不通晓各经之间的联系，是所谓"有见一隅而不窥全体之今文学"；后者虽能从整体上联系各经，与古文学划清界限，但对于今古异同的中心混淆不清，是所谓"有知其大概而不得其重心之今文学"。相形之下，廖平"综合群言而建其枢极"，此乃"成熟之今文学"，"廖师推本清代经术，常称二陈著论，渐别古今。廖师之今文学固出自王湘绮之门，然实接近二陈一派之今文学"。② 廖平曾言："国朝经学，顾、阎杂有汉宋，惠戴专申训诂，二陈（左海、卓人）渐及今古，由粗而精，其势然也。鄙人继二陈而述两汉学派，撰《今古学考》。"③ 蒙文通也认为陈寿祺、乔枞父子的《五经异义疏证》专门区分今古二学家法，陈立的《白虎通义疏证》则致力疏通汉代今文经说，"义例谨严"，实为依家法条例治汉学的代表作，只是因为"不以诡词异论高自标诩"，才为人所忽视，不附于今文学之列。④ 在蒙文通的今文学系谱里是将廖氏上接二陈，而排斥王闿运，正是因为他认定善说礼制、家法条例之学才是正宗的今文学。

蒙文通认为廖平集"成熟今文学"之大成，"至廖师而后今文之说乃大明，道以渐推而渐备"。皮锡瑞则是近代经师中唯一能"远绍二

---

① 蒙文通：《井研廖季平师与近代今文学》，《经史抉原》，第104页。
② 蒙文通：《井研廖季平师与近代今文学》，《经史抉原》，第105页。
③ 廖平：《论学三书·与宋芸子论学书》，《四益馆文集》，《六译馆丛书》，第7页。
④ 蒙文通：《廖季平先生传》，《新四川月刊》第1卷第1期，1939年，第51页。

陈，近取廖师以治今文者"。"伪今文学"一派，蒙文通则点出了龚自珍、魏源二人："他若魏源、龚自珍之流，亦以今文之学自诩，然《诗、书古微》之作，固不必求之师说，究其家法，汉宋杂陈，又出以新奇臆说，徒以攻郑为事，究不知郑氏之学已今古并取，异郑不必即为今文……故龚、魏之学别为一派，别为伪今文学，去道已远。"① "近代今文有二"不仅是因为有治汉学方法的区别，更因为有治《公羊》与治《穀梁》之别，晚清公羊学在蒙文通看来近乎伪今文学，所谓"清世言今学者皆主于《公羊》，遂以支庶而继大统，若言学脉，则固不如此"。② 只有以礼制为本，按家法条例治《穀梁》才是真今文学，而论定《穀梁》为今文正宗的途径，不外乎按照经典诠释的传统，证明《穀梁》符合孔门原意，为孔子之嫡传。

## 二 "由西汉以进先秦"

第一章谈到，在《今古学考》中，廖平以礼制平分今古，用《周官》（古文）、《王制》（今文）来统摄这两个系统，此说得到诸多学人认可。蒙文通屡次称道：

> 自井研廖先生据礼数以判今、古学之异同，而二学如冰炭之不可同器，乃大显白。③
>
> 言汉学而不知今古文之别者，不足以语汉学；言今古文而不知归本礼制者，不足以语今古文。……井研廖师，长于《春秋》，善说礼制，一屏琐末之事不屑究，而独探其大源，确定今古两学之辨，在乎所主制度之差，以《王制》为纲，而今文各家之说悉有统宗；以《周官》为纲，而古文各家莫不符同。④

---

① 蒙文通：《井研廖季平师与近代今文学》，《经史抉原》，第105页。
② 蒙文通：《井研廖季平师与近代今文学》，《经史抉原》，第106页。
③ 蒙文通：《经学抉原》，《经史抉原》，第46页。
④ 蒙文通：《井研廖师与汉代今古文学》，《经史抉原》，第120页。

然而，《今古学考》刚一刊行，素对"蜀学"颇有异议的江瀚即刻致书廖平商榷，称，"君子之为学也，唯求其是"，"奈何皆为诵法洙泗，乃妄分畛域"，以"宗郑"的立场言"混合今古，固未足为病"。① 廖平当时未给予回应，直到25年后，才作书辩驳，其序中言："叔海此书在二十五年之前邮寄浮沉久忘之矣。六七年前，祝彦和云有学生自上海归得黎氏《续古文辞汇纂》改定本中有鄙人与叔海书，久之持原书相示，方晓告者主客颠倒耳。"可见，廖平曾有两次契机回应江瀚，但均未作答。直到"今春于成都得学报第二册再读校改之本"，方才作书解难，虽说廖平在《序》中称，"未及复答，非敢有不屑之意"，但《答江叔海论今古文书》开篇即言："《今古学考》之作原为东汉学派本原，出于《五经异义》，驳则出于郑氏。足下所推博大精深，两汉之冠者也。嘉道以下学者皆喜之，老兄不过重申其说，著为专书。"可见，廖平确有江瀚的质疑，不答亦可的意思。但于此时，作长函回复，并言"今古之分，许郑在前，孙陈李魏在后，明文具在，作诵之罪，端在汉师，足下归咎于我，《国粹学报》又以惠庄二人瓜分之实，不敢贪天之功以为己力"。廖平依旧持今古之见，仍以《王制》《周官》为统，"今古之分则同途而自相违反，故除去文字异同取舍异趣无关门户者不计外，专以地域制度分同出一原自相矛盾"，"同法洙泗旨趣，文字异同可解，制度之参差歧出不可解"。② 在《答江叔海论今古文书》中，廖平于细节上言及三变、四变之学，基本论点则与《今古学考》时无异，蒙文通晚年所强调："这不能不承认是近代经学上的重大发现。虽然廖先生的学说后又迭有变改，但以《周官》、《王制》分判今、古文学的基本论点从未动摇。"③

不过，何以之前25年都觉得没必要作答，此时却不厌其烦地重论"今古"呢？究其原因，廖平在信末有所暗示："今则各教林立，彼此

① 江瀚：《与廖季平论今古学考书》，《中国学报》第2期，1912年，第27~30页。
② 廖平：《答江叔海论今古文书》，《四益馆杂著》，《六译馆丛书》，第121~123页。
③ 蒙文通：《孔子和今文学》，《经史抉原》，第215~216页。

互攻，乃逼成一纯粹尊孔之学，此又唐宋以下求之而不得者也"，"先刊有《十八经凡例》至于《四变记》成，心愿小定，即使今日即死，天心苟欲大同则必有孀妇稚子，助我负土，即使事皆不成，说皆不存，行心所安，付之天命"。① 廖平作《今古学考》时曾称欲作《十八经注疏》，以成蜀学，"一为尊孔，一为救国"，学虽屡变，此种抱负则一以贯之，至《四变记》大成，便回到《今古学考》的立场，总结一变至四变之学。② 在同时给康有为的信中即称："鄙人志欲图存，别构营垒，太岁再周，学途四变，由西汉以进先秦，更由先秦以追邹鲁，言新则无字不新，言旧则无义非旧。"③ 从《今古学考》至《四变记》，即廖平所规划的由西汉讲论至邹鲁，廖平学术也经历由家法条例治经到发挥微言大义，倡"天人学说"的过程，廖平的此种转变正展现了今文学在民国学界的两种路径。康有为无疑选择了后者，在回复廖平时称："执事信今攻古，足为证人，助我张目，道路阻修，无由讲析，又寡得大作，无自发明。遥想著作等身，定宏斯道。方今大教式微，正赖耆旧有伏生、田何者出而任之，非执事而谁？"④ 廖平、康有为"尊孔"，本意以孔圣微言调和中西新旧，其结果却"新学则攻吾以守旧，而旧学则疑吾以新奇"，"新学见吾之说有少合于其新者，亦颇采之，而惜其仍笃于旧象也；旧学见吾之说有少合于其旧者，仍惜其有过新奇也。皆各自为总裁、主考，而以吾为诸生耳"。⑤

相反，蒙文通则选择了前者，以家法条例治礼制，由两汉追上周

---

① 廖平：《答江叔海论今古文书》，《四益馆杂著》，《六译馆丛书》，第 128 页。

② 江瀚挽廖平："学究天人，放胆生前谈改制；派分今古，伤心死后见遗书。"原注："《六译馆丛书》内有答下走《论今古学考书》，顷始见之，不胜感悼。"据此或可推测，廖平并未将《答江叔海论今古文书》寄予江瀚，这更表明廖平作此文，其意在借此对自己一变至四变之学作一总结，回应江瀚对《今古学考》的质疑仅为附带。

③ 廖平：《与康长素书》，《中国学报》第 8 期，1913 年"论著"第 19 页。

④ 康有为：《致廖季平书》（1913 年 2 月），姜义华、张荣华编校《康有为全集》第 10 集，人民大学出版社，2007，第 19 页。

⑤ 康有为：《致章一山书》（1918 年 7 月 4 日），姜义华、张荣华编校《康有为全集》第 11 集，人民大学出版社，2007，第 82 页。

秦。廖平在以礼制判今古之后，进而思考如何解释这两派礼制的形成："于今文一家之学立齐、鲁两派以处之。古文一家所据之经，奇说尤众，则别之为《周官》派、《左传》派、《国语》派、《孝经》派以处之。而总之曰今文为齐鲁之学，古文为燕（当作梁）赵之学……于是立齐、鲁、燕、赵以处之。"① 廖平已经注意到了先秦经学存在多元系统的，把长期以来争讼不决的汉代今、古之分换成齐、鲁与燕、赵学问之别，把经学主张的不同化为地域的差异。同时，廖平也注意到讲经"皆当力求秦汉以前之说。故五经今古先师之说，多与以前同。今当以秦以前者为正义，汉以后者为晚说"。② 廖平学至四变，自认是有所大成，然即如蒙文通所言："廖师由礼以明两汉，人知之，困于礼则由《春秋》以明晚周而破两汉，人未知。"③ 也就是说，廖平之学言《春秋》之义直探周秦，若言礼则困于两汉今古，廖平由"礼"转入"义"自是其"尊孔、救国"所逼，而蒙文通则是要明"周秦"之"礼""义"，其初步就是"当再博考精研，别为《齐鲁学考》，俾理证通洽，条例明�，以踵《今古学考》之后，庶于道术斯有毫末之益"。④

廖平提出欲以齐、鲁与燕、赵学问之异解决今古之后，江慎中即指出："其实西汉本无今文之名，但有鲁学齐学而已，人但知《诗》、《春秋》、《论语》三经有齐鲁之别而不知《易》、《书》、《礼》、《孝经》亦皆有之。"⑤ 江慎中把"齐学、鲁学的问题，要拿来替代今、古的壁垒，从《穀梁》着手，著了部《春秋条指》，阐明《穀梁》的微言大义"。⑥ 刘师培为证明群经大义相通，以齐学、鲁学之别代替今古文之争，"汉初经学初无今古文之争也，只有齐学鲁学之别耳。凡数经之同

① 蒙文通：《井研廖师与汉代今古文学》，《经史抉原》，第 129 页。
② 廖平：《今古学考》，李耀仙主编《廖平选集（上）》，1998，第 80 页。
③ 蒙文通：《井研廖师与汉代今古文学》，《经史抉原》，第 135 页。
④ 蒙文通：《在昔》，天津《甲寅周刊》第 1 卷第 21 期，1925 年，第 16 页。
⑤ 江慎中：《用我法斋经说·西汉鲁学齐学家法考》，《国粹学报》第 68 期，1910 年，第 1 页（栏页）。
⑥ 蒙文通：《经学导言》，《经史抉原》，第 42 页。

属鲁学者,其师说必同,凡数经之同属齐学者,其大义亦必同"。① 在《国学发微》中,亦言: "汉代经学,不当以今古文分,当以齐学、鲁学分,治经不当持门户之见。" "近代学者,知汉代经学有今文家、古文家之分,吾谓西汉学派,只有两端:一曰齐学,一曰鲁学。治齐学者,多今文家言;治鲁学者,多古文家言。"② 四川国学院时期,廖平、刘师培皆以齐鲁言今古,但旨趣迥异,蒙文通对此深有体会,在《经学抉原·序》中说:

> 文通于壬子、癸丑间,学经于国学院,时廖、刘两师及名山吴师并在讲席,或崇今,或尊古,或会而通之。持各有故,言各成理。朝夕所闻,无非矛盾,惊骇无已……虽无日不疑,而疑终莫解。然依礼数以判家法,此两师之所同……廖师曰: "齐、鲁为今学,燕、赵为古学。鲁为今学正宗,齐学则消息于今古之间。壁中书鲁学也,鲁学今文也。"刘师则曰: "壁中书鲁学也,鲁学古文也,而齐学为今文。"两先生言齐、鲁学虽不同,其舍今、古而进谈齐、鲁又一也……此皆足导余以先路而启其造说之端。③

廖、刘言齐学、鲁学名同义殊,廖平以鲁学为今学,刘师培以鲁学为古文。对两家之说"无非矛盾",蒙文通的反应并不是"一齐撕破",而是异中求同,"推本礼数,佐以史文",继承先师的说法,直接"还六国面目",一面解决汉代今、古文的起源问题,讲明儒学在先秦两汉的渊源流变。一面探寻经学的真貌与本意,通经明道,"思所以决荡今古之藩篱,则徒有进而求齐、鲁之意,而事则犹疏,故廖刘以来,江慎

---

① 刘师培:《群经大义相通论》,《清儒得失论》,中国人民大学出版社,2004,第68页。
② 刘师培:《国学发微》,邬国义、吴修艺编校《刘师培史学论著选集》,上海古籍出版社,2006,第128页。
③ 蒙文通:《经学抉原》,《经史抉原》,第46页。

中、郑东父虽言齐、鲁学，于上溯晚周之绪犹不过但启其端耳！""今之言学者，不思今古学决非坚固不可破坏之学派，而别求本始之学，不知今古学徒为两汉之学，而当沿廖、刘、江、郑所明，以上求晚周之学"，①"现在讲经，是不能再守着两汉今古文那样讲，是要追向先秦去讲"，②"作《经学导言》，略陈今古义之未可据，当别求之齐、鲁而寻其根，以扬师门之意"。③

廖平在《今古学考》中说："鲁为今学正宗，燕赵为古学正宗，其支流分派虽小有不同，然大旨一也。……齐人间于二学之间，为乡土闻见所囿，不能不杂采"，"齐学之参杂于今古之间。"④ 不过，廖平并没有将以地域分古今的方法一以贯之，蒙文通则对这一思路加以发展，倡导鲁、齐、晋之学，以三方地域来划分先秦经学，这也为他古史三系说做了铺垫。他说：

> 乃确信今文为齐、鲁之学，而古文乃梁、赵之学也。古文固与今文不同，齐学亦与鲁学差异。鲁学为孔、孟之正宗，而齐、晋则已离失道本。齐学尚与邹、鲁为近，而三晋史说动与经违，然后知梁、赵古文，固非孔学，邹、鲁所述，斯为嫡传。……丁卯春初，山居多暇，乃作《古史甄微》。戊辰夏末，又草《天问本事》。则又知晚周之学有北方三晋之学焉，有南方吴楚之学焉，有东方齐鲁之学焉。乃损补旧稿以为十篇，旧作《议蜀学》一篇并附于末……文通幼聆师门之教，上溯博士今文之义，开以为齐学、鲁学，下推梁、赵古文之义，开以为南学、北学。推本邹、鲁，考之燕、齐，校之晋，究之楚，岂敢妄谓于学有所发。使说而是，斯固

---

① 蒙文通：《井研廖季平与近代今文学》，《经史抉原》，第114页。
② 蒙文通：《经学导言》，《经史抉原》，第13页。
③ 蒙文通：《井研廖师与汉代今古文学》，《经史抉原》，第135页。
④ 廖平：《今古学考》，李耀仙主编《廖平选集》（上），第73~74、82页。

师门之旨也；说之非，则文通之罪也。①

廖平认为今学内部可以地域划分派别，今学由乡土分异派别，故有鲁派、齐派、韩派之别，而古文分派皆"缘经立说"，故分《周礼》派、《国语》派、《左传》派、《孝经》派。蒙文通对师说"详究论之"，将"燕、赵为古学"，改为"赵魏三晋为古学"。认为今文学来源于鲁学、齐学，是合鲁、齐之学而成；古文学依据三晋学而立，来自晋学，所以要推本今、古文学以复先秦齐、鲁、晋学之旧：

> 今文之学源于齐、鲁，而古文之学源于梁、赵也。……古文之学来自梁、赵，孔氏学而杂以旧法世传之史，犹燕、齐之学，为孔氏学而杂以诸子百家之言，其离于孔氏之真一也。
>
> ……井研先生以今学统乎王，古学帅乎霸，齐、鲁为今学，燕、赵为古学，详究论之，赵魏三晋为古学。……今文之学，合齐、鲁学而成者也，古文学据三晋学而立者也。今古学门户虽成立于汉，然齐、鲁以并进而渐合，晋学以独排而别行，则始于秦。言今、言古，终秦汉以后事，皆无当于晚周之旨也。②

蒙文通"作《经学抉原》，深信齐鲁学外，而占义为三晋之学，则经术亦以地域而分"，③ 正是以地域解释今古文经学的形成及其差异，本于齐、鲁、三晋之学寻求晚周儒学的原貌，即今文学是糅合鲁学与齐学而成，鲁学最纯，是儒学正宗，齐学驳杂，出入诸子，古文学则是孔氏之学传于三晋、杂以旧法世传之史者。这样在困扰他十余年，"寻绎两师之论，未得尽通"的今古文学起源问题上，蒙文通也就有了自己的主见。但以三方之学分别今文学与古文学，并不意味着蒙文通将学术之别

① 蒙文通：《经学抉原》，《经史抉原》，第47~48页。
② 蒙文通：《经学抉原》，《经史抉原》，第94~97页。
③ 蒙文通：《古史甄微·自序》，《蒙文通文集》第5卷，第14页。

化约为地域问题。他申明"齐、鲁治学，态度各殊，《公羊》、《穀梁》、《易》、《书》之学，在汉传之者非特齐鲁之士，盖以合于齐人旨趣者谓之齐学，合于鲁人旨趣者谓之鲁学，固不限于汉师之属齐、属鲁"①，"辨别齐鲁学是从他学问起源的地域分，根据他的主义来分，而不问在汉初是某国人传出来的"。② 而在《经学导言》《经学抉原》里所有的主义，鲁学、齐学、晋学、今文、古文都源出孔氏，它们都是孔子之学在先秦两汉的传承系统，划分三系也正是就儒学的不同流派而言。在这里，齐学、鲁学是"并进而渐合"，蒙文通也是"推两汉学之本，更溯源于先秦"，③ 并没有深究汉代齐鲁之学与周秦齐学、鲁学的差别，也暗示了汉代今、古学与周秦齐、鲁、晋学是一脉相承的关系。

因为各地"法教"有别，故三方之学礼制各异，晋学、齐学和鲁学礼制的差别，就是"王""霸"两个字的差别。而之所以会有王霸之别，正在于春秋时期，齐桓公、晋文公的改制，齐、晋的霸制是不惜损坏周家的旧礼来要好诸侯，弃礼而归兵。而鲁国则是谨守周礼，尊崇王道。这便是鲁学、齐学、晋学的根本分别。又因为晋文改制比齐桓改制厉害得多，所以齐学与鲁学相近，晋学便和鲁学相远。孔子是主张王道反对霸功的人，《春秋》便是孔子阐明王道的书。齐学、晋学虽说仍讲的是孔子之学，但时时留着齐桓、晋文霸制的余迹，而只有鲁学才是笃守王制的。④

在这里，经学虽说因各地礼制不同而有多家流派，但这些分裂的经说仍是渊源有自，其源头便是孔子，与廖平将所有不同归于孔子早年、晚年学说的变化，仍期望以孔子来"统会"所有分歧不同，蒙文通则认为孔子的学术，有三派——鲁学、齐学、晋学，"三派各有他们的本来面目，分户别门，真是离之则两美；到他们都与孔学混合，古史、百

① 蒙文通：《经学抉原》，《经史抉原》，第89页。
② 蒙文通：《经学导言》，《经史抉原》，第23页。
③ 蒙文通：《井研廖师与汉代今古文学》，《经史抉原》，第121页。
④ 蒙文通：《经学导言》，《经史抉原》，第35页。

家二派便渐渐的湮没，孔经的本来面目亦被他们混乱，便分争不休，这真是合之则两伤"。① 如果说廖平的工作是要"合三家之说"，那么蒙文通则是要"离三家之说"。蒙文通要在纷乱的歧说之中确立孔学的嫡派，恢复孔经的本来面目，在他看来，言六艺是鲁人之学，鲁学是六经的正宗、孔子的嫡派，是纯正谨守的。齐学则是孔子之学传入齐国，"齐人固以百家之旨为主"，"义则浸淫于邹衍"，"礼则杂糅于淳于髡"，② 自然没有鲁学纯正。古文学源于魏、赵，但三晋之学实以史学为正宗，古文学杂以"旧法世传之史"而大异于孔学。汉人的今文学是齐派占势力，古文是晋派占势力，孔学的真义自然是隐晦不明了。

既然明了三晋之学与齐学、鲁学的分流，经学里的许多纠葛便可以一刀两断，也就不应该守着两汉今古学来讲经学。其中，又只有鲁学是孔子的嫡派，那么自当本于鲁学来探明孔学的真面目。鲁学中最得孔子真义的便是《穀梁》与《孟子》，那么讲经学自然当本于《穀梁》与《孟子》，以此明孔学之道。《春秋》讲大义、重制度，孔子以礼制删定《六经》，自然也集中体现在其所订《春秋》一书之中，《春秋》便是孔子阐明王道的书，而孔子所说的王道就是"尊周用王礼"。③ 以礼制而言，孔子曾说："周礼尽在鲁也。"《穀梁》为鲁学嫡派，所保存的礼制最纯正，谨遵王道，最得孔子之意。相比之下，《公羊》则只是霸道，是孔子所反对的。那么，晚清以降讲《公羊》之今文学自然就只能是支派，甚至是伪今文学，不是学脉所在。

# 第三节　今文学的考辨工作

蒙文通曾言："六经亡于秦火之辩，托古改制之辩，纬候起于哀平

---

① 蒙文通：《经学导言》，《经史抉原》，第 30 页。
② 蒙文通：《经学抉原》，《经史抉原》，第 91 页。
③ 蒙文通：《经学导言》，《经史抉原》，第 33 页。

之辩，及乎左氏不传《春秋》，卫宏作《毛诗序》，周官为阴谋之书诸大端。此皆井研廖师仪征刘师及并世学者所常论而难决者。"① 所列举诸问题，为今古相争之重大子题，常有学人"以此诸事为问"，亦有人致函辩难。与"伪今文学"将诸问题归于托古改制说、刘歆造伪说不同，蒙文通以辨明家法条例、探寻学术源流的方式，综合廖、刘师说及并世学者之言，对上述今古文之争中悬而未决的问题予以回答。此即《经学抉原》序中所言"推本礼数，佐以史文"，"斯固师门之旨"。

## 一 六经亡于秦火辨

西汉以降之学者多认为，秦始皇焚书坑儒之后，"六经"已经亡缺，所传的今文经书，不过是秦火之残缺。古文经则源自先秦，未经秦火。乾嘉汉学从事经书佚义的校辑及文献考订工作的基础之一，便是秦焚之后六经有所亡缺，故必须通过精辑才能恢复前人的全貌。清代今文学突破乾嘉朴学的要点，即证明秦焚书而六经未尝亡缺，康有为对此说论述最详。他指出，秦始皇焚书坑儒并没有造成"六经"亡缺：第一，《史记》载，李斯请"史官非秦纪皆烧之，非博士官所职，天下敢有藏《诗》、《书》、百家语者，悉诣守尉杂烧之"，即说只烧民间书，而"博士所职，保守珍重，未尝焚烧"；第二，秦始皇仅坑咸阳诸生460余人，其中有儒生，也有方士，而伏生、叔孙通为秦时博士，在汉初与叔孙通共议礼制的30余人在秦时为诸生，他们"皆怀蕴六艺，学通《诗》、《书》，逮汉犹存者也"；第三，以秦焚书坑儒至陈胜造反不过三四年，至刘邦入关不过五六年，"坑焚至汉兴为日至近，博士具官，儒生甚伙"，而且萧何随刘邦入咸阳时立即收取了秦丞相府、御史府的图书，其中就有"六经"。② 此后，皮锡瑞亦认为："焚坑之令未久而亡其

① 蒙文通：《论秦焚书与古文佚经》，《中央大学半月刊》第1卷第12期，1930年，第49页。
② 康有为：《新学伪经考》，姜义华、张荣华编校《康有为全集》第1集，上海古籍出版社，1987，第574~584页。关于康有为学术思想的系统研究可参见房德邻《儒学的危机与嬗变：康有为与近代儒学》，台北：文津出版社，1992。

国，故不能尽绝圣门之经也。"① 康氏此说一出，随即遭到古文学者之反对。刘师培则特撰《六经残于秦火考》，对康氏之论点逐一驳斥。② 章太炎则认为："谓经皆完书者，以秦焚《诗》、《书》，未及博士所藏耳，不知荀子言秦无儒矣。伏生适通《尚书》，其余博上，非书通经术，彼时固以博士备顾问，非如汉博士之为经师也。古者书无雕本，非儒生献书，其书无由入官。《周礼》之不传于汉初，《礼经》之有逸篇三十九，正以秦无其儒，故博士无其书耳。且酂侯所收，止丞相御史府图籍，此当时政书，与博士之《诗》《书》何涉？其后咸阳焚于项羽，则博士所藏，亦庸能传布乎？以此末杀古文，未见其可也。"③

廖平学术二变时即撰《知圣篇》《古学考》尊今伪古，以古文家《尚书》《毛诗》《左氏》《周礼》，其源流皆晚出之伪说，力反秦火经残之论。四川国学院时期，廖平主孔经人学，辅以孔子创造文字说，"据《史记》八引'孔氏古文'，以为孔作六经，先制文字"，而"所谓'孔氏古文'者，对博士今文隶书而言"。秦未焚孔经，所焚乃"六国史与百家言，即焚仓颉结绳字母"。④ 廖平以此说授徒，并以此为课卷。蒙文通遂于1915年作《孔氏古文说》以支持廖平新说。蒙文通首先即因事证明六经未亡于秦火，"焚其不中用者而定一尊于六经，所坑亦策上，非真儒"，⑤ "秦燔书为私学之书，坑儒乃犯禁之儒"，"诸子不因焚书而亡，则六经不亡，固足验也"，"中书者，固萧何所得秦者也……秦官之旧籍犹存，则孔氏之业不残可知"。⑥ 上述诸说与康有为无异，而后蒙文通更进一步，以今文学为博士之传立论，"博士之官固

① 皮锡瑞：《经学家法讲义》稿本第四篇，转引自吴仰湘、姚茂军《皮锡瑞〈经学家法讲义〉稿本的内容及其价值》，《湖南大学学报》2008年第2期，第43页。
② 刘师培：《六经残于秦火考》，邬国义、吴修艺编校《刘师培史学论著选集》，第518~520页。
③ 章太炎：《今古文辨义》，《亚东时报》第18号，1899年11月23日，第21页。
④ 廖平：《五变记笺述》，李燿仙主编《廖平选集》（上），第583~589页。
⑤ 蒙文通：《孔氏古文说》，《经史抉原》，第1页。
⑥ 蒙文通：《经学抉原》，《经史抉原》，第54~55、58页。

未尝废、而孔子之业本未尝绝也"，"博士之传不绝，则博士之经不残可知也"。① 此文得到廖平认可，随即刊于《国学荟编》。

不过对比《经学导言》与《经学抉原》目录，发现后者较前者多出两节"焚书第二""传记第三"，也就是说这两节是返川后新增。"焚书"问题其实早在《孔氏古文说》中即有所解决，在作《经学导言》时，原本不打算列入，但《经学抉原》不仅新增此节，还把"焚书"一节与"古文佚经"合作一篇单独在《中央大学半月刊》发表，"六经亡于秦火之辩"也是蒙文通所述"难决者"中，唯一单独撰文辩难者，这表明此文极有针对性。其实在陈钟凡发表今文学方士化议论的同时，顾实同时撰文平议秦汉烧书、校书两大案，认为"岂秦亡之际，书烧博士逃，而犹有书完不阙之理？此虽三尺童子不难立辩也"，直至"刘向刘歆父子校理秘文，哀帝时歆卒父业，奏定《七略》，遂为古今文艺学术之钤键"。顾实试图以此文"息近世倡为今文谬说者之喙"。②

在《论秦焚书与古文佚经》一文中，蒙文通不仅重申史事证明"六经未亡于秦火"，而且以"献书和壁中书"论今学、古学之别。龚自珍曾论作《说中古文》，谓班志所言中古文《尚书》并无此书，为刘歆所伪造，历引十二证以证中古文不足信。而后康有为取《史记》的《河间献王世家》《鲁共王世家》与《汉书》的两王传对读，发现献王得书、共王坏壁事在《史记》中只字未提。他由此发出疑问："此关六艺大典，若诚有之，史公何得不叙？"③ 以此怀疑壁中古文的真实性，由此引申出刘歆造伪之说，动摇古文学的根本。钱玄同也认为"壁中古文之为后人伪造，非真古字"，且更进一步称："康、崔两君虽能推翻壁中古文经，但是他们俩是根本相信孔子定《六经》那件事的"，然

---

① 蒙文通：《孔氏古文说》，《经史抉原》，第 1~2 页。
② 顾实：《秦汉烧书校书两大案平议》，《国学丛刊》第 1 卷第 1 期，1923 年，第 18~19、21 页。
③ 康有为：《新学伪经考》，姜义华、张荣华编校《康有为全集》第 1 集，第 698 页。

"咱们现在则不然，根本不相信'孔子定《六经》那件事'"。① 刘师
培则力驳龚、康二人之说，刘氏遍考《史记》《汉书》以明两汉之际
《尚书》之源流，言刘向以中书（即中古文）校百两篇，此以真古文证
伪古文也，"盖安国未献古文前，中秘无《古文尚书》，既献以后，始
有之"，"则刘向所见之中古文即安国所献之本"。② 蒙文通同意刘师培
的说法，鲁壁确实发现了中古文经书，壁中《尚书》《礼经》，"古文家
见之，今文家固亦见之"。只不过当时的今古学家都认为《逸书》16
篇、《逸礼》39 篇是传记，而不是经，《古文尚书》也是如此，古文家
便"莫以传于经而传之"。③ 因为《逸书》《逸礼》"自为完备，无待于
壁书然后备"，所以即使河内、鲁壁没有发现《逸书》《逸礼》，它们也
在汉代经师中流传。在蒙文通看来：

> 古文之学，以有壁中佚经而兴，然古学者乃不传佚经，古学之
> 大异于今学者，为独宗《周官》、《左氏》，而《周官》、《左氏》
> 固自不出于壁中，孔壁佚经果有足为古学之根据者，古文家宁不传
> 之。则知孔壁古文，实非贾、郑古学家之所本，汉魏之交，其籍犹
> 存，而刘歆以后之古学，其所据以立义者，固在彼不在此也。④

也就是说，批驳古文学，质疑"壁中书"与"古义"乃是只见其表，
未明其里，不仅击不中要害，反而导致盲目疑古。这正是由于这派学者
仅从文字的差别区分今古文，而不知今古文之别在于礼制，在于古文宗
《周官》，今文宗《王制》。至于古文、籀书之别，蒙文通早年认为"古
文者，佐书既行以前文字之通称。籀书者，讽书引书之义，而非文字之

---

① 钱玄同：《与顾颉刚先生论说文书》，《北京大学研究所国学门周刊》第 2 卷第 15、16
　 期合刊，1926 年，第 16、18 页。
② 刘师培：《中古文考》，《左盦集》卷一，《刘师培全集》第 3 册，中共中央党校出版
　 社，1997，第 7 页。
③ 蒙文通：《经学抉原》，《经史抉原》，第 71 页。
④ 蒙文通：《经学抉原》，《经史抉原》，第 72 页。

别体"。因此，汉儒常常只说某为某之古文，而没有说籀篆。所谓籀篆、佐书都只是古文的一种变体，而并非一人之力所能改创的。① 当蒙文通形成古史三系的观点后，则又认为籀为周人之书，篆为嬴秦之字，古文盖行于邹、鲁，而各方异语殊文，则"孔氏古文不通于别国，惟邹、鲁之士能明之，决无疑也"，② 孔氏之学也自当以古文流传。

既然孔壁古文确有其事，"古文"并非后人随意窜入，六经也并没有亡于秦火，而《史记》等典籍中诸多关于"古文""孔氏古文"的记载又印证了"六经为古文之说"。③ 由此便可以上溯孔氏古文，确定孔氏之六经及其嫡派。所以早在《孔氏古文说》里蒙文通便在今文学立场上，分别六经与旧史，确立六经篇目、次第，考还博士之旧，认为博士之经同符孔籍，今文学方才是孔学的嫡传。

二 《左传》不传《春秋》辨

晚清经今、古文学论争的焦点集中于对《春秋》，特别是《春秋》三传的理解，而三传之中，围绕《左传》真伪问题，进而论《左传》是否传《春秋》的争辩尤为激烈。1812 年，刘逢禄著成《左氏春秋考证》和《箴膏肓评》两书，认为《左氏春秋》本来如《晏子春秋》《吕氏春秋》一样属杂史之流，并非左丘明受经后所作之传，而《左氏春秋》后人未见，历代所传者乃刘歆作伪篡改《左氏春秋》而成的《左传》。这种意见和左丘明受经作传之说针锋相对，彻底否定了《左传》释经的资格。此说得到今文学者支持，皮锡瑞即称左氏传不解经，刘逢禄之考证尤为明晰。刘氏称"余欲以春秋还之春秋，左氏还之左氏，而删其书法凡例，及论断之谬于大义，孤章绝句之依附经文者，冀以存左氏之本真"。皮锡瑞指出："近人有驳刘氏者，皆强说不

---

① 蒙文通：《孔氏古文说》，《经史抉原》，第 3~4 页。
② 蒙文通：《经学抉原》，《经史抉原》，第 99 页。
③ 蒙文通：《经学抉原》，《经史抉原》，第 57 页。

足据。"[1] 康有为也大力鼓吹刘歆作伪说，在《新学伪经考》中倡导刘歆作伪说，其主要的证据有两条：一是《左传》是刘歆割裂《国语》而成，二是《史记》《汉书》等史书中为古文经学派提供重要论据的记载一律是刘歆的伪作。此后，崔适作《史记探源》《春秋复始》，羽翼康说。

若说主今文者多否定《左传》传《春秋》，乃以刘歆伪造，故《左传》未得孔子作《春秋》之义，那么主古文者，多强调经史同源，通过《左传》或可"以史释经"。章太炎认为《春秋》经史一体，"孔、左经传，同时述作"，极力考证《左传》经师的早期著作虽早亡佚，其间授受的轨迹依然可循，《左传》为刘歆伪造说难以成立。[2] 刘师培则撰《左氏不传〈春秋〉辨》，阐明《左传》不仅"传"《春秋》，而且《左传》对于《春秋》的解释也比《公羊》和《穀梁》详尽得多，将上古诸典籍涉及"《春秋》"云云的史实与《左传》相互比勘，不仅史事相同，而且遣词用语的先后相袭也明白无误。由此可知以上诸典籍的"《春秋》"即指《左传》，"近人刘申受之侜"的说法于史无据。[3]

在四川国学院讲学前后，廖平、刘师培就《左传》传《春秋》问题各有调整。廖平三变之后，力求整合孔学，言孔圣制作以抗西学，故对《春秋》三传异同有所折中。1909 年，廖平刊行《左丘明考》，认为左丘明即启予商，为子夏之后，公羊、穀梁是子夏姓名的异文，因而《春秋》的《左传》《公羊传》《穀梁传》同出于子夏。后又刊行《春秋三传折中》，力主"三传同系一源，必于不同之中以求同，斯为可贵"。其徒季邦俊亦言："先生治《经》四十余年，尝谓《六经》有大小天人之分，而三《传》无彼此是非之异，宏纲巨领，靡或不同；文

---

① 皮锡瑞：《经学通论》，中华书局，1954，"春秋"第 41 页。

② 张昭君：《章太炎的〈春秋〉、〈左传〉研究》，《史学史研究》2000 年第 1 期，第 14~20 页。

③ 刘师培：《左氏不传〈春秋〉辨》，邬国义、吴修艺编校《刘师培史学论著选集》，第 528 页。

字偶殊，不关典要。"① 刘师培入蜀之后，如前所述调整"六经皆史说"的同时，其治《左传》更重家法条例，陆续完成《春秋左氏传古例诠微》《春秋左氏传例略》《春秋左氏传传注例略》《春秋左氏传例略》等书。诸书一改之前治《左传》重史迹而更倾向探微言："师培束发受学，耽味古经，以为经者，制作之微言，传者，经文之通释。至于文质详略，不必尽同。虽制象曲成，而善言应类。杜例所汩，宜有纠绳。汉说既微，实资阐发，用是绌汉说而张微学，退杜例而简异端，撰书廿篇，名曰甄微，始于宗经，终于序师法。"②

虽说廖、刘二师均有以《左传》传《春秋》的说法，但廖平所谓折中三传显然是应世而更张，蒙文通早在《孔氏古文说》里就认为传《春秋》的仅有《公羊》《穀梁》。蒙文通此时则上溯周秦，以三方之学解释三传之别。在《经学导言》里，蒙文通以齐、鲁、三晋之学平分今古文学，三晋的学问正是与孔子之说背道而驰的，古文家的书，只是古代流传的史传，古文就是三晋流传的学问，孔子修《春秋》用周证，《左传》则用三晋的夏证，记载晋国事迹特别详细，这正是因为《左传》本于三晋旧史，自然就与本之齐鲁之学的《公羊》《穀梁》有所不同。③ 若以礼制来分，则《左氏》是霸道，《穀梁》是王道。④ 就体例而言，《春秋》为记事之体，而《左传》《国语》为记言之体，左、孔两家"说事每有乖违者，正以此也"。⑤ 况且《左氏》多发凡史例，通于史册，则《左氏》正以不修《春秋》立言，汉代经师以此不以《左氏》为经，谓不祖孔子，不传《春秋》。正因为"左氏与孔子事义已多阻隔难通"，⑥ 当刘歆欲立《左氏春秋》《毛诗》《逸礼》《古文

---

① 季邦俊：《春秋三传折衷·叙》，李耀仙主编《廖平选集》（下），第507页。
② 刘师培：《春秋左氏传古例诠微》，邬国义、吴修艺编校《刘师培史学论著选集》，第572页。
③ 蒙文通：《经学导言》，《经史抉原》，第17～19页。
④ 蒙文通：《经学导言》，《经史抉原》，第35页。
⑤ 蒙文通：《经学抉原》，《经史抉原》，第76页。
⑥ 蒙文通：《〈略论五十凡〉跋语》，《史学论丛》第2册，1935年，第15页（文页）。

尚书》于学官，太常博士不抑《毛诗》，而谓《左传》不传《春秋》，则正以为《左传》自为一家之学，"不祖圣人故也"。不仅今文学博士诋毁《左传》，不以之立学官，就连并属古学的桓谭、卫宏、班固也诋訾《左传》，可见，今文家排斥《左传》，古文家也排斥《左传》，不以《左传》为《春秋》之传乃"两京之通义"。①

与诸家坚持"《左传》是刘歆割裂《国语》而成"不同，蒙文通认为汉代经师早已知道取《左氏春秋》《国语》为《左氏传》，此事并非始于刘歆。倡导《左氏》为传《春秋》之事确实自刘歆开始，但《左传》《周官》早已在西汉流传，不必皆为刘歆伪造。只不过直到刘歆才根据《左传》《周官》之义遍说群经，确立古学的根荄，于今文学博士之外，自为一宗，确立古学。《左传》原本不用《周官》以立说，与今文尚且接近，等到《周官》兴起之后，《左氏》乃袭用《周官》之说，今古文学的界限遂明，今文学以《王制》为宗，而古文学以《周官》为宗。可见，刘歆创立古学，发端于《左氏》，归重于《周官》，开始尚且与今文相近，后乃愈去愈远。②

三　卫宏作《毛诗序》辨

汉代《诗》学有齐、鲁、韩、毛四家，由于三家诗早亡佚，只有《韩诗外传》传世，而《毛诗》保存较为完整，是故由"《诗经》传授源流派别观之，《毛诗》之重要，殆莫与京"，③ 但《毛诗》之性质与诗序的作者问题历来争论不休。清人一反宋学，复提《序》出子夏，其间又引申旁出，诸说不可胜记，而后起之今文学，搜集三家遗说，发挥微言大义，固多不信《诗序》。康有为更宣布《毛诗》为伪书，《毛诗序》自然成了"伪序"。1913 年，廖平作《论诗序》《续论诗序》，重提诗《序》问题，"三家亡后，毛郑孤行。自郑樵发难，朱子垂其后

---

① 蒙文通：《经学抉原》，《经史抉原》，第 75~76 页。
② 蒙文通：《经学抉原》，《经史抉原》，第 78 页。
③ 黄寿祺：《群经要略》，华东师范大学出版社，2000，第 73 页。

而改易之。宋以下毛朱互斗，学者或左右祖，或中立，为诗学第一大难"，"毛朱皆从晚近望文立训，各以兴相所会，师心立解"，"互有得失，皆不足以餍人心"，而"近人喜谈三家以为复古，而序事一门，不能坚持一定，此已事之明效大验也"。由此，廖平以为"诗序之害大"，以《序》解《诗》犹如以史证《易》，"诗一有序，则人不皆贤，词不能白，凭之牵引诬陷，二千年如长夜。今人视诗，名虽曰经，是则其品格尚在香奁集本事诗之下"，[①] 其实"孔子所传，子夏所授，先师所习，皆在义例而不在时事。末流弟子因属空文，难于征实，兴会所至，偶以事实托之，各随所见，故彼此不同"。[②]

廖平以孔圣制作立论，刘师培则路径迥异，以经训治《毛诗》。尝作《群经大义相通论》，其中有《〈毛诗〉〈荀子〉相通考》一节，采掇《荀子》之言诗者 22 条，证荀义合于《毛诗》者十之八九，以明《毛诗》出于荀子。[③] 另一佚文《群经大义相通论》（与《刘申叔遗书》所收者同名异书），约三万余字，全为《毛诗》而作，其首《会通篇》，一为"《毛诗》与《尔雅》相通"，据陈长发《毛诗稽古编》，列 68 则，文末有按语："《传》与《雅》同者，此外尚多，此特采其不与俗合者，如'权舆'、'训始'，诸家并同，则不录也。陈硕甫《毛诗传义类》所采较详，可取与《尔雅》相较。又原本《传》、《笺》不分先后，亦多易置，今依次分类，并注篇名于下。《义类》惟注其复见者，一见不注，今则但注其首见者耳。"[④] 可见，刘师培与廖平于国学院内争辩今古，二人与《毛诗》问题适逢对立。

在整理国故运动中，郑振铎在 1923 年 1 月发表《读〈毛诗〉序》，主张将《诗序》逐出《诗经》之外，切断《诗序》与《诗经》的关

---

① 廖平：《续论诗序》，《四川国学杂志》第 9 期，1913 年，第 25、26、29 页。
② 廖平：《论诗序》，《四川国学杂志》第 7 期，1913 年，第 22 页。
③ 刘师培：《群经大义相通论》，《国粹学报》第 12 期，1905 年，"学篇"第 7~11 页。
④ 周燕石：《刘申叔未刊著述介词》，转引自万仕国编著《刘申叔年谱》，广陵书社，2003，第 291~294 页。

系，揭开了民国初年反《诗序》运动的序幕。① 蒙文通则本于齐、鲁、三晋之学，兼采廖刘师说来探讨《毛诗》的归属及《诗序》作者等问题。《经学抉原》即申明《毛诗》故训多符《尔雅》，章太炎亦主张《毛诗》立说与三家诗多不相同，其"所言事实与《左传》相应；典章制度与《周礼》相应；关于训诂，又和《尔雅》相同"。② 然与章氏由此将《毛诗》列于古文不同，蒙文通则以《尔雅》同于《鲁诗》，进而论断《毛诗》与《鲁诗》故训不相远。而且根据现存《毛诗》与典籍中所引《鲁诗》片段相比对，可知"《鲁诗》篇义，同符毛氏也"。当刘歆欲立《左氏春秋》《毛诗》《逸礼》《古文尚书》于学官，太常博士抑彼三学，不抑《毛诗》，正是因为《毛诗》与鲁学相同。齐、鲁、韩、毛四家诗乃由同源而异流者，鲁最为接近孔子本义，三家诗与《毛诗》之义稍有不同之处，则是以编诗、咏诗、作诗、本义、旁义之不同，偶有差别，无关大义。既然《毛诗》与鲁学同，那自然不当出于齐学之代表荀子，更莫说是吕思勉所言"古学家采缀古书所为"。③

至于《毛诗》的"今古"归属，"东汉以来，皆以费氏《易》、毛氏《诗》为古文"，江慎中以此为"大惑不解者"，遂从《毛诗》《费易》乃经师授受之业，非出于"孔壁及鲁淹中之竹简"论证二书"非古文"。④ 蒙文通则强调"博士不排短《毛诗》"，"中兴之际，古文家尊《毛诗》，今文家亦尊《毛诗》"，即上文所述，古学之成立，乃刘歆发端于《左氏》，归重于《周官》，而与《毛诗》无涉。而后，蒙文通之弟子李源澄在此基础上申论，"《毛诗》虽与三家异，三家亦自相

---

① 郑振铎：《读〈毛诗〉序》，《小说月报》第 14 卷第 1 期，1923 年，第 1~13 页（文页）。具体分析可参考林庆彰《郑振铎论〈诗序〉》，《庆祝乔衍琯教授七秩晋五嵩寿论文集》，台北：文史哲出版社，2003。

② 章太炎：《国学讲演录》，华东师范大学出版社，1995，第 56 页。

③ 吕思勉：《诗序》，《光华大学半月刊》第 2 卷第 10 期，1934 年，第 15 页；蒙文通：《经学抉原》，《经史抉原》，第 73~74 页。

④ 江慎中：《用我法斋经说·费易毛诗非古文说》，《国粹学报》第 6 卷第 6 期，1910年，"通论外"第 3~4 页。

违异，古学与非古学，又不能质也。今文学者以礼制判今古学，其述至确。今以礼制为律令，证之今文诸经传，罔弗与孚，与古文诸经，反多违戾"，是故以此为原则证《毛诗》言礼多与"《仪礼》、《穀梁》互明"，以此回应《毛诗》之今古归属。[1]

至于《毛诗序》的作者，较早的记载出自《陆玑疏》，一云卜商为之序，又云卫宏为之序，也就是陆说于一篇之内，就有两种意见，必有一误。而蒙文通指出郑玄《诗谱》中认为《毛诗大序》为子夏作，《小序》为子夏、毛公合作，"卜商意有不尽，毛更足成之"。相形之下，陆玑谓卫宏作序有误。而自从范晔将陆氏之文收入《儒林传》，遂有卫宏作诗序此千古谬说。蒙文通认为古代"名义而不名序"，古籍中所云《篇义》，即谓《序》文。故齐、鲁、韩诗28卷，《毛诗》独29卷，《毛诗》多一卷正是"众篇之义"，至毛公为《故训传》乃散众篇之义于子篇之首，成为所谓《诗序》，即《毛诗》各篇传首之文，也是本于篇义之文的各篇小题之《传》。此一判断或有符廖平所谓"说诗者必须知诗古无序，序不足据，本诗自有序而后能通也"之意。皮锡瑞也站在纯今文学之立场主张"诗之序犹书之序也，诗序有今古文之分，犹书序有今古文之分也"，"三家今文诗序见于诸书所引者可信，古毛诗序不可尽信"。[2]蒙文通则认为《义》中自有子夏之说，但不必全为子夏所作，也有后来学者的附益之文。各篇之《义》也并不局限于孔子所定之305篇，故《大序》为子夏所作，《小序》则是子夏、毛公合作。只是毛公取子夏等先师相传之义以为《传》，讲论全诗之大义，则置于《毛诗》之首，是为《大序》。置各篇之《义》于子篇之首，旧义有所阙疑则毛公作补充，这就是后来的《小序》。[3]

比较四家诗同异之故，古传《篇义》之事，乃知《毛诗》本于孔氏，与鲁学相同，其序由子夏、毛公合撰，绝非卫宏所作。在当时整理

① 李源澄：《毛诗征文》，《河南图书馆馆刊》第 2 期，1933 年，第 37~69 页。
② 皮锡瑞：《经学通论》，"诗经"第 27 页。
③ 蒙文通：《经学抉原》，《经史抉原》，第 74 页。

国故的氛围中，蒙文通解释《诗序》问题时浓厚的经今文学色彩，除其弟子之外，难觅知音。黄永镇从史籍考证的层面肯定蒙文通关于卫宏作《诗序》说之史源，但对其结论则殊不认可。[①] 吕思勉后来作《诗序》，认为"《序》有郑注而无郑笺，实为出于《毛传》以后之确证。其文平近谐婉，且不类西汉人作，更无论先秦矣。……实古学家采缀古书所为，不惟非子夏，亦必不出毛公也"。[②] 今人则称蒙文通今文学立场乃"自有先入之见"，其说"徒以主观臆测"，"于材料缺乏客观分析之态度，乃从可靠之原始材料中得出错误之结论也"。[③]

　　近人对蒙文通"《毛诗》辨"的态度似可视为蒙文通"今文家言"在民国学界命运的缩影，一如章士钊在回复蒙文通时称："疏经纂史，鄙志所存，开馆征书，亦非不办。然时局如斯，所谓高谈无所与陈，发义无所与展，吾则奈之何哉？"[④] 那么，如何在民国学界倡言"高谈"，发挥"大义"，自然成为蒙文通不得不直面的难题，这也成为蒙文通出入经史的引线。

---

① 黄永镇：《说〈诗序〉》，《中央大学半月刊》第 1 卷第 15 期，1930 年，第 137~141 页。

② 吕思勉：《诗序》，《光华大学半月刊》，第 2 卷第 10 期，1934 年，第 15 页。

③ 陈允吉：《〈诗序〉作者考辨》，《中华文史论丛》1980 年第 1 辑，第 185 页。

④ 章士钊：《在昔：答蒙文通》，《甲寅周刊》第 1 卷第 21 号，1925 年，第 17 页。

第三章

# "六经与诸子"：
# 蒙文通与南北古史之争

在《治学杂语》中，蒙文通谈道："学问贵成体系，但学力不足、才力不够是达不到的。体系有如几何学上点、线、面、体的体。"清世学者多以考据为业，此恒订之学只能是"点"，段玉裁之文字学可谓"线"，欧阳竟无之佛学、廖平之经学都已自成系统，纲目了然，却仅是一面之学，"能在整个学术各个方面都卓然有所建树而构成一个整体者，则数百年来盖未之见。做真学问者必须有此气魄"。① 1929 年 8 月，在《古史甄微·绪言》中，蒙文通总结近年学术时，称：

> 蒙既本之孟子，述《孔氏古文说内编》以探宋明理学之微；本之《穀梁》，述《孔氏古文说外编》，以究汉魏经术之赜，旧撰《经学导言》，颇损益其文以入之；其余若论支那禅学，若论周秦诸子，论《左氏春秋》，论《毛诗》，论《礼》、《乐记》，下及此编，诸凡与内外编相发明者，悉并为《孔氏古文说杂编》以附之，以示羽翼之意而已。②

① 蒙文通：《治学杂语》，蒙默编《蒙文通学记》（增补本），第 2~3 页。
② 蒙文通：《古史甄微·绪言》，《史学杂志》第 1 卷第 4 期，1929 年，第 1 页（文页）。

蒙文通此时治学，以理学与经学为主干，以佛学、诸子学、古史为羽翼，俨然一副为体之学的态势。1927 年，蒙文通作《古史甄微》，三易其稿，以之作为成都大学授课讲义。是时又改写《经学导言》为《经学抉原处违论》，可以说，1920 年代末，蒙文通"做真学问"的体系大体初具。此时，欧阳竟无"师门五年之约"将近，蒙文通遂于 1929 年暑期携此二稿再次出川，复至支那内学院。甫到南京，便在《古史甄微·绪言》中摆出"为体之学"的姿态，颇有"以乡老之术济道术之穷"的意味，其《古史甄微》《经学抉原》等文也陆续刊布，参与了南北学界莫衷一是的古史论争。

# 第一节　经史分合

1923 年，蒙文通在评议近 20 年来"汉学"时指出：最风行一时的，前 10 年是以康有为为领袖的今文派，后 10 年是以章太炎为领袖的古文派，所谓"国学"，也就在这两派的范围内。20 年间，只是他们两家的新陈代谢，争辩不休，这两派的争议便占了"汉学"的大部分。[①] 1929 年，蒙文通重申："在昔浙中学者善持六经皆史之论，缀学之士多称道之，诵说遍国内。晚近扭古改制之论兴，缀学之十，复喜称道之，亦诵说遍国内，二派对峙，互相诋諆，如冰炭之不可同形，已数十年于此也。"[②]

近代将"六经皆史"说理论化、系统化，并以此启迪后学、开启新学风的非章学诚莫属。自晚清经今古文之争以来，章学诚"六经皆史"说便备受学者的关注，并从不同角度对它作出了新诠释。有言"六经皆史"以尊经者，如章太炎便以"六经皆史"为"经学的史学

---

① 蒙文通：《经学导言》，《经史抉原》，第 12 页。
② 蒙文通：《论先秦传述古史分三派不同》，《史学杂志》第 1 期，1929 年，第33 页。

化"的新古文经学开路，提出"六艺皆史"的理论。① 孙德谦则称以"六经皆史"祛除经之神圣性者，"至不信六经皆史之说，弟亦未敢附和，六经自当作经读，先圣删经，经之言常，固欲为万世常行之道，然汉学则求之训诂，其弊则博而寡要，宋学则求之义理，其弊则不免迂疏，惟以史目之，可见经乃五帝三王之史籍，为后世掌故之所从出，近人废经而不废史，即不知经本古史耳"。② 另外，胡适与梁启超便不约而同地将章学诚的"六经皆史"解释为"六经皆史料"，钱穆曾一再批评这种认识是误会了章氏"六经皆史"之旨，钱穆的批评固然不错，但这种"误会"恰恰表征了整个时代学术底蕴的变化。诸家虽本意有别，但言"六经皆史"难免不使"经学"变成"史学"，以经为"史"与古文经学立场一致，与"新史学"的逻辑更是相得益彰。殊途同归，"六经"是研究上古历史的材料，没有神圣性。③ 康有为即批评，"近世学术之谬，圣教之衰，大抵自章学诚为最甚矣"，"至章学诚乃谓诸经为史，则孔子改制立教皆灭矣"，"若以六经为史，则孔子非教，中国无教主，宜其若明若昧，人心败坏，风俗陷溺，一至于此也。他教不攻我教，而我自攻之，宜孔教之衰也，所关至大矣"。④

康有为作《新学伪经考》，以明古文为伪经；作《孔子改制考》，以明孔子为改制。在《新学伪经考》中，康有为通过历史考证的学术方法，断定《左传》等古文经典是"伪经"，它们只是"记事"而非"明义"，所以它们湮灭了孔子作经托古以"改制"的原意。在《孔子改制考》中，康有为虽然并不曾表示夏商周三代实际上不存在，但是

---

① 刘巍：《从援今文义说古文经到铸古文经学为史学——对章太炎早期经学思想发展轨迹的探讨》，《近代史研究》2004 年第 3 期，第 61~100 页。
② 孙德谦：《孙益庵论学三书》，《国学丛刊（南京）》第 1 卷第 3 期，1923 年，第 154 页。
③ 张瑞龙：《"六经皆史"论与晚清民国经史关系变迁研究》，《中国文化研究》2005 年第 4 期，第 64~74 页。
④ 康有为：《复支伟成书》（1926 年 6 月 21 日），姜义华、张荣华编校《康有为全集》第 11 集，第 432 页。

"夏殷之事，茫昧无稽"，因为茫昧无稽，所以孔子及诸子、刘歆都任意造史附会。康有为指出："中国号称古名国，文明最先矣。然六经以前，无复书记，夏殷无征，周籍已去，共和以前不可年识，秦汉以后乃得详记……三代文教之盛，实由孔子推论之故。"① 康有为以己意"造经""造史"，这固然是应用与发挥《公羊》学，其后果不但是对古文经学的严重打击，更是对国史的严重捣乱。康氏或许自以为将孔、孟所谓"其义则窃取之"的精神发挥得淋漓尽致了，然其强"史"就"义"的思路，为疑古非圣铺平了道路。吕思勉虽说后来人"所谓托古改制，多非康长素的本意"，"所谓疑古者，亦合康长素无甚关系"，但仍认定康长素影响后来者以史学为大，"古史的不确实，这在今日，是人人会说的，而说起这话来，往往引用到'托古改制'四个字"。②

　　"六经皆史"与"托古改制"二说对古史影响重大，缪凤林将二说皆纳入儒家正统派之支流余裔，称"章学诚与崔述同时，畅明六经皆史之旨，然章氏于古史无著述，乾嘉之际，汉学之帜，风靡一时，虽以治经为主，然治经实皆考史，疏证三代制度名物政教文字之书，汗牛充栋，六艺之学，一变而为考证之学，而二帝三王之行事，反缺如焉。文士以婴荡自喜，又耻不习经典，于是有今文之学，务为瑰意眇辞，以大义微言相杜饰，末流遂有儒家托古改制之说。虽以六艺言古史，而认六艺为孔子所托造，虽奉儒家为止统，又谓儒者所传非信史。其所论支离自陷，乃往往如呓语"。③ 可见，缪凤林乃各打五十大板，将当时古史纷乱之局归结于二派之因果循环。袁菊从治经的立场出发，视"六经皆史说"为标邪说以惑后学，"章氏创于前，胡氏倡于后，深入初学之心理，以灭其治经之正途，为害最大"，"夫经之异乎史也，所异者内容"，若"使经而名为史则可，使经之内容屈降附会而为史则断乎不可"，"经者，以似史而非史之本，

① 康有为：《孔子改制考》，上海古籍出版社，1987，第2页。
② 吕思勉：《从章太炎说到康长素梁任公》，《月刊》第3期，1946年，第53页。
③ 缪凤林：《古史研究之过去与现在（上篇）》，《史学杂志（南京）》第1卷第6期，1929年，第20页。

**117**

加似子而超乎子之义，述之于精审积理之文中，乃得为经"。①

1915 年，廖平在读完蒙文通的《孔氏古文说》后，说道：

> 古言五帝疆域，四至各殊；祖孙父子之间，数十百年之内，日辟日蹙，不应悬殊若是。盖纬说帝各为代，各传十数世，各数百千年。五行之运，以子承母，土则生金，故少昊为黄帝之子。详考论之，可破旧说一系相承之谬，以见华夏立国开化之远，迥非东西各民族所能及。凡我国人，皆足以自荣而自勉也。②

此事在《井研廖师与汉代今古文学》中记忆稍有不同：

> 廖师昔尝命文通曰："五德之运以子承母，故说少昊为黄帝之子，实则五帝各传十余世，各数百千年，各代疆域四至迥殊，固非一家祖孙父子也。"③

但就 1915～1925 年这 10 年而言，古史问题并非蒙文通所关心和急于解决的，其写作《古史甄微》直接导因在叶秉诚，"蒙唯诺受命，已十余年，终未遑撰集。丙寅夏间适蓉，趋谒罗江叶秉老世丈。叶丈博物能文，淹贯史承，讯蒙于乙部曾用何功。仓皇之间，无以为答，支吾数语，惭悚无似。盖学殖荒落，根底未充，一遇通人，辄瞠目无对，固其宜也。丁卯岁首稍暇，遂发愤撰集，谋以酬廖师之命者、应叶丈之责"。④ 所言"酬廖师之命者、应叶丈之责"为撰写《古史甄微》的直接原因，"廖师之命"前文已引述，"叶丈之责"却语焉未详，考察叶氏之学术大要，或可求得一二。

---

① 袁萼：《经史辨》，《国立中央大学半月刊》第 1 卷第 11 期，1930 年，第 77、79 页。
② 蒙文通：《古史甄微》，《蒙文通文集》第 5 卷，第 1 页。
③ 蒙文通：《井研廖师与汉代今古文学》，《经史抉原》，第 130 页。
④ 蒙文通：《古史甄微》，《蒙文通文集》第 5 卷，第 1 页。

　　叶秉诚亦曾受教于廖平，廖平劝其舍史专经，[①] 但叶氏修经而未废史，后成为晚近川省史学通才，曾主持成都大学历史系，著有《中国上古史》《中国中古史》。与廖平、宋育仁尊孔过于重经轻史不同，叶秉诚批评宋育仁："以伦理政治教育修辞为主课，谓法孔门四科之遗意，不知此近日各校共同所有之学科，且较孔门为精确为详备，今日纵使孔子复生，亦必舍周时及古代之德行政事言语文学，而教以现世通行之伦理政治论理文学，以其宏括而精密且最适于目前之实用故也。"在他看来，"近三百年来，智识上之学问已趋于科学世界，无论东西各国之学术，必须经科学方法之估定，始有真正之价值。吾国国学当亦不能外此公例，居今日而谈国学，若不受科学之洗礼者，窃未见其可以发扬而光大之也"。[②] 叶氏所谓"科学"与整理国故者有所不同，此不多议。然叶氏究心于史学的内在原因正在于此种突破"孔学"后所形成之国学观。若落实到1926年蒙文通拜访叶秉诚之时，蒙文通的学术重心仍限于经学之范畴，旁涉子佛，与史学未尝用功。叶秉诚对此有所批评当在情理之中，这对一心治经的蒙文通颇有触动，其后蒙文通治学益重史学即明证。《古史甄微》是其治史之始，此稿完成后，蒙文通即被聘为成都大学教授，主讲"上古史"，此时成大史学系主任正是叶秉诚。至于叶秉诚讨论经史关系的详情，限于材料，不得而知，但蒙文通对叶氏之教诲可谓铭记于心，1938年叶氏辞世后，蒙文通"征得其遗文，拟依次发表"。执教成都大学的二三年中（1927~1929），蒙文通集中精力，修改《古史甄微》，四易其稿，且教学相长，分别以此稿讲授于成都大学、成都师范大学、四川大学及敬业学院。[③] 1929年下半年任教中

---

① 叶秉诚挽廖平："公昔传经，我方治史，风雨忆联床，论难一周拟路德；早分今古，晚究天人，日月悬著作，知音千载待桓谭。"（原注：甲辰岁春，获亲教益。先生劝以舍史专经，移榻嘉定公学，命诚发论，效马丁·路德难旧教之九十五条，往复一周。杨兰皋君从旁笔记。今宿论不存，而哲人其萎。感念畴昔，怆何如之！）佚名编纂《六译先生追悼录》，舒大刚、杨世文主编《廖平文集》（16），第893页。

② 叶秉诚：《复宋芸子论国学学校书》，《重光》第2期，1938年，第48页。

③ 蒙文通：《古史甄微·后序》，《史学杂志》（南京）第2卷第2期，1930年，第1页。

央大学，也是主讲上古史研究。蒙文通除了将《古史甄微》交《史学杂志》连载而外，还特意为"酬廖师之命"，将《古史甄微》中部分内容深化，单篇发表，"破旧说一系相承之谬，以见华夏立国开化之远"。

对于"六经皆史""托古改制"二说与古史的关联，蒙文通认识犹明，所谓"前代之今文惟一，近代之今文有二，鱼目混珠，朱夺于紫，其弊也久矣。今文之末流如是，而古文之讹惑亦莫不然。徒诋谶纬，矜仓、雅，人自以为能宗郑，而实鲜究其条贯。交口赞康成，毁范宁，于其旨义之为一为二，乃未之详察"，是故今日"今文、古文之界别且不明，各据纬、徒、《苍》、《雅》为根实，以诎郑、阿郑为门户，则今世言今、古学之大本已乖，又何论于改制托古、六经皆史之谈"，"今、古学之义不明，则古史正未易理"，"二派根本既殊，故于古史之衡断自别"。将托古改制与六经皆史说纳入今古学之范畴，"此二说者，文无征于古，义或爽于正，固未可依之以断义"，相比二派各执一端，蒙文通则"舍此末世之浮辞，守先师之遗训，考其家法，推其条例，以致其密，说虽难备，义尚有归"，[1] 作"《经学抉原》、《古史甄微》两稿……与言托古改制、六经皆史者皆异其趣"。[2]《经学抉原》言齐鲁探经学之源，溯流分殊今古；《古史甄微》则是本之《经学抉原》，厘清经史关系，使"素王之说既摇，即改制之说难立"，证明"六经皆史之谈，既暗于史，犹病于史……而于孔子所传微言大义，更若存若亡"。[3]如其所言：

> 余少习经学，好今文家言，独于改制之旨，则惑之未敢信，而平居诵书，又每见周秦诸子，陈论古事，常与经违，诸子或邻于事

---

① 蒙文通：《古史甄微》，《蒙文通文集》第 5 卷，第 2~3 页。
② 蒙文通：《论先秦传述古史分三派不同》，《史学杂志》（成都）第 1 期，1929 年，第 39 页。
③ 蒙文通：《古史甄微》，《蒙文通文集》第 5 卷，第 4~5 页。

情，六经反不免于迁隔，遂稽撰奇说，为《古史甄微》，稿草既成，而儒家言外，若别有信史可稽，经史截然分为二途，犹泾清渭浊之不可混，则托古改制之说，虽欲不信而不得。①

蒙文通深受《史通》中《疑古》《惑经》两篇的影响，如果按"修史""实录"的标准来评价《春秋》，就不能不有所"惑"。他作《古史甄微》，正是要"广《史通·疑古》之意"，"以申六经非史之旨"。② 也就是说，在追寻古史真迹时，不能囿于六经，在六经之外，还有许多记载古代历史的文献。通过比较周秦诸子与六经上所记载的上古历史，蒙文通发现六经的记载反而没有诸子可信，遂依据"奇说"（即诸子之学）初撰《古史甄微》，梳理出与儒家传统说法完全不同的上古历史系统，指出"自儒者以经为史，而遂古之事，真伪莫察"。可见经、史确实有着截然的差别，经是经，史是史，二者犹"泾清渭浊之不可混"，六经皆史说自此不攻自破。但如果六经的古史系统没有任何历史根据，自然会滑入康有为托古改制的逻辑中，用蒙文通的话来讲就是"托古改制之说，虽欲不信而不得"。同时对比既不同于六经所载，也与诸子说法相异的楚人旧传，蒙文通乃恍然大悟：

《天问》所陈，皆楚人相传之史；《山海经》雅与符会，谅同本于楚人旧传……《古史甄微》所述，多本韩非之意，同符汲冢之书，别是北方三晋所传。而儒家六经所陈，究皆鲁人之说耳……六经、《汲冢书》、《山海经》，三者称道古事各判，其即本于三系民族传说之史固各不同耶！

……推论三晋之学，史学实其正宗；则六经、《天问》所陈，翻不免于理想虚构。则六经皆史之谈，显非谛说；托古改制之论，

① 蒙文通：《论先秦传述古史分三派不同》，《史学杂志》（成都）第 1 期，1929 年，第 33 页。
② 蒙文通：《天问本事》，《经史抉原》，第 346 页。

亦未必然。①

既然太古民族有三系之分，由于各系所分布的地域不同，生活、思想与文化也有差异，基于此，他们关于上古的史说也就不同，齐鲁之地的六经、三晋的《汲冢书》、荆楚的《山海经》不仅所称道的古史各不相同，就连三者关于上古的王系也是自成系统。相较而言，三晋之学诚可谓"史学之正宗"，六经、天问的记载，不免有理想虚构的成分。也就是说，六经上的记载不尽符合历史事实，这样六经皆史说"不足信"便是板上钉钉。不过，六经也并非完全出于假托与虚构，虽然三方所说古史的可靠性有所不同，但有一点是不容置疑的：现在所流传下来的记载三方古史传说的书籍，都是依据各国的"旧法世传之史"。蒙文通又考证出三代迭兴，图史不坠，六国的"旧法世传之史"直到秦始皇焚书时才夷灭殆尽。也就是说，孔子删定六经有条件以旧史为本，孔子作春秋时，确实"既求观于《周史记》"，也"参见列国之史"。这样一来，说孔子是任意造史托古改制"亦未必然"。以三系古史之互歧可知，六经非史，六经中的古史也并非伪托、虚构，那么经与史到底是什么关系呢？

蒙文通认为经史分流，"经是经，史是史"，这种经史分流的观念很可能承自廖平。目前学界谈到蒙文通对廖平学术的扬弃时，多注意蒙文通对廖平"一变之学"即以"礼制"分别今文经学与古文经学的继承与发展，而认为蒙文通就学于四川国学院时，廖平早已不在学术高峰期，其四变之学对蒙文通影响无多。前者固不可否认，后者则大可商榷。廖平构建"孔经人学"时就力主经史之分，到了四变主张"孔经天学"时更将经史分流思想进一步发展，基本上是反对以经为古史，"故六经者非述古，乃知来"，"以经为古史，则疵病百出"。② 而在

---

① 蒙文通：《古史甄微》，《蒙文通文集》第5卷，第3~4页。
② 廖平：《尊孔篇》，《四益馆杂著》，《六译馆丛书》，第16~18页。

《阙里大会大成节讲义》中更是系统陈述《旧说以经为史之蔽十条》："凡属史事成迹，刍狗糟粕，庄列攻之，不遗余力，孔经新，非旧经，非史"，"经说若主退化……须知经言退化，实行经意则为进化也"，"经先文后野，先大同而后小康，其说颠倒"，[①] 就是说，"经学"是哲学，不是历史。直到 1920 年代给学生上课，廖平仍说："什么是'国学'？国学就是以历史为基础。什么是'经学'？'经学'就是以哲学为基础。"[②] 如果说廖平强调经史分流，意在尊孔，那么，钱玄同则直接视《春秋》为"断乱朝报"，"弟以为此书只有两个绝对相反的说法可以成立"："认它是孔二先生的大著，其中蕴藏着许多'微言大义'及'非常异义可怪之论'，当依《公羊传》及《春秋繁露》去解释它，这样，它绝对不是历史"，"认它是历史，那么，便是一部鲁国的'断烂朝报'不但无所谓'微言大义'等等，并且是没有组织，没有体例，不成东西的史料而已。"钱玄同自然是主张后者，即使"相信'孔子作《春秋》'之说，则惟有依前一说那样讲还有些意思"。[③] 蒙文通受业于国学院时很可能接受了廖平经史分流的观念，但他"独于改制之旨，惑之未敢信"，从而并未像廖平那样将经与史对立，一褒一贬，也不赞成康有为认为孔子以己意"造经""造史"，而是通过古史三系说对经史关系予以解释，以此回应"六经皆史"说。

在《古史甄微·后序》中，蒙文通直抒胸臆地胪列了《孟子》书中的 14 件古事，由邹鲁、三晋、楚三方对同一史事说法之不同推论那是起因于邹鲁、三晋、楚三方学术之不同。在此，我们试举一例以蠡测古史与六经的关系。蒙文通详考《孟子》《墨子》《韩非子》《天问》《吕览》诸书中关于"汤用伊尹"的典故，证明齐鲁、三晋、楚三方因

---

① 廖平：《大成节讲义》，《四益馆杂著》，《六译馆丛书》，第 18~19 页。

② 姜亮夫：《忆成都高师》，《姜亮夫全集（24）·回忆录》，云南人民出版社，2003，第 62 页。

③ 顾颉刚、钱玄同：《〈春秋〉与孔子》，《北京大学国学门周刊》第 1 卷第 1 期，1925 年，第 1 页。

地殊遂致各方古史传说的差异。

> （邹鲁）万章问曰："人有言，伊尹以割烹要汤，有诸？"孟子曰："否，不然，伊尹耕于有莘之野，而乐尧舜之道焉。汤三使往聘之，故就汤而说之以伐夏救民。"
>
> （三晋）《韩非·难言》："汤至圣也，伊尹至智也，夫以至智说至圣，然且七十说而不受，身执鼎俎为庖宰，昵近习亲，汤乃仅知其贤而用之。"
>
> （楚）《天问》："成汤东巡，有莘爰极，何乞彼小臣，吉妃是得？""水滨之木，得彼小子，夫何恶之，媵有莘之妇？"说既荒唐，异于孟子、韩非所论。《吕氏春秋》盖即以此为说。其《本味篇》曰："有侁氏女子采桑，得婴儿于空桑中，献之其君，察其所以然，曰：其母居伊水之上，孕，梦有神告之曰：臼出水而走，毋顾。明日，视臼出水，告其邻，东走十里，而顾其邑尽为水，身因化为空桑，故命之曰伊尹。伊尹长而贤，汤闻，使人请之有侁氏，有侁氏不可，伊尹亦欲归汤，汤于是请娶妇为婚，有侁氏喜，以伊尹为媵送女。汤得伊尹，设朝而见之，说汤以至味。"①

"汤用伊尹"之事唯一，孟子、韩非、《天问》三系之说不同，由韩非的说法可证明万章所问必有根据；《天问》说法又不同，而杂家《吕氏春秋》则"取以为说"；而同为邹鲁学术的《墨子》恰与孟子相合。三家之不同在于三方学术主旨不同。《天问》是"楚人古史传说系统"，注重以想象力推演本事。如果问汤是如何的圣、伊尹是如何的贤，以及圣贤如何相知相用，则是邹鲁、三晋之学的用心所在。孟子借此宣扬"行义""尚贤"之义，韩非以此说明"圣""智"不足信。所以汤用

---

① 蒙文通：《古史甄微》，《蒙文通文集》第 5 卷，第 5~6 页；蒙文通：《中国史学史》，《经史抉原》，第 242~243 页。

伊尹之事，从史上讲，是一而非三，各家说法之异，不是历史事实之异，而是各家对史说解释之异。① 事实上，各家史说之传统已各自分道。"儒家六经所陈，究皆鲁人之说耳。盖鲁人宿敦礼义，故说汤武俱为圣智；晋人宿崇功利，故说舜、禹皆同篡窃；楚人宿好鬼神，故称虞、夏极其灵怪。三方所称述之史说不同，盖即原于其思想之异。"② 这里的"思想"一词，可以理解为"历史文化传统"。③ 三方学术的差异乃各地"民族精神之互异，生活环境之不同，本乎情势之不得不然，而决非偶然者"。④ 这也就是说，先秦之诸子与孔孟的言说都出自各地的史说传统。古史是传达各家义理的载体，六经之所以不同于鲁之旧史与晋楚诸子之言，正是因为其间蕴含了孔子的文化理想。经学之所以不同于古史，就是因为删定后的六经，"大义微言，灿然明备"：

> 三古列国之史，国各不同……孔子据鲁史定六经……《春秋》之辞微而指博者，亦非鲁之旧也。《序卦》、《系》、《象》，则《易》亦非鲁之旧也。未定之六籍，亦犹齐、楚旧法世传之史耳，巫史优为之；删定之书，则大义微言，灿然明备，唯七十子之徒、邹鲁之士、搢绅先生能言之。子曰："齐一变至于鲁，鲁一变至于道。"孔子固据鲁以述文，亦亲鲁以协道，此孟子之所以赞孔子为贤于尧、舜，生民以来未有者也。⑤

在蒙文通看来，孔子删定六经，是以鲁国旧史为本，"孔子要修《春

---

① 丁纪：《20世纪的"原儒"工作》，《四川大学学报》2003年第3期，第27~34页。

② 蒙文通：《古史甄微》，《蒙文通文集》第5卷，第3页；《中国史学史》，《蒙文通文集》第3卷，第242~243页。

③ 蒙默：《蒙文通学案》，杨向奎等：《百年学案》（下），辽宁人民出版社，2003，第775页。

④ 蒙文通：《论先秦传述古史分三派不同》，《史学杂志》（南京）第1期，1929年，第39页。

⑤ 蒙文通：《经学抉原》，《经史抉原》，第53~54页。

秋》，便要参考史记"。经学有自身的历史依据，明古史之变可以证实各家经说分歧的缘由，《周初统制之法先后异术远近异制考》一文正是以古史解释经说之差异：

> 余前本据秦汉说五岳诸家各不同，而推论中国开化，为自东而西。此复据孟子言"周公封鲁为方百里。"史迁言"封伯禽于鲁方四百里"，《明堂位》言："成王封周公于曲阜，方七百里。"说各差异，考之史事，揆之当时形势，然后知周初统制经略之方，先后各殊，远近复异，然后知圣贤机用，无异霸者。稽撰其文，亦将以补《古史甄微》旧稿所未及。盖周人经略之方，管蔡之乱以前为一方略，管蔡之乱以后，则又一方略，成立残奄之后，则又一方略。三者先后，迥不相同，其治丰鄗汝汉则不同，治殷墟则不同，治东方又不同，殆以新疆旧疆既殊，去王京远近复别。故制法各异，而辽韩之境，则又无术以治之，直弃之而已。知此则武王周公固不徒为循谨守道之君臣，而经说往往差异不同之处，实治术更革之迹，亦犹说五岳者所据各不同，此正史料，非关经义。①

经侧重于"义"，史对应于"迹"，经与史相互贯通，经说往往与史迹相联系，通过有歧义的经说，可以窥知上古历史之变迁，而考察史事，也能明了经说不同之故：经说中的差异，往往是不同时代史事、"治术"的变迁造成的，"政治之事实，正以学说为转移"。② 在不关涉经义的层面，这些经说可以被称为史料。

可见，蒙文通所言的"经史截然分流"是从"经义"层面上讲，"经史分流"并不在于二者谁更符合历史事实，而在于经学有史学所不具有的孔子本之鲁史而阐发的微言大义。经学之所以成立其可贵之处并

---

① 蒙文通：《周初统制之法先后异术远近异制考》，《中央大学半月刊》第 1 卷第 9 期，1930 年，第 77~78 页。
② 蒙文通：《井研廖师与汉代今古文学》，《经史抉原》，第 131 页。

不在于它对上古史迹的合理解说，而在于儒家的"经"中有孔子所确立的价值标准，即"变鲁以协道"。因此，对于一些历史事件或古史传说可以"务存褒讳""隐没者多"，即"昔夫子作《春秋》，博极天下之史，诸不在拨乱世反之正之科则不录也"。[①] 这样既肯定了经学有其历史依据，又可以丢掉沉重的历史包袱——从史学角度对六经的批判与质疑无法抹杀其在"义理"层面的价值。

从"事实"与"义理"两个层面分别经、史，在使经学丢掉沉重历史包袱的同时，也使古史摆脱了正统经说的笼罩。依正统经说，"今、古学之义不明，则古史正未易理"。而在《古史甄微》中，六经仅为上古历史的一种记载、一种解释，若"犹局乎孔氏一家之言，班马以来之说，未可以穷古史之变"。若要明了上古历史就必须本于"三方史说"，虽然"同一事而后人传说各异，莫可考其出于周秦何派者"，但是"可以义推而得之"，这样"凡后世儒者所述异闻，皆可推见所本"，百家杂说也可以分析各自的条理。因为在战国以前，"三方传说，本自分明，述文者各守所闻，不相淆乱"。以六经、孟子之说为宗，则"邹、鲁之言史者莫之能异"；以《汲冢纪年》、韩非为宗，则"三晋之言史者莫之能异"；以《山海经》、屈原、庄子为宗，则"南方之言古史者亦莫之能异"。[②] 以此说为骨干，三方论古史之不同，"定可知也"。正是基于上述认识，蒙文通才"搜讨即终，疑文猬集。爰原本遂古，迄于春秋"，创古史三系之论。

## 第二节 以史证经：古史三系说

疑古思想，代皆有之，衍至清末民国，学人大多持怀疑的眼光看待

---

① 陈傅良：《左氏国纪序》，转引自蒙文通《中国史学史》，《经史抉原》，第335页。
② 蒙文通：《古史甄微》，《蒙文通文集》第5卷，第13~14页。

古史传说的系统，纷纷质疑三皇五帝说的可靠性，以"古史辨"为中心的古史运动，便意在"疑古非圣"，推翻旧说，重新探究中国历史文化的起源。邓之诚甚至认为上古之事迹，"求证于金石甲骨，所得既渺，毋宁付之阙如"。① 所以他将一部通史直接由"秦之统一"开始讲起，彻底摒弃史前上古时代的古史传说。至此，"中国以往的古史，是被摧毁了，摧毁的确是当时新文化运动的功劳，摧毁以后怎样？新文化运动却无答案"。② 与之相反，蒙文通是用经学的眼光看古史，分析旧说，在打破原有三皇五帝框架之后，力图从地理、民族、文化的视角建立一个传说时代古史新体系——古史三系说。

蒙文通否定三五体系，只是认为此体系不足以明上古史迹之变迁，并非完全否定燧人、伏羲、神农、太昊、少昊、炎帝、黄帝等传说而将他们摒除，而是认为古之诸帝"若并世诸侯然，不必悉先后相承，而似为部落之峙立也"。将按时序系统的古史传说一变而为以地域划分的部落并立，又据诸古帝的活动地域、经济生活及其文化，和他们的"姓"，将其分为三个民族，命名为炎族、黄族、泰族。炎族以炎帝、神农、三苗、共工、祝融、蚩尤为代表，以姜姓为主，活动在江汉之域，故又称为"江汉民族"。黄族以黄帝、颛顼、帝喾、帝尧为代表，以姬姓为主，活动在河洛地区，故又称为"河洛民族"；泰族以燧人、伏羲、女娲、两皞、帝舜、皋陶为代表，以风、偃、嬴姓为主，活动在海岱地区，故又称为"海岱民族"。在这"海岱－泰族"、"河洛－黄族"、"江淮－炎族"三系中，又以居于东方沿海的泰族为最早。"炎黄二帝之前，王中国，风姓为独多"，"风姓诚东方之民族"，"遂古之王者，多在东方沿海一带"。"风姓之族先于炎、黄二族居于中国，当即为中国旧来土著之民，自东而西，九州之土，皆其所长"，"海、岱之

① 邓之诚：《中华二千年史·叙录》第1册，商务印书馆，1933，第4页。
② 韩亦琦：《中国上古史之重建》，《斯文半月刊》第2卷第23、24期合刊，1942年，第10页。

间，实为其根据地"。① 泰族与东夷同支，只是进化稍早，泰族进于文明时，东夷仍保持其质朴。黄族发源于河、洛之间，是西北民族，"迁徙往来无常处，以师兵为营卫"，乃"游猎民族，为行国也"。炎族则懂农稼，西南民族即为农耕民族，为居国，"此两大民族，一游猎、为行国，一耕稼，为居国，累世争战，实占中国上古民族之主要部分"，② 也正是"炎族起于西南，黄族起于西北"之后，而"风姓之国夷灭殆尽"，春秋之时"惟任、宿、须句、颛臾四国而已"。③ 可以说"中国部落时代，民族实繁，其势力相敌，对抗形势显著者，惟此二族"。炎黄二族之争，互有胜负，两族也相互融合，"姜姓而国于北，姬姓而国于南，不可胜计，炎黄二族，逐渐混为一家"，④ 到了夏代三族便归于和睦。

上世民族繁多，于中国文化，蒙文通认为唯三族能共建之，"中国古代之文化，创始于泰族，导源于东方。炎黄二族后起，自应多承袭之"。⑤ 但三民族又各有其特色。炎族盛"机祥历律"，出"妖妄之教"，多"享祀之神"，其民皆"率神农之教"，又"专恃刑法，崇神道"，故炎族为最缺乏政治组织之民族。黄族的特点与炎族则大相径庭。黄族"善制法度"，颇有"法治成效"，又"立步制亩"，"经土设井"，凡"阵法又皆始于黄帝"，故黄族为"强武而优于政治组织之民族"。⑥ 泰族则是一富于研究思考之民族，制作《易》八卦，且首创"礼乐、兵器、律吕、算法"，实可谓开发中国文化之功臣。"中国文化大昌，则泰族者中国文明之泉源，炎、黄二族，继起而增华之"。然泰族之所以能有此发达之文化，"固不可谓非海道交通之力"，泰族居住之地有良好的地理条件，是上古交通中心，"幼海之大有造于我华胄……泰山之阳则鲁，其阴则齐，此固泰族驰骤于海陆间之集中地，固

---

① 蒙文通：《古史甄微》，《蒙文通文集》第 5 卷，第 55~57 页。
② 蒙文通：《古史甄微》，《蒙文通文集》第 5 卷，第 50 页。
③ 蒙文通：《古史甄微》，《蒙文通文集》第 5 卷，第 56~57 页。
④ 蒙文通：《古史甄微》，《蒙文通文集》第 5 卷，第 55 页。
⑤ 蒙文通：《古史甄微》，《蒙文通文集》第 5 卷，第 63 页。
⑥ 蒙文通：《古史甄微》，《蒙文通文集》第 5 卷，第 64~66 页。

文化所由产生之处也"，而"地理之有关于文明亦可见"。<sup>①</sup> 比较三民族之异同，可见泰族为长于科学、哲学之民族，俨然是东方之希腊；黄族则是一个立法度、制器用之民族，俨然是东方之罗马；而炎族是崇宗教、信鬼神之民族，很像印度。三民族文化既异，三方文化又在三民族之斗争中相交融，便有了"华夏民族""华夏新文化"：

> 自炎、黄以迄唐、虞，始则南北二族，文化各殊，及接触既久，渐以孕育新文化。及于伯禹，遂大成熟，而灿然有辉。风、姜、姬氏，融和为一，统曰诸夏，以别于四夷未进化之族。穷桑、质沙、共工、轩辕民族之名，皆晦而莫见，合诸小民族为一大民族，即以伯禹朝代之名，为此种民族之名，以别于四围蛮野之民族，此固华夏之名所由起耶。<sup>②</sup>

事实上，蒙文通的民族三系说仅限于上古时期，<sup>③</sup> 他认为到了夏代，三民族便归于一元，形成了"华夏民族"，而凝聚"华夏民族"的便是三方融合所孕育出的"华夏新文化"。到了夏商周三代，蒙文通就多以夷夏来分三代民族，而较少提到三方民族。蒙文通虽然打破了传统儒家学说中上古出于一元的说法，但仍将上古三代归于一元，即归于"华夏民族"。也就是在传统的一元一系观念被打破以后，又将被打破的上古三代历史用"华夏民族""华夏文化"凝聚起来。

上古文化为三方民族所共建，三方文化后来又归于一元，这并不意味三方文化的特性完全泯灭，三方文化的特性仍然在特定历史时期呈现于相应的地域。在蒙文通看来，所谓夏商周"三统"循环或许正是由于三方文化之殊：

---

① 蒙文通：《古史甄微》，《蒙文通文集》第 5 卷，第 41、71 页。
② 蒙文通：《古史甄微》，《蒙文通文集》第 5 卷，第 55 页。
③ 1940 年蔡尚思曾说蒙文通是用经学的眼光观察古史，其"空间的古史分布说"的适用却只限于上古。蔡尚思：《中国历史新研究法》，中华书局，1940，第 51 页。

尚忠，北方之质也，此黄族之崇实用、好刚劲之习也。尚敬，
南方之惑也，此炎族之好逸豫、信鬼神之习也。尚文，此东方人之
智也，此泰族之重思考、贵理性之习也。①

至春秋以降，"海岱-泰族"、"河洛-黄族"、"江淮-炎族"三系则对应
为邹鲁（东方）、三晋（北方）、荆楚（南方）之文化。纵横家、法
家，乃"三晋北方之学"，三晋学术以"史学"为正宗；道家如老、
庄，辞赋家如屈原、宋玉，都是"南人"，则辞赋、道家本是"南方之
学"；儒、墨之流则是东方邹、鲁的学问，鲁人以经学为正宗。西汉刘
向、匡衡、董仲舒等人的文章，源于鲁人的六经；邹阳、枚乘、王褒之
文，出于人之辞赋；贾谊、晁错、贾山的政论，出于三晋纵横家、法家
之学说。西汉文章之变，也是以此三系文化为本。如是，蒙文通将上古
传说时代民族三系与三方之学不同、三方之文不同串联起来，而经学、
史学、道家之别的根源抑或正在于各方历史文化传统不同，这是上古时
代已经形成的历史、文化格局。

晚清今文学运动，特别是廖平、康有为为了尊孔及托古改制，对古
代经典及历史所作的种种独特的解释，看重经学之大义而忽略史学之实
迹，否定上古信史，视两千年来的儒学为"伪学"，使人觉得孔子思想
与中国历史发展完全无关，而将整个儒学传统孤立到孔子这一点上，②
故只要有人攻击孔子，整个儒学传统的尊严便会立时跌得粉碎。古文学
家章太炎随后写《诸子学略说》，到了新文化运动时期，"新青年"们
更是以激烈的反孔话语直捣孔家店，儒学所蕴含的价值体系与正统观念
一起散落。③"整理国故""古史辨"运动是"新文化"运动的重要环
节，以严肃的学术运动来参与和支持反孔非儒的"新思潮"。如果说
"整理国故"是东部学人的群体诉求，那么偏于西陲的巴蜀学人仍多持

① 蒙文通：《古史甄微》，《蒙文通文集》第5卷，第68页。
② 钱穆：《孔子与春秋》，《两汉经学今古文平议》，商务印书馆，2001，第308页。
③ 王汎森：《古史辨运动的兴起》，第209页。

131

经学式的思维，尊经重道，温故而知新，与"整理国故"运动保持相当的距离。不过，此时若仍以空谈义理来提倡儒家之道德与信仰势必行不通，况且晚清以降主今文经学者多侵入历史范围，就史以论经，以至于民国时期经史异位的学术环境必须以史学来为经学显真是，所谓"经学上之问题，同时即为史学上之问题。……夫治经终不能不通史，即清儒主张今文经学，龚定庵、魏默深为先起大师，此两人亦既就史以论经矣。而康长素、廖季平，其所持论，益侵入历史范围。故旁通于史以治经，筚路蓝缕启山林者，其功绩正当归之晚清今文诸师"。①

蜀学崇实，虽玄而不虚。廖平解经的历史层次感自不待言。唐迪风夙怀说经之愿，曾对刘咸炘说："子之史学当多传，道不可空讲必以史学为躯体，当今非此不能正邪说。"② 到了廖平、蒙文通的得意门生、"蜀学后劲"李源澄条理经、史关系时，则更加明确指出"谓经非史非子可也"，经学作为一种特殊之学问，自具独立之精神，非史与子学所能包含，但认为"经非事非理则不可"，"欲知经学对吾国影响之大，当自历史中求之，亦唯于历史中求经学，始能见经学之意义"。③ 蒙文通"议蜀学"，正是为了"阐其乡老之术，以济道术之穷"。《古史甄微》正是基于今文学立场，分别经、史，在三方多元的古史系统中重新建构上古之国史，辨今古之别与明古史之变二者相表里，研究古史正是为了羽翼经学。"蒙昔尝为《经学抉原》，即专推明六艺之归，惟鲁学得其正。嗣作《古史甄微》，亦可以窥晋学也。兹复为《天问本事》，则楚人之指亦庶乎可以推征。"至此，"欲究古文异同之故者，将可持循"。④ 他正是"推本礼数，佐以史文"，乃"深信齐鲁学外，而古文为三晋之学，则经术亦以地域而分"，⑤ 今文学是糅合鲁学与齐学而成，

① 钱穆：《自序》，《两汉经学今古文平议》，第 6 页。
② 刘咸炘：《推十文集·唐迪风别传》，《推十书》第三册，第 2126 页。
③ 李源澄：《论经学之范围性质及治经之途径》，《理想与文化》第 5 期，1944 年，第 26~27 页。
④ 蒙文通：《天问本事序》，《蒙文通文集》第 3 卷，第 347 页。
⑤ 蒙文通：《古史甄微》，《蒙文通文集》第 5 卷，第 14 页。

鲁学最纯，是儒学正宗，以经学为主；齐学驳杂，出入诸子；古文学则是孔氏之学传于三晋、杂以旧法世传之史者，以史学为主。而《古史甄微》所述，"多本韩非之意，同符汲冢之书，别是北方三晋所传"，虽说本于三晋的上古三代历年世系应当质疑，但正如黄族崇实用，古史三系说中北方三晋所言之史确是较为近情。正是本于"宿崇功利，故说舜禹皆同篡窃"的晋学，"好西汉家言"的蒙文通才可坦然地发表"狂悖之论"，"非毁尧舜，讥短汤武"：

> 朱晦庵言："豪杰而不圣贤者有者乎，未有圣贤而不豪杰者。"此一最可取以讨论中国古史，儒者徒知禹汤文武之以德行仁，为上世之贤君，而不知汤武之方略治术，岂逊于汉唐以来雄略之主，苟惟拘于经说礼文，而不推本史迹，知常而不知变，知经而不知权，以为专恃仁义之足以王，则陈余、徐偃胡为败灭，是知徒法术权势之不足以为政，徒仁义道德亦不足以为政，必也有文事有武备，守经能权，体颜闵之道，达管乐之术，明体达用，此乃伊周之所以为伊周也。若视汤武伊周如一谦谨之学究，以之立教则可，以之明治则不可，以之治经尚可，以之治史则决不可。[1]

儒家经说为了宣扬禹汤文武的德行仁政，将禹汤文武定格为施仁政的圣贤，旨在说经、立教，而非治史、明治，经史之别或可理解为政教之分。治史就不能像儒学特别是宋明理学之末流那样过于强调个人的道德修养，将上古圣贤塑造为"徒知以德行仁""不知方略治术"的绝对道德的象征，实际上只有"仁义道德"与"法术权势"二者兼备才能"经世以致用"，商汤、伊尹、周公正是"明体达用"之士，而非"惟拘经说礼文""图仁义道德"的学究。也就是说，若要明三代历史必

---

[1] 蒙文通：《周初统制之法先后异术远近异制考》，《中央大学半月刊》第 1 卷第 9 期，1930 年，第 77 页。

须不拘于"经说礼文"，就要打破儒家道德化的古史观念。上古三代并非由美德筑成的永恒的黄金古代，而是圣贤豪杰不断斗争、不断交替的兴亡史。如果说，廖平是走向否定古史，以神化孔子来应付时局，古史辨派是由怀疑儒家传说到怀疑夏以前的整个古史系统，蒙文通对儒家古史观的质疑并不意味着质疑儒学价值与否定上古历史，恰恰相反，明古史之变不仅可以解释经说之差异，还能以古史三系说申明儒学在中国文化中的地位，以上古三代的历史文化传统支撑起儒家的历史文化理想。

蒙文通认为，孔子不是神，而是人，秦汉之交，儒学没有由哲学变为宗教，孔子乃仍得为人，实为中国文化一大幸事。[1] 孔子既然不是神，那么其学说必有所本，"唐、虞以上，三族文化各不同，纪于远而听于神或略同……唐、虞以下，三代文化各不同，纪于近而命以民事则大体不异，则智识已进于实际之效"，夏之道与墨家大体相同，殷之道近于道家之旨，周公则是宗仁义、秉礼乐，孔子则"近从周而远法唐虞"，其所宗正是"远而伏戏，而有虞，而周公，一系相承"，"孔氏所祖述者，以仁义为本之东方文化也，此孔子所以鲜称炎、黄、夏、商，而特表伏羲、尧、舜、文、武、周公者乎"，[2] 也就是说孔子之学是"东方文化"的结晶，"东方文化"是孔子之学的根基所在。孔子思想是与传统"东方文化"一脉相承的，是在中国历史发展的过程中所形成的。那么以孔子学说为核心的儒家传统也不仅系于孔子一身，而是系于整个东方文化。蒙文通由上古直至秦汉，论述三方民族、文化、思想之异同的落脚点在于证实：

> 论周秦诸子，推论北方之学为史学、为法家，南方之学为文学、为道家，东方之学为六艺、为儒家，儒家之学以中庸为贵，居

---

① 蒙文通：《井研廖季平师与近代今文学》，《经史抉原》，第 107 页。
② 蒙文通：《古史甄微》，《蒙文通文集》第 5 卷，第 126~127 页。

于北人注重现实，南人注重神秘之间，盖齐鲁为中国文化最古之发祥地，又为南北走集之中枢，固能甄陶于两大民族之间，而文质彬彬矣。是则齐鲁之间，儒学出焉，不为无故。……儒家之学，尚中而贵仁，此固为善保持其原有民族之特殊精神，而又善调和于异民族之两极端精神，而后产生之新文化也。是邹鲁者既开化最早，中国文化之泉源，而又中国历久文化之重心也。①

不同于言托古改制者将孔子与其以前的历史传统分开，将孔子抽离出全部中国史，乃至全部中国学术史，而仅把孔子悬空孤立起来，而且言"托古改制"意在"尊经于古史之上"，却"反使经等于诸子"，②蒙文通以"古史三系说"立论，提出邹鲁之地文化开化最早，是中国文化的起源地，又是中国历久的文化重心，而尚中贵仁的儒家已经不再是孔子一人之学，儒学的起源也不再是因为孔子一人而已。儒学是居于邹鲁之地的东方民族在保持民族特性的基础上调和别族的特性，而形成的新文化。也正是邹鲁之地自上古以来就存在的文化传统孕育了儒学。这里便不再是以维持孔子的优胜地位来保存儒学，而是将孔子置于中国历史文化发展的传统之中，重心由孔子一人扩大到"东方民族"与"东方文化"。这并不意味着孔子所修订的六经丧失了微言大义，也没有动摇儒学所承载的价值体系与内在精神，反而是在给儒家起源一个合理性的历史解释的同时，从上古三代历史出发认定"法家者流，此东方之北方文化；道家者流，为东方之南方文化；儒家者流，独行数千载，义理实为中国文化之精华，此正东方之东方文化也"。③

也就是说，孔子之所以成为孔子，不只是因为他有一套哲学或思想，也在于他的渊源。也只有立足于此，才能更深地体会儒家在中华文化中的位置，更好地理解孔子的义理学说，更充分地发扬孔子对后世的

---

① 蒙文通：《古史甄微》，《蒙文通文集》第 5 卷，第 68 页。
② 刘咸炘：《左书经·今文学论》（1927 年），《推十书》第一册，第 109 页。
③ 蒙文通：《古史甄微》，《蒙文通文集》第 5 卷，第 71 页。

实际影响。这样，在举世皆"疑古非圣"之时，蒙文通却以上古史迹，因事证明儒学的渊源及其在中国文化中的重要地位，与儒学一脉相承的孔学、经学"在民族文化中之巨大力量、巨大成就"遂得以正本清源。在蒙文通追求的"为体之学"中，古史研究的任务是与理学、经学"相发明"，以《古史甄微》为代表的史学和以《经学抉原》为代表的经学都是为阐明宋明理学的精微作铺垫，这依然是"通经明道"思维逻辑。正如他自己所说：

> 《经学抉原》所据者制也，《古史甄微》所论者事也，此皆学问之粗迹。制与事既明，则将进而究于义，以阐道术之精微，考三方思想之异同交午，而衡其得失……《庄》、《老》沉疴，若在膏肓，荀、韩所陈，有同废疾，思、孟深粹，墨守无间，必读而辨之，而后知东方文化中之东方文化，斯于学为最美，则此区区之谈制与史者，琐末支离，固无当于高明之旨也。①

"事""制""义"三者在儒学中的位置孰高孰低，自不待言。蒙文通出入经史，"经""史"之学有分殊但未"对立"，非此即彼，只不过在他眼中义理之学乃是第一义，直到晚年仍"认为他的学问里面他的理学是最深的，最有心得的"。② 而是时作《经学抉原》《古史甄微》《天问本事》三书则使齐鲁、三晋、楚三方之学大指略备，"欲究古文异同之故者，将可持循"，若"进而求之，则将究论百家，考其与此三系文化之关系"，考其得失便知"思、孟深粹，墨守无间"，此皆有补《孔氏古文说》内篇之旨。③

---

① 蒙文通：《古史甄微》，《蒙文通文集》第 5 卷，第 15 页。

② 牛敬飞、张颖：《追忆国学大师蒙文通先生——蒙默老师采访记》，四川大学历史系天健文史社编《天健》第 17 期，2004 年，第 44 页。

③ 蒙文通：《天问本事》，《经史抉原》，第 347 页。

## 第三节 "貌同而心实异"

蒙文通二度出川，执教中央大学，与柳氏师徒交游甚密，在《史学杂志》《国立中央大学半月刊》上频频撰文，柳氏师徒对其学术赞誉颇多。此时，范希曾在南京国学图书馆补正《书目答问》，"补正"最早发表的部分，是其中的史部，刊于《国学图书馆第二年刊》。本来按照四部的顺序，无论是撰著还是刊行，均是以经部为先，然此次先刊史部，可以想见是因为"史部"比较完善，相形之下，经部则尚拟请人订正。[①] 然 1930 年代前后，陈汉章任教于中央大学史学系，自 1928 年起即受柳先生聘请，兼任国学图书馆参议。[②] 陈汉章师从俞樾，与章太炎同学，被柯劭忞誉为"当代经学，伯陶第一"；[③] 章太炎的高徒黄侃亦在中央大学执教，与柳氏师徒过从甚密。此二人当为校订《书目答问补正（经学）》的合适人员，然最后柳诒徵选定蒙文通校订《书目答问补正（经部）》，校订稿 1930 年刊于《国学图书馆第三年刊》。[④] 此举当然出自柳氏师徒对蒙文通经学水平的认可，或许也是看中《书目答问》与近代蜀学的渊源。《书目答问》为张之洞于 1875 年在四川学政任上所撰，作为尊经书院学子的入门要籍，当时助张之洞完成此书的便是柳诒徵的业师缪荃孙。廖平则在成学之后，"丈游湖北，见张南皮，历指《书目答问》之谬误，南皮爽然久之曰：'予老矣！岂能再与汝递受业帖子耶！'"[⑤] 张之洞此语自是认同廖平对该书指正，蒙文通为廖平嫡传弟子，或能按照廖平的本意订补《书目答问》。

---

① 赵灿鹏：《蒙文通先生书目答问补正按语拾遗》，《蒙文通先生诞辰 110 周年纪念文集》，第 393~411 页。

② 柳定生编、柳曾符订补《柳诒徵年谱简编》，柳曾符、柳佳编《劬堂学记》，第 356 页。

③ 牟润孙：《蓼园问学记》，《注史斋丛稿》，中华书局，1987，第 540 页。

④ 南京国学图书馆编印《国学图书馆年刊》第 3 年刊，1930 年，第 235~286 页。

⑤ 吴虞：《爱智庐随笔》，《吴虞集》，第 91 页。

柳诒徵现存遗札中有一通复李源澄先生书，中云："尊论悉本廖、蒙两先生之说，诒徵未获亲炙廖先生，荷蒙先生不弃，恒过山馆论学，真如大禹导山导水，条贯秩然。"① 此函未系年月，但文中提及将李源澄所著《校订穀梁序例》印入《国风》杂志。《国风半月刊》创刊于1932 年，柳诒徵任社长，而李源澄《公羊穀梁序例》一篇，刊于该刊第 3 卷第 8 期（1933 年 10 月），则此函应当作于 1933 年前后。又柳诒徵于 1927 年后主持国学图书馆（初名江苏省立第一图书馆），那么柳诒徵信中所言蒙文通常去国学图书馆论学一事，当在 1929～1933 年（蒙文通虽于 1930 年下半年返川，但 1931 年离川任教河南大学之后，假期亦常去吴越游学）。柳诒徵所称赞蒙文通治学"真如大禹导山导水，条贯秩然"，当是这期间二人论学后的论断，"条贯秩然"与蒙文通治学"守先师之遗训"，明家法条例，正相符合。中央大学史学系所创办的《史学》创刊号对蒙文通的古史研究推介尤力，"（《史学杂志》）允为当代中国史学最良刊物，而蒙文通先生之《古史甄微》，赵曾俦先生之《古历论衡》两巨著，均分期刊登，尤为可贵"，"（《成大史学杂志》）有蒙文通、刘掞藜、洪诚中诸先生之著作，内容丰富，议论详实，颇值一读"。② 中央大学亦曾拟将蒙文通《古史甄微》《经学抉原》收入国立中央大学丛书予以出版，并称"凡研究吾国古史者不可不一睹斯篇"。③

从论学至交游的经历无疑会让人产生蒙文通与柳氏师徒同属一系的印象，1933 年，在无锡国专学生自治会创办的《无锡国专季刊》上，就有人撰文综述近年来之古史研究，将蒙文通、柳诒徵、缪凤林三人划归一系与北方疑古者对立："近代古史之研究尚矣"，一派为"持科学方法以研究古史者"，当推首绩溪胡适开风气之先。"胡氏之学，在扬

① 柳诒徵：《劬堂遗札·复李君书》，王元化：《学术集林》（6），上海远东出版社，1996，第 26 页。
② 《史学消息》，《史学》第 1 期，1930 年，第 253～254 页。
③ 《国立中央大学半月刊》，第 1 卷第 16 期，1930 年，广告页。

新汉学之徽，而弥缝于疑古者也，顾虽以实验主义为方法，而所谓大胆的假设则常陷于谬妄，小心求证则多杂以主观。"顾颉刚则"借胡适之说而有所启发，遂致力于古史之辨伪"。同时，则有卫聚贤、郭沫若、郑振铎，"虽其鹄的不尽同，方法不相合，要之为受西方学说之影响则一也"。另一派为"承清代朴学大师治学之精神以研究古史者"。"以东南大师，登坛讲学，殚精史籍，持正统稳健之论，不为非常异议可怪之谈，则有柳诒徵氏，考信古籍，不轻于疑。与北方之高谈疑古者殊科矣。本柳氏之说，专精力学，以一人之力，编著通史者，则有其弟子缪氏凤林。"蒙文通则承今文大师廖平之学，"由经子骚以考其同异，确然有以见古代民族学术一一之不同，条别以明其义者"。缪、蒙二者"虽持论不同，所见各异，要其本于师说，出于力学，无二致也"。前一派可称为"标榜主义"，而后一派柳、缪二人则信古太过，有"剿袭雷同"之嫌。是文虽言及蒙文通受业于今古文大师之门，"承其遗绪，豁然贯通，拟之标榜主义与剿袭雷同者，不可同日而语"，仍认为蒙氏与柳缪师徒同属"承清代朴学精神一脉"，"一则创为通史，不屑考证；一则勤力考证，显微阐幽。要归于义则一，是柳氏缪氏之于蒙氏，虽貌异而心实同也"。[①] 若从与新文化运动立异的角度，蒙文通与柳诒徵、缪凤林或是"貌异而心实同"，但以经史关系立论，蒙文通与柳氏师徒研究古史的旨趣与方法则迥异。

《古史甄微》刚一发表，中央大学史学系学生张岦即发表了一篇《〈古史甄微〉质疑》，文章一开篇便论述了他对当时研究中国古史之风气及流派的看法，而且以此为背景，对蒙文通的古史研究进行了定位。张岦认为《古史甄微》"依据率在书本"，并未引用多少"地下掘得之新史料"，显然是"旧史学派"的作风，只是蒙文通博古而不泥古，没有像旧史学那样"一遵往古代代相承之说，亦步亦趋"。张岦暗中将蒙

---

① 沉思：《近代古史研究鸟瞰》，《无锡国专季刊》，第 1 期，1933 年，第 32~34、40、45~46 页。

文通划到新史学派，故不得不要了一个巧，说《古史甄微》具有新史学派提倡的现代科学之"精神"，至于是否具有该派地下地上材料互证的"特点"，就可以忽略不计了。当时中央大学史学系曾特意邀请"新史学"之代表傅斯年演讲"考古学"，《史学杂志》与《史学》均刊登过史语所关于考古之于现代史学的意义，因此张荫对新史学的这一特点不可能不知晓。而当时学术界为了证明中国学术中存在科学精神，也多将清代考据学与培根归纳法相比附，"有清一代，治经者颇有归纳之法，其有功于经者固多"，① 蒙文通从上古纷繁的文献中归纳出古史三系说，张荫便以此赞扬蒙文通"深合乎培根之归纳法"。其实，熟读《古史甄微》的张荫应该明白，蒙文通的古史研究不是重在"惟真是求，惟信是录"，而后者才是科学精神的基本原则，也是新史学派所秉持的科学态度。再者，蒙文通在《古史甄微·后序》中明确提出了他的古史研究是在今古文学的脉络中，以史学研究解决经学问题，根本没有提到是否要弥补新史学派之缺，驳斥疑古派之陋；但有新史学思维的张荫却偏偏认为蒙文通是鉴于二派的不足，"自树赤帜"，"为之理董，为之疏剔"。这些有意误读看似褒奖，然其牵强的话语中多少带有几分揶揄。

　　如果说从张荫看似为了褒奖蒙文通而有意误读，可以看出在当时学术风气之下，蒙文通的研究旨趣显得有些不合时宜。但若进而深究《〈古史甄微〉质疑》一文的旨趣却发现张荫的批评仍有六经皆史的遗韵。张氏抓住《古史甄微》一以贯之之道——古史分三方传说，他指出"史说既曰三方，则似应此疆彼界，无所出入"，但比较"晋楚邹鲁之所传"，则"有三方之说为大谬"。例如，楚辞《天问》关于西周的事迹与六经相比，"会而记之，或同过于异"。对于韩非之说，本为杂家，可以不论。由此认为《古史甄微》乃"掩其相同，而吹毛索瘢惟异求之；则自滋见其大相径庭耳"，此外，又举出十数个例子说明三方

---

① 袁菖：《经史辨》，《国立中央大学半月刊》第 1 卷第 11 期，1930 年，第 77 页。

史说"不必尽别"。而蒙文通"所以证各方学者自成一系之说之证"，实乃"已胸具成见，征嫌阿厶"。而张氏对《古史甄微》最大的不满就在于蒙文通申六经非史之旨，以诸子百家之言质疑六经在史学上的正统地位：

> 儒家之说，则先圣列贤博古通今，雅意述作，以示来叶；故其所述，前后相应，略无抵牾；此其所以为诸子所莫逮，抑其已成正之统史说，所以未应轻事平反也！矧蒙先所举以为三晋南方史说之代表最宿者，不过《山经》及汲冢之书；而前者既决非禹制，《纪年》又显成于战国；本身真伪，犹未分明，则吾后学者于古史传说之从违，自不容舍去古未远之孔门儒家传说，而反仞晚出诸子百家之谰言耳！[1]

从张荩的质疑中，不难看出他十分明白《古史甄微》的经学立场，认为蒙文通是为了批驳六经皆史说，而以固有的成见，有意用三系说、诸子之言来否定儒家信史。就张荩的看法，儒家史说自成系统，诸子之说不仅杂糅百家，毫无统纪，就连晋学、楚学的基本文献《山海经》《汲冢纪年》的真实性都值得怀疑。若要明古史、知真相，乃是要依据"儒家传说"。只不过张氏并没有直言其六经皆史说的经学立场，而是依据儒家之说"去古未远"，诸子百家则为晚出之谰言。这并非张荩一人之见，而是当时南京学界研究古史的风气。缪凤林曾赞誉柳诒徵之中国文化史，"元明以来所未有"，其根据便是此书"以六艺为经，而纬以百家，亦时征引新史料，而去其不雅驯者，持论正而义类宏"。[2] 而柳诒徵所摒除的"不雅驯者"即蒙文通《古史甄微》多有依据的"注

---

[1] 张荩：《〈古史甄微〉质疑》，《史学杂志》（南京）第 2 卷第 3、4 期合刊，1930 年，第 4~8 页。

[2] 缪凤林：《古史研究之过去与现在》（上篇），《史学杂志》（南京）第 1 卷第 6 期，1929 年，第 5 页。

**141**

疏图纬之成说"。张尔田是时也在《史学杂志》上撰文呼应："研究历史事实，当根据具体之史。战国诸子，虽其立言不为无因，然大都为其学者所增饰……理论渐多，而事实之真相反隐。故治诸子之学，须注重其理论演进之统系，有未可尽以研究事实之方法绳之者……至于历史考据家，本以研究事实为目的，则对于诸子之涉及事实者，必应慎择。学固各有方面也，近儒都不察此，轻疑妄信，何以言学。"①

张鋆文发表不久，即为《中央大学半月刊》所转载，可见其观点为柳氏师徒以及中央大学史学系所普遍认可。实际上，崇六经、斥诸子乃柳诒徵一系的一贯作风。1921 年 11 月，柳诒徵在《史地学报》创刊号上发表了《论近人讲诸子之学者之失》，针砭晚清以来章太炎、梁启超、胡适三人关于诸子学的研究。柳诒徵撰此文的原因，主要有三点：（一）针对不读原书，径作比附的风气；（二）针对"口耳诵说"的风气，只要能获得大众的"口耳诵说"，便成风潮；（三）假借学术作为个人宣传，而一旦读者功力不深，沿其所说，受害匪浅。② 柳氏是以此文针砭学风，而具体针对的是诸子学之兴起，"近日学者，喜谈诸子之学，家喻户习，浸成风气。然掸撢诸子之原书，综贯史志，洞悉其源流者实不多觏。大抵诵说章炳麟、梁启超、胡适诸氏之书，展转稗贩，以饰口耳。诸氏之说子家学派，率好抨击以申其说，虽所诣各有深浅，而偏宕之词，恒缪盭于事实。后生小子，习而不察，沿讹袭谬，其害匪细。故略论之，以救其失"。③ 有"救其失"之意的《中国文化史》正是以历代所传之正史为主，先秦则遵奉儒家之说。

1930 年 9 月，在中央大学任教才一年的蒙文通又应成都大学的聘请，"趣装西返"，蒙文通言"应成大聘，殆遮丑之词"。④ 目前没有文

① 张尔田：《答德国颜复礼博士问管子轻重书》，《史学杂志》（南京）第 1 卷第 6 期，1929 年，第 4 页。
② 王信凯：《柳诒徵与民国南北学界》，"近代中国国家的型塑：领导人物与领导风格国际学术研讨会"，东海大学、暨南国际大学，2007 年 12 月 15~17 日。
③ 柳翼谋：《论近人讲诸子之学者之失》，《史地学报》第 1 卷第 1 期，1921 年，第 1 页。
④ 吴虞：《吴虞日记》（下），四川人民出版社，1986，第 523 页。

献说明蒙文通为何发出"遮丑"的论调，也许是因为其古史研究遭到中央大学同人质疑后，蒙文通所说的抑郁之语。但在成都大学，蒙文通的古史研究也不会得到多少积极的响应。早在蒙文通出川之前，在成都大学任教的刘揆藜认为"当今急务应延研现近史象而谋济时救国之方"，研究古史"纵得真象，于时寡益，既不能扶危定倾，又不能裨生民，其不能免于蠹鱼之讥，古董之诮"。而在论述古史时，他坚持认为"五帝以前，神话荒唐，殊非事实"，讲论古代政事史，唯以"《易》、《礼》、《书》、《史》"取材。至于某些子书、谶纬在他看来"所言虽详博，但悉属神话，怪诞不经"，毫无信史价值，"不足闻问"。对于蒙文通所认可的三皇之论，并被蒙文通誉为中华礼乐文明始祖的燧人氏、伏羲氏，刘揆藜则认为根本为后人理想推测中之上古象征人物。① 如果说有东南大学背景的刘揆藜可能受了六经皆史论的熏陶，自然对古史的认识与蒙文通大相径庭，那么此时成都大学的学生周维权则更是在疑古风潮的影响下，认为唯有"重怀疑"，才能不致流于"经学之古史"和"超时代之古史"。在对待蒙文通的古史研究时，他也是有选择地肯定，认为今日欲言古史当本于"进化之立场"，而蒙文通的上古三系说，证明"河洛民族"为行国，正好暗合进化论的说法。②

　　南京、成都学者的反应，无不表明蒙文通"古史三系说"所谓"经史分流""以史证经"的旨趣，在经史递嬗的氛围中难以为时人所认可，就连刘咸炘也认为蒙文通不该醉心于古史研究。在刘咸炘看来，蒙文通"以其纯美者（指宋明理学——引者注）示人必大过于炘，其功非考证古史之所能比也"。③ 1931 年，蒙文通因不满于成大、师大、川大三校合并而再次出川，1933～1937 年则寓居平津，与倡导科学史学的主流学者共事一校，其学术与"新史学"之纠葛，更加难解难分。

---

① 刘揆藜：《中国古史答问》，《史学杂志》（成都）第 2 期，1930 年，第 1、3 页。
② 周维权：《三皇五帝说源流考》，《史学杂志》（成都）第 2 期，1930 年，第 107～108 页。
③ 刘咸炘，《推十文集·复蒙文通书》，《推十书》第三册，第 2208 页。

# 第四章

# "由经入史"：蒙文通在平津学界

二次出川之后，蒙文通多任教于南北各高校史学系，开设课程与发表著述，皆不脱"史学"的痕迹，一如他自己所言"壮年以还治史，守南宋之说"。两相印证，蒙文通在 1930 年代确实有一个"由经入史"的转变。因缘际会，蒙文通于 1933 年受聘于北京大学史学系，然而短短两年后，即被辞聘。其中缘由，众说纷纭，褒贬不一。若通盘考察当时北大文学院的改革，综合比较胡适、傅斯年与蒙文通等人学术活动，当可于"解聘一事"求得近真且合理的解释。以"解聘"一事的来龙去脉为线索，亦可理清蒙文通所谓"由经入史"的历程，以及其所言"史学"与"新史学"之异趣。

## 第一节　辞旧聘新

经过连年军阀混战的摧残，1930 年代初，北京大学已经是一个"烂摊子"。经费拮据，教授四处兼课，往往一人每周兼课 40 小时。蔡元培曾经倡导的评议会，此时在某种程度上已成了部分教授借民主谋私利的地方。为了自己的"饭碗"稳定，评议会曾通过一个决议案，规定"辞退教授需经评议会通过"。在得到庚款的资助以及胡适、傅斯年等人的支持之后,1930年底,蒋梦麟正式执掌北大,对原有的体制做了调整。最大的变化在于,把学术和事务划分开来,强调层层分工,各司其职,校长权限有所增强,明确提出"教授治学,学生求学,职员治事,校长治校"的方针。评议会被取消,改设校务会议为学校最高权力机关。针对教授兼职过多的现象,实行教授专任制度,提高专任教授待遇,规定在他校兼课者薪金较专任者少,兼课时数较多者,则改为讲师。同时改变过去教授第二年续聘后无任期限制的办法,规定新教授初聘订约一年,续聘订约两年。在北大新公布的《国立北京大学组织大纲》第十条中规定"各学系置教授、副教授、助教若干人,由各院院长商请校长聘任之;遇必要时得聘请讲师",① 这无疑赋予了各学院院长辞聘教授的大权。这些改良为北大"辞旧聘新"铺平了道路。

与蔡元培注重人文学科的革新与发展不同,蒋梦麟在任时十分重视自然科学的教学与研究,北大文学院的事务主要交由胡适与傅斯年负责。蒋梦麟回忆:"当我在民国十九年回北京大学时,孟真因为历史研究所搬到北平,也在北平办公了。九一八事变后,北平正在多事之秋,我的'参谋'就是适之和孟真两位。事无大小,都就商于两位。他们两位代北大请到了好多位国内著名的教授,北大在北伐成功以后之复兴,他们两位的功劳,实在是太大了。"② 其中胡适被任命为文学院院长,傅斯年则以史语所所长的身份,从1929年秋到1936年春一直担任史学系讲师(名誉教授)。当时还是北大学生的邓广铭从毛子水的口中知道蒋梦麟回北大做校长以后,在重建北大的许多重大问题上,例如聘请教授、添置重大教学仪器设备等,傅斯年与胡适实是两位最起作用的

---

① 《国立北京大学组织大纲》,王学珍、郭建荣主编《北京大学史料第2卷(1912~1937年)》(上册),北京大学出版社,2000,第91页。

② 蒋梦麟:《忆孟真》,明立志等编《蒋梦麟学术文化随笔》,中国青年出版社,2001,第604页。

人物。① 北大文学院的改革正是在蒋梦麟的方针下，由胡适与傅斯年具体实施的，而胡、傅二人则立志通过北大的改革，争取成为"汉学正统"。在 1931～1932 学年度首次纪念周上，胡适便说："北大过去之光荣不足论，须努力今后培养人才，现聘请教授用拉夫之手腕，系证明北大人才之缺乏，希望充实北大，自己培养人才"，② "北大前此只有虚名，以后全看我们能否做到一点实际。以前'大'，只是矮人国里出头，以后须十分努力"。（胡适眉注："我们费了九个月的功夫，造成一个新'北大'，九月十四日开学，五日之后就是'九一八'的一炮！日本人真是罪大恶极！"）至于学术上的独立，胡适则认为："文科中的中国学，我们此时还落人后。"当天的日记中，胡适便记载："陈援庵先生曾对我说：'汉学正统此时在西京呢？还在巴黎？'我们相对叹气，盼望十年之后也许可以在北京了！"③

胡适、陈垣的"盼望"也正是傅斯年所身体力行的，所以胡、傅二人在北大推行急进的改革，势所必然，但作为校长的蒋梦麟必须多方权衡。据《胡适日记》所记，"梦麟今早来谈，下午又来谈，皆为北大事。他今天决定用院长制，此是一进步。但他仍要敷衍王烈、何基鸿、马裕藻三人，仍是他的弱点。晚上我与孟真谈，请他劝梦麟努力振作"。④ 最后，蒋梦麟虽力求"辞旧聘新"，但具体分工为"辞退旧人，我去做，选聘请新人，你们去做"。起初，蒋梦麟"尚不愿与旧人开火"，文学院的改革主张"暂时搁一搁再说"。⑤ 当时蒋梦麟所聘请的教授也是新旧参半，《京报》即称，"教授问题，校长蒋梦麟最为注意，

① 邓广铭：《怀念我的恩师傅斯年先生》，《台大历史学报》第 20 期，1996 年，第 1～18 页。

② 《北大新旧教授多已返校昨举行首次纪念周》，《北平晨报》，1931 年 9 月 15 日，第 7 版。

③ 曹伯言整理《胡适日记全编（6）》，1931 年 9 月 14 日，安徽教育出版社，2001，第 152 页。

④ 曹伯言整理《胡适日记全编（6）》，1931 年 1 月 30 日，第 51 页。

⑤ 胡适：《致杨振声函》（1931 年 2 月），耿云志、欧阳哲生编《胡适书信集》（上），北京大学出版社，1996，第 541～542 页。

向各方奔走",奔走的结果,文学院国文系教授有马裕藻、刘复、黄节、林损、许之衡、郑奠、俞平伯、沈尹默、沈兼士、钱玄同、陈垣(后四人为名誉教授);史学系为马衡、毛准、孟森、蒋廷黻(接洽中)、陈受颐、赵万里、钱穆、傅斯年(名誉教授)。① 可见,初到北大,蒋梦麟为了避免新旧纷争,文学院的改革并未全面开展,而史学系则在傅斯年的筹划下充当了急先锋的角色。

整理国故运动中,新派学人多以中国文化史为国学系统,预示了以现代学科意义的"史学"来重组国学,一如顾颉刚所说:"国学是什么?是中国的历史,是历史科学中的中国的一部分。研究国学,就是研究历史科学中的中国的一部分,也就是用了科学方法去研究中国历史的材料","我们看国学是中国的历史,是科学中的一部分,所以我们研究的主旨在于用了科学方法去驾驭中国历史的材料,不是要做成国粹论者"。② "中国史"与"国学"在某种程度上近乎同义词,研究国学所用的分类观点,自然为历史研究所援用。这暗示了以"专史"的形态来研究中国历史,史学专门化亦成为一时风尚。③ 但1920年代教学与科研仍有较大差距,当时南北各大学在"新史学"的旗帜下,多倾向于一种通识教育,强调史学的社会科学化。朱希祖执掌北大史学系时,正是以此为宗旨,1930年代蒋廷黻在清华大学提倡考据与综合并重,实则偏向于为综合史学铺路。傅斯年的"史学"则是"史料学"总其成,将急功近利的综合史观派打入另册,他宣称"要科学的东方学之正统在中国",并非泛泛而谈的学习西学,而是选择欧洲已经成熟并占据正统地位的语言学派的路径,排斥兴起之中的社会科学派。尽管傅斯年早年也曾从整理史料的角度重视过社会学,但那主要是指研究领域而

---

① 《北大取消评议会 设校务会议 校长院长及教授代表为委员 蒋梦麟分别聘请接洽新教授》,《京报》,1931年7月31日,第6版。

② 顾颉刚:《一九二六年始刊词》,《北京大学研究所国学门周刊》第2卷第13期,1926年,第3、11页(文页)。

③ 刘龙心:《学术与制度:学科体制与现代中国史学的建立》第3章,新星出版社,2007,第97~216页。

非治学方法，其一生对于社会科学方法一直持保留态度，尤其是对史观式地运用社会科学的概念相当反感。[①]

　　1929 年 5 月史语所由广州迁至北平，傅斯年也在 1929 年秋天开学时率先打破自己所规定的"所外工作，一致取消"的规定，以所长的身份到北大兼课。对于傅斯年执掌的史语所来说，与北京大学这样的最高学府的相关系科建立密切学术关系，成为一件关系到史语所能否稳步、长久发展的重要事情。1929 年春，朱希祖重任北大史学系主任，虽对史学系课程有所调整，但仍坚持史学应在政治学、经济学、法律哲学、社会心理学、社会学、人类学和人种学等"史学应有之基本常识"的基础上，兼重专题研究。这与傅斯年所提倡的史学理念与学术实践明显矛盾，所以在傅斯年的运动之下，1931 年初朱希祖辞去系主任之职。从此，不论蒋梦麟暂代系主任，还是陈受颐担任系主任之后，史学系的工作实际上就由傅斯年来主持。当时北大师生对此均有切实感受。陶希圣曾说："民国二十年，孟真在北平，担任中央研究院历史语言研究所所长，同时主持北京大学史学系。"[②] 钱穆认为"受颐人素谦和"，"实际并不任系务，乃由孟真幕后主持"。[③] 傅斯年到北大兼课，其主要目的当然是传授他的学业，培养诱掖后进学子；然而他让李济、董作宾、梁思永诸人都到北大兼课，则显然还有另一用意，那就是要选拔一些有培养前途的人进史语所各组做低级研究人员。[④]

　　此后，傅斯年的观念对北京大学史学系的宗旨、史学课程设置产生了直接或间接的影响。1931 年 9 月秋，史学系编写并公布了新的课程指导书，与以往的课程指导书明显不同，此次直接提出了大学史学教育的两个重要要求。第一个要求是"严整的训练"，"所谓严整的训练者，

---

① 桑兵：《教学需求与学风转变——近代大学史学教育的社会科学化》，《中国社会科学》2001 年第 4 期。
② 陶希圣：《傅孟真先生》，《中央日报》，1950 年 12 月 23 日，第 1 版。
③ 钱穆：《八十忆双亲　师友杂忆》，生活·读书·新知三联书店，1998，第 169 页。
④ 邓广铭：《怀念我的恩师傅斯年先生》，《台大历史学报》第 20 期，1996 年，第 1～18 页。

指脚踏实地不取转手的训练而言"。第二个要求是"充分的工具"，"史学的工具，第一类是目录学……第二类是各种语言"。大学史学教育的目的，是要学生"脱去享受现成的架子，离开心思手足都不转动的稳椅，抛弃浮动浅陋的态度，而向史学的正轨'步步登天'。史学的步次是什么呢？第一步是亲切的研习史籍，第二步是精勤的聚比史料，第三步是严整的辨析史实。取得史实者，乃是史学中的学人，不曾者是不相干的人"。① 它所体现的精神，与此前傅斯年所撰著名的《历史语言研究所工作之旨趣》一致：史料为史学之核心。在傅斯年等看来，大学的史学教育，应当是史学学术教育，而不是基本知识教育，这与傅斯年"不做或者反对所谓普及那一行"的理念相吻合。也就是 1931～1932 学年度，史语所的人员开始大量在北大文学院兼课。1930 年考入北大史学系的胡厚宣就回忆："新成立的中央研究院历史语言研究所刚由广州迁到北京，办公在北海公园。史语所长傅斯年请所内研究员、专家来北大兼课。胡适先生开《中古思想史》，接着他的《中国哲学史大纲》上卷讲中古的哲学思想；傅先生开中国上古史择题研究，不是专题研究，是择题研究，从上古史中选择一些重要问题来作研究；李济、梁思永两先生合开考古学、人类学导论，在北海蚕堂上课；董作宾先生开甲骨文字研究，董先生去安阳殷墟，则由唐兰先生代课；徐中舒先生开殷周史料考订。这些课程我都去听了。"②

对于课程设置，傅斯年强调先治断代史，而不主张讲通史。国民政府当时规定中国通史为必修课，北大当局则称"通史非急速可讲，须各家治断代史、专门史稍有成绩，乃可会合成通史"，③ 遂聘北平各校

---

① 《国立北京大学史学系课程指导书》（1931 年至 1932 年），北京大学档案馆藏，档案号：BD1930014。转引自尚小明《抗战前北大史学系的课程变革》，《近代史研究》2006 年第 1 期；《中研院史语所与北大史学系的学术关系》，《史学月刊》2006 年第 7 期。本节对此两文多有借鉴。

② 胡厚宣：《我和甲骨文》，张世林编《学林春秋（初编上册）》，朝华出版社，1999，第 278～279 页。

③ 钱穆：《八十忆双亲　师友杂忆》，第 171 页。

专家分段讲授。1933 年后，才由钱穆一人统之。但钱穆所授的乃是文学院一年级共同必修科，历史系的专业课程皆是断代与专题。史料学与史学方法为一、二年级必修，中国史分六段（中国上古史、秦汉史、魏晋南北朝史、隋唐五代史、辽宋金元史、明清史），授课或分七门（宋史与辽金元史有时分开），西洋史分四段（上古史、中古史、近古史、近世史）。史学系断代、专题授课固有利于各科学生的基本训练，但各科由不同老师分任，师资无疑为亟须解决的难题。以 1932～1933 学年度，中国史各断代授课为例，中国上古史，钱穆；秦汉史，本年停；魏晋南北朝史，本年停；隋唐五代史，本年停；辽金元史，方壮猷；宋史，赵万里；明清史，孟森。① 可见，中古一段，即魏晋南北朝与隋唐五代史无人授课。而以方壮猷、赵万里二人分授辽金元史、宋史，授课质量颇值得商榷。蒙文通于 1933 年初辞去河南大学教职，而正式执教北大始于 1933～1934 学年度，开设魏晋南北朝、隋唐五代史课程，或与此形势相关。

北大决定聘请蒙文通当在 1933 年 8 月底 9 月初。据 1933 年 8 月 26 日《北平晨报》报道，北大史学系所聘定的教授有陈受颐、马衡、毛准、姚士鳌，所公布各系讲师名单中，并无蒙文通，但该报道还称"各系讲师，尚有多位未能确定"。② 此未确定之人中，以史学系而言，当有寻觅教授中国中古史之合适人选，蒙文通或为其中之一。不过，以后人眼光看来，为何蒙文通这一"文化保守主义者"能以"新人"任教于北大。个中缘由，不外如下。一、1933 年初，受华北局势影响，史语所南迁，一定程度造成北大文学院师资受到影响，而北大的专任制度与傅斯年的学术风格，使其不易在北平招聘到合适的教员，从平津以外招聘"新人"实属形势所迫。二、蒙文通在中央大学时，发表了一系列上古史的文章，契合平津学人竞言古史的风气，而其打破儒家正统

① 北京大学文学院编《国立北京大学文学院课程一览》（1932 年至 1933 年度）。
② 《北大昨已开学 各系主任教授均已聘定 新生开始办理入学手续》，《北平晨报》，1933 年 8 月 26 日，第 7 版。

的古史多元观念，也符合胡适、傅斯年所推崇的古史观念。三、执教中央大学时，蒙文通在《史学杂志》与《国立中央大学半月刊》上频频发表文章，已经引起平津学人的注意，1933 年初，陈垣就有意招揽蒙文通，而陈垣与胡适、傅斯年过从甚密，皆对北平教育界的浙派颇为不满，"深以浙派盘据把持不重视学术为恨"。① 恰在此时与胡适关系密切的商务印书馆所策划的《国学小丛书》接连出版了蒙文通的《古史甄微》与《经学抉原》，此二书后被赞誉为"研究中国学术史的入门要籍"，② 这些都给蒙文通以"新人"的角色执教北大史学系提供了资本。四、1930 年代初，以地域分，北大教员中，江苏籍、浙江籍分居一二，紧随其后的是安徽籍、湖北籍、四川籍、广东籍。川籍学者，就文学院而言，即有张颐、贺麟等"新人"，蒙文通与二人关系较好，川籍学人之间多有提携理所应当，1933 年秋，蒙文通即参加国立北京大学四川同乡会。当时在北大文学院任教的还有蒙文通的诸多好友，如汤用彤、钱穆、熊十力等，这些皆属于蒋梦麟、胡适所认可的"新人"，无疑为蒙文通的"新人"形象增添了些许印象分。

此事中起关键作用的当是汤用彤，1923 年蒙文通求学支那内学院时，即与汤用彤熟识，此后二人常谈学论道，汤氏对蒙文通学问相当赞赏。汤用彤与胡适也颇有渊源，二人订交应该始于 1928 年夏。先是汤用彤看到胡适发表的文章，写信给胡适讨论禅宗问题，胡适对汤用彤的见解很佩服。此时胡适正担任上海中国公学校长，就想聘请汤用彤到中国公学任教，汤用彤表示中国公学缺乏自己做研究需要的资料，婉言谢绝。胡适重整北大伊始，就通过个人关系开始为北大物色一流的教授。1931 年初，他利用南下到上海开会的便利，和上海、南京、青岛的许多学者接洽到北大任教一事，汤用彤即为胡适极力所邀请。③ 胡适对汤

---

① 杨树达：《积微翁回忆录》，1933 年 2 月 6 日，北京大学出版社，2007，第 48 页。
② 《研究中国学术史的入门要籍》，《出版周刊》第 102 期，1934 年 11 月 10 日，第 18 页。
③ 林齐模：《关于汤用彤生平几点史实的考证》，《中国哲学史》2008 年第 2 期。

用彤学术评价极高，"读汤锡予的《汉魏两晋南北朝佛教史》稿本第一册。全日为他校阅。此书极好。锡予与陈寅恪两君为今日治此学最勤的，又最有成绩的。锡予的训练极精、工具也好，方法又细密，故此书为最有权威之作"，[①] "锡予的书极小心，处处注重证据，无证之说虽有理亦不敢用。这是最可效法的态度"。[②] 胡适虽称赞陈寅恪之学，但觉得"他的文章实在写的不高明，标点尤赖，不足为法"。[③] 陈寅恪尚有"不足为法"之处，汤用彤则"最可效法"，可见胡适对汤用彤之推崇。虽然这一评价出于 1937 年，但之前胡适对汤氏学术亦非常认可，故蒙文通得到汤用彤的推荐，大大增加其执教北大的砝码。正是在上述诸多因素的合力下，蒙文通较为顺利地作为"新人"执教北大，实践了北大史学系的改革。

虽说史学系的革新较为顺利，但 1930 年代经费问题是限制诸多大学发展的桎梏，北大也不例外，开源节流成为蒋梦麟必须面对的难题。为了增加收入，蒋梦麟一度打算发行北大公债，解决财政危机。[④] 同时，节省开支，院系调整，缩编人员成为当务之急。蒋梦麟表示："将各院系性质相同之重复课目，加以裁并，其不甚重要，及学生又可自己研求，而不须教授指导之课目，一并裁撤，对于基本科目，如国文、外国文、数理化学等，则一律提高，其裁撤提高之详细办法，则分由各院长会同各学系主任商酌办理，于下年度实行。如此缩减后，每月可节省经费五千元，全年约可节省五万余元，节余之款，即以移作修建校舍，及清还借款之用，惟课目一经裁撤，教授人位不能无所更动，故有若干教授被解聘。"[⑤]

就胡、傅二人的改革思路，如若不先对旧的有所改良，"新人"无

---

① 曹伯言整理《胡适日记全编（6）》，1937 年 1 月 17 日，第 641 页。
② 曹伯言整理《胡适日记全编（6）》，1937 年 1 月 18 日，第 642 页。
③ 曹伯言整理《胡适日记全编（6）》，1937 年 2 月 22 日，第 657 页。
④ 《蒋向教育部接洽发行北大公债 作为偿还欠薪及建设用费》，《北平晨报》，1934 年 1 月 4 日，第 9 版。
⑤ 《北大下年度整理各系课目》，《北平晨报》，1934 年 4 月 19 日，第 9 版。

落脚之处，自然无法引入。北大分设理、文、法三院，其中文学院师资最多，以 1932～1933 学年为例，理学院教授 28 人，讲师 24 人；文学院教授 38 人，讲师 54 人；法学院教授 16 人，讲师 23 人。[①] 文学院教员占全校教员近一半，文学院中被胡适视为守旧大本营的国文系，师资、课目最多，国文系的课程改革与教员更换势在必行。1934 年初，胡适、陈受颐等在改订文学院课程时就觉得："此事颇不易。有很好的课程表而无相当的人去施教，也是枉然"，[②] "北大国文系偏重考古，我在南方见侃如夫妇皆不看重学生试作文艺，始觉此风气之偏。从文在中公最受学生爱戴，久而不衰。大学之中国文学系当兼顾三方面：历史的；欣赏与批评的；创作的"。[③] 胡适遂致信马裕藻商谈国文系改组，缩编事宜：

前日与梦麟兄谈文学院各系预算事。我们都感觉国文系的课程似宜尽力减少，教员亦宜减少。其所以有此需要，盖有三原因：①讲授课程太多，实不能收训练上的好效果。②一系占预算太多，而总预算又不能扩张，则他系受其影响。③教员名额都被占满，无从随时吸收新人，则不易有新血脉的输入。

鄙意国文系课程改组，似可试作下列的减缩：

（1）第三组决定删去。

（2）语言文字学一组作有系统的安排，其关于中国文字学声韵学的一部，似可设法裁并。（例如"文字学概要"与"声韵学概要"似可合为一科。又如"说文"，可并入"中国文字与训诂"一科，因为这两科均用"说文"为主要材料也。）

（3）文学组似须分文学史为数期，隔年讲授二三段。其"词""曲"等皆列入各段。其太专门之科目，如"鲍参军诗"之类，似

① 《北大昨发表各系主任及教授讲师》，《北平晨报》，1932 年 9 月 27 日，第 7 版。
② 曹伯言整理《胡适日记全编（6）》，1934 年 1 月 18 日，第 295 页。
③ 曹伯言整理《胡适日记全编（6）》，1934 年 2 月 14 日，第 325 页。

可删除。

鄙意以为如此改组，讲师或可去三分之二以上，教授亦可减少二三人，至少可减少一二人。鄙见定多外行的话，乞先生斟酌裁夺。总之现在之一百多点钟实在太多，似可减到六十点左右。先生以为何如？①

从这封信中不难看出，胡适的用意是削减国文系的课程，辞聘所谓"旧人"，从而节约预算，为输入新鲜血液做准备，其矛头直接指向国文系主任马裕藻，新旧之争随之激化。胡适表面上以财政困难为由，谓改革是为了节约开支，但马裕藻则认为"此次国文系改革问题，一方固属思想问题，他方面又为主张问题"，挑明双方立场与新旧差别。

马裕藻主张："研究学问，应新旧思想并用，既不反对新，亦不拥护旧，新者更有新，旧者亦有其研究之价值。新派讲方法，方法固需要，但对于文学，不可仅讲方法，而不研究。胡适之先生出版中国哲学史大纲，学生专讲方法以为阅读哲学史大纲，即可了事。而不读子书，此不可谓研究，研究学问，不论新旧，辜鸿铭亦可请到北大讲课，大学与中学不同，中学须有统一思想，以免脑筋紊乱，大学则不应思想统一，必须新旧并用，始能获得研究之结果"；就改革而言，马氏"亦赞成改革，惟改革之方法不同"，并称："余自民国十年迄今，查阅课程指导书，每年均有改革，余对于改革国文系，应采用缓进方式，另有人主张急进方式，急进固称改革，缓进亦不可谓非改革……此次国文系问题，系急进缓进主张之不同，并非大改革"；至于经费问题，"缩减经费一层，本人亦赞成，但国文系已由四千四百元减至四千元，此刻不能再减"。马裕藻甚至引申："中国人自办之大学，似乎不可以外国人之

---

① 胡适：《致马裕藻函》（1934年4月13日），耿云志、欧阳哲生编《胡适书信集》（上），第591页。（原书误作1933年，根据《胡适遗稿及秘藏书信》改正）

方法办理中国文学系。"①

胡适与马裕藻之争即刻在北大国文系引起轩然大波,林损"作事一向主张合则留不合则去",②遂与许之衡一并辞职,马裕藻也请辞国文系主任一职。国文系学生代表多次请愿,提出反对意见:"(一)反对将国文系并入史学系;(二)请勿将国文系经费减削;(三)请勿变更该系现行分组组织法;(四)此后学生方面,对增进系务向校方提出意见时,请校方予以接受,并采纳实行之;(五)对变更系主任人选无成见,亦不表示迎据态度,但继任者须真能改善并发展该系,否则决反对;(六)请挽留林损教授;(七)请挽留许之衡教授;(八)请勿准现系主任教授马裕藻辞职。"③蒋廷黻随即答复,国文系绝对不并入史学系,但对其他诸意见并不赞同,双方的焦点集中在马裕藻、林损、许之衡三人的去留问题。国文系主任一职,蒋梦麟的人选非胡适莫属,称:"至国文系主任,此亦涉及学校行政范围,学校自有权衡为之,设有人竟反对胡适兼国文系主任,余绝对不答应。胡适'学贯中西,国家之宝',胡兼任国文系主任乃北大之光荣,求之不得,岂可反对。"④至于马裕藻,虽离任国文系主任,但仍聘为文学院教授,林、许二人则必当辞退。马裕藻称主任一职归属,乃校长之责,但对胡适任此职持保留意见,"就北大国文系范围内言,胡先生(适之)自兼尚属勉强,他人恐难胜任"。至于林损,乃"因其言谈直率,影响解聘,个人认学校为不智"。⑤

北大教员陈启修则有意调停双方,称:"此次国文系纠纷,不应延迟不决,夜长梦多,对于学生学业有害。中国人办中国文学系,应注重中国固有之文学,同时并吸收新文学,北大国文系有悠久之历史,更应

① 《北大主任马裕藻谈国文系纠纷内幕情形　系急进与缓进改革主张不同》,《京报》,1934年4月25日,第7版。
② 《北大国文系学生昨日欢送林损》,《京报》,1934年6月6日,第7版。
③ 《北大国文系学生派代表谒蒋梦麟》,《北平晨报》1934年4月24日,第9版。
④ 《北大国文系教授林、许去后　主任马裕藻辞职　蒋梦麟推崇胡适到极点》,《京报》,1934年4月22日,第7版。
⑤ 《改革北大国文系》,《北平晨报》,1934年5月3日,第9版。

努力使其发展!"① 众所周知，此事最后以新派之胜利结束，马裕藻卸任，林损、许之衡被解聘。事后，傅斯年即表示"国文系事根本解决，至慰"，仅对马裕藻留任一事，"深为忧虑不释"。傅斯年视马裕藻为罪魁，"数年来国文系之不进步，及为北大进步三障碍者，又马幼渔也。林妄人耳，其言诚不足深论，马乃以新旧为号，颠倒是非，若不一齐扫除，后来必为患害"，劝蒋梦麟"当机立断，似不宜留一祸根"。② 后人将这场争论追认为"'五四'以来新旧文化之争的延续"，③ 确有几分道理，只不过，此次新旧双方，多为五四之时"新派"分化而成。

人事纠纷的解决，为国文系乃至文学院的改革铺平了道路。在就任国文系主任之前，胡适即称："改革将分三项原则，1、注重学生技术，吾人以为学生研究学术，如国文系之文籍、校订、语言、文字等学科，无论任何一种，均应注意技术上之研究，始有充分之进展；2、历史之统系。现在国文系定有唐宋诗、六朝文等课程，吾人不应仅就一二人加以研究，有应研究其历史之变迁；3、增加比较参考材料。研究学术。须与他科为比较之研究，如研究外国文者，须与中国文互相比较参考，始能获得新的结果。"④

此后，胡适的改革意见大体得到了落实。对比 1932~1933 年度与 1934~1935 年度国文系的课程说明，文学系旧分语言文字学，文学及文籍校订三组，自 1934 学年度改为语言文字学及文学两组；马裕藻的《中国声韵学概要》改由魏建功担任，暑假后，傅斯年便到中文系兼课，讲授中国文学史，胡适则开了中国文学史（宋元明清部分）；文籍

---

① 《北大国文系代表谒请蒋梦麟　蒋表示留马任教　对林许两教授决定解聘　陈启修希望纠纷早解决》，《京报》，1934 年 4 月 27 日，第 7 版。

② 傅斯年：《致蒋梦麟》，1934 年 5 月 8 日，欧阳哲生整理《傅斯年全集》（7），湖南教育出版社，2003 年，第 130 页。

③ 严薇青：《北大忆旧》，陈平原、夏晓虹编《北大旧事》，生活·读书·新知三联书店，1998，第 464 页。

④ 《改革北大国文系》，《北平晨报》，1934 年 5 月 3 日，第 9 版；曹伯言整理《胡适日记全编（6）》，1934 年 5 月 2 日，第 377~378 页。

校订组的删除，原有课程，如余嘉锡《目录学》、吴承仕《三礼名物》、范文澜《古历学》等自然取消，先前开课人员亦不得为北大"讲师"；同时国文系更侧重"历史的眼光"，要求本系学生多习史学、哲学、外国语言文学各系课程，史学系所开设的断代史及其相关专题课程，成为文学系的必修或选修课程。①

北大国文系的缩减为文学院引入新人提供了岗位与薪俸空间，胡适对此颇为得意，在总结1934年之工作时称，"把这学年的文学院预算每月节省了近三千元。外国语文学系减去四个教授，添了梁实秋先生，是一进步；中国文学系减去三个教授，添的是我、傅斯年（半年）和罗常培，也是一进步"，"中国文学系的大改革在于淘汰掉一些最无用的旧人和一些最不相干的课程。此事还不很彻底，但再过一年，大概可以有较好的成绩"。② 新旧学人的一进一出、新旧课程的一增一减，体现了蒋梦麟、胡适等人的学术理念：将中国文学由偏重"国文"改良为"新文学中心"，胡适就希望梁实秋和朱光潜等一班兼通中西文学的人"能在北大养成一个健全的文学中心，最好是你们都要在中国文学系担任一点功课"。③ 文学院的重中之重则是史学系，胡适甚至曾言办文学院其实只是办历史系，④ 可见传言国文系将合并入历史系并非无中生有。当教育部有意偏重办中国文学系时，胡适则提出："夫'史'可以包'文'，'文'不能包'史'，就与我们原来注重'史的研究'的意思相背驰了。"⑤ "历史的系统"正是国文系课程改革之关键，而"新史学"正是胡适、傅斯年改革北大文学院所追求的目标。

---

① 北京大学文学院编《国立北京大学文学院课程一览》（1932年至1935年度）。
② 胡适：《一九三四年的回忆》，曹伯言整理《胡适日记全编（6）》，第429页。
③ 胡适：《致梁实秋函》（1934年4月26日），耿云志、欧阳哲生编《胡适书信集》（中），第615页。
④ 钱穆：《八十忆双亲 师友杂忆》，第169页。
⑤ 胡适：《致王世杰函》（1933年），耿云志、欧阳哲生编《胡适书信集》（上），第602页。

　　1932～1935 年，北大文学院（特别是历史系与国文系）经历了新旧更替，1933 年，以新人姿态执教北大的蒙文通也亲身体会了此次改革与新旧学术之递嬗。1935 年，正是胡适所期望取得"较好的成绩"之年，蒙文通即被划入"辞旧"的行列。钱穆回忆："某日，适之来访余。余在北平七八年中，适之来访仅此一次。"《胡适日记》1935 年 5 月 13 日曾记："访陈受颐，访钱宾四，访陈援庵，谈史学系事。"① 二者所言当是一事，而胡适所言"史学系事"即钱穆所言："适之来，乃为蒙文通事。适之告余，秋后文通将不续聘。"胡适辞聘蒙文通的理由是："文通上堂，学生有不懂其所语者。"此自为托词，钱穆即认为蒙文通与胡适疏远是其被辞退的主要原因，"文通在北大历史系任教有年，而始终未去适之家一次，此亦稀有之事也"。② 由于钱穆乃蒙文通挚友，且是此事重要的当事人，此说遂因《师友杂忆》的流行而为学界所普遍接受。蒙默则说："从钱穆那个回忆录看起来就是说胡适有点不满意，所以就没有续聘了，到底为什么不满意我也就说不清楚。"③此或可提示胡适解聘蒙文通另有一层关系。据陶元甘回忆："老师曾在北京大学历史系任教授，因为无法与霸气盎然的傅斯年融洽相处，失去讲席。"④ 此说系蒙文通门人陶元珍（陶元甘先生兄长）转述。陶元珍于 1935 年考入北大文科研究所史学部，胡适曾是他研究生初试时的导师，⑤ 与胡适多有往来，且陶氏 1935～1936 年曾寄住蒙文通家中，所述应属可信。二说虽说法不一，但足证蒙文通被北大解聘一事，与胡、傅二氏最有关系，不过将解聘一事均归结于学人性情冲突与私人情谊疏密，难免凭一己私见作褒贬之据，有厚诬前贤之嫌，其中深层次的原因

① 曹伯言整理《胡适日记全编（6）》，1935 年 5 月 13 日，第 472 页。
② 钱穆：《八十忆双亲　师友杂忆》，第 179 页。
③ 牛敬飞、张颖：《追忆国学大师蒙文通先生——蒙默老师采访记》，《天健》第 17 期，2004 年，第 43 页。
④ 陶元甘：《蒙文通老师的美德》，中国人民政治协商会议盐亭县委员会文史资料委员会编《盐亭县文史资料选辑》第 10 辑，第 61 页。
⑤ 《北大文科研究所研究生初试名单公布》，《北平晨报》，1937 年 6 月 26 日，第 9 版。

或在于蒙文通由今文学所入之"史学"与傅斯年在北大史学系所逐渐深入的革新格格不入。

## 第二节 "史料"与"史学"

1933～1935 年，蒙文通任教北大之际，恰是其"史学"观念转变之时，在 1944 年所撰《跋华阳张君〈叶水心研究〉》一文中，蒙文通追述：

> 双江刘鑑泉言学宗章实斋，精深宏卓，六通四辟，近世谈两宋史学者未有能过之者也。余与鑑泉游且十年，颇接其议论。及寓解梁，始究心于《右书》、《史学述林》诸编，悉其宏卓，益深景慕。惜鑑泉于是时已归道山，不得与上下其论也。后寓北平，始一一发南渡诸家书读之，寻其旨趣，迹其途辙，余之研史，至是始稍知归宿，亦以是与人异趣。深恨往时为说言无统宗，虽曰习史，而实不免清人考订獭祭之余习，以言搜讨史料或可，以言史学则相间犹云泥也。于是始撰《中国史学史》，取舍之际，大与世殊，以史料、史学二者诚不可混并于一途也。①

文中所说的"南渡诸家书"，为南宋浙东诸儒的论著。所谓"寓解梁"是指蒙文通 1931～1932 年在河南开封执教河南大学；"寓北平"是指他 1933～1936 年夏任教于北京大学与河北女子师范时。蒙文通晚年有一段自述，颇可与此互相发明：

> 我从前本搞经学，后来教史学，十年后才稍知道什么是史学，

---

① 蒙文通：《跋华阳张君〈叶水心研究〉》，《蒙文通文集第 3 卷·经史抉原》，第470 页。

应如何治史。治经、治史方法、目的都不同，但也有部分人始终不
免以清人治经之法治史，就是以考据治史，所以不免于支离破碎，
全无贯通之识，这远不如以治诸子之法治史。其实，经学也不是单
凭考据可了。考据是工具学问，经、史都用得着，但它却不是经学
或史学。①

这两段话都是蒙文通自道史学历程。据《古史甄微·自序》，蒙文通是
在 1926~1927 年开始研治史学的，并写出《古史甄微》，1927 年始在
成都大学教授历史。经过近十年的摸索，至 1933~1936 年"寓北平"
时，他才领会史学的真谛、明了治史的方法，一洗清人考据史学的余
习。此间有两方面的力量起了重要的促进作用，一是学友刘咸炘及其
《右书》《史学述林》等论著，二是南宋浙东诸儒的作品，两者是紧密
相连的，而后者起了更为直接和关键的作用。②

蒙文通与刘咸炘"游且十年"，议论往复，相互推重，其中在
1927~1929 年还一同任成都大学国文学教授，③ 同时二人还协助唐迪
风、彭云生创办敬业书院。1932 年刘氏去世前后，蒙文通"始究心于
《右书》、《史学述林》诸篇"，在《右书》《史学述林》中，既有刘咸
炘对"史学"的界定，又有对浙东史学的深入探讨。《史学述林》第一
篇名为《史体论》，开篇就说：

欲究真史学（不止考证事实、品评人物，一切治史之功力，
不能为真史学），须读真史书（不止编纂材料、记载事实，一切记
事书不能皆为真史书）……《说文》曰：史，记事者也。凡记事
书，皆为史。此广义也。若真史书，必有寻常记事书所无之素质。
记注、撰述皆史职，而真史书惟撰述足以当之。此义章君始发之，

---

① 蒙文通：《治学杂语》，蒙默编《蒙文通学记》（增补本），第 34 页。
② 粟品孝：《蒙文通与南宋浙东史学》，《浙江学刊》2005 年第 3 期。
③ 《本校教员一览表》，《国立成都大学一览》，国立成都大学，1929。

昔人未明也。……而今之读章君书者，犹混史料与史为一。①

刘咸炘于史学，宗章学诚，"酷好浙东史学"，"乾嘉以来，王学几绝，宋学大衰，天下靡然于考据，其独异者，止浙东史学耳"。在《宋元明实学论》中说："浙东之学，远出金华（按指吕祖谦），其风博大，不以考据长。"②《史体论》则明确指出不能把"史料与史"混为一谈，而其所言"今之读章君书者，犹混史料与史为一"，当指胡适所阐发的"六经皆史料"之说。刘咸炘提倡要注意区分"广义史书"与"真史书"、"记注"与"撰述"的界限；单纯的考据只是"治史的功力"，一般的"记事书"只是史料，都不是"真史学"；真正的史学必须建立在"真史书"和"撰述"的基础之上，具有"寻常记事书所无之素质"。具体而言，史学要分为四端："一曰考证事实，是为史考。二曰论断是非，是为史论。三曰明史书之义例，是为史法。四曰观史迹之风势，是为史识。前二者为他学者亦从事焉，后二者则所谓史学专门之长也。考证固在成书之先，然不能成书则止是零碎事迹，不得为史。论断固为读史之的，然无识则止是任意爱憎，不得为学也。四端所包范围广矣，欲备说其方法，诚非易事。"③

蒙文通的"史学"观念转变正是受到刘咸炘的启发。刘咸炘曾自述，"吾之学，《论语》所谓学文也，学文者，知之学也，所知者事物之理也。所从出者家学祖考槐轩先生，私淑章实斋先生也。槐轩言道，实斋言器。槐轩之言总于辨先天与后天，实斋之言总于辨统与类"，然"槐轩言先天，吾言后天，槐轩言本吾言末而已，实斋名此曰史学，吾则名之此曰人事学"。"因者观变，道家法也，正者用中，儒家法也。

---

① 刘咸炘：《史学述林》，黄曙辉编校《刘咸炘学术论集·史学编》，广西师范大学出版社，2007，第365页。

② 刘咸炘：《右书·宋元明实学论》，《推十书》第一册，第388页。

③ 刘咸炘：《治史绪论》，黄曙辉编校《刘咸炘学术论集·文学讲义编》，广西师范大学出版社，2007，第221页。

先观变而后用中，此其方法也。所施者，子与史，于子知言，于史论世。"①"不知其言，无以知人，故读史不读子，则史成帐簿，学如谳狱。"子与史之间有着知言论世的关联，"论世者审其情，知言者折其辞。读书二法，曰入曰出。审其情者，入也，虚与委蛇，道家持静之术也；折其辞者，出也，我心如秤，儒者精义之功也。入而不出，出而不入，昔儒之通弊。儒、道末流所以流于苟荡也。二法具而无不可通之书，书亦无出史、子二者之外者也"。②无论治子还是治史，贵在能出能入，既以治史之法以治子，以论子家所处之世；同时还要能够以治子之法以治史，即以儒者精义之功，来批判性地解释历史。这种"以治子之法以治史"的方法和精神便为蒙文通所接受。③

不过，蒙文通、刘咸炘二人在史学宗旨的认定上存在"儒道"之别。刘咸炘认为自己的史学以"道家"为核心，"吾常言，吾之学，其对象可一言以蔽之曰史，其方法可一言以蔽之曰道家，何故舍经而言史，舍儒而言道，此不可不说"，是故特著《道家史观说》以明其史学之宗"道"。"此学以明事理为的，观事理必于史，此史是广义，非但指纪传编年，经亦在内；子之言理，乃从史出，周秦诸子，亦无非史学而已。横说谓之社会科学，纵说则谓之史学，质说括说谓之人事学可也。"在刘咸炘看来，经亦在史学内，而子之理，出于史，周秦诸子皆为史学，那么儒者"精义之功"自不例外。"史之要旨"为"疏通知远，藏往知来，皆是御变，太史迁所谓通古今之变"，"吾名之曰察势观风"。④此说与蒙文通在《古史甄微》中，区分"事实"与"义理"两个层面分别经史，不无出入。据蒙默先生回忆：

---

① 刘咸炘：《推十文集·自述》，《推十书》第三册，第2124页。

② 刘咸炘：《中书·学纲》，《推十书》第一册，第9~10页。

③ 张志强：《经、史、儒关系的重构与"批判儒学"之建立——以〈儒学五论〉为中心试论蒙文通"儒学"观念的特质》，《中国哲学史》2009年第1期。

④ 刘咸炘：《道家史观说》，《中书·认经论附》，《推十书》第一册，第32页。

　　刘鉴泉先生的哲学是讲得很有意思很有价值的，但是我父亲的看法是，刘先生学问最好就是史学，认为他讲史学讲得最好。讲得最好是哪一点呢，就是刘先生讲这个观风察势。他认为要看那个时候的风气，还要看出各个不同时代的变化，而且还要看出不同地区的风气。所以我父亲是很接受他这个"观风察势"的思想的。我父亲也跟我谈过多次刘先生的这个谈得好。但是对刘先生讲的哲学，他就不大同意了。他说刘先生讲"道"，因为刘先生的祖父刘沅就讲"道"，讲"道"的（学术流派中）里面有个"刘门"，有点接近宗教的味道，但是还不是宗教。刘先生就接受了他祖父的东西，所以他也讲道，讲他的史观叫道家史观。我父亲只说他史学讲得好。[1]

就观史之法而言，蒙文通十分认可刘氏所谓的"观风察势"。至关重要的是，刘咸炘启发了蒙文通对南宋浙东学术的关注，即蒙文通所追忆的，正是在开封读了刘氏的著作之后，才会在北平、南京等地四处搜寻南宋浙东诸儒的文集，也正是通过对浙东学术认知，蒙文通才得以体会"史料"与"史学"之别，其研史才"稍知归宿"。

　　据 1938 年完稿的《中国史学史》，蒙文通认为，南宋浙东诸儒治史重点不在于考证旧史、记叙故事，而是本之义理，具有通观古今、明其流变的思想特色。如吕祖谦和叶适"治史而究乎义理之源"，其中吕氏观史重在"观其所变"，其《历代制度详说》"于古今沿革之制，世道变通之宜，贯穿折衷，首尾备见"。叶适史论也具有"深达古今之变""明世之变"的卓识，其史学已超越所谓的"记注之法"而达到"撰合之意"。陈傅良则注意"由史以观经"，也是"深达古今之变"。这种通观古今、明其流变的思想，正符合蒙文通对"史"的界定，他

---

① 　牛敬飞、张颖：《追忆国学大师蒙文通先生——蒙默老师采访记》，《天健》2004 年第 17 期，第 45~46 页。

说："史者，非徒识废兴，观成败之往迹也，又将以明古今之变易，稽发展之程序。"但由"史"升格至"史学"，则必须熔铸义理、经制和事功于一炉，兼备内圣外王之道方可称"学"。此一"义理"则是孔子"所重在窃取之义"，此"义"虽不脱离"史"，孔子"于行事洞见源流"，但其可贵之处更在于"察变"，"为后王立法"。这正是蒙文通不认同刘咸炘"哲学"的根源所在。南宋浙东诸儒经史结合，既注意探求义理，阐发"内圣"之"道"，又注意结合经制和事功，致力于"外王"之"政"，因而"于道之精粗，政之本末，皆于是乎备""于内圣外王之事，无乎不具"，"主义理、重制度"。① 此种"史学"宗旨，自不同于刘咸炘所言"道家旨趣的史学"。

从 1932 年始，最晚至 1938 年，蒙文通"通观""明变""贵识"的治史方法逐渐形成，"内圣外王"是他"为体之学"一以贯之道。执教平津时期，蒙文通遂将这一渐趋完备的"史学"落实于北京大学文学院的讲堂之上。蒙文通在北大两年分别教授过"魏晋南北朝史""隋唐史""宋史""周秦民族与史学""中国史学史"等课程，虽然这几门课程的讲义，目前未能得见，但通过课程介绍、研究计划以及蒙文通发表的相关论著，已能管中窥豹，以一斑推其大概。"魏晋南北朝史"课程主要"叙述自三国至隋之统，兴替之大概，各民族间之竞争，及其制度之沿革，学术之变迁"。② "宋史"课程则"注重探讨有宋一代政治之升降，学术之转变，制度之沿革，民族之盛衰"。③ 断代史课程通观一代之兴替，"民族"、"制度"与"学术"变迁为其主题，自无不妥。"周秦民族与思想"一课印发的讲义中有论西戎、论北狄、论南蛮、秦之政俗、儒家理想之政治制度诸章节，附"参考"中又有补论东方、南方诸篇，形式上，仍是以专题为主。④ 可见，应制度的需

---

① 蒙文通：《致柳翼谋（诒徵）先生书》，《蒙文通文集第 3 卷·经史抉原》，第 414 页。
② 北京大学文学院编《国立北京大学文学院课程一览》（1934~1935 学年），第 111 页。
③ 北京大学文学院编《国立北京大学文学院课程一览》（1934~1935 学年），第 111 页。
④ 蒙默：《蒙文通先生年谱》，《蒙文通先生诞辰 110 周年纪念文集》，第 422 页。

要，蒙文通所开设课程均属于断代史与专题研究，与北大史学系的革新并无冲突，但课程的名称与实际的教法却可因人而异。

蒙文通在谈到自己治学经验的时候曾说："吕伯恭最为知古，但他言古必及今。陈君举最为知今，但他言今必自古。必须通观，才能看得清历史脉络。"[①] 通观之后，方能明变，把握住历史的全貌与变化，二者互为表里。"孟子说：'观水有术，必观其澜。'观史亦然，须从波澜壮阔处着眼。浩浩长江，波涛万里，须能把握住它的几个大转折处，就能把长江说个大概；读史也须能把握历史的变化处，才能把历史发展说个大概。"[②] 蒙文通授课正是将通识寓于断代与专题之中。所谓"搞断代史不搞通史常常不易准确把握一代的特点"，蒙文通讲魏晋南北朝史课程，便常常从秦汉讲起。蒙文通执教北大时的学生金宝祥，曾发表《汉末至南北朝南方蛮族的迁徙》，此文纵观两汉魏晋南北朝，超出了所谓断代史的界限。后来金氏回忆，他在北大读书时，同时选修蒙文通的《魏晋南北朝史》与冯家昇的《历史地理沿革》，为完成冯家昇所布置之作业，遂将蒙文通讲课的笔记整理增补而成此篇，故强调此文作者，"理当是蒙老"。[③] 引述此事，其意不在于为蒙文通争著作权，乃是由此事可见蒙文通所讲之魏晋南北朝史乃是贯通古今，而非限于一代。

蒙文通所开设宋史课程，更是将宋史视为中国历史发展的大关节，将其与周秦汉唐之变迁紧密联系。现存蒙文通 1938 年四川大学《中国史学史》讲义附录《〈宋史〉叙言》就以研究宋史为当世之急务，然关于宋代成败之事变，"皆其现象之粗迹"，若求此"现象策动之因存"，则需纵观周秦至唐宋社会心理"一动一静"之升降，以及由此而起之思想学术、政治文化变迁。[④] 讲专题课程亦然，以中国史学史为例，蒙文通所讲之史学，是将古今联系起来考察，把握其历史发展的脉络；分

---

① 蒙文通：《治学杂语》，蒙默编《蒙文通学记》（增补本），第 5 页。
② 蒙文通：《治学杂语》，蒙默编《蒙文通学记》（增补本），第 1 页。
③ 张邦炜：《蒙老叫我读〈文鉴〉》，蒙默编《蒙文通学记》（增补本），第 239 页。
④ 蒙文通：《〈宋史〉叙言》，《古史甄微》，第 394～397 页。

析学术思想，必须分析其学脉渊源，而不只是研究孤立的个体。言宋代"新史学"之兴起，则追溯至中唐天宝之后学风的变化，宋代"新史学乃萌于是也"；指出北宋欧阳修《新五代史记》"其曰'道学'，曰'义例'云者，正萧（颖士）、刘（轲）以来之说也。曰'文采'云者，李翱之说也"。① "事不孤起"，史学的变化与经学、哲学、文学等的变化是联系在一起，"有天宝、大历以来之新经学、新史学、新哲学，而后有此新文学（古文）"。② 可见，蒙文通讲学，往往超出"断代"与"专题"的限制，而"断代"与"通史"及其背后牵涉的"专家"与"博通"的高下之分，是当时北平学界争辩不休的一个问题。

九一八事变之后，北平史学界在北平图书馆召开会议，傅斯年在会上慷慨陈词，提出国难当头"书生何以报国"的问题，大家讨论的结果之一就是编著一部中国通史。③ 所谓"通史之撰著以专题研究之结果为根据，而任何概括的或确切的结论则有赖于史料之搜集及发现"，故"史料乃史学之根本，专题研究乃其中坚，而通史则其最后之成就也"。④ 此后北平学术团体，多以鲜明的专题为宗旨，最著名的莫过于《禹贡》《食货》。在 1936 年《大公报·史地周刊》第 83 期，刊登了齐思和《改造国史之途径与步骤》、黄肖兰《现代史学之新趋势》，二文异口同声主张"先专后通"。齐思和以"近来时贤喜言通史，窃所未安"，特撰文强调"依现代之标准，一国之通史，已非一手一足之力所能胜任，而有待于专家之分工合作"，并以清史为例，称专家治学必以专题为限，专题研究之风若兴，数十年后，"学者各就其兴趣之所在，从事窄而深的研究，清史之各方面，皆集聚无数之专题研究，亦即养成无数专门之学者。至是始可言清史之综合，与专家之合作"。并将通史

① 蒙文通：《中国史学史》，《经史抉原》，第 306、310 页。
② 蒙文通：《评〈史学散篇〉》，《经史抉原》，第 403 页。
③ 陶希圣：《傅孟真先生》，《中央日报》，1950 年 12 月 23 日，第 1 版。
④ 于鹤年：《汉代政治制度之初步研究》，《朝华月刊》第 3 卷第 1 期，1932 年第 1 页（文页）。

比喻为屋，专题之研究则为砖，"夫砖且无，远云屋哉？"① 齐思和将断代与专题研究视为改造国史之有效途径。黄肖兰则认为历史学的目的是以过去时代之庐山真面目介绍于现代，理解现代文化成立之经过与原因，然后能知道我们文化中的重要实质与进步，以及原始时代遗下阻碍进步的残余，以便利用过去来谋划现在。新史学视文化为一大有机混合物，重视人类行为的任何方面，但力求注重于人类生存发展有最大影响的几类利益和活动，如流行的思想态度、工艺学、自然科学、经济与社会关系、政治法律宗教制度等。由于范围的扩大和方法的严谨，研究的趋势是分工合作，"有专题的研究，然后有专史，有专史然后有通史"。② 北京大学史学系课程改革与此论无疑同气连枝。

不久，钱穆则撰文指出"专家之学，亦当建立于通识之上"，"窃谓苟于国史有通识，必能对我民族前途有所贡献，如是乃为史学家对社会之真贡献，不致将史学永埋没于故纸蠡中之勾稽，而亦不致仅为政客名流一时宣传意见之利用品也"，"治史而言系统，固非易事。然若谓历史只是一件件零碎事情之积叠，更无系统可求，则尤非是。或谓国史尚在逐步整理时期，遽言系统，未免过早。今日急务，端当致力于新材料之搜罗，与旧材料之考订，至于理论系统，暂可置为缓图。此说亦可商。历史范围过广，苟非先立一研寻之目标，以为探讨之准绳，则流水账簿，亦史料也，将见其搜之不胜搜，考之不胜考，而历史仍不过为一件件事情之积叠，将终无系统可言"，所以"治史者当先务大体而姑略小节，当先注意于全时期之各方面，而不必为某一时期某些特项问题而葬送全部之精力，乃至成为心习，专好以偏见概全史。苟先于全史之各方面，从大体上有所融会贯通心知其意，然后其所见之系统，乃为较近实际之真系统。其所持之见解，乃为较符事象之真见解。而其对于史料

---

① 齐思和：《改造国史之途径与步骤》，《大公报·史地周刊》第 83 期，1936 年 5 月 1日，第 11 版。

② 黄肖兰：《现代史学之新趋势》，《大公报·史地周刊》第 83 期，1936 年 5 月 1 日，第 11 版。

之搜罗与考订，亦有规辙，不致如游魂之无归。治史者，研古本求通今，窃谓苟于国史有通识，必能对我民族前途有所贡献，如是乃为史学家对社会之真贡献"。① 争辩双方，各据其理，难分高下。蒙文通无疑与钱穆同一立场。郦家驹后来曾回忆，钱穆谓中国学问主通不主专，中国学术界贵通人不贵专家。而据他所知，"宾四师的这个意见，当年在成都时，就深为蒙文通师所赞赏"。②

"断"与"通"、专攻与博览之间，虽有高下有别，但就高明者而言，此仅为治学次第不同，最终仍殊途同归。傅斯年指示后来者断代，而自求通贯；蒙文通亦强调通观的同时，"必须在一段上有深入功夫。只有先将一段深入了，再通观才能有所比较"，"编通史、教通史都应该注意'全面'和'系统'的问题，但具体着手又是分块的、断代的"。③ 也就是，通、断之间的分合，傅、蒙诸人尚可调和。不过，就史料的运用与如何讲史而言，双方则难以弥缝。傅斯年在北大上课实践断代、专题研究是要贯彻"近代的历史学只是史料学"的"新史学"理念。诚如有论者言，要完整理解"近代的历史学只是史料学"，最重要的文本是《史学方法导论》。该书不仅是傅斯年系统阐述其史学观念的主要体现，也是其一生教学讲授的基本教材。④ 在北大史学系，他曾4次开设"史学方法论"或"史学方法导论"一类的课程。同时，傅斯年还在史学系开设了"中国上古史单题研究"课，并与劳榦合开了"汉魏史择题研究"课，通过对具体历史问题研究的讲授，来宣传贯彻他的治史主张和方法。在"中国上古史单题研究"一课的课程纲要中，傅斯年写道："此科所讲，大致以近年考古学在中国古代史范围中所贡献

① 钱穆：《未学斋读史随笔之一》，《中央日报·文史》第 1 期，1936 年 11 月 8 日，第 3 张第 3 版。
② 郦家驹：《追忆钱宾四师往事数则》，中国人民政治协商会议江苏省无锡县委员会编《钱穆纪念文集》，上海人民出版社，1992，第 27 页。
③ 蒙文通：《治学杂语》，蒙默编《蒙文通学记》（增补本），第 5、23 页。
④ 桑兵：《傅斯年"史学只是史料学"再析》，《近代史研究》2007 年第 5 期。此段多参考此文。

者为限; 并以新获知识与经典遗文比核, 以办理下列各问题: (1) 地理与历史; (2) 古代部落与种姓; (3) 封建; (4) 东夷; (5) 考古学上之夏; (6) 周与西土; (7) 春秋战国间社会之变更; (8) 战国之大统一思想; (9) 由部落至帝国; (10) 秦汉大统一之因素。[①] 在"汉魏史择题研究"一课的课程纲要中, 傅斯年和劳榦将授课内容分为八个大的方面, 即史料解题、秦、地理、政治与思想、制度、兵事、社会、四裔等, 每个大的方面又包括若干小的方面。史料解题是傅斯年最为重视的, 因此列为首要的方面, 其中又包括六个具体的方面: "(1) 史籍; (2) 汉晋人著述; (3) 金石; (4) 后代人有关之著述; (5) 新出史料; (6) 西洋人著作。"[②] 傅斯年在《历史语言研究所工作之旨趣》中突出强调扩张新材料和扩充新工具, 扩大旧范围。但并非主张一味扩张新材料, 强调扩张新材料的前提, 是已经读过书并掌握了基本材料。《史学方法导论》明确指出: "必于旧史史料有工夫, 然后可以运用新史料; 必于新史料能了解, 然后可以纠正旧史料。新史料之发见与应用, 实是史学进步的最要条件; 然而但持新材料, 而与遗传者接不上气, 亦每每是枉然。从此可知抱残守缺, 深固闭拒, 不知扩充史料者, 固是不可救药之妄人; 而一味平地造起, 不知积薪之势, 相因然后可以居上者, 亦难免于狂狷者之徒劳也。"[③] 傅斯年此一心得, 颇受胡适赞赏。

1931 年 2 月 18 日胡适在日记中记: "孟真来谈古史事, 尔纲也参加。孟真原文中说: '每每旧的材料本是死的, 而一加直接所得可信材料之若干点, 则登时变成活的。'此意最重要。尔纲此时尚不能承受此

---

① 傅斯年: 《〈中国上古史单题研究〉课程纲要》, 欧阳哲生主编《傅斯年全集》第 5 卷, 湖南教育出版社, 2003, 第 42 页。

② 傅斯年: 《〈汉魏史择题研究〉课程纲要》, 欧阳哲生主编《傅斯年全集》第 5 卷, 第 51 页。

③ 傅斯年: 《史学方法导论》, 欧阳哲生主编《傅斯年全集》第 2 卷, 湖南教育出版社, 2003, 第 335 页。

说。"① 上述两门课的课程纲要正是傅斯年此一理念的实践，不难看出傅斯年对扩大史料范围，利用新史料、新知识来进行历史研究的重视，对北大史学系的改革正是以此来引导、培养后备人才。在一年级或二年级，将"中国史料目录学"和"历史研究法"列为必修科，从未停开。其中"中国史料目录学"一科始终由王国维的外甥赵万里教授开设，"所包涵之空间性为中国及高丽、安南等旧属国，时间性为史后迄近代。旧史料如正史、编年史、传记、实录、志乘，新史料如甲骨、金石文字、档案等并重"。"历史研究法"或"史学方法导论"，则先后由黎东方、傅斯年、姚从吾等人开设。其目的是"使初习史学者，先得走进史籍之门"，并了解历史学的性质与任务，欧洲流行的历史观，以及"材料如何搜集，如何鉴别，如何采用"，"专题如何研究，史书如何构作"等基本知识。北京大学史学系招生指南即以此为号召："史学系要求以科学方法及眼光研究及整理中国史料，而同时熟悉西洋史籍，以探西洋史家之独到处。必修科目：一年级为中国史料目录学，二年级为史学方法导论，选修科目至为繁多。"②

在《古史甄微》中，蒙文通虽已用新出土材料证明上古史说的分野，在中央大学开设的"中国古史研究"也是形式上提倡新旧结合："本学程专究中国自太古迄于西周之史迹，讨论史书之真伪，诸家学说之得失（例如齐鲁之说与三晋之说）发掘对古史之印证并指示研究古史之方法，其取材广搜博稽，详加推校，以科学的方法，收博观约取之效。学者习此于西周以前之史迹可得一比较明确之概念。其内容注意之点：（一）太古神话之解释；（二）古代文物之渊源；（三）西周前史迹之讨论与诸家学说之异同；（四）古物发掘对于古史之贡献。"但所谓"新材料""古物发掘"自始至终是辅助性的补充。③ 蒙文通是发掘

---

① 曹伯言整理《胡适日记全编（6）》，1931年2月18日，第61页。
② 《国立北京大学·升学介绍》，《北平晨报》，1934年6月5日，第9版。
③ 国立中央大学文学院编《国立中央大学一览·文学院概况》，国立中央大学教务处出版组，1930，第60页。

"旧史史料"得出大致结论后，再以考古资料为点缀。他在北大讲授周秦民族与思想诸课程亦然。对这种新旧分野，北大学子有深切的体会。邓广铭晚年就曾回忆道：

> 在我们的必修课程当中有先秦史和秦汉史，是由同一位先生讲授的。他的讲授，虽也有其精彩独到之处，然而他的材料的来源，总是从书本到书本，从正史到杂史，等等。然而傅先生在其所开设的先秦史和秦汉史的专题讲授两门课程中，他的讲授却不但显示了他对古今中外学术的融会贯通，而且显示了他对中外有关文献资料与新旧出土的多种考古资料的融会贯通。他所谈及的课题，既多是开创性的，在旧有的史学论著中不曾有人谈及的，且多是具有纲领性的，其中包涵了极丰富的内容，都可以分别展开作为个体研究的子目。虽然也有人认为他的讲课头绪纷繁，忽此忽彼，有似脱缰野马，难以跟踪（无法记笔记），然而这却正是其他教授不可企及之处，唯其是开创性的新意之多，通过傅先生的讲述，就不但使得"周虽旧邦，其命维新"，而是把由夏朝以至春秋战国，全都重塑在一个崭新的氛围和场景之上了。如他所号召的那样，他真正做到了承受了当代研究学问的最适合的方法，开辟了这些方面的新世界。①

邓氏文中所言的那位讲授先秦史、秦汉史的先生，一看便知是钱穆，只是他在比较钱、傅二人治史的高下时隐去了钱的姓名而已。在他笔下，两人治学的高下深浅，不言自明。此回忆或是在科学史学的立场上褒新贬旧。在当时，傅斯年提倡中西新旧兼通，对钱穆的认可有限，就算对学界赞誉有加的《刘向歆父子年谱》，也劝邓广铭不要信钱穆一家之

---

① 邓广铭：《怀念我的恩师傅斯年先生》，《台大历史学报》第 20 期，1996 年，第 3~4 页。

言。而请钱穆至北大多有与顾颉刚争胜的味道，抗战之后，傅氏更是对钱穆多有讥讽，而战后对钱穆的排挤自是后话。胡适对 1934 学年入校之新生宣言："北大担任通史的教授，都是有新的观点，新的方法，丰富的材料的特出的人才。"① 此语所说"担任通史的教授"当指史学系分任中西断代史的各科老师，而所谓都是"有新的观点，新的方法，丰富的材料的特出的人才"与其看成既成事实，不如看成胡适的期许。

钱穆尚且如此，蒙文通的境遇则更是不妙。钱穆毕竟是以史观经，站在史学立场为经学显真是，不落入今古文之窠臼；蒙文通则是以经学为立场，所致力的"史学"乃是"揆诸《春秋》所以为《春秋》之义"，② 以经御史、以简驭繁。蒙文通认为："若以史言，史料不过如药物，而使用药物者医学也，而驾驭史料者史学也。"③ 在北大讲堂也在实践这一思路，其言周秦民族与思想的出发点与落脚点均在"今文家言"，讲宋史则是笃守"南宋之说"，蒙文通开设的"宋史"课程大纲如下：

> 注重探讨有宋一代政治之升降，学术之转变，制度之沿革，民族之盛衰，以吕东莱、陈君举、叶水心之说为本，取材于《东都事略》、《南宋书》、《宋朝事实》、《太平治迹》，以济元修《宋史》之阙；更从《文献通考》辑出《建隆编》佚文，以为《宋会要》之纲。④

从课程说明可见蒙文通讲宋史，不仅取材为"旧史"，而且立论更是以浙东诸儒之"史论"为本，吕东莱、陈君举、叶水心所代表的浙东学派正是蒙文通此时所认可的"史学"之归宿。据任继愈回忆："记得是

---

① 《北大文学院长胡适昨召集新生谈话》，《北平晨报》，1934 年 9 月 15 日，第 9 版。
② 蒙文通：《中国史学史·绪言》，《经史抉原》，第 223 页。
③ 蒙文通：《治学杂语》，蒙默编《蒙文通学记》（增补本），第 45 页。
④ 北京大学文学院编《国立北京大学文学院课程一览》（1934~1935 学年），第 111 页。

蒙文通讲宋史，当时胡适是文学院院长，一个学期之末，他问学生：你们的宋史讲到哪了？学生说讲到王安石变法。后来，下学期要结束了，快放暑假了，胡又问学生：你们的宋史讲到哪？学生说讲到王安石变法。宋史虽说就讲了一个王安石变法，但讲的是他有研究的专长，很启发人。"① 可见，蒙文通在北大的宋史课，是以王安石变法为中心。虽然当时的讲义不存，但据现存蒙文通《北宋变法论稿》，蒙文通正是以南宋浙东诸儒之见论王安石变法，"大抵北宋士夫皆相差无几，既看不出症结，也抓不住要害，更提不出办法，倒是南宋人如叶水心、陈止斋、吕东莱、李焘、李心传、马端临等于北宋一切弊政尚能看得清楚，说得透澈，然已不能拯宋室于倾亡矣。"② 此论或与其 1930 年代在北大讲堂所言，不尽相同，但对比宋史课程纲，若合符节，想必虽不中亦不远。

胡适两次三番的询问足见其对此相当关注。在北大讲堂上，蒙文通如是讲宋史，与胡适、傅斯年的立场有格格不入之处。蒙文通以"浙东史论"讲"宋史"，那是"以史为子"，"把历史当作哲学在讲，都试图通过讲述历史说明一些理论性问题"。③ 傅斯年则恰恰反对"疏通"，而且早在 1918 年就指出："历来谈政之士，多为庞大之词，绝少切时之论；宋之陈同甫、叶水心，清之龚定菴、魏默深，皆大言炎炎，凭空发抒，不问其果能见诸行事否也。"④ 在 1930 年代读经运动中，傅斯年更是明言"中国历史上的伟大朝代都不是靠经术得天下造国家的，而一提倡经术之后，国力每每衰落的"，甚至斥责"当年的经学，大部是用作门面装点的，词章家猎其典话，策论家壮其排场，作学业的人用作进身的敲门砖"，而现如今"欲以读经充实国文，是最费力不讨好

---

① 向燕南、杨树坤：《任继愈先生访谈录》，《史学史研究》2004 年第 4 期，第 2 页。

② 蒙文通：《北宋变法论稿》，《蒙文通文集第 5 卷·古史甄微》，第 465 页。

③ 蒙文通：《治学杂语》，蒙默编《蒙文通学记》（增补本），第 5 页。

④ 傅斯年：《中国学术思想界之基本误谬》，《新青年》第 4 卷第 4 号，1918 年，第 332 页。

的；如欲以之充实道德力量，还要先有个时代哲学在。不过据六经造这个时代哲学"，"又是办不到的事了"。①

蒙文通、钱穆与傅斯年所展开的史学系改革之间的分歧，集中体现在讲授魏晋南北朝、隋唐史理想人选的选择上。蒙文通被解聘后，接任者为陈寅恪，但陈寅恪因故辞去北大兼职，钱穆也坚决不兼授此课，所以此课遂临时请多人分授。姚从吾在1937年3月19日给傅斯年的信中，曾谈到史学系的发展问题，其首要的问题即"充实基本学科"，第一便是"请寅恪来教魏晋及隋唐史这一步应早日实现"。② 可见，陈寅恪一直是北大史学系讲授中国中古史最心仪的人选。1932年秋，陈寅恪即在清华大学开设"晋至唐文化史"，此课由"魏晋南北朝史专题研究"与"隋唐五代史专题研究"组成，讲授要旨为"讲论晋至唐这一历史时期的精神生活与物质生活之关系。精神生活包括思想、哲学、宗教、艺术、文学等；物质环境包括政治、经济、社会组织等。在讲论中，绝不轻易讲因果关系，而更着重条件"，该课程的参考书目多为正史之类的"旧材料"，"新材料将在讲授涉及时提出，历史的新材料，上古史部分如甲骨、铜器等，中古史部分如石刻、敦煌文书、日本藏器之类"，"所谓新材料，并非从天空中掉下来的，乃指新发现，或原藏于他处，或本为旧材料而加以新注意、新解释"，"必须对旧材料很熟悉，才能利用新材料"。③

相比陈寅恪的"更看重条件，绝不轻易讲因果关系"，蒙文通无疑更注重历史变迁中的因果演进，而且多本于经说；相比陈寅恪提倡新旧史料结合，蒙文通无疑是以旧材料为主，甚至偶信今文家言。不难看出，陈寅恪讲授中古史的理念极为契合傅斯年在北大所推行的改革。故北大史学系辞退蒙文通，聘任陈寅恪亦在情理之中。但钱穆则不以为然，在胡适表示要辞退蒙文通时，即称"余敢言，以余所知，果文通

---

① 傅孟真：《论学校读经》，《独立评论》第146号，1935年，第6~8页。
② 王德毅编著《姚从吾先生年谱》，台北：新文丰出版有限公司，2000，第27页。
③ 蒋天枢：《陈寅恪先生编年事辑》（增订本），上海古籍出版社，1997，第92、96页。

离职，至少在三年内，当物色不到一继任人选。其它余无可言"，以致与胡适不欢而散。如果说此话仅是为蒙文通说情，当可理解为有意夸大，然而钱穆在40余年之后追记上述这番话，则明有所指。1930年代中期，陈寅恪在清华国学院执教近10年，且以研究中国中古之史蜚声海内外，此一成就，钱穆不可能不知晓，而与胡适所言，则明显表达出对陈寅恪学术之不认可。早在北大文学院中国通史课上，钱穆对陈寅恪便有所针对。

1932年，国民政府通令中国通史为大学必修课，北大遂分聘北平史学界"治史有专精者，分门别类，于各时代中分别讲授"，钱穆乃其中之一。但他在课堂上明告诸生，通史有数人分讲不能"有一条线通贯而下"，"乃有人谓，通史一课固不当分别由多人担任，但求一人独任，事也非易。或由钱某任其前半部，陈寅恪任其后半部，由彼两人合任，乃庶有当。余谓，余自问一人可独任全部，不待与别人分任"。[1]通史当有一条线贯通，此言不虚，但如果二人学术旨趣相通，则二人分讲，自当仍成一线。钱穆"不待"与陈寅恪分任此课，已经明确表示其学术与陈氏之学有较大分歧，甚至有意以行动反驳陈寅恪所说"近年中国古代及近代史料发现虽多，而具有统系与不涉傅会之整理，犹待今后之努力。今日全国大学未必有人焉，能授本国通史，或一代专史，而胜任愉快者"。[2]

相比陈寅恪，蒙文通夙怀经史致用的观念，以期成"内圣外王"之学。而傅斯年早就认为"中国学人，好谈致用，其结果乃至一无所用"，[3] 收容科学精神的前提，正是消除学界此种谬见。不过，傅斯年骨子里其实有很深的本位文化意识，他提倡"新史学"的用意正在于

---

① 钱穆：《八十忆双亲 师友杂忆》，第179页。
② 陈寅恪：《吾国学术之现状及清华之职责》，《陈寅恪集·金明馆丛稿二编》，上海古籍出版社，1980，第317页。
③ 傅孟真：《中国学术思想界之基本误谬》，《新青年》第4卷第4号，1918年，第331页。

以史学建构中国内在的文化内层。在《〈城子崖〉序》中说："西洋人治中国史，最注意的是汉籍中的中外关系，经几部成经典的旅行记，其所发明者也多在这些'半汉'的事情上。我们承认这些工作之大重要性，我们深信这些工作成就之后，中国史的视影要改动的。不过同时我们也觉得中国史之重要问题更有些'全汉'的，而这些问题更大更多，更是建造中国史学知识之骨架。中国学人易于在这些问题上启发，而把这些问题推阐出巨重的结果来，又是中国学人用其凭藉较易于办到的。"① 这可以说是傅斯年毕生所追求的事业，而将史语所与北大史学系视为实现这一目标的必备机构。他在北大所实施的拔尖主义，正是要为史语所提供优秀人才。但蒙文通的经史之学，却也分流了大批"尖子人才"，在学风的多元与自立门户之间，傅斯年毫无疑问选择了后者。

# 第三节　"学风"与"门户"

钱穆曾言"大凡余在当时北大上课，几如登辩论场"，事若如此，需有正反多方一唱一和方才可称辩论。是时就读于北大的何兹全便将北大 1930 年代教授的学术思想大体分为三个流派：一是以乾嘉为主导的学派，钱穆为代表，孟森、蒙文通可划入这一派；二是乾嘉+西方新史学学派，以胡适、傅斯年为代表；三是乾嘉+辩证唯物论，以陶希圣为代表。② 不论此说是否完全恰当得体，但至少反映是时学子心中隐然有此三派，且依各自的性情倾向于其中一派。其中，胡适、傅斯年一系为当权派，且自认主流，视其余两派为抱残守缺者与唯物论者，予以排斥。

---

① 傅斯年：《〈城子崖〉序》，欧阳哲生主编《傅斯年全集》第 3 卷，湖南教育出版社，2003，第 235 页。
② 何兹全：《爱国一书生：八十五自述》，华东师大出版社，1997，第 54 页。

详究史事，在国难之际，唯物一系自是受众最多，陶希圣当时在平津学术界相当活跃，其所提倡的社会经济史研究蔚为风潮。至于孟森，胡适曾将其视为老辈，"甚感觉此辈人都是在过去世界里生活"，[①] 钱穆、蒙文通却乐于与此等老辈交往论学，蒙文通曾推荐朱师辙任教四川老辈云集的华西大学文学院，[②] 也难怪何兹全将钱穆、蒙文通与孟森划归一派，然而这些所谓"抱残守缺者"在当时的北大史学系也相当活跃。蒙文通任教北大之际，北大史学系师生曾出版两种史学专刊：《史学论丛》与《史学》。《史学论丛》由潜社编辑出版。潜社乃北大史学系的学生组织，其职员有：胡厚宣、杨向奎、孙以悌、王树民、高去寻、张政烺；导师有：胡适、马衡、孟森、钱穆、蒙文通、顾颉刚、唐兰、陈受颐、傅斯年、徐中舒、董作宾。[③] 职员中除孙以悌早逝外，其他几位后来均成为中国史学界响当当的人物。潜社导师也涵盖了当时北大史学系的主要学者。《史学》则为史学系 1936 级级友会史学社出版。考察这两份刊物，却发现钱穆、孟森、蒙文通对此刊支持尤力，皆有文章发表于此刊，且直接指导学生作文。胡厚宣曾回忆，1933 年，他还是北大史学系三年级学生时，蒙文通来北大讲授《周秦民族与思想》，"博学精辟，深为仰慕"，"往张真如（颐）先生家中，拜谒先生，先生当即把在《河南日报》所发表的《天问本事》一文相赠，读之极觉渊雅，受益良多"，[④] 后来，胡厚宣作《楚民族源于东方考》，无论问题的缘起以及论证的结论多与蒙文通相通。

相反，胡适、傅斯年等人于《史学论丛》活动少有参与。在《史学论丛》第二期上更是有贺次君发表《说儒质疑》一文批评胡适与傅斯年，不仅就具体观点提出异议，且对二人的古史研究立场予以否定，

---

① 曹伯言整理《胡适日记全编（6）》，1934 年 9 月 9 日，第 410 页。

② 朱师辙：《能观法师传略》，《法音》1985 年第 3 期。

③ 《史学论丛》第 1 期封底，1934 年 7 月。

④ 胡厚宣：《深切怀念 蒙师文通先生》，《纪念蒙文通先生诞辰一百周年》，内部发行，1995，第 11 页。

"有人说中国古史有两面观,随自己的立论讲去,又是一套。所言似亦有理。不过我们对于历史可以存而不论者固不必强为辩护,而一种事实吾人为之剔决爬梳,尽可得其本真者,又何必一笔勾消,至于剥皮挑筋而后已呢?"① 贺次君乃四川人,与蒙文通关系甚密,身兼钱穆中国通史课程助教一职,其撰文质疑胡适之《说儒》,或与"蜀学"学风有关,但在旁人看来,受蒙文通、钱穆的影响自为重要因素。当时蒙文通积极参与北大四川同乡会的活动,对川籍师生影响不小。陶元珍为北大研究生,且住在蒙文通家,在撰文评论邓之诚《中华二千年史》时,即称不能妄疑经史,"史家但具别识通才原可据经传以述史"。② 其实,蒙文通等人的影响力,不仅限于此类同乡或志趣相投的学子,毕竟,北大史学系多为史学初学者,治学路向徘徊未定,有些后来追随傅斯年一系的学生,一开始或许更多受到蒙文通启发。宋史名家邓广铭即一例。

邓广铭 1932 年考入北大史学系,大四时选修了胡适一门传记专题研究的课程,在胡适所提供的参考人物中有思想家陈亮,邓广铭就选择了研究陈亮。由于胡适在他的论文批注中提到关于陈亮和辛弃疾的关系他写得太简单、还有很大的发掘的余地,邓广铭进而研究辛弃疾,并且很快写了一篇评价梁启超、梁启勋和陈思等人的辛弃疾研究的书评,一炮打响,受到众多学人的称赞,由此顺利地申请到中华教育文化基金会的乙等补助金,从此专心致力于辛稼轩研究。毕业后,胡适将他留在北大文科研究所任助理员,并兼史学系助教。傅斯年当时有意要邓广铭去史语所工作,但由于此时史语所已经迁往南京,邓广铭表示自己还是愿意留在北大,傅斯年遂不再勉强。邓广铭后来总结其学术生涯,认为胡适、傅斯年和陈寅恪对他影响最大,其中对他付出了更多心力的则是傅斯年先生。形成对照的是,邓广铭对是时教宋史的蒙文通较少提及,且

---

① 贺次君:《〈说儒〉质疑》,《史学论丛》第 2 期,1935 年,第 16 页。

② 陶元珍:《评邓之诚氏〈中华二千年史〉一二两卷》,《益世报·读书周刊》第 89 期,1937 年 3 月 4 日,第 12 版。

评价不高。<sup>①</sup> 这些都让人感觉邓广铭一开始就接受了胡适、傅斯年史学观念，并最终成才。其实不然，邓广铭之所以会研究陈亮，其关键或在蒙文通。在《胡适遗稿及秘藏书信》中，有一封邓广铭致胡适的书信，谈到毕业论文选题的问题：

> 前读何炳松先生《浙东学派溯源》，觉其立论颇多牵强过甚之处，嗣即对此问题加以注意，并以之作为毕业论文题目。现因选定"传记文学实习"，又愿缩小范围，先尽力为陈龙川个人作一传，然后再及其它诸人。但前曾作《浙东学派探源》短文一篇，系对浙东各人学问作总括的叙述者，又系专为针对何炳松先生的书而发，其中支离处所及差谬处所必甚多，且当时为缩短文章之篇幅计，故所讲陈龙川也很简单。兹将该文呈奉，敬祈先生加以教正，庶在为龙川作传时得有所依据为祷。<sup>②</sup>

此信作于1935年10月14日，邓广铭正选修胡适传记文学实习一课，信中提到他曾作《浙东学派探源》一文，批评何炳松的《浙东学派溯源》一书，此文在该年八月已发表。可见，邓广铭原来是想对浙东学派做一通盘研究，当作毕业论文选题，终因涉及过广，转而缩小研究范围，选定陈亮。对比《浙东学派探源》一文与蒙文通关于浙东史说的论述，二者大体相同。蒙文通于此时前后开设了中国史学史、宋史课程，从1935年发表的《评〈史学散篇〉》可知蒙文通对浙东史说的认识已有定解。1934~1935学年度，当时尚读大三的邓广铭正好选修了蒙文通所开宋史课程，且成绩优秀，上学期90分，下学期95分，平均92.5分，在他此学年所修三门中国断代史课

---

① 刘浦江：《邓广铭与二十世纪的宋代史学》，《历史研究》1999年第5期。
② 邓广铭：《致胡适函》（1935年10月14日），耿云志主编《胡适遗稿及秘藏书信》（40），黄山书社，1994，第207~208页。

程中得分最高。[1] 所以不难推断，邓广铭写《浙东学派探源》应当是上蒙文通课程的副产品，其毕业论文开始选定为"浙东学派"亦正源于此，任继愈即认为邓广铭治宋史就是听蒙文通讲王安石变法受到了启发。[2] 而信中所说，改专攻陈亮乃因"选课"以及愿意缩小范围。这一变化，或许是不得已。蒙文通恰于1935年夏为北大解聘，北大已经没有适当的老师指导邓广铭写就以"浙东学派"为题的毕业论文，顾不得不改由胡适指导研究其子题关于陈亮的研究。此后，邓广铭的成长历程一如前述，在胡适、傅斯年的培养下逐渐成为20世纪宋史大家。试想，如若蒙文通未被北大解聘，邓广铭的学术风格是否会是另一番景象？

当然，历史不能假设，但或许正是这一假设使得胡适、傅斯年必须辞退蒙文通。蒙文通著作、讲义中的经生之见，胡适、傅斯年不可能视而不见。其实，傅斯年是主张教授的聘任制度规范化，"大学以教授之胜任与否为兴亡所系，故大学教授之资格及保障皆须明白规定，严切执行。今之大学，请教授全不以资格，去教授全不用理由，这真是古今万国未有之奇谈"。[3] 蒙文通的学术水准，皆符合傅斯年所提出的各项指标。胡适也时常强调辞聘教授北大的难度，在力邀梁实秋任教时，就说"今年我们需要一个顶好的人；如实秋不来，我们也得寻一个能勉强比上他的人。此人如是好的，一年之后就不便辞他。此人若是不好的，我们今年就要有大麻烦。这边（北大）辞退一个教授是一件很麻烦的事，

---

① 其余两门为"中国上古史"平均分75分，"辽金元史"平均分89分。引自朱瑞熙《国内大学最早开设宋史课的准确时间》，《四川大学学报》2008年第5期，第73页。然此文认为蒙文通在国内大学最早开设宋史课，或有未当。据1935年《国立北京大学文学院课程一览》可知赵万里于1932~1933学年即在北大开设有"宋史"一门断代史，课程编号为"史131-2"，每周3课时，上下学期各3学分。

② 向燕南、杨树坤：《任继愈先生访谈录》，《史学史研究》2004年第4期。

③ 傅斯年：《改革高等教育的几个问题》，《独立评论》第14号，1932年8月28日，第5页。

所以我们不愿轻易聘教授来替代实秋"。[①]

胡适辞聘蒙文通也是颇为踌躇，理由牵强，但何以胡适、傅斯年会违背自己的教育理念去做一件"麻烦事"呢？究其实，傅斯年为了维持学风，不惜以制度为保障，自立门户。1945 年 10 月 17 日，时任北大代理校长的傅斯年在一封给胡适的信件中，谈到北大的教授聘任问题，曾说："北大出身，不可多拉，以免门户，但国文、史学有学风关系，地质有特殊情形，难避。"[②]傅斯年一方面反对门户之见，另一方面又认为国文、史学两系很难避免门户，因为这关系到"学风"问题，此处"学风"二字有非常深刻的含义。史语所也与此保持一致。为了婉拒一些人事要求，傅斯年不断强调史语所的不同路径："入所一事，一时恐无办法。盖第一组之范围，一部分为史学，一部分为文籍学（经、子等），后者规定仅当前者三分之一，今乃过之，不复能加人矣，而前者之古史一门，本所不提倡文籍中之辨论，乃愿以甲骨、金文、器物及考古学解决问题也，故近十年中，未曾增治古史者一人。一机关应有其学风，此即本所之学风也。"[③]北大史学系和史语所在学风上的一致性，同时也说明，傅斯年实际上是把北大史学系与史语所的发展视为他的全部史学事业中一个贯通的组成部分。因此，史学系聘任教授时，就不能不讲"门户"。

回到 1935 年，北大拟办研究所，在当时沸沸扬扬的文实之争中，胡适、傅斯年等人无疑将重点放在文科。陈受颐认为："一国的学术建设，于侧重某一方面之中，依然要顾虑到全体的相当的发展。任何一部分的偏枯，都不免要影响整个学术生命的健全。"在他看来，自然科学固然重要，但人文社会科学的作用同样不可低估，它影响着整个民族的

---

① 胡适：《致梁实秋函》（1934 年 6 月 7 日），耿云志、欧阳哲生编《胡适书信集》（中），第 622 页。

② 傅斯年：《致胡适函》，欧阳哲生主编《傅斯年全集》第 7 卷，第 292 页。

③ 《傅斯年致杨向奎（抄件）》，1944 年 8 月 15 日，转自前引桑兵《傅斯年"史学只是史料学"再析》一文。

思想生活和国民的个人思想的健全，"假如人民的思想太懒惰，判断力太薄弱，公共精神太缺乏"，则"一切大规模的有计划的物质建设和经济设施反无从而谈"。① 胡适主张"研究所文科必须办文史，理科已与饶曾两君商过，数理化三部关系太深又须顾及主辅科，不应单开数学。鄙意北大办研究所，既不因此增预算，又原依慎重渐进方法，事属内部学术设施，教部不宜过于干涉"。② 创办文科研究所可谓正合傅斯年自立门户的意思，其主张"组织一个研究所委员会"，"注意三四年级学生的参加研究工作"，"与中央研究院的史言所合作"。委员会之成员，胡适拟定为"胡、傅、姚、陈、罗（莘田）、魏、周（岂明）"诸人，明显排斥钱穆、蒙文通、孟森等人，而与中研院史语所合作乃傅斯年的一贯方针，强调北大三、四年级学生参与研究则正是傅斯年为了更好地贯彻其主张，为史语所培养后备人才。巧合的是，傅斯年、胡适等人筹备文科研究所是在 1935 年 5 月初，5 月 11 日，胡适、陈受颐等人就决定辞退蒙文通。其中缘由，或有避免蒙文通进一步指导学生进行研究工作的意味。

1935 年夏，在辞聘了蒙文通之后，北大史学系改革越发深入。从1935~1936 年度起，北大史学系各教授分任导师，一年级为姚从吾；二年级为皮名举；三年级为钱穆、毛准；四年级为孟森、陈受颐。③ 同时，将以往四年级才根据个人的兴趣，在教师指导下撰写毕业论文，提前至三年级开始，规定"在三年级开始时，即须各就前二年肄业兴趣所近，拟定研究题目，交呈教授会审查。教授会审定研究题目后，即就题目性质，推定教员担任导师。各生即须受导师指导，撰述毕业论文，于第四学年结束前交纳，经审查及格后，始得毕业"。④ 也是从此一学年度，文学院共同必修科变通办法：史学系学生免习两项通史。史学系

① 陈受颐：《中国的西洋文史学》，《独立评论》第 201 号，1936 年，第 36 页。
② 曹伯言整理《胡适日记全编（6）》，1935 年 5 月 4 日，第 463 页。
③ 《史学系布告》，《北京大学周刊》第 173 号，1935 年 10 月 19 日，录自王学珍、郭建荣主编《北京大学史料第 2 卷：1912~1937（中册）》，第 1726 页。
④ 北京大学文学院编《国立北京大学文学院课程一览》（1935~1936 学年），第 128 页。

本系科目，除一年必修中国史料目录学，历史学研究法逐年开班外，其中国史六段，西洋史四段，均为两年一轮回办法。[①] 上述计划，在 1935 年初即已经纳入北大史学系的发展规划之中。[②] 同时，从一年级学生起，将四年学程分为两个阶段："一二年课程，注重基本训练，俾学者于治学之方法途径，及中西史实之重要关节，有明了正确之认识，健全笃实之修养。三四年级则注重专门训练。学者选习各专史及专题研究，以充实其知识，培补其学力；更由教者指导，选择题目，从事于史料之搜集、排比、钩稽，史实之比较、考证、论定诸工作，以培养其研究能力。"[③] 1936 年底，北大公布了史学系四年级学生的毕业论文题目，中古一段选题有"中古均田制度研究""六朝的门阀""魏晋时代民族的移动与江南的开拓""唐代兵制之演化""九品中正制之研究"，皆为专题、断代研究，可知傅斯年提倡的改革已在北大取得效果。[④]

　　1936 年春，傅斯年南下，从此离开北大史学系讲堂。同年夏，陈受颐出国讲学，从此长期在美国各大学任教。不过，傅斯年在北大史学系所推广的改革依然为后来人所继承，继任系主任姚从吾致信傅斯年时即称："对于史学系，我只希望先求无过，不愿自我有所更张。这一点似有负适之先生的期待，有时很感不安……我们的史学系，比较已走上轨道，兄既不在北平，适之先生多事……我的希望是在适之先生与兄领导之下，循序发展。"[⑤] 如今，历数北京大学文学院 1930 年代毕业，日后名扬海外的文史学者，如劳榦、胡厚宣、张政烺、邓广铭、傅乐焕、王崇武、王毓铨、杨志玖、孙思白等人，"在学术思想和治学方法上或多或少大约都可以说是属于胡适、傅斯年派"。[⑥] 后来人在谈论北大史学系的"辉煌成就"时，自然归功于傅斯年的改革。

---

① 北京大学文学院编《国立北京大学文学院课程一览》（1935~1936 学年），第 127 页。
② 《北大史学系主任昨召集三年级生谈话》，《北平晨报》，1935 年 4 月 27 日，第 9 版。
③ 北京大学文学院编《国立北京大学文学院课程一览》（1935~1936 学年），第 127 页。
④ 《北大史学系四年级生论文题目公布》，《北平晨报》，1936 年 11 月 2 日，第 9 版。
⑤ 王德毅编著《姚从吾先生年谱》，第 27 页。
⑥ 何兹全：《爱国一书生：八十五自述》，第 55 页。

# 第四节　"辨伪"与"考信"

1935 年蒙文通为北大解聘之后，顾颉刚觉得傅斯年太过分，[1] 旋即举荐蒙文通至天津女子师范学院。[2] 一解聘，一推荐，自有学人之间人际关系的疏密不同，但其间亦有学术旨趣的差别。钱穆《师友杂忆》中有一段话颇能道出个中原委：

> 时傅斯年孟真主持中央研究院历史语言研究所，亦自广州迁北平。孟真与颉刚虽一时并称适之门下大弟子，但二人学术路向实有不同。颉刚史学渊源于崔东壁之《考信录》，变而过激，乃有《古史辨》之跃起。然考信必有疑，疑古终当考。二者分辨，仅在分数上。如禹为大虫说，颉刚稍后亦不坚持。而余则疑《尧典》，疑《禹贡》，疑《易传》，疑老子出庄周后，所疑皆超于颉刚。然窃愿以考古名，不愿以疑古名。疑与信皆须考，余与颉刚，精神意气，仍同一线，实无大异。而孟真所主，则似尚有迥异于此者。如其以历史语言二者兼举，在中国传统观念中无此根据。即在西方，亦仅德国某一派之主张。大体言之，西方史学并不同持此观念。其在中国，尤属创新。故在其主持之史语所，其时尚仅有地下发掘与龟甲文研究两门，皆确然示人以新观念、新路向。然孟真心中之史学前途，则实不限于此两者。[3]

---

① 陶元甘：《蒙文通老师的美德》，《盐亭县文史资料选辑》第 10 辑，第 10 页。
② "天津女师齐院长来平聘教员，予因以四人荐：闻在宥（国文）、蒙文通（中国史）、顾立雅（西洋史）、顾立雅夫人（音乐）。"顾颉刚：《顾颉刚日记》（3），1935 年 6 月 17 日，台北：联经出版事业股份有限公司，2007，第 356 页。
③ 钱穆：《八十忆双亲　师友杂忆》，第 167~168 页。

傅斯年心中之史学,不是"史学就是史料学"一语能道尽的,但其毕生的学术事业无疑志在与西方汉学争胜,以西方历史语言学开中国学术之新路,"要把历史学、语言学建设得和生物学地质学等同样","要科学的东方学之正统在中国"。① 顾颉刚之学术,由经学入,受经今文学的启发,考辨古史旨在解决经学之症结,使经学史学化。傅斯年、顾颉刚学术路向的主要分歧,看似在于"破坏"与"建设"之别,实质乃是中西新旧之分。可以说,钱穆、蒙文通一类的学人与傅斯年在文化立场上有根本分歧,与顾颉刚为代表的古史辨,就史学而言,或可认为"仍同一线"。上章已述,《古史甄微》发表之时,蒙文通拆解古史一元体系,以三皇五帝为后起之说,质疑禅让之说,打破了由美德筑成的永恒的黄金古代。对于这些说法,古史辨派颇引为同道并称道:"在他之前,没有人像他这样把'三皇'彻底研究过",并将先生的学说也归结为"层累地造成的中国古史观"。② 古史辨运动的后起之秀杨向奎一直到中华人民共和国成立后,都将蒙文通与顾颉刚并举,认为时间发展中有层累,空间分割上有不同,二人之说相得益彰,都是探讨古代历史传说的门径。③

在 1930 年代"国难"氛围中,以地理、民族来"释古以立新"渐趋时尚,蒙文通也投身"竞言古史"的洪流之中。

从地理、民族的角度去重建古史,近代学术环境的熏陶是不可忽视的一环。19 世纪的西方史学注重个别历史事实之差异性,而"种族"与"地理"则是形成差异的两个要素,这并不是说此前的史书不谈种族与地理,但它们是 19 世纪史家所格外强调的。这一特色也影响了 19 世纪末 20 世纪初期中国知识分子。近代以来的知识分子对于"西方冲

---

① 傅斯年:《历史语言研究所工作之旨趣》,《历史语言研究所集刊》第 1 本第 1 分,1928 年 10 月,第 10 页。

② 童书业:《三皇考·序》(1935 年 12 月 5 日),吕思勉、童书业编著《古史辨》第 7 册(中),上海古籍出版社,1982,第 37 页。

③ 杨向奎:《我们的蒙老师》,蒙默编《蒙文通学记》(增补本),第 63~68 页。

击"反应的过程中生起的一股反省力量，基本上是要满足对自己了解的需要，说明"我们是谁"。"民族""种族"问题逐步进入知识分子的视野。① 在晚清，章太炎就对"种族"非常注意，即以民族主义史学，作为宣传"排满"光复时的理论武器。梁启超在 1901 年以后陆续所写的文章，像《中国史叙论》第五节中讲人种、地势，《新史学》中论"历史与人种之关系""地理与文明之关系"。王国维在 1915 年所写的《鬼方昆夷猃狁考》《古胡服考》则在在提醒人们古代中国民族之复杂性。1920~1930 年代的新旧史学家，像傅斯年、缪凤林、钱穆，也无不有这方面的意识。傅斯年在新文化运动期间早已主张"历史一物，不过种族与土地相乘积"，他一生的志愿是写成《民族与古代中国史》，所关心的是种族、地理。缪凤林一方面感叹多年来没有一部"完善史书"，② 一方面屡次申明"兹论国史，将以明了国人过去在神州之动作，故首宜注意者，曰国史之民族，曰国史之年代，曰国史之地理"。③ 由于他们的工作，使人们对古代历史有了一些革命性的看法：在看似一元的历史格局中发现了多元种族对立及互动的复杂关系，在所谓中国历史文化之中看出异民族的成分。钱穆先生尝谓："欲重新整理新的古史，其中心的着眼点应从民族与地理入手。"④ "地理"与种族的视野正是倾向于把历史现象空间化、地域化，考虑到不同地区、不同种族间的差异及互动。

其实，廖平和刘师培都非常重视地域问题，他们都将今古的起源引向地域因素，杨宽早就看出蒙文通古史研究与廖平以地域言今古的渊源关系。"蒙氏为井研廖平高弟，廖平著《今古学考》，论经学以鲁、齐、古为乡土异学"，而"蒙文通据此以治史，别古史传说，以邹鲁、晋、

---

① 王汎森：《从经学向史学的过渡——廖平与蒙文通的例子》，《历史研究》2005 年第 2 期。
② 缪凤林：《中国史之宣传》，《史地学报》第 1 卷第 2 号，1922 年，第 3 页。
③ 缪凤林：《国史上之民族年代及地理述略》，《史学（上海）》第 1 期，1930 年，第 64 页。
④ 钱穆：《中国通史参考材料》，台北：东升出版事业有限公司，1980，第 9 页。

楚为乡土异学。其学似矣"。① 在《治学杂语》中，蒙氏自道，"写《古史甄微》时，就靠读书时学过些西洋史，知道点罗马、希腊、印度的古代文明，知道他们在地理、民族、文化上都不同"，《古史甄微》也多处提到罗马、希腊、印度这三方文明，并将它们与中国相类比，以此证明"地理关于文化之重要如此，苟推此以究中国上古之文化，亦正相同"，"结合我国古史传说，爬梳中国古代民族可以江汉、河洛、海岱分为三系的看法，从而打破了关于传说时代的正统看法。学者或不以为谬，后又得到考古学上的印证"。②

《古史甄微》完成后，蒙文通就开始探寻周秦时代西戎、赤狄、白狄诸民族先后迁徙之迹。1930 年代，蒙文通任教河南大学、北京大学，均讲授"周秦民族与思想"一类之课程。国难之际，激于世变，顾颉刚发起禹贡学会，致力于地理沿革史和民族演进史的研究，仍主张"地理方面实在不知道保存了多少伪史，我们也得做一番辨伪的工作才好"，③ 禹贡学会和"古史辨"的精神可谓一脉相承，但侧重以"民族""地理"为中心重建国史。此时致力于周秦民族史研究的蒙文通遂与禹贡学会结下了不解之缘，童书业在介绍《禹贡》时，还特意提到"蒙文通、钱宾四诸先生都常有文字在里面发表"。④ 时势巨变，日寇肆虐，蒙文通在顾颉刚的催促下，陆续写成《犬戎东侵考》《秦为戎族考》《赤狄、白狄东侵考》《古代民族迁徙考》诸文，刊于《禹贡》杂

---

① 杨宽：《中国上古史导论》，《古史辨》（7）上，第 90 页。关于刘师培的民族史研究对蒙文通的影响可参考路新生《刘师培的民族史研究及对蒙文通的影响》，《史学史研究》2005 年第 4 期。

② 蒙文通：《治学杂语》，蒙默编《蒙文通学记》（增补本），第 2 页。参见童恩正《精密的考证 科学的预见——纪念蒙文通老师》，蒙默编《蒙文通学记》，生活·读书·新知三联书店，1993。

③ 顾颉刚：《赵贞信来信之"编者按"》，《通讯一束（24）》，《禹贡》第 4 卷第 6 期，1935 年，第 84 页。

④ 童书业：《古史学的新研究》，《东南日报·读书之声》第 122 期，1934 年 11 月 7 日，第 15 版。

志，总题为"周秦民族考"，"依然是一整部"。① 诸篇从空间上追溯民族迁徙流动之迹，从时间上洞悉到前后同一族称掩蔽之下的不同族群，进而观其民族融合之势，提出了许多精辟的见解，参与了国内外学界对周秦民族问题的争论。

1930 年代以地理、种族研究古史的学者中，最引人瞩目的自是傅斯年一系列围绕"夷夏东西"的讨论。傅斯年不只批判性地运用文献，而且深受当时考古新发现的影响，并以新出土的甲骨作为证据，论证紧密，贯穿全文的方法，正是种族与地理。劳榦就曾评价傅斯年的《夷夏东西说》对于殷人在东、周人在西这一点有透彻的了解，"根据这个理论为推断殷、周两部族的来龙去脉，以及中国文化史的渊源与其分合，那就更显然如在指掌"。② 傅斯年在 1933 年发表的《夷夏东西说》中，认为自东汉以来的中国史，常分南北，但在三代与三代以前，中国的政治舞台，在地理形势上只有东西之分，而文化亦分为东西两个系统。根据对夏、东夷、商、周分布地域的考察，即可知夏与周位于西部，商与东夷位于东部，西方的部族往往成为文化水平较低却很强悍的战士集团，这样在东西对立的过程之中，西胜东要比东胜西多很多。上古三代政治的变革正是东、西两个部族集团的斗争结果，不是传统古史中类似"吊民伐罪"之类的道德说教。③

正在此年，蒙文通的《古史甄微》结集出版，较《史学杂志》所刊版本主旨未易，材料与谋篇布局稍有改动。《古史甄微》与《夷夏东西说》一样，以地理、种族梳理上古三代历史之变，否定儒家理想化之古史观，但蒙文通民族三系说多限于上古，三代则统称为华夏民族，所以夏商周三代仍是一脉相传。若就傅斯年的观点，这仍是"经籍中

---

① 蒙文通：《致顾颉刚函》，《通讯一束（133）》，《禹贡》第 6 卷第 10 期，1937 年，第 119 页。

② 王汎森：《一个新学术观点的形成——从王国维的〈殷周制度论〉到傅斯年的〈夷夏东西说〉》，《中国近代思想与学术的系谱》，第 306 页。

③ 傅斯年：《夷夏东西说》，《民族与古代中国史》，河北教育出版社，2002，第 52~53 页。

所谓虞夏商周，并无夷之任何一宗，这当然是由于虞夏商周四代之说，乃周朝之正统史观"。不过，《古史甄微》中始终强调三代盛衰的关键就在于处理夷夏关系，"夫夏之中兴也以东夷，商之兴也以得汉南，周之兴也以西戎，三代之兴，胥资于夷狄也如是"。① 从大禹开始，有夏一代就"勤事九夷"。夏启初定天下，便征讨东夷、有吕，夏朝才大定而治。太康失国，夺夏之王位者正是泰族之胤、东夷皋陶之族的羿。少康复国，则有赖于东夷人的鼎力相助。而桀有九夷之助则足以威商，失九夷而夏亡，可见"九夷关于夏之兴亡若是其重，则于时泰族之强可见也"。② 殷商末年，戎强于西，夷强于东，周文王东征西讨，西戎遂内附周朝，而商纣正因为东夷临阵倒戈而亡，可见周之兴在于西戎，"东夷系于夏商之兴亡如此"。三代之时，不仅东夷关系王朝兴替，夏商周三代，炎族也十分强盛，昆吾、大彭、豕韦及楚皆属炎族，可见"炎族系于三代之治乱，若是其重也"。然探讨三代之夷夏嬗变仍不忘今文家言：春秋严夷夏之防，正是鉴于三代之夷夏问题，而"霸之非霸，亦系夷夏之辨"。③ 草拟《古史甄微》，止于西周历史，之后，蒙文通则关注西周以降之夷夏，在《史学杂志》的第 3 卷第 1 期预告中曾拟刊登蒙文通所著《春秋时代之四夷》，但由于该杂志停刊而未见此文，1930 年代蒙文通的周秦民族研究也是围绕"夷夏之变"展开的，所谓"周秦之变，固夷夏兴替为之也"。④

与《古史甄微》"以史证经"一致，蒙文通研究周秦民族问题正是为《中国哲学史》做铺垫。在 1933 年给汤用彤的书信中，蒙文通便说：

去夏，聆先生论南北朝与唐之佛法，而及于唐之治术、学术与

---

① 蒙文通：《古史甄微》，《蒙文通文集》第 5 卷，第 96 页。
② 蒙文通：《古史甄微》，《蒙文通文集》第 5 卷，第 87 页。
③ 蒙文通：《古史甄微》，《蒙文通文集》第 5 卷，第 93 页。
④ 蒙文通：《周秦少数民族研究·序一》（1938 年 6 月），《古族甄微》，巴蜀书社，1993，第 5 页。

北朝之关系，并其血统与北朝之关系，于是作《南统北统论》。去秋寄呈一篇，想先收到。兹拟题目为：《秦为西戎》、《西戎北狄之迁徙》、《周时汉族之南迁》、《西北民族之思想与法家》、《秦汉政治与法家》、《荀子与法家》。大意以儒家为周之政治思想，法家为戎狄之政治思想，法家实一异民族与汉族接触而发生之新文化。荀卿之天论、性恶论，实西北思想之中心，为法家之最高理论。与东方儒、墨、阴阳之根本思想相冲突。周秦间百家之学，实以法家、名家新兴之学与儒家旧学为主潮，而诸子百家为余波。儒家以复周之旧为主，法家以变周法后为主；道家则既非从周、又无新制，而欲复之无为之治，此为南方民族之态度与思想。

竟公令弟作一《中国哲学史》，此事体大。拟先从史说入，以见周秦之哲学根本；从民族说到思想与文化。与章太炎、柳翼谋、景缪诸兄皆谈过。竟师、伍非百亦赞此说。各题作成，合为一册，殆六七万言，使稍有当于学问之事，皆先生论六代佛法启之也，略陈大意而已，不克详言。①

信中所提到，汤用彤论"南北朝与唐之佛法"所提及之唐代"治术、学术与北朝之关系"，并牵涉"血统与北朝之关系"，二者直接将种族问题与学术、思想问题相联系，这或许启发了蒙文通。此后，欧阳竟无"令"蒙文通作《中国哲学史》，参与讨论此事者，还有伍非百、章太炎、柳诒徵、景昌极、缪凤林，蒙文通"拟先从史说入，以见周秦之哲学根本；从民族说到思想与文化"，所说之"史说""民族"当是指后经屡次修改而结集的《周秦少数民族研究》。这依然是"事""制""义"的思维，由"史说"以明事，观制度之别，以见"义"（哲学）之根本。研究周秦民族之变乃《中国哲学史》的铺垫，在因制明义的

---

① 蒙文通：《蒙文通先生论学来往信函·致汤锡予函》（1933 年 3 月 22 日），《蒙文通先生诞辰 110 周年纪念文集》，第 25 页。

思路下，探究今古文之起源，以周秦民族之史迹明周秦哲学之根本。

现存一份蒙文通在河北女子师范学院提交的"民族学"方向、题为《中国民族迁徙考》的专题研究报告恰可证明这一点。其研究计划分为三个步骤：

> 拟先完成西周末年汉族向南移动及西周之末，春秋中叶，西北异民族逐渐侵逼东南，徙入中国腹地，自甘肃发动而东达山东东北部，南及河南西南部，及同时西南民族之迁移，次研究民族迁徙及于文化学术之变动，而成功周秦诸子之发达，三研究旧民族（周）旧文化（儒）受此新兴民族新兴文化之刺激而起之改革以成功之新学术。①

此研究开始于 1931 年 10 月，预定 1935 年 12 月完成第一步计划。1936~1937 年陆续发表在《禹贡》半月刊的文章想必正是这第一阶段的成果，在给顾颉刚的信中，蒙文通称，"四五年来，原拟写《周秦民族与思想》一篇，乃方面逐渐增加，问题亦逐渐推广"，"去岁写成上编，共计四章"，"第一章多系地理问题"，"第二章则为周秦两民族之对抗与迁徙"，"第三章则专言周代北狄之迁徙，第四章则专言周代西戎之迁徙"。② 具体结论为，"知殷周间西戎强盛有一骊山女为天子。（见《史记》与《汉书·律历志》）此族与西周末年遂全据有关中，秦即此族苗裔（即犬戎），犬戎灭周及秦灭六国，此为诸夏灭于异族之第一次，秦即成功于此西北民族之移动期中，西北民族自有特殊性质与文化，商君相秦即沿秦人之旧习而大变"。③ 在这里，以周、秦分别对应华夏与夷狄是其核心观念，对"秦"民族之由来便成为蒙文通与傅

---

① 教育部编《全国专科以上学校教员研究专题概览》，商务印书馆，1937 年，第 360 页。
② 蒙文通：《致顾颉刚函》，《通讯一束（132）》，《禹贡》第 6 卷第 10 期，1937 年，第 118~119 页。
③ 教育部编《全国专科以上学校教员研究专题概览》，第 360 页。

斯年分歧的焦点。

在傅斯年的夷夏系统里，夷多指太昊、少昊之族。"太昊少昊皆是部族名号，不是个人私名"，"今观太昊少昊，既同处一地，当是先后有别。且太昊之后，今可得而考见者，只风姓三四小国，而少昊之后，今可考见者，竟有嬴己偃允四箸姓，当是少昊之族代太昊之族而居陈鲁一代"，故"种姓蕃衍，春秋所谓淮夷。每从其姓，商末所谓奄人，亦是嬴姓"。嬴姓可考者，最著者即"西方之秦、赵、梁"。至于"秦赵以西方之国，而用东方之姓者"，傅斯年以为："盖商代西向拓土，嬴姓东夷在商人旗帜下入于西戎。《秦本纪》说此事本甚明白。少昊在月令系统中为西方之帝者，当由于秦赵先祖移其传说于西土，久而成土著，后世作系统论者，遂忘其非本土所生。"① 六国与秦的东西之争，是傅斯年上古三代之争的最后一环，故以秦为东方少昊一族迁徙至西方之夷，落脚于证明秦之祖先为东方民族。胡适对此评价极高，"孟真来谈他的古史心得，特别是秦民族问题，极有趣味。他是绝顶聪明人，记诵古书很熟，故能触类旁通，能从纷乱中理出头绪来。在今日治古史者，他当然无有伦比"。②

《古史甄微》中，蒙文通研究上古三代起点正是质疑少昊系统，其周秦民族研究也是将先秦种族、文化之变最终落脚于周、秦之争，亦即夷夏之变，周为华夏，秦为夷。若如傅斯年所言秦源自东方，则无疑是说夷夏之辨追其源实为华夏内部之争，蒙文通在辨明正闰学说时，曾言"共工姜姓，为苗黎之族，秦人之事，吾固考其为西戎，则正闰论者，固政治民族主义"。③ 此处所言政治民族主义，可理解为"华夷之辨"，持此立场，蒙文通当然反对秦民族东来说，而是主张秦乃犬戎之一支。傅斯年根据《史记·秦本纪》记载，嬴姓之祖伯益与夏有争统之事，

---

① 傅斯年：《夷夏东西说》（1933），《民族与古代中国史》，第 42~47 页。

② 曹伯言整理《胡适日记全编（6）》，1935 年 6 月 6 日，第 485 页。

③ 蒙文通：《肤浅小书》，饶宗颐：《中国史学上之正统论·资料一》，上海远东出版社，1996，第 252 页。

是为嬴姓乃东夷一族之明证, 蒙文通则认为"江黄皆嬴姓, 春秋之时, 同姓为重, 秦伯于江不曰同姓而曰同盟, 是秦非皋陶之胤, 《左氏》有其说也, 太史公徒以秦为嬴姓, 遂以为伯益仲衍之后, 乃于仲衍至仲潏之世系不能言, 又不纪戎胥轩事。于是秦为西戎之说, 遂由史迁而泯"。蒙文通着重于秦之母系骊山女"在殷周间为天子事, 史家更无述及者"。① 蒙文通所坚信秦为西戎的根据源自"经传", "《春秋公羊传》曰:'秦者夷也, 匿嫡之名也'。何休说:'嫡子生不以名, 令于四境择勇猛者而立之'。此秦之非诸夏之族, 公羊氏其有说也。《春秋穀梁传》曰:'狄秦也, 乱人子女之教, 无男女之别。'此秦以夷狄之教, 穀梁氏有其说也。《管子》言:'桓公西征, 攘白狄之地, 至于西河, 而秦戎始从。秦之称戎, 《管子》有其说也。"② 蒙文通正是根据《春秋公羊传》《春秋穀梁传》《管子》证明"秦为戎族", 按照古史三系说, 此三者皆为齐鲁学说, 由此不难看出蒙文通研究周秦民族问题背后的今文学意识。秦为夷狄既明, 则"周秦之间, 种族之变为之也", 乃"斩我三代之文教"。孔子作《春秋》, 意在严夷夏之防, 当诸夏衰微之际拨乱反正。而逮秦吞二周而亡诸侯, "斩三代之旧, 而布其法家之术, 以易天下":

> 法家之术, 本之戎索, 于是姬周之道、儒者之学悉遭夷绝, 则周秦相代谢, 即曰夷夏之争、儒法之争可也。自法家之说起, 于是先圣之道反为时俗讥笑之资, 仲尼、子舆为世诟病。甚矣, 武力不竞, 而德教亦莫能自存, 悉禹域惟夷狄之从, 周之衰、学之蔀, 则戎夷之说淆之也。百家横议, 而实戎夏新旧之争、儒法之争为之本, 他之能独立自树者, 墨家、道家耳。墨家出于孤竹, 行于代, 邻于儒, 道家又本于楚, 儒家与异端之争, 即中夏与异族之争, 周

---

① 蒙文通:《秦为戎族》,《古族甄微》, 第 72~74 页。
② 蒙文通:《秦为戎族》,《古族甄微》, 第 73 页。

> 秦学术之荦荦大者，即此三四端而止耳，而皆民族之故也。余家之说，殆为枝末，不过出入于是数者之间，此周秦之交道术之大较欤![1]

蒙文通发现不同民族的流动与先秦各学术流派之间有不可分割的内在联系，由此纵言儒法之争，阐释荀子、《管子》、道家思想，认为："儒、法为周、秦新旧两民族代谢之思潮，楚以道家之说错其间，并峙而为三，一现实，一神秘，一适衷于二者之间，形成哲学上之三大系统。"[2]最后落实于今文学之兴起，"周之文化法家一派，即源于商君，如道家之源于南方民族之楚，墨家源于东北民族之山戎也。当新旧两民族之主干，为周秦新旧两文化之主干，为儒法而百家皆余波，周之治为贵贱阶级之悬殊，秦之治为贫富阶级之悬殊，新起儒学即以推倒周秦贵贱贫富之阶级制而建立平等民主（禅让）之政治，遂成功为今文学制度之基础"。[3]

民国学界有一个萦绕心头的夙愿，即编著一部全新的《中国通史》，用以说明中华民族几千年来演进的历史，增强国人对于本民族前途的自信。古史辨运动质疑了古代民族出于一元的旧观念，对几千年来的儒家古史观展开了彻底的扫荡。他们将上古信史击成碎片，后来史家力图将这些碎片重新缀合，这也是编纂新通史的第一步。此后，顾颉刚、王献唐、傅斯年、徐旭生、杨向奎拾级而上。蒙文通史学"统宗"与新史学者异趣，但在新史学"重建古史"的序列中，仍视其为"殊途同归"。1941年饶宗颐编修的《古史辨》第八册《古地辨》中

---

① 蒙文通：《周秦少数民族研究·序一》，《古族甄微》，第6~7页。
② 蒙文通：《周秦少数民族研究·序一》，《古族甄微》，第37页。
③ 教育部编《全国专科以上学校教员研究专题概览》，第360页。

就收录了蒙文通 5 篇文章，数量与吕思勉等同，而仅次于饶宗颐与顾
颉刚。① 抗战结束后，顾颉刚在总结近百年史学发展时，认为以《古史
辨》为代表的古史研究承前启后，并将蒙文通引为同道而予以表彰。②
这些或许都加深了蒙文通"壮年以还治史"的定位，然当战时蒙文通
学术规模整体呈现出来后，言"治史"仅为其"表"，其"里"实为
"守南宋之说"。

---

① 饶宗颐：《编辑古史辨第八册（古地辨）及论虞幕伯鲧等》，《责善半月刊》第 2 卷
第 12 期，1941 年。
② 顾颉刚：《当代中国史学》下编第五章（1946 年），上海古籍出版社，2002，第
122~139 页。

# 第五章

# "壮年以还治史，守南宋之说"

1937 年，抗战军兴，蒙文通辗转返回四川，从此再未出川任事。1938 年蒙文通于卢沟桥周年纪念前 20 日，总结近年来学术历程，称："昔余在解梁，究心秦事及其制度，于周秦民族、文化之同异，略知其故"，以《周秦民族史》言民族之变迁，此乃上卷；而"思想一端则已写有《汉儒之学源于孟子考》，有《儒家哲学思想之发展》，有《非常异义之政治学说》及《解难》，则言儒家政治思想之发展，有《墨学三派及来源》，有《秦之社会》诸文，皆属下卷之事。并"《中国史学史稿》，及他之杂述，合十四五万余言"。[1] 这与二次出川时以"内""外""杂"篇来安排自身学术体系同一规模。

然而，国难日亟，蒙文通治学的心境截然不同。1929 年二次出川前，蒙文通曾说："余察乎今日之世界又一战国也。其争城争地杀人之众又不如周末，则又何必戚戚焉，为今世忧。孟子曰：天下之生久矣，一治一乱，三代之至极也，而乱尤若兹。今日之乱其将一反之治，以底于升平太平，天下为公之日不久也。吾安居读书以俟之。"[2] 此时，则

---

[1] 蒙文通：《周秦少数民族研究·序一》，《古族甄微》，第 45~46 页。
[2] 蒙文通：《论汉及汉初之攻取》，《史学杂志》（成都）第 1 期，1929 年，第 152 页。

言："方此外患日烈，如火如荼，书生致命，力仅此耳。虽时或手倦神疲，未敢休止，讵谓有裨，但自奋也。"① 一言居安读书以俟太平，一则书生致命，自奋救世。为此，返川不久，蒙文通便出资创办《重光月刊》，② 以期"贡献其对于民族复兴之意见，以供社会人士之参证，又以同人深信欲挽救今日国家于垂危，虽以直截之抗敌御侮工作为先，然学术之研究，乃所以奠定中国未来文化之基础，故于中国学术之整理及西方学术之介绍，同人皆愿竭其绵薄"。③ 之后，他又曾拟在成都重建禹贡学会。④ 这些活动，拉开了蒙文通参与各种文教活动的序幕，与此同时，蒙文通《中国史学史》各稿陆续刊布，扬"《春秋》之所以为《春秋》之义"，一言一行，相辅相成，是可谓"壮年以还治史，守南宋之说"。

# 第一节 战时蒙文通的文教活动

## 一 成都新旧学风

1935 年夏，四川"地方中央化"政策落实，四川大学"国立化"正式提上日程。8 月初，中华教育文化基金董事会干事长任鸿隽被任命为川大校长，任氏执掌川大时即称"希在政教合一的原则之下，以川

---

① 蒙文通：《周秦少数民族研究·序一》，《古族甄微》，第 46 页。
② 周辅成回忆："年纪较长的师友，要自办一个刊物，名《重光》，是适应形势的，也约了我，但按'有钱出钱，有力出力'原则，蒙文通、熊东明等是出钱出力之类，我和唐君毅、李源澄等则属于仅仅出力、写文章之类。刊物出了很多期，在国学界范围内，也不能说没有一点影响。"（《我所亲历的 20 世纪》，《论人和人的解放》，华东师范大学出版社，1997，第 506～507 页）
③ 《本刊启事之一》，《重光》创刊号，1937 年，启事页。
④ "得德坤书，知文通有意在成都复刊《禹贡》，而须得予一电以与川省府接洽。此事若成，不枉掷我三年余之心血矣。"《顾颉刚日记》（4），1938 年 2 月 8 日，台北：联经出版事业股份有限公司，2007，第 25 页。

大作为西南教育文化的中心，俾西南诸省子弟均有受良好之高等教育，或专门研究的处所"，"过去川省因政治上的原因，和交通的困难，外地专家学者均不愿前往。现在川省与外界交通，异常方便，本人对于外地著名专家学者，随时均在物色中，希望能为川大聘些良好教授"。①此后，在校内推行了一系列以"国立化"和"现代化"为目标的改革措施。其时，中国现代新学术典范已经确立，人员主要集中在中央研究院史语所，而四川学术界中的知名人士如庞俊、李植、李蔚芬、向楚等多给人旧派的印象。任鸿隽到校后，在人事方面"辞旧迎新"的意图甚为明显。第一年所极力延聘专家学者，已达27人，一直由向楚担任的文学院院长改由杨宗翰担任，杨氏于1936年夏回到北师大后，则由张颐继任。中文系主任职务也由新文学家刘大杰取代，本有意聘请蒙文通执教国文系，蒙氏原已同意返川，后却因故未能成行。同时，川大聘任了一批新学术的新生力量，例如毕业于清华研究院的萧涤非、戴家祥、陈光泰。

"新史学"亦成为川大史学系所追求的目标。自1936年起，任氏专门向中华教育文化基金董事会申请了5000元的演讲基金，先后请李济、吴文藻、秉志、张熙若、傅斯年、丁燮林、蒋廷黻等到校演讲，特别要求学生们"要利用这个机会去亲近一下当代的学人"。②任氏心中对学人有"当代"与"非当代"的区分，当然是就学术风格而言。在任氏邀请的学者中，李济与傅斯年乃是主流"新史学"的领袖人物，李氏演说的题目叫作《建设中之中国新史学》，介绍了主流派新史家的学术思想与方法，而吴文藻在川大毕业生典礼上讲"毕业大学生应具备之基本条件"的第四点也是"致力新历史学"。③

---

① 《任鸿隽谈整顿川大》，《北平晨报》，1936年5月29日，第9版。

② 《川大校长任鸿隽昨离平赴京　傅孟真等应该校聘任　定于下学期赴川讲学》，《北平晨报》，1936年11月6日，第9版。《校长报告》，《国立四川大学周刊》第5卷第22期，1937年。

③ 王东杰：《学术"中心"与"边缘"互动中的典范融合：四川大学历史学科的发展（1924~1949）》，《四川大学学报》2006年第4期，第12页。

任鸿隽的改革可谓颇见成效，外界评价，"该校自推行教授专任制以来，本期缺课已属绝少，并增聘著名教授，如钱雨农，杨允奎、张仪尊、朱健人、丁山、罗容梅、杨珞等，来川讲学，指导学生，切实研究，一时学风为之丕变。现又继续聘有张真如、王季梁、蒙文通等名教授多人，行将联翩而来，西南学府之地位，不难日益增高"。① 而农学院教授江超西在 1936 年双十节农学院国庆同学会上，主讲《庆祝国庆与复兴民族》时，称：

> 按吾国文化之中心，在五四时，突起于北大及北京各大学，故赵家楼一炬可视北京为吾国打倒汉奸政策复兴民族之根据地。迨至五卅惨案发生，文化中心已由正北之北大移转于正东之上海各大学，故南京路之伏尸流血，可视上海为吾国打倒资本侵略复兴民族之根据地。至于十六年北伐，则文化中心又由正东之上海再移至正南之广州各大学及黄埔军校，故五羊城之誓师，可视广州为吾国打倒军阀专政复兴民族之根据地。但时至今日，华北各大学朝不保夕，固无论矣。上海则毗连租略，江湾及沪西各大学正在火线之前方，而广州地临大海，各大学又为敌人航空母舰之通航范围地，则独一文化中心点，不得不向西南而乔迁矣。西南本为滇黔川三省，但贵州向无大学，而云南虽有省立之云大，但受滇币低跌之影响，致每年大学之经费尚不及他省一高中之多，受此致命伤，则文化中心自谈不到，是独一者惟有四川一省耳。川省固有三大学，但国立者只有川大。川大虽有四院，但在以农立国，农人占全国民众百分之六十以上之国家国难临头时，则能解决足食足兵使前方健儿不致枵腹杀敌，后方良民不至救饥通敌者，则舍农学院其谁属乎？②

---

① 《四川大学一年来建设概况（一）》，《北平晨报》，1936 年 6 月 22 日，第 9 版。

② 江超西：《庆祝国庆与民族复兴》，《国立四川大学周刊》第 5 卷第 4 期，1936 年，第 3 页。

此语虽有浓厚的政治色彩且最后落脚于农学院，却揭示了在近代救亡图存的语境下，文化与政治相辅相成的关联，其中称川省将成为下一个文化中心，则与川省"地方中央化"、与川大"国立化"的进程息息相关。全面抗战爆发，四川的政治、文化地位为之一新，川大则经过任鸿隽"在国内妙选学界名宿"，刷新人事结构，校内学术典范也为之转移，虽然任氏于1937年离职，但川大的国立化进程并未因此中断。

不过，"新人"在国文系与史学系的境遇可谓判若云泥。据程千帆回忆，刘大杰"到四川大学当中文系主任，就丢了丑。因为刘大杰做的那些旧诗，连他们的学生都不如，所以后来没多久他就走了。那个时候刘大杰是新派人物，那同四川的旧学基础相比差得很远"。① 后来，叶圣陶任教川大，也受过类似讥讽。相反，史学系则乐于吐故纳新，受庚款资助而聘请的徐中舒、冯汉骥从1930年代末直至中华人民共和国成立后，长期执教川大，成为川大史学系的骨干，颇受各界好评。或可说，经过改革，川大文学院基本形成了国文系以四川学界"旧派"为主，而史学系则多为川外"新派"主持的格局。以1943年上半年为例，国文系主任为殷孟伦，教员有李源澄、赵世忠、邵祖平、潘重规、曾尔康、林思进、庞俊、罗孔贻、曾缄、杜仲陵，曾君一、赵幼文等人，皆可谓旧学之传人。当年毕业于此的章子仲深情回忆川大国文系为一"古国"："抗日战争中的中国西南，聚焦了全国的国学精英。但是，西南联大等有闻一多、朱自清等'五四'名家，中央、武汉等大学也广搜博采现代中西文化长项，而四川大学却仍然执着于王闿运（号称江南第一才子）、廖季平（影响康有为的著名学者）的传统。汇集的外来学者，也多是余杭章太炎、蕲春黄季刚的传人。川大中文系，是不许白话文进门的。杜仲陵老师教《昭明文选》，类似现在大学的基本国文与写作。习作必须用骈文！不但讲求文词对仗、声韵协调，连常见字、

---

① 程千帆：《劳生志略》，《桑榆忆往》，第25页。

习用典，都要换成密码式语言。……曾慎言（缄）老师讲课有时口述
'本师蕲春黄君（侃）'眉批。……赵少咸老师是音韵训诂学大师，不
会写白话文告示。……庞石帚老师教《礼记》，还要我们去习礼
仪。……其实，那是一个精粹的最后的儒生阵容！他们忠诚的传承绝学
的理念，寝馈于经典诗书的精神，也再难见！"① 相比之下，史学系则
颇多接触新学术之人。主任为束世澂，教员有吴廷璆、王文元、金公
亮、徐中舒、李思纯、余俊生、楼公凯、蒙文通、何鲁之、洪应朴、周
谦冲、黄逢昌、胡淀咸等人，史学系所追求的就是成为"新史学"之
主流。②

　　战火蔓延，各文教机构纷纷内迁至西南，成都俨然成为战时文化
中心之一。内迁而来的各学术机关之学风自是以"新"为主，川省老
辈学人自然多看不起这些外来者。程千帆即说："四川这个地方，一
方面是外面的人根本不晓得四川的学者有多大能耐，另一方面，四川
的学者还很看不起外面这些人。他看不起自有他值得骄傲的地方。"③
傅斯年亦曾说："川大的老先生们，多认为我们没有读过中国书，其实
我们这群人都是从古籍中下过苦功夫来的。我们有我们的治学方法，他
们自有他们的道理。"④ 以程、傅二人所述相印证，可知外来学人，无
论新旧，对川中老辈皆颇敬畏，对他们的学术皆有所敬重。1941 年，
向宗鲁逝世，傅斯年对向的学生王利器表示，本来希望把他"请出来，
在史语所或北大工作"。⑤ 罗常培得悉向宗鲁去世后，颇以没有机会得

————————

① 章子仲：《读大学的回忆》，《以文会友》编委会编《以文会友》，河北人民出版社，
　　2006，第 47~48 页。
② 《国立四川大学三十一学年度第二学期教员名册》（1943 年 9 月编订），《国立四川大
　　学教职员名册》（1~9），国立四川大学档案，四川大学档案馆藏。
③ 程千帆：《劳生志略》，《桑榆忆往》，第 25 页。
④ 黄季陆：《国立四川大学——长校八年的回忆》，《黄季陆先生论学论政文集》第 3
　　册，台北"国史馆"，1986，第 1743 页。此段引文及其分析亦可参考王东杰《国家
　　与学术的地方互动——四川大学国立化进程（1925~1939）》，生活·读书·新知三
　　联书店，2005，第 231~232 页。
⑤ 王利器：《亲扶向师旅梓归旧山》，载《往日心痕——王利器自述》，山西人民出版
　　社，1997，第 82 页。

见此"畏友"、与之"面商"为憾。傅斯年想请但始终没请向氏，自有其顾虑，但至少比起其 1920 年代对旧派学人的批评而言，态度缓和许多。

不过，傅斯年那句话颇值得玩味，"老先生们"认为"我们没有读过中国书"，而"我们""都是从古籍中下过苦工夫来的"，"我们"有"我们的治学方法"，"他们"有"他们的道理"，也就是说，"老先生们""中国书""道理"是一系，"我们""古籍""方法"是一系，而傅斯年所用之"过""来"二字则表明读"古籍"的目的在于"出新"。其中的分歧在于"书中有学"，还是"以书为学"。自胡适"整理国故"以后，学人多以新学术、新方法分科"中国书"，"书"被视为"古籍""国故"，"书"中原有的"道理"则多不顾。而在"老辈"及其后学看来此派皆未懂"古学"，未能入焉能出？宋育仁早在 1920 年代初在批评"整理国故"者时，即说"古学是书中有学，不是书就为学，所言皆是认书作学，真真庄子所笑的糟粕矣乎。今之自命学者流多喜盘旋于咬文嚼字，所谓旁搜博采，亦不过是类书目录的本领，尚不知学为何物，动即斥人以陋，殊不知自己即陋。纵使其所谓旁搜博采，非目录类书的本领，亦只可谓之书箧而已。学者有大义，有微言，施之于一身，则立身行道，施之于世，则泽众教民"。① 也就是说，书中自有其"道理"，治中国学则当精研其中义理。1940 年代，川大国文系成立国学研究会志在继章氏国学会而起，使"国学研究风气为之一新"。② 在《国学会刊》中，路金坡即言："吾人求学，不越进德修业四字。其

---

① 问琴：《评胡适国学季刊宣言书》，《国学月刊》第 16 期，1924 年，第 41 页。湖南学者曾星笠战时授课讲解《尚书》《史记》时曾言："我讲《史记》，只讲'八书'，从《天官书》讲起，其余的由学生自己看。我不是讲史学，也不是讲文学。时间不多，只能讲讲'书'。这些'书'，学生自己不会看。"［金克木：《记曾星笠（运乾）先生》，《学林漫录》第 9 集，中华书局，1984，第 22 页］曾氏所言与宋育仁所言有所差别，但曾氏所强调"我不是讲史学，也不是讲文学"亦透露出"书中有学"，而并非以书为学的意思。
② 《国学研究会 开成立大会 向院长代表校长训词》，《四川大学校刊》第 8 卷第 4 期，1940 年，"校闻"，第 5 页。

**202**

中可分两层解释，就治学言，则进德为本，修业为末"，"就修业言，则服习经史为本，博览诸子百家载籍为末"。修业读书则自当以"义理为本"。① 潘石禅则批评："近人每谓我国古籍多为伪作，大施破坏，甚且直欲拉杂摧烧之然后快，此实国学当前之一大危机。"②

1941 年暑期，罗常培与梅贻琦、郑天挺一道考察川省教育时就亲身体会了川省学风之悬隔。当时川大已经迁至峨眉授课，罗常培等人在程天放寓所，会到文学院院长向楚，当向楚介绍川大文学系教员有向宗鲁、龚向农、陈李皋、李炳英、徐中舒、殷石臞、胡茝蕃、穆济波、萧涤非、曾尔康几位时，罗氏除了与徐中舒、萧涤非在北京本是熟人外，其余都没有会过，而考察四川图书馆所保存的中国文学系学生毕业论文多是《吕氏春秋校注》《说文段注校正》《左传引经考》一类，此颇可窥见川大国文系所提倡风气的一斑。相反，在考察华西坝上诸大学时，则说"三个研究所的风格，大致齐鲁偏重历史，金陵偏重考古，华西偏重语言，不过中间也没有严格的分野；经费的来源都是由哈佛燕京社供给"，而其中"劼刚、斠玄、宾四、在宥、叔湘、锡永、小缘、子琴、福林，本来是熟人"。③ 川大国文系多"老辈"，而研究所多"熟人"，其分殊给罗常培的感觉不仅是学风新旧，亦是人际关系亲疏有别，仿佛游走于两个世界。

相形之下，四川本土的"新人"则成为调和新旧、疏通内外的纽带。是故当罗常培一行至成都时，四川教育厅长郭有守邀饭时，特让蒙文通等人作陪。④ 在川外讲学数年，蒙文通与各方学人皆有交流，其史

① 路金坡讲，李树熏记《论治学本末及其方法》，《四川大学国学会刊》第 1 期，1946年，第 1 页。
② 潘石禅讲，贞安庆记《毛诗初讲》，《四川大学国学会刊》第 1 期，1945 年，第 1 页。
③ 罗常培：《苍洱之间》，辽宁教育出版社，1996，第 55~56、67 页。
④ "晚饭在郭家，晤黄督学（教部）、吴金鼎、蒙馆长、刘校长及佩弦。"黄延复、王小宁整理《梅贻琦日记（1941~1946）》，1941 年 7 月 26 日，清华大学出版社，2001，第 76 页。"晚七点，子杰在广益学会请我们吃饭，同座有沈荦斋、蒙文通、吴毓明、刘式传等。"（罗常培：《苍洱之间》，第 67 页）

学家色彩越发浓厚，与新学术关系也越发密切。同时，作为廖平的高足，其叔父蒙裁成更是与四川政教界要人关系甚密，蒙文通在川可谓颇有根基。这样一种双重身份，使蒙文通能游走于"新旧""内外"之间，在与政党政治保持距离的同时，积极参与各种文教活动，协调各方矛盾。川大文学院国文系的新派学人易君左、穆济波、李劼人等便组织新四川月刊社，于1939年5月5日上午11时在成都少城东胜街沙利文饭店公宴各成都大学教授，其中四川大学有何鲁之、徐敦璋、朱显祯、蒙文通、周谦冲、傅况麟、叶石荪、周太玄、刘宗烈、魏时珍，金陵大学有李小缘、商承祚、徐益棠、金孔章、徐文豪、熊超群、刘衡如、高石斋、朱锦江、吴白匋，华西大学有汤茂如，光华大学有谢乐康、薛迪靖，西陲文化院有张怡荪，中央军校有孙俍工，戏剧专科有熊佛西，朝阳大学有邓初民、宁柏青等人，而董时进等教授则因赴渝未能到场，该社主张"政治与学术打成一片，用学术的力量来领导政治的进展"，"公谊与私情溶为一团……以收集思广益之效"。① 如果说新四川月刊社关注于时政，偏重普及与启蒙（有学者即建议发起文化回乡运动），那么，不久之后，川大史学系则在蒙文通等人的积极呼吁下筹建中国史学会，为川省学术争取全国性的声誉。

## 二　筹建中国史学会

1930年代，中国史学界群雄并起，百家争鸣，旗帜鲜明、自成一派的学会组织与刊物，层出不穷，其中不乏史学后进推波助澜，史学界呈现出前所未有的"繁荣"景象。多元学风为"创新史学"所带来的不是从容论学、取长补短、百花齐放，而是在不同政治立场的鼓动下各派学人以"破旧立新"为标的，占山为王，坚守门户。正因如此，在其他各学科全国性的学会不断涌现、日益成熟之际，作为近代学术大宗的史学，统一组织全国史学界却变得日趋艰难。1933年11月11日，

---

① 《本社公宴各大学教授》，《新四川月刊》第1卷第1期，1939年，第143~144页。

吴敬恒、蔡元培、柳诒徵、雷海宗、何炳松、张其昀等21位学者，联名在《申报》登载了一则《发起中国历史学会启事》，称我国历史悠久，载籍丰富，晚近以来，中外史料复各有新的拓展："缘是所谓史学者，其积也日以深，其涵也亦日以广。欲抽其绪而理其棼，诚非一手一足之力所能为功矣。今世治史之士，望古遥集，术有专攻，或以通今著，或以竺古闻，或潜心于考订，或致力于采掘，或则长记注，或则擅撰述，分道扬镳，各程其效。同人等窃以为百川分流，同归于海，分以极其深，尤必合以成其大。用是不揣椎昧，爰有中国历史学会之发起。颇冀以琢雕磋切之功，收镕铸钧陶之效。"[1] 此举虽被誉为"荟萃海内之俊杰，董理中外之史学，诚学术界一盛举也"，实际上并未有太多实际活动。[2]

1936年底，国际历史学会会长田波列的中国之行不但为中国参加国际史学会提供了绝佳的契机，更刺激史学各派多方协调、力争成立全国性史学会。田波列11月中旬抵达北平，与各大学及学术机构联络，12月初与顾颉刚、陶希圣达成协议，组织中国历史学协会，并争取加入国际历史学会。田波列随即南下至南京、上海，受到政教各界的热诚款待。傅斯年唯恐组织中国史学会造成由"唯物史观者、抱残守缺者"作为中国史学正统的情形，积极策划由中研院出面申请加入国际史学会，田波列也改变途辙，支持傅斯年的建议。之后，胡适遂代表中国出席1938年在瑞士苏黎世举行的国际历史学会第八届大会。[3] 相形之下，先前的主角顾颉刚虽于1937年与郑振铎、罗家伦等人计划筹组中华史学会作为中国史学的最高学术机关，决定设总会于北平，在上海、南

---

① 《发起中国历史学会启事》，《申报》，1933年11月11日，第4版。

② 《图书文化消息·中国历史学会之发起》，《浙江省立图书馆馆刊》第2卷第6期，1933年，第45页（栏页）。

③ 参考桑兵《二十世纪前半期的中国史学会》，《历史研究》2004年第5期（后收入《晚清民国的学人与学术》一书有较多增补）；吴忠良：《南高史地学派与中国史学会》，《福建论坛》，2005年第2期；周雷鸣：《民国史学的一次世界之旅——中央研究院参加国际历史学会始末》，《史学史研究》2008年第2期。

京、广州等地设立分会。不久战争爆发，此事遂无下文。①

1939年9月，顾颉刚到成都，任齐鲁大学国学研究所主任。1940年3月，顾颉刚与蒙文通等人谋划，创办《史学季刊》，《发刊词》中辩证协调史料与史观之争，发起筹设中国史学会："研究史学之方术有二：其一，定传说之是非，寻残存之实物，重建已逝之史实，使过去人类活动一一显现于吾人之前，若目睹然。其二，将古今生活演进之事实融会贯通，取其原理原则构成一体系，俾后学者有以见史迹之核心。前一事之任务为审订史料，谓之考据，是为历史科学。后一事之观点或唯心，或唯物，或侧重其它因素，谓之史观，是为历史哲学。科学之业，语必有征，每一问题发生，研究者苟能罗致丰富之材料，使用适当之方法，虽使百人不相谋而为之，必可得同一之结论。哲学则超于象外而索其坏中，以观点之参差，每纷歧而不一，然亦无碍其各成一家之言。"史料与史观本有如此分别，故"考据者常诋史观为浮夸，谈史观者亦讥考据为琐碎。近岁以来，辩争弥烈"。其实，"凡不由历史科学入手之历史哲学，皆无基础者也"，"凡不受历史哲学指导之历史科学，皆无归宿者也。夫考据之功无尽期，历史哲学之建立固不必待至一切历史考据完成之后，然必当建立于若干颠扑不破之考据上固无疑"。定此宗旨，则如今治史"必将以科学方法整理之，以哲学方法观察之，为之作综合之解释与系统之叙述，使过去一切活动咸得重现于前指归可识"，而"史学领域既随新观念而扩大，其方术又随新方法而精密，今日应担任之工作奚啻万千，应兴起之专家奚啻千百，应结合之团体奚啻百十，顾迄今尚不见有中国史学会之产生，岂惟深憾，实为大耻。抗战以来，大学多迁西南诸境，加以旧有，其设置史学系者凡十数。同人等夙具此怀，爰创斯刊以为中国史学会之先声"。②

---

① 《中华史学会将成立》，《图书展望》第2卷第6期，1937年，第88页。
② 顾颉刚：《〈史学季刊〉发刊词》，《史学季刊》第1期，1940年，第1~2页。

《史学季刊》列名发起者，有丁山、王绳祖、王庸、王文元、王文萱、孔德、方壮猷、左舜生、吕思勉、朱谦之、李思纯、李小缘、李源澄、李季谷、吴其昌、吴晗、吴天墀、吴徵铸、余文豪、束世澂、何鲁之、何炳松、何士骥、金静庵、金兆梓、周谦冲、周予同、祝同曾、洪殷朴、姜亮夫、范午、徐中舒、翁独健、孙次舟、凌乃锐、唐祖培、张维华、张其昀、张亦僧、陆懋德、商承祚、陈恭禄、陈训慈、陈锡壮、黄文弼、常乃德、贺昌群、冯汉骥、韦润珊、陶元珍、陶元甘、彭举、雷海宗、闻宥、蒙文通、蒙思明、赵曾俦、黎东方、刘继宣、刘节、蒋百幻、蒋天枢、郑寿麟、钱穆、谢承平、缪凤林、穆济波、魏守谟、韩儒林、韩荣森、谭其骧、萧一山、顾颉刚、郦承铨等74人，此一名单几乎囊括了当时上海与西南的史学精英，却偏偏没有代表新史学主流的中研院史语所以及北大史学系的人选，这或许是调停史料与史观二派的理念，并不符合傅斯年的学术主张。在《〈史料与史学〉发刊词》中，傅斯年称该所治史学"不以空论为学问，亦不以'史观'为急图，乃纯就史料以探史实也"，"史料有之，则可因钩稽有此知识，史料所无，则不敢臆测，亦不敢比附成式"。① 虽说《史学季刊》发刊词出自顾颉刚，但无疑是代表同人意见的宣言书，甚至在某种程度上与顾颉刚来成都的本意有所出入。顾颉刚在齐鲁国学研究所工作，"拟集中精力于整理廿四史，使散乱材料串上系统而成各种专史之材料集，为将来正式作通史之基础"。② 在《〈责善半月刊〉发刊词》中明言治史之道，"质辞言之，则初由材料以发生问题，次由问题以寻求材料，而即由此新得之材料以断决问题，且再发生他问题，二者循环无端，交互激发，遂得鞭辟入里，物无遁形，如斯而已"，仍主张以"史料"为中心指示来学。③

---

① 傅斯年：《〈史料与史学〉发刊词》，《史料与史学》第1本（上），1944年6月，第2页。

② 顾颉刚：《致叶圣陶函》（1939年10月26日），转引自顾潮《历劫终教志不灰：我的父亲顾颉刚》，华东师范大学出版社，1997，第197页。

③ 《〈责善半月刊〉发刊词》，《责善半月刊》第1卷第1期，1940年，第2页。

在"史料"与"史观"之间，顾颉刚明显偏重于前者，其实，在《〈史学季刊〉发刊词》中，他也倾向"史料"，即谓"世之好为史学者，果欲纳之于正轨且开浚其源头乎，审订史料固最基本之功力，亦最急切之任务也"。①

但鉴于此刊旨在集国内史学精英，共同发起史学会，顾颉刚不得不调和二派。钱穆、蒙文通则正是顾颉刚所顾及的主要人物，钱穆此时是齐鲁国学研究所的骨干，而蒙文通则是《史学季刊》的主要执行者，此二人对所谓"史料派"批评尤力。钱、顾二人的分歧，在齐鲁国学研究所一事上就有充分体现，蒙文通在办所理念与人事任用上均与钱穆处同一战线。② 蒙文通认为："近几十年来，在西洋科学的影响下，中国学术界不论是经、史学，或文、哲学，都被披上了一件科学的外衣，究其实际，仍然不能脱离清代考据学的窠臼，是亟当予以大力扭转的。"③

针对"史料即史学"之风盛行，蒙文通的胞弟蒙思明战时接连发表《考据在史学上的地位》《历史研究的对象》《史学方法的任务》《研究题目的选择——史学方法论》等一系列论文，强调史学理论和方法的重要，主张严格区分历史、史料和史学三个概念，强调历史学的科学性质。根据历史研究工作程序，他把史学方法分解为三个步骤：一是按照历史遗存与文字记载以重建史实；二是根据已知的真实往事以构成对于历史的理论体系；三是以最优最善的体裁形式写成史著。④ 其中，《考据在史学上的地位》一文，是钱穆主持齐鲁国学研究所时，邀请蒙

---

① 顾颉刚：《发刊词》，《史学季刊》第 1 期，1940 年 3 月，第 2 页。
② "今日丁山来，又谓在三台时，文通适来，谈及钱先生对我有不满意处，而文通谓是宾四对。"《顾颉刚日记》（4），1942 年 10 月 4 日，第 743 页。
③ 蒙文通：《中国历代农产量的扩大和赋役制度及学术思想的演变》，《蒙文通文集》第五卷，第 380 页。
④ 蒙思明：《历史研究的对象》，《华文月刊》第 1 卷第 6 期，1942 年，第 12～15 页；《史学研究的任务》，《华文月刊》第 2 卷第 1 期，1943 年，第 11～17 页；《研究题目的选择——史学方法论》，《华文月刊》第 2 卷第 2、3 期合刊，1943 年；《史料的搜集》，《华文月刊》第 2 卷第 4、5 期合刊，1943 年，第 26～35 页。

思明到齐鲁国学研究所做讲演《史学方法在史学上的地位》，后将讲稿写出，改题《考据在史学上的地位》，交由《责善半月刊》发表。此文批评近数十年来学术界以考据为"史学的正宗"和"惟一的内容"，分析了考据风尚压倒一切的原因，指出清代朴学和近代欧洲考据之盛的背景与得失，强调考据不能独当史学重任，而且考据必须有历史哲学的领导，有博大鸿阔的学识以及有实用价值。总之，"需要有目的的考据，更精密的考据学，具特识的考据家。否则整理国故，再造文明的鸿愿，永远是一个鸿愿而已"。[①]

再说《史学季刊》，该刊提倡采用轮流编辑，由各大学史学系、研究所或专家负责主编。第一期由蒙文通、周谦冲主编，第二期则由顾颉刚、张维华主编，两期共发文章31篇，其中绝大多数出自川大史学系以及蒙文通的门生，此刊通信处一开始定为"成都齐鲁国学研究所顾颉刚先生"，然蒙文通执掌省图后，即改为"成都四川省立图书馆范午先生转"，而在第一期"国际史学消息"一栏中，编者详细介绍了刚刚召开的第八届国际史学会，显示出对成立史学会的极大热情。由于经济问题，《史学季刊》仅出两期便告停刊，顾颉刚曾因无法向蒙文通交代而自责，"西山经管《史学季刊》，竟不报收支账。文通欲印第三期，向之收款，则诿为七百册查无着落。如此无耻，使我无以对文通、谦冲，故今日去函书铭，责以查询，如无结果则法律解决"。[②] 是时，顾颉刚主要精力集中于齐鲁国学研究所，对《史学季刊》较少顾及，顾颉刚所关心的是无法向蒙文通、周谦冲二人交代，而蒙文通则继续出版《史学季刊》，此举衬托出川大史学系对此刊寄予厚望，当时，华西坝上的几所高校文学院、研究所多有自办刊物，且联合出版研究集刊，但规定仅发内部研究人员的文章，唯独川大文学院缺乏专门出版物。如果说国文系的"老辈"尚有"值得骄傲的地方"，不屑与"外人"交流，

---

① 蒙思明：《考据在史学上的地位》，《责善半月刊》第2卷第18期，1941年，第15页。
② 《顾颉刚日记》（4），1942年2月10日，第641页。

那么，川大史学系则急需一个平台向外界展示自己。或如《史学季刊》所标榜"所载诸文"皆"考证不厌其详，观察不嫌其广，要当在有计划下分工合作，期为新史学奠其基础"，① 该刊的创办正是川大史学系希冀成立中国史学会，"预流"全国学术主流。但随后成立的中国史学会，却大大偏离了他们的预期。

1943 年春，国民政府教育部决定趁史地委员会第三次会议召开之机，邀集散处大后方各地的高校史学界学人，在重庆开会，成立中国史学会。2 月 28 日，傅斯年、郑鹤声、卫聚贤、金毓黻等人曾在重庆上清寺卡尔登饭店开会，金毓黻称为"参加史学会之集议"，"颇极一时之盛"，此会应是为中国史学会的成立而召开的筹备会议。稍后，教育部史地委员会向各大学史学系发出通电，告以开会计划以及时间地点，请各校派代表出席会议。对于一些重要学人，教育部还分别函请，以保证参加者的权威性和代表性。各校对此相当重视，开会议定代表名单和相关提案，尽可能做好准备。不过，教育部偏偏没有邀请成都各校史学系。3 月 24 日，中国史学会举行成立大会，各大学代表及会员到会者120 余人，后由大会选出的中国史学会职员，有理事 21 人：顾颉刚、傅斯年、黎东方、雷海宗、徐炳昶、陈寅恪、金毓黻、钱穆、朱希祖、吴其昌、胡适、缪凤林、柳诒徵、姚从吾、沈刚伯、黎锦熙、卫聚贤、萧一山、张其昀、陈安仁、陈训慈；候补理事 9 人：罗香林、陈衡哲、王芸生、方豪、贺昌群、陆懋德、丁山、张西堂、向达；监事 7 人：吴敬恒、方觉慧、张继、蒋廷黻、吴俊升、蒋复璁、邹鲁；候补监事 3 人：陈东原、王迅中、蒙文通。3 月 26 日下午 2 时，如期召开中国史学会第一次理监事联席会议，选举常务理监事，共选出常务理事 9 人（照章只应 5 人）：顾颉刚、傅斯年、黎东方、朱希祖、缪凤林、陈训慈、卫聚贤、金毓黻、沈刚伯；常务监事 3 人：吴敬恒、方觉慧、蒋复

---

① 顾颉刚：《发刊词》，《史学季刊》第 1 卷第 1 期，1940 年，第 2 页。

瑰。① 该会虽选顾颉刚为总主席，然实际负责筹备者为教育部史地委员会秘书黎东方，开会之日即由黎氏汇报"筹备之经过"，宣读"会章草案"。② 中国史学会成立后，对于提高史学研究之兴趣，及奖励史学专门著作等工作，颇为积极，曾拟筹备进行之工作如下：1. 筹设中国文化史学班；2. 设置国际史料编译处；3. 创办全国性之《中国史学》期刊；4. 筹备出版史学专刊，以便研究；5. 设法提倡对远东各国专史及世界华侨史之研究；6. 与各大学通力合作搜集地方史料；7. 筹置奖金奖励史学专门著作；8. 拟请教育部每年选派出国研究人员；9. 拟请教育部在各大学设置史学特别讲座并与同盟国交换教授；10. 拟请教育部增加高中历史授课时间。③

这个"千呼万唤始出来"的中国史学会，限于资料，其学术上之作为，暂无法详谈。不过，从官方的立场看，出资推动这样一个全国性学会的成立，实现对学术界控制的目的，自然要较发展学术本身重要得多。顾颉刚即暗示此次组织中国史学会乃因"延安正鼓吹史学，故办此以作抵制"，④ 此说不无依据，其实在史学会开会之当天即安排有向元首及最高领袖致数电及慰劳前方将士电，由金毓黻执笔撰定："军兴以来，学会林立，本为集中力量，各尽所长。况非鉴往而知来，无以宏中而肆外。爰本此旨，鸠合同志，组织中国史学会，期效铅刀一割之用，以收卅毂共辐之功。"⑤ 此会筹备两载，遍邀国统区各地各校学者参与，并由公家资助往返路费，⑥ 确是有心"鸠合同志"，"以收卅毂共辐之功"。如果说延安学者因政治立场未参会情有可原，那么成都学界未被邀请参会，更少有川籍学人入选

① 《顾颉刚日记》（5），1943 年 4 月 30 日，第 64 页。
② 穆吉：《中国史学会成立大会点滴》，《读书通讯》第 66 期，1943 年，第 15~16 页。
③ 《中国史学会　积极推进会务》，《中央日报》，1943 年 4 月 26 日，第 3 版。
④ 王煦华：《抗日战争期间的中国史学会》，上海图书馆历史文献研究所编《历史文献》第 4 辑，上海科学技术文献出版社，2001，第 221 页。
⑤ 穆吉：《中国史学会成立大会点滴》，《读书通讯》第 66 期，1943 年，第 16 页。
⑥ 陈安仁：《赴渝出席中国史学会观感记》，《现代史学》第 5 卷第 3 期，1944 年。

中国史学会职员名单，或因政治上中央与地方的矛盾，其背后不无轻视川省学术之意，这对一心想"预流"全国学术主流的川大史学系诚是不小的打击。

1945 年 1 月 14 日，成都学界应中国史学会之要求，在文化茶园，开史学分会筹备会，参与者有蒙文通、顾颉刚、冯汉骥、郑德坤、王绳祖、束天民、李哲生、姜蕴刚。会议推束天民为主席，蒙文通为会计、姜蕴刚为文书，郑德坤为庶务，王绳祖、李哲生任会刊编辑。① 但四川学界对中国史学会成立之时未邀请成都人士之事，颇耿耿于怀。1945 年初，顾颉刚从成都致陈训慈的信中曾言："此间史学界同人于元旦举行团拜，并商组织史学分会事，已议决推选蒙文通、束天民、李思纯、郑德坤等几君为筹备委员。在筹备期间，不免花钱，以是甚望总会方面能筹拨若干（径寄四川大学束天民、李思纯两先生），俾得推进其事。前年总会成立时，未邀请成都人士，至今此间人犹耿耿于心。元旦开会时，竟有某君提出不承认总会之说，所幸在场诸人深明大义，未经附和。今若口惠而实不至，则裂痕益深，非史学前途之福也。"② 蒙文通乃唯一入选中国史学会职员名单的"成都人士"，自然可以调和双方分歧，但蒙文通被选为中国史学会候补监事恐怕多是缘于顾颉刚之人情及其四川省立图书馆馆长的职务，而非因为川大史学系教授的身份。

三 执掌省图

四川省图书馆最早筹建于 1911 年，并于 1912 年 10 月由四川行政公署拨款创立，林思进与祝彦和相继主持馆事，后于 1920 年代末因财政问题，改为成都市立图书馆。1936 年 4 月，四川省教育厅厅

① 《顾颉刚日记》（5），1945 年 1 月 14 日，第 394 页。
② 顾颉刚：《致陈叔亮（训慈）》。此函原件为陈训慈先生藏，信末未署年代，仅书"一月十日"，当为 1945 年 1 月 10 日。转引自胡逢祥《现代中国史学专业学会的兴起与运作》，《史林》2005 年第 3 期，第 56~57 页。

长蒋志澄就职，同年秋蒋志澄于教育施政纲要内拟订规程，组建四川省立图书馆筹设委员会，以省主席为委员长，教育厅长为副委员长，聘省内外学术界名流及本省军政长官 55 人为委员。1937 年 3 月，省馆筹设委员会召开成立大会，决议开办经费总额 30 万元，由省教育厅酌情分年筹拨。后因抗战爆发，经费困难，筹建省馆一事被搁置。①

1939 年，新任四川省教育厅厅长郭有守，重申建立省图书馆旧案，此举得到中英庚款董事会的支持，并敦请郭有守拟具设置省立图书馆的详细计划，正式向中英庚款董事会申请补助。② 10 月 12 日，郭氏遂重新组织筹设委员会，聘请蒋复璁、沈祖荣、向仙乔、蒙文通、顾颉刚、岳良木、曹祖彬等 15 人为四川省立图书馆筹设委员会常务委员，③ 并于教育厅内举行第一次常务委员会会议，郭有守任主席并主持会议。会议决议事项有：（一）省府指拨款为建筑费及常年购置图书费；（二）呈请中英庚款补助 3 万元专作购买西文书费用；（三）储存款作筹备经费。④ 众所周知，川省多古籍而少西文图书，委员会先以储存省款 3 万元，购买中文书籍，一面申请专款购买西文书，且"图书主要任务，照部颁规程办理"，其用意不言而喻：将川省图建设成现代化的新式图书馆。

1940 年 1 月 1 日，省政府聘请岳良木为省立图书馆筹备处主任，筹备处成立。1 月 25 日，省教育厅聘请曹祖彬为省立图书馆筹备处副主任。同年 2 月，岳良木辞去筹备处主任职务，曹祖彬任筹备处代理

---

① 《川省厅加聘筹备员 筹设省立图书馆》，《中华图书馆协会会报》第 14 卷第 2、3 期合刊，1939 年，第 18 页。

② 《本会袁理事长为筹建成都图事致四川教育厅郭厅长函》，《中华图书馆协会会报》第 13 卷第 6 期，1939 年，第 11 页。

③ 《川教厅积极筹设省立图书馆》，《中华图书馆协会会报》第 14 卷第 4 期，1940 年；《四川省立图书馆概况》，《中华图书馆协会会报》第 14 卷第 5 期，1940 年，第 6~7 页。

④ 《川省厅加聘筹备员 筹设省立图书馆》，《中华图书馆协会会报》第 14 卷第 2、3 期合刊，1939 年，第 18 页。

主任。3个月内，筹备处"购买中西书籍二万余册，杂志一百余种，及日报四五十种"，此外接收各方捐赠书籍亦不在少数。4月10日，省立图书馆举行成立典礼，"计到考试院戴院长，绥署邓主任代表刘东父，中央图书馆筹备主任蒋复璁，教育厅长郭有守，建设厅长陈筑山，金陵大学文学院院长刘国钧暨各机关长官，学界名流，各界来宾二百余人"，任命曹祖彬为馆长。① 曹氏在任期间，最主要的工作便是推广现代图书馆的理念。1940年11月7日，省教育厅为"改进中等学校图书管理，训练专门技术人员起见"，特委托四川省教育学院、省立图书馆联合在省立图书馆内举办第一期中等学校图书管理人员讲习班，对在职人员进行业务培训，共有25名学员参加培训，其中23名获结业证。该班采用授课与实习相结合的办法，特聘刘国钧讲授图书分类法，李小缘讲授图书馆建筑与设备推广，曹祖彬讲授图书行政，陶述先讲授图书编目法。学期于次年1月9日结束，学员学习后仍回原校工作。② 教育厅批示，凡经学习及格人员，原学校日后不得借故辞退。在结业训词中，郭有守即鼓励学员："回到学校，对于学校图书馆的管理及运用的方法，当然可以充分的应用，并可根据各学校实际的情形，切实加以改进。"③

　　1941年1月，省教育厅增设第四科，负责推行社教事项。科内分设两股，第一股负责民教馆、图书馆、博物馆及科学馆。9日，省教育厅聘请四川大学教授蒙文通任四川省立图书馆馆长。2月3日，蒙文通就职。此次馆长更选拉开了四川省图书馆人员组成乃至工作重心的新旧兴替。四川省档案馆现存战时四川省图书馆档案，见表5-1、表5-2。

① 《四川省立图书馆正式成立》，《中华图书馆协会会报》第14卷第6期，1940年，第10~11页。
② 《成都四川省立图办理图书管理员讲习班》，《中华图书馆协会会报》，第15卷第3、4期合刊，1941年，第16页。
③ 郭有守：《学校图书馆的经营》，《中等教育季刊》第1卷第3期，1941年，第14页。

表 5-1　四川省立图书馆职员名册（1940 年 12 月）

| 服务部分 | 头衔 | 姓名 | 出生年份 | 籍贯 | 出身 | 略历 | 职掌 | 到职时间 |
|---|---|---|---|---|---|---|---|---|
| 省图 | 馆长 | 曹祖彬 | 民前12年 | 安徽青阳 | 金陵大学文学士、美国芝加哥大学图书馆学硕士 | 金陵大学图书馆副馆长兼图书馆学教授 | 综理全馆事务 | 1940 年 1 月 |
| 总务部 | 主任 | 鲍思仁 | 民前16年 | 江苏宝山 | 吴淞中国公学政治经济科、陕西省战时行政人员训练所县政股毕业 | 曾任县府承审员科长秘书、江苏省县长甄审委员会甄审合格，以县长任用审计部陕西审计处荐任秘书兼总务组主任 | 总理不属其他各部事务 | 1940 年 10 月 |
|  | 文牍干事 | 吕洪年 | 民前1年 | 四川仁寿 | 前四川大学中国文学院毕业 | 敬业学院经学目录学讲师、国民政府参军处荐任服务员、安徽凤阳中学暨省立第三临时中学教员、四川省立资中中学教务主任 | 整理一切文书事宜 | 1940 年 1 月 |
|  | 助理干事 | 陈子坚 | 民前4年 | 四川华阳 | 前公立四川大学中国文学院专门部修业、四川省高等文官定考考试科别及格 | 曾任小学教员、级任中学图书管理员、报社编辑、区署区员、浦江崇庆两县府科员 | 整理收集保管文件并缮写文书 | 1940 年 1 月 |
|  |  | 朱守吾 | 民前15年 | 江苏宝应 | 上海浦东师范毕业 | 宝应教育馆主任、重庆载英中学国文教员兼教务及校长办公室副主任 | 看守沙板桥移藏书籍 | 1940 年 3 月 |
|  | 庶务 | 李达之 | 民前1年 | 四川华阳 |  | 四川成都地方法院书记、四川省立资中中学雇员 | 办理庶务事宜 | 1940 年 1 月 |

续表

| 服务部分 | 头衔 | 姓名 | 出生年份 | 籍贯 | 出身 | 略历 | 职掌 | 到职时间 |
|---|---|---|---|---|---|---|---|---|
| 采编部 | 主任 | 陆秀 | 民前10年 | 江苏无锡 | 美国哥伦比亚大学师范学院教育硕士,湖北私立文华图书馆学专科学校毕业 | 曾任北京女子师范大学、国立浙江大学工学院,河北省立女子师范学院图书馆主任,国立西北师范学院家政系教授及儿童保育室主任 | 主持采编部内一切事宜 | 1940年11月 |
| | 干事 | 陶吉庭 | 民2年 | 江苏江宁 | 上海沪江大学毕业 | 曾任图书馆馆员股长及通俗图书馆导员,自贡市蜀光中学英文教员兼图书馆主任 | 办理编目事项 | 1940年1月 |
| | 助理干事 | 黄淑芳 | 民前6年 | 湖北钟祥 | 安徽省立第二女子师范毕业,国立东南大学教育课肄业 | 历任菲律宾华校及安徽省立第四、第七两中学教员 | 缮制卡片 | 1940年1月 |
| | | 斯全 | 民5年 | 浙江诸暨 | 上海大夏大学教育系肄业,日本东京日本大学社会科肄业 | 曾任杭州清波中学教员,浙江图书馆特约投稿者,江防司令政治部日文干事 | 采定杂志报纸 | 1940年4月 |
| 阅览部 | 主任 | 马书润 | 民3年 | 河北景县 | 河北天津省立第一女师毕业 | 天津女师学院图书馆阅览室助理干事,安徽蚌埠三民公学教员 | 办理采购登录手续 | 1940年9月 |
| | | 曹祖彬 | | | | | 管理阅览一切事件由馆长兼任 | |
| | 干事 | 吴济良 | 民3年 | 南京市 | 江苏省立南京中学毕业 | 金陵大学图书馆流通部馆员,空军机械学校图书馆服务 | 看守书库,出纳图书 | 1940年12月 |

续表

| 服务部分 | 头衔 | 姓名 | 出生年份 | 籍贯 | 出身 | 略历 | 职掌 | 到职时间 |
|---|---|---|---|---|---|---|---|---|
| 阅览部 | 助理干事 | 邱岱 | 民2年 | 四川乐山 | 宁雅功联立高中毕业 | 历在国立四川大学及金陵大学两图书馆服务 | 看守书库出纳图书 |  |
| | 主任 | 陶述光 | 民前10年 | 南京市 | 北平燕京大学肄业，武昌文华图书馆学专科学校毕业 | 历任外交部图书馆科员，中央军校图书馆编目组长，沪江大学及卫生署图书馆主任 | 主持部内一切事宜 | 1940年1月 |
| 辅导部 | 干事 | 华贤文 | 民5年 | 江苏无锡 | 南京市私立钟英中学毕业 | 曾任金陵大学及军空军机械学校图书馆管理员 | 助理辅导事宜 | 1940年4月 |

资料来源：《四川省立图书馆职员名册》（1940年12月），四川省立图书馆档案，档号：109-1，四川省档案馆藏。

**表5-2　四川省立图书馆职员名册（1941年8月6日）**

| 服务部分 | 头衔 | 姓名 | 出生年份 | 籍贯 | 出身 | 略历 | 职掌 | 到职时间 |
|---|---|---|---|---|---|---|---|---|
| 省立图书馆馆长室 | 馆长 | 蒙文通 | 民前18年 | 四川盐亭 | 四川存古学堂毕业 | 国立成都师范大学成，都大学教授兼图书馆主任，中央大学东北大学教授 | 综理全馆事务 | 1941年2月3日 |
| | 编纂 | 王淑瑛 | 民前2年 | 四川宜宾 | 国立清华大学西洋文学系毕业，法国巴黎大学文学博士 | 国立中山大学文学院教授，私立光华大学英文专聘教授 | 编辑馆刊及撰拟外国文函件 | 1941年3月 |

续表

| 服务部分 | 头衔 | 姓名 | 出生年份 | 籍贯 | 出身 | 略历 | 职掌 | 到职时间 |
|---|---|---|---|---|---|---|---|---|
| 总务部 | 主任 | 周守廉 | 民前20年 | 四川华阳 | 四川专门法政学校政治科毕业 | 省立第一中学,成都县公学,重庆联合中学各校史地国文教员,省立第二女师范总务主任,省立第一师范学校教务主任,私立建本小学校校长 | 总理不属其他各部事务 | 1941年2月3日 |
| | 文牍干事 | 王孟瑶 | 民前30年 | 四川华阳 | 四川高等学堂师范班毕业 | 曾任德阳县师范传习所兼县立高小校长,省立西城小学校长,省城各中学校国文教员,川中区省视学,华阳县教育局长,成都市立通俗教育馆馆长,前省长公署秘书 | 办理一切文牍事宜 | 1941年2月 |
| | 助理干事 | 陈子坚 | 民前5年 | 四川华阳 | 前公立四川大学中国文学院专门部修业,四川省高等文官检定考试科别及格 | 曾任小学教员级任,中学图书管理员,报社编辑,区署区员,崇庆两县府科员 | 办理收发保管文件兼缮写文书 | 1940年1月 |
| 研究辅导部 | 主任 | 程永年 | 民1年 | 四川井研 | 成都师范大学文预科毕业,北平清华大学肄业二年余(因病休学),武昌文华图书馆学校毕业 | 曾任省立五中,井研县中教员,国立四川大学图书馆中西文编目股长,国立中央图书馆干事(主编全国图书总目),国立中央大学医学院图书室主任 | 主持研究部内一切事务 | 1941年4月 |

续表

| 服务部分 | 头衔 | 姓名 | 出生年份 | 籍贯 | 出身 | 略历 | 职掌 | 到职时间 |
|---|---|---|---|---|---|---|---|---|
| 研究辅导部 | 干事 | 赵文杰 | 民前5年 | 四川重庆 | 四川大学史学系毕业 |  | 助理辅导事宜 | 1941年2月 |
|  | 助理干事 | 孔玉芳 | 民5年 | 辽宁营口 | 华西大学毕业 |  | 管守崇义桥移藏图书及出纳事项 | 1941年7月 |
|  |  | 孙惠兰 | 民4年 | 安徽怀远 | 齐鲁大学毕业,齐鲁大学国学研究所肄业 | 服务苏州呈海女子师范及济南女青年会 | 办理辅导各项文表 | 1941年7月 |
|  | 代理主任 | 范午 | 民1年 | 四川资阳 | 国立四川大学毕业 | 历任高初中国文史地教员,国立四川大学图书馆编目、典藏、期刊诸职,陆军第五十军中校秘书,齐鲁大学国学研究所编辑员 | 主持部内一切事务 | 1941年3月 |
| 采编部 | 干事 | 胡文毅 | 民2年 | 湖南湘潭 | 河北省立女子师范学校史地系毕业 | 曾任四川省高教员,山东博兴县师范学校教导主任,湖南湘潭县中教务主任,河南洛阳图书杂志审查委员会主任干事 | 管守崇义桥移藏图书 | 1941年2月 |
|  |  | 黄欣周 | 民前1年 | 江苏常熟 | 国立中央大学毕业 | 曾任上海中学,浙江财务学校教员,新中国日报社编辑 | 采购中西文图书 | 1941年2月 |

续表

| 服务部分 | 头衔 | 姓名 | 出生年份 | 籍贯 | 出身 | 略历 | 职掌 | 到职时间 |
|---|---|---|---|---|---|---|---|---|
| 采编部 | 助理干事 | 廖幼平 | 民前3年 | 四川井研 | 成都师大毕业 | 曾任隆昌中学、井研中学、仁寿中学,四川艺专各校教员 | 编制中文图书 | 1941年3月 |
| | 书记 | 陈秋萍 | 民前4年 | 四川隆昌 | 国立成都大学毕业 | 曾任重庆成德女子中学、南岸中学及隆昌乡村师范教职员,成都中华女中、敬业中学教员,《四川时报》《国难日报》编辑 | 管守书库出纳图书 | 1941年3月 |
| | | 臧敬彬 | 民9年 | 辽宁 | 西南联大肄业 | | 登记线装书籍 | 1941年7月 |
| | | 刘福同 | 民6年 | 安徽怀远 | 金陵女子文理学院毕业 | 曾服务安徽大学、上海禅文女中、杭州弘道女中 | 担任西文编目事宜 | 1941年6月 |
| 阅览部 | 干事 | 李子信 | 民前7年 | 山东博山 | 国立北京大学毕业 | 历任山东省济南女子中学、国立第六中学教员,四川省教育厅科员 | 处理阅览部一切事务 | 1941年5月 |

资料来源:《四川省立图书馆职员名册》(1941年8月6日),四川省立图书馆档案,档号:109-1,四川省档案馆藏。

对比上述二表，在四川省图书馆筹备期以及曹祖彬就任馆长时，川省图的人员多为川外人士，而主要负责人均受过现代图书馆学训练，曹祖彬等人更有留学经历，这与川省的"现代化进程"相配合。但未过一年，形势却发生逆转。虽说曹祖彬离任的原因不详，但联系川大易长风波，"川人治川"的思想在四川仍根深蒂固。川省图人员多为外地人势必会引起川籍本地人的非议，而且战争导致中外交通不便，购买西文图书、推广新式图书馆的理念难以实行。例如："成立后一月之内，遂已购入商务中华等书局出版之新版书六千余册，旧本线装书五千余册，四川省地方志九十余种计七百余册，又云南通志一百册，金石拓片一百余帧，西文书籍二百余册。"① 可知，在现实条件下，川省图所藏书籍仍是以"国学书"为主，故川省图的路线调整势在必行。据蒙默教授的回忆，有鉴于此，中央图书馆馆长蒋复璁建议郭有守聘请蒙文通出任馆长。② 蒙文通上任伊始，即聘任大量四川籍学人，起初各部门的职掌名义上并未有太大调整，仍是中西并举，但重要职务则渐由旧学根底深厚者担任。以编纂为例，一开始，由西洋文学博士王淑瑛担任，主要任务是编辑馆刊及撰发外国文函件，可知此时省图仍以西化为主，但战争环境下推广此一目标，显然不现实。王淑瑛于1941年10月辞职，③ 此后此职的职掌改为编辑馆刊及整理国学书目，馆刊自然是《图书集刊》，先后担任此职务的有李源澄（1942年1月1日上任）、曾义甫（四川国学专门学校毕业，1943年3月1日上任）、傅韵笙（四川成都人，国立北京大学毕业，1946年3月1日上任）。④ 由编纂一职的递嬗不难看出图书馆的宗旨亦由"新"转入"旧"，收藏校勘古籍以发扬蜀学成为蒙文通在任时的工作重心。

① 《四川省立图书馆概况》，《中华图书馆协会会报》第14卷第5期，1940年，第7页。
② 此据2008年9月29日上午10点笔者对蒙默先生访谈记录。
③ 《四川省立图书馆职员动态月报表》1941年10月，四川省立图书馆档案，档号：109-1，四川省档案馆藏。
④ 《四川省立图书馆雇用聘用人员之呈文及省政府教育厅之训令、函、委托书等》（1940年至1949年），四川省立图书馆档，档号：案109-2，四川省档案馆藏。

全面抗战时期，巴蜀史研究蔚为风潮，"蜀学"一名遂为巴蜀文化所取代。在川大史学系，徐中舒是较早对此加以注意的学者。1940 年代初，他先后发表了《古代四川之文化》和《蜀锦》两文。虽说四川本土学者本有关注乡邦文献之学的传统，与近代史学的区域研究有不小的距离，但 1940 年代以后的巴蜀研究，已经基本上完成了向近代史学的转化。① 蒙文通也参与其中，1940 年初，蒙文通、郭沫若、卫聚贤、沈尹默、马衡、金毓黻、胡光炜、程憬、缪凤林、常任侠、杨家骆、邓少琴、商锡永、姜亮夫、杜刚百、卢作孚、陈青石等数十人，联合发起巴蜀史地研究会，该会以研究巴蜀史地为宗旨，拟定开展各项事业：设立巴蜀文物馆、刊行关于巴蜀文化刊物、组织发掘及采访团以及其他有关发扬巴蜀文化的事业。② 不过，蒙文通所执掌的省图仍是在"兴蜀学"的思路下，弘扬乡土文化。蒙文通就任省图书馆长不久，少时同学曾琦就致函：

> 自辛亥一别，垂三十年，中间虽曾邂逅蓉城，而未克畅叙离惊，其为怅惘，当复何如？比闻吾兄出长省立图书馆，以兄之学富五车，必能广罗四库，俾士子有馈贫之粮，学风奏崇实之效。昔张文襄公尝谓"蜀士病在于陋"，故置尊经书院以药之。余杭章太炎先生有言：蜀中多清才而少雄才，其故由于不读历史。盖历史之于政治，犹棋谱之于行棋云。弟意亦窃以为馆中搜罗书籍，宜侧重于历史，固应广事收藏，西史之译有专书者，如名人传记及回忆录之类，亦宜遍访而尽购之。次则历代四川学者著述，亦宜尽量访购，并先将目录编印成册，徐图搜集。如能宽筹经费，不妨仿《黔南丛书》之例，编印《蜀学丛书》，如此庶可不没先贤之心血，兼示

---

① 参见段渝《"巴蜀文化"研究发轫》，《史学史研究》2007 年第 4 期；王东杰《学术"中心"与"边缘"互动中的典范融合：四川大学历史学科的发展（1924~1949）》，《四川大学学报》2006 年第 4 期。
② 《巴蜀史地研究会草章》，《说文月刊》第 3 卷第 4 期，1941 年，第 110~111 页。

后进以楷模，度亦兄所乐为而优为者也。其它各科之搜罗，当早在兄计划中；一得之愚尚祈垂察。[①]

曾琦此信意在建议蒙文通延续尊经书院之传统，在新形势下，以"历史"治蜀士之病，提议为弘扬先贤，似当编印《蜀学丛书》。如今并无关于蒙文通对此信反应的记录，不过此信至少暗示或契合了蒙文通将四川省图书馆由"新"转入"旧"，复归"乡邦文献之学"的思路，主要表现在以下几个方面。

其一，四川省图书馆的首要任务便是收购川省藏书家的藏书，以便文献保存。为避免遭空袭，早在 1940 年 8 月，四川省参议会就批准参议员陈敬修之提议，四川大学保管之前尊经书院书刻版交省图书馆"妥为保存"。[②] 蒙文通刚上任就积极联络由省教育厅于 1942 年元月垫拨购书款 2 万元，购置蜀贤祝彦和、祝屺怀父子藏书 5000 余册。同年2 月，用 29000 元购置罗希成私人藏书 3461 册，其中有明刻《大政记》《皇明名臣记》《史通》《贞观正要》《太平御览》《苏东坡集》等多种珍善本古籍。为避免日机轰炸，这批藏书后移至成都郊区齐鲁大学国学研究所暂存。依照省馆阅览规则，对该所研究人员开放阅览。2 月 26日，省通志局奉令撤销，该局包括民初宋育仁编修的《四川通志》稿本在内的大部分图书文稿物品由四川省立图书馆接管，直至 1946 年省通志馆恢复。[③] 原本用于购置外文书的中英庚款委员会所拨付的 3 万元购书款亦因无外汇未能购买西文书籍，遂于 1943 年征得中英庚款委员会同意移作购置中文图书。截至 1944 年 11 月底，四川省立图书馆的藏书共有中文线装书 39216 册，中文平装书 9897 册，西文书 877 册，图

---

① 曾琦：《致蒙文通书》（1941 年 3 月 22 日），《曾慕韩（琦）先生遗著》，沈云龙主编《近代中国史料丛刊》第 68 辑（674），台北：文海出版社，1966，第 207~208 页。

② 《本会参议员陈敬修请提请四川大学保管之前尊经书院书刻版交省图书馆》，四川省参议会档案，档号：49-811，四川省档案馆藏。

③ 陶元甘：《记四川通志局及四川省通志馆》，中国人民政治协商会议四川省委员会文史资料委员会编《四川文史资料选辑》第 32 辑，四川人民出版社，1984，第 165~174 页。

表 112 张，杂志 89 种，中英文报纸 8 种。①

其二，校勘古籍是四川省立图书馆的主要研究工作。1942 年 3 月川省图出版馆刊《图书集刊》，外界即称："自蒙馆长莅任以来，对于学术研究，更多贡献，最近该馆出《图书集刊》，足见对学术上研究之提倡，不遗余力。"② 在《发刊词》中，教育厅长郭有守力辩公共图书馆与私家藏书之别："公家之藏，所以应众人之求，无高无下，无雅无俗，以读之者非一途，故应之者亦非一术。私家之藏书所不必有者，公家之藏或必不可无。"另外，"私家之所矜，若精钞，若秘本，若旧椠，徒以罕为珍者，顾又非公家之所汲汲也。夫书贵善本，以鲜脱讹，乃旧刊而精，十不一二。以云乎骨董则似之，以资乎校读则未也。故公家收蓄，诚不必与私室斗富争奇，徒为浪费。但于善本，勤事雠勘，判其得失，萃众本之长，以应学者之需，俾有定本，以驾乎旧刊之上。此公家力之所能，又私家之所往往而忽也"。③ 此类观点，与蒙文通近似。蒙氏时常强调："读书贵能钻进去，并不在于读罕见的书，要能在常见书中读出别人读不出的问题。宋刻元椠并不足贵，章太炎就常说他是读洋板书的人。"④ 但为求善本，省图仍集中力量校勘古籍，将成果发表于《图书集刊》，以应学界之需。《图书集刊》上先后发表了蒙文通《明覆元本宋史全文续通鉴跋》《跋陈御简诗稿》《馆藏嘉靖汪刻文心雕龙校记书后》，张蕴华《馆藏明蜀刻本史通初校记》，冯璧如《宋蜀刻本古今注补校》《袁昂今古书评校记》《涵芬楼影印弘治本新语略校》，范午《老子翼校记》，张白桁《新序校注补正》等大量校勘文章，以及章学诚、廖平、刘咸炘等人的遗稿。但蒙文通本不喜欢校勘版本之学，故其并非单纯校勘文字，而是力图从校勘中见学术变迁。例如校勘嘉靖

---

① 《四川省立图书馆》，杨宝华、韩德昌编《中国省市图书馆概况（1919～1949）》，书目文献出版社，1985，第 358 页。

② 《四川省立图图书集刊创刊号出版》，《中华图书馆协会会报》第 16 卷第 5、6 期合刊，1942 年，第 20 页。

③ 郭有守：《发刊词》，《图书集刊》第 1 期，1942 年，第 1 页。

④ 蒙文通：《治学杂语》，蒙默编《蒙文通学记》（增补本），第 2 页。

汪刻《文心雕龙》时，便落实清代的考证之学其实起源于晚明，"正德、嘉靖之学风，实一变南宋、明初之旧贯。自前后七子倡言文必西汉、诗必盛唐，而实即排斥宋人。外似排欧苏之文学，而中实尤恶程朱之义理。摒宋学则以复古为功，斥义理则以博学为贵。是故嘉靖以来，古籍善本日多，而博该之学，亦超于前世。……然则清代考证之学，实导源于此。至若以不读唐以后相号召，尤显为本之前后七子者，岂必自杨升菴、焦弱侯而后开其端耶？凡清人之自号汉学家以讥诃明人为名高者，如清四库馆臣之流，动讥明人之学，而诋明刻之书，一概抹杀，实未了然于学术之流变"。①

其三，发扬蜀学。1944 年秋，四川省政府应省参议会王璞山之提议，征求本省文献编纂丛书，发扬蜀学，特成立四川文献整理委员会。该会设主任委员 1 人，由四川省政府主席兼任；副主任委员 1 人，由四川省教育厅厅长兼任。除省通志馆、图书馆、博物馆三馆馆长为当然委员外，由兼主任委员聘请本省耆宿如赵尧生、谢无量、沈坚白、向乔仙、林山腴、刘豫波、赵少咸、李培甫、萧仲仑、庞石帚、彭云苏、李炳英、赖以庄、卢子鹤、严谷孙、王恩洋、伍非白、熊君实、李哲生、李劼人、梁叔子、张颐生、谢子厚、胡铁华、曹骧蘅、刘洙源、曾慎言、朱青长、张大千等 29 人为本会委员，并设常务委员 9 人，除正副主任委员，及通志馆、图书馆、博物馆为当然常务委员外，其余由主任委员聘请本会委员中之谢无量、向仙乔、曾慎言、庞石帚等为常务委员。以上人员可谓囊括了川省本土新旧各派的主要人物，其中显以"老辈"居多。

四川文献整理委员会为整理四川文献之枢纽，整理川省文献，以弘扬蜀学，凡"本省先正著作稿本及公私板刻，应如何征求编印及调查补缺并各地古物古迹应始何搜集保护等其荦荦□大端，胥先由本会整理，方交通志馆、图书馆、博物馆分掌"。具体分工为：文书组，"设

---

①　蒙文通：《馆藏嘉靖汪刻〈文心雕龙〉校注书后》，《经史抉原》，第 464～465 页。

主任一人，以四川省教育厅厅长兼任之，掌理本会文书庶务及其它有关总务事项"；编审组，"设主任一人，以四川省通志馆馆长兼任之，掌理本省先正著作稿本之正讹缺阙事项"；调查组，"设主任一人，以四川省图书馆馆长兼任之，掌理本省公私板刻之调查整理事项"；保管组，"设主任一人，以四川省博物馆馆长兼任之，掌理各地先代墓碑及雕刻造像以及一切古物古迹之登记保护事项"。主要工作有如下三项：

（一）编印《四川丛书》

往昔有豫章、金华、永嘉丛书。近复有金陵、安徽等丛书，所以搜集一方文献，阐扬幽隐、网罗放逸。自汉以来，蜀贤著述之多，岂可胜数。事应先纂目录，随时搜求以待刊印。至刊印之序，应首重前贤稿本之未刊者，而近代之稿则须加选择，并旧有刊本书至重要而流传未广者，如宋之《太平治迹统类》、《名臣碑传琬琰集》之类为先，至流传虽早，但其书不重要者次之，兼书虽有传本流行而先宜收入者，则以省外刊本为先，如《续资治通鉴长编》、《东都事略》之类是也。而省内有刊本者次之，如《建炎以来系年要录》及《朝野杂记》之类是也。再省内已有刻本各书，宜设法联合印行，以为《四川丛书》第一集，惟刊刻未精，须先校雠而刊刻不完者，须先补正足之。

（二）整理四川刻本

蜀中自清季以来公私刻书渐盛。除官刻而外，私家及书坊所刻亦众。如昔元尚居御风楼宏达堂之类。近如志古堂、善成堂之类所刻虽不尽蜀贤之著，而实多有用之书，其卷帙浩繁而工程巨者如《十三经注疏》、《汉魏丛书》、《资治通鉴》之类是也。其它如眉山之《三苏全集》，戊戌六君子中之《刘杨遗集》，名山《寿栎庐集》，井研之《六益馆全集》，绵竹之《张魏公集》，新都之《杨升庵集》，富顺之《问琴阁遗集》，或则板本多缺，亟待补刻，或则不能保护渐至残毁，是皆宜调查整理，为之正讹补缺，俾成善本，其零落者，或经由本会收购、保护。若宋明以来蜀刻珍本，亦宜尽力搜求，以存文献。

（三）调查保护古物

吾蜀汉墓唐碑及雕刻造像之类，各处往往有之，或有事待于访求或有失之于保护。其古迹文化，日渐凋残，良可叹惜。凡古贤遗著艺苑余芳，事宜调查登记，监督保护，俾先代遗物永存于世，兼吾蜀石经，自两宋以来，早为学者所重视，而为四川文献之冠冕，近因开辟城垣，时有出土者，惜皆落于私人之手，但其不以千数，必有埋藏于地下者，并应设法发掘，使沉海数百年之古物，重显于世，以为考证之资。[①]

编审、调查、保宥三组所分别对应的是编印四川丛书、整理四川刻本、调查保护古物，各组之间互有交集，但受限于地方财力，以上诸事不可能全面开展。同时，整理委员会内部就如何整理文献亦存在分歧。王恩洋即指出，"文献委员会，共有三种基本工作：（一）调查，四川省各地方一切古物文献。（二）保存，已经有的文献，应该保存下去，不可使他散失。（三）搜辑，我们要作一种研究，非要把材料辑拢一处不可。这三件事都属于行政方面，现在有教育厅、图书馆、博物馆、通志馆这几个机关，可以把这些事办理下去"。但不能以此为满足，"省内负有教育文化、学术思想责任的人，我们所应负的责任，不是调查、保管、搜辑，而是在整理"，"所谓整理，是要将固有文献中不妥的，繁冗的，有损害的部份取销，而要将其中精华的，有价值的足以遗传于世的，加以宣扬与阐发。这是本会各委员所应负的责任"。[②] 也就是主张先由各行政机关提供材料，由委员们先研究，再整理，整理的目标就是去伪存真、去粗取精。

---

① 蒋智祥：《四川省文献整理委员会成立之意义及其任务》，《四川省教育厅、四川文献整理委员会、中国教育学会及四川分会筹备讨论学制改革监事联席会议签到簿、会议记录》，四川省教育厅档案，档号：107-877，四川省档案馆藏。

② 王恩洋：《对整理四川文献之意见》，《文教丛刊》第1期，1945年，第108页。

蒙文通以省图馆长的身份，任调查组主任一职，其领导的四川图书馆主要工作正是"整理四川刻本"。截至 1940 年代中期，省立图书馆完成校勘、辑佚的古籍有：《尔雅郭校注本》《唐才子传》《新语略校》《新序》《文心雕龙》《尚书大传》等。① 现存一份蒙文通于 1946 年 4 月填报的工作报表，说明该馆的研究辅导工作主要就是校雠古籍：1. 校勘四川大学刻本《晋书》（先用武英殿本初校汲古阁，再校用涵芬楼影宋本三校）；2. 研究武英殿本汉四史底本（川大前四史皆据武英殿本，唯殿本究以何种宋本为底本刻正研究以待校勘）；3. 整理《三国典略》（已从《太平御览》中辑成佚文二八八条刻正据《魏书》《北齐》《北周》《梁书》《陈书》排比校勘）；4. 校勘四川大学本《南史》《北史》（刻方开始用武英殿本初校）。② 至于保管组主任当为省博物馆馆长冯汉骥，其实早在 1938 年，冯汉骥、蒙文通即同为四川大学博物馆筹备委员会委员，③ 后来亦同为四川古物保存委员会委员，二人就调查保护川省古物多有默契，据现存四川省博物馆几次工作会议记录，可知蒙文通对四川省博物馆之事业建言颇多。1942 年 1 月 13 日在四川博物馆理事会第二次会议上，方叔轩提议收集齐鲁大学教授拟转让部分川中先贤遗著遗墨案，会议决议"俟鉴定后再行决定是否收买"，并请邓只淳、向楚、蒙文通负责收集。在 1942 年 9 月 12 日的第三次会议上，蒙文通提议"择馆中精品影印传布"，后决定由蒙文通与冯汉骥商会办理，并酌列预算。1948 年 1 月 24 日的第十二次会议上，蒙文通提议"将本馆发掘王建墓研究报告亟应早日付梓公诸社会"，因为"此项报告因其对学术界贡献甚大，故中外学人均愿以先睹为快，但因其中图片甚多，国内非京沪大印刷厂商不能承印，需费自必庞大，惟为发扬四川文

---

① 《四川省立图书馆》，杨宝华、韩德昌编《中国省市图书馆概况（1919~1949）》，第 359 页。

② 《四川省立图书馆工作报告表》（1946 年 4 月），四川省立图书馆档案，档号：109-1，四川省档案馆藏。

③ 《国立四川大学博物馆筹备委员会委员名单》，《四川大学校刊》第 7 卷第 2 期，1938 年。

化设想，所费虽多，亦应早日付梓"。①

此外，蒙文通更"兴学"以续"尊经"学脉。1942~1943年，东北大学文学院诸教授，为蜀中学子未能升入大学者继续就读之便，乃倡办"草堂书院"。1944年秋，说文社为主办方，以东北大学教授丁山、高亨、孔德为创建人，敦请说文社理监事吴稚晖、于右任、戴传贤、张继、吴忠信、卫聚贤为校董，②并在蒙文通的襄助下，分别于成都、三台两地设置考区，公开招收高中毕业，或具有同等学力之学生入学，其中成都考点即设在四川省立图书馆，主考人为蒙文通。由于东大文学院内部的矛盾，孔德"鼓动除三台籍外的近半数学生，去重庆北碚"，将校名更为"勉仁国学专修学校"，后改为"重庆勉仁文学院"，在全省范围内招生。此时教育部也批示"现时办'书院'无此体制，准照原'无锡国专'之例，可办三台草堂国学专科学校"。自此，"草堂书院"正式更名为"三台草堂国学专科学校"，该校"以发扬中华文化、培植国学专门人才为宗旨"，"科目以精读国学基本经籍为主，定为三年修业，以养成国学专门人才为目的，并开夜班特重词章以资应世"。③起初，以杨向奎代理校长，赵纪彬任教务长。1945年初春，校董事会聘请蒙文通担任校长。

是年秋，国家专科学校招聘新生，学生人数激增一倍，学制分3年与5年两种，3年制招收高中毕业或具有同等学力的学生，5年制招收具有初中毕业或同等学力的学生入学。学校开设文、史、哲三类课程，根据教学计划的要求，各个不同年级和不同学系的学生，按要求与兴趣实行必修与选修。蒙文通增聘陆侃如讲的《中国文学史》，董每戡讲的《词曲》，叶丁易讲的《目录学》《说文解字》，孙道昇讲的《当代哲学史》，姚雪垠讲的《中国现代文学史》，蒙季甫讲的《三礼》，加上之前杨向奎教的《中国通

① 《四川省博物馆会议记录、工作概况》，四川省博物馆档案，档号：110-1，四川省档案馆藏。
② 《三台草堂国学专科学校缘起》，《说文月刊》第5卷第1、2期合刊，1944年，第137页。
③ 《三台草堂国学专科学校简章》，《说文月刊》第5卷第1、2期合刊，1944年，第137页。

史》，赵纪彬讲授的《哲学概论》《论语》《孟子》《逻辑学》，丁山所讲《左传》，高亨讲的《尚书》，可以说，国家专科学校所设文、史、哲三类课程，较为齐备。1946年秋，东北大学师生陆续复员离川，国家专科学校师资成为突出问题，蒙文通遂经校董事会同意，聘请谢无量担任校董事会董事长，二人决定将学校迁至成都，并更名为成都尊经国学专科学校，此意即在"继承振兴蜀学的尊经书院遗风"，国专的教师遂以四川省籍为主。①学校迁址与改名后，国专学风开始改变。前在三台，师资多为东大文学院教授，故所提倡"国学"多袭以"科学整理国故"一脉，而在成都，师资固然多以川大、华西文学院的学者为主，所提出的"尊经"远则秉承"绍先哲，起蜀学"之意，近则多与川大国学研究会合流。至1947年春，成都尊经国专的师资与课程有，蒙文通讲《史学通论》，伍非百讲《庄子》，彭云举讲理学、文选，蒙季甫讲三礼，其他授课人员有曾义甫、杨庆治、徐子良等，后又增聘刘百川讲《昭明文选》，萧萐父教哲学，殷孟伦讲声韵学，徐岱中讲《韩昌黎文集》，徐仁甫讲《荀子》，老师可谓多旧学之传，分别讲授"经、史、子、集"四大类课程，所教则为"读书须明'微言大义'、'通经致用'"。②

1941~1949年担任四川省立图书馆馆长一职，是蒙文通一生仅有的领导一学术机构的经历，此一职务无疑为蒙文通参与各种文教活动提供了便利，也提高了其声誉。而战时西南图书资源匮乏，四川省图书馆无疑成为战时重要的学术、文化交流中心，川省图书馆为各方学者治学、读书提供了便利，蒙文通与国内各方学人的交流也日益频繁。在此期间，蒙文通仍在各大学兼课，所讲无外"古史""史学史"，《中国史学史》诸稿也于是时陆续发表，志在扬《春秋》大义，"取舍之际，大与世殊"。

---

① 邓明昕：《尊经国学专科学校简介》，中国人民政治协商会议四川省绵阳市委员会文史资料研究委员会编《绵阳市文史资料选刊》第10辑，1992，第94~95页。
② 袁海余：《三台草堂国专与成都尊经国专》，中国人民政治协商会议四川省绵阳市委员会文史资料研究委员会编《绵阳市文史资料选刊》第5辑，1990，第13~14页，第23页。

# 第二节　"高语撰合，鄙视记注"

## 一　"史学"与"史考"：蒙文通、金毓黻间的交锋

1932 年蒙文通任教河南大学历史系时，曾为同事张仲琳编著的《西洋近世史》作序。在序文中，蒙文通对新文化运动与中国现代史学的发展情势，提出明确的看法："若兹则十数年来之文化运动，虽波荡一世，乃全无实效，非事之至可太息者耶？自近一二年来，凡国内刊物，十九皆关史学，而言文学言史学者，其述作又多属考订。在昔风靡一时之文哲学，结果乃无纯然文哲学方面之伟制；岂以凭虚者难继，而蹈实易攻哉！夫去浮华就征实，不可谓非学术界之一大进步也。然中国史册，浩穰无纪；苟惟从事枝节之勘定，而纲领滋晦，则将于何竟其功？况前世治史方法，尤须改辙，非借径于西洋史学难为役"，"愿继是篇之作，风而起者之踵相接。更移治西史之法，以董理国史而发扬之，俾文化运动前途，益趋于实际"。① 不久之后，在写给陈垣推荐蒙文通的书信中，朱师辙赞扬蒙文通"其人品学兼优，博洽多闻，弟所钦佩"，具体而论，则"中国沿革地理、史学发展史、秦汉史、中国或印度佛教史、或唯识学、古代氏族史、或上古史、文化史、经学各类"，"皆蒙君所乐教，其学术之优，先生当早知之，固无待弟赘述（其人高怀阔达，性情亦佳）"。②

朱师辙所提到各科目，蒙文通在二次出川时皆有所成，唯独"史学发展史"一科则不能确定。然从《西洋近世史·序》与《致陈垣函》二文中，可知蒙文通十分关切"近顷国内学术界之情势"，尤其是史学

① 蒙文通：《西洋近世史·序》，张仲琳编著《西洋近世史》，京城印书局，1932，第 1~2 页。
② 朱师辙：《致陈垣函》（八），陈智超编注《陈垣来往书信集》，上海古籍出版社，1990，第 243~244 页。

发展。所谓"国内刊物，十九皆关史学"，呈现出兴盛的面貌，但多属考订之作。虽然"浮去华就征实，不可谓非学术界之一大进步"，可蒙文通显然不以此为满足，考订仅为枝节，难以贯通中国史学的纲领。为纠此弊，借镜西法是蒙文通《西洋近世史·序》所倡导的，而蒙文通此时致力于"（中国）史学发展史"，梳理中国史学原有之义自是理所应当。而蒙文通对国内史学界情势之深入了解，进而关注"史学发展史"，当与参与南京中国史学会的经历不无关系。

近代"新史学"的起点无疑是 1902 年梁启超以进化论的观念对中国传统史学的批评，虽说一战后，梁启超对西方文化有所反思，但仍提倡以西方学科分类部勒"旧史学"，"中国史学史"即成为其中一个分支。"中国学术不能靠一部书包办，最少要分四部：子，道术史——即哲学史；丑，史学史；寅，自然科学史；卯，社会科学史。四部合起来，未尝不可，然性质既各不同，发展途径又异，盛衰时代又相参差，所以与其合并，不如分开"，而"史学，若严格的分类，应是社会科学的一种。但在中国，史学的发达，比其他学问更利害，有如附庸蔚为大国，很有独立做史的资格"。① 也就是说，史学应当为一种社会科学，"史学史"本应归于"社会科学史"，仅是由于中国"史的发达"，载籍繁复，史学史才有独立之资格。故柳诒徵称"讲史学之书，有新旧之别"，"新史学之书，不及旧者之多。通贯新旧能以科学方法剖析国故者，当推梁氏《历史研究法》"。② 可见，柳氏对梁氏史学的认可限于讲"新史学"范围内，至于讲"旧史学"，显然不以梁氏为然，时常讥讽梁氏读书不多。③ 柳诒徵在 1925 年所作的《中国史研究论文集序》中对此批评道："清季兴学，分张科目……各科并骛，专以治史言之，

① 梁启超：《中国历史研究法补编》，刘梦溪主编《中国现代学术经典·梁启超卷》，第 502、509 页。
② 柳诒徵：《史学概论》，《柳诒徵史学论文集》，上海古籍出版社，1991，第 115~116 页。
③ 柳诒徵批评梁启超："孔老南北之说，亦出于日本人。日本人读中国书素无根柢，固不足责。梁氏自居学识高于刘歆者，何得出此不经之言耶？"（柳诒徵：《论近人讲诸子之学者之失》，《柳诒徵史学论文续集》，第 535 页）

其疏略肤浅，殆又甚于前焉。矫其弊者，日汲汲倡史学，治史之义，若晦而曙，然以域外贤哲治史之法，沉潜博洽以治吾国史者，尚未多觏，高心空腹之士，阁束旧籍，斥为无系统无价值，竟以俚语臆说改造历史，流风所被，亦一新式时文耳。"① 相反，"南都学子，不染此俗，沉潜乙部，时有英杰"。柳诒徵显然以"沉潜博洽"者自居，志在"钻研古书，运以新法，恢弘史域，张我国光"，② 所作"史学书"一尊旧法。如柳氏所言，中国"史学书"之旧者有四类，目录、校订、义法、评论，而《史学杂志》（南京）所最重者即为"中国史学及通论""中国史部目录学"，多效法旧"史学书"之典范。

蒙文通执教中央大学期间，对柳诒徵、梁启超间的分歧当有所思考，这或许直接促使他钻研"史学发展史"。寓居平津时，则"发南渡诸家书读之，寻其旨趣，迹其途辙"，方知"史学"与"史料"之别，于是"始撰《中国史学史》，取舍之际，大与世殊，以史料、史学二者诚不可混并于一途也"，③ "史学"与"史料"之别乃取舍之根本，而"大与世殊"之所指当为柳诒徵、梁启超二人。1935 年 9 月，蒙文通为准备《中国史学史》课程，向柳诒徵访求浙东学者之著述时，曾表明其所撰史学史之体例与内容不落今人窠臼。以时代言，"窃以中国史学惟春秋、六朝、两宋为盛，余皆逊之。于此三段欲稍详，余则较略"；以内容言，"若代修官书，及文人偶作小记，固未足以言史也。间有能者，而未蔚成风气，偶焉特出之才，不能据以言一代之学"。对于世人评价极高之"子长、子玄、永叔、君实、渔仲"，蒙文通则以为"誉者或嫌稍过，此又妄意所欲勤求一代之业而观其先后消息之故，不乐为一二人作注脚也"。④ "不乐为一二人作注脚"一语双关，即表明蒙文通所

---

① 柳诒徵：《中国史学研究论文集序》，《史地学报》第 3 卷第 5 期，1925 年，第 117~118 页。
② 引自郑鹤声《记柳翼谋老师》，《劬堂学记》，第 104 页。
③ 蒙文通：《跋华阳张君〈叶水心研究〉》，《经史抉原》，第 470 页。
④ 蒙文通：《致柳翼谋（诒徵）先生书》（1935 年 9 月），《经史抉原》，第 416~417 页。

作史学史不以一二史学名家为主体，而以一时代史学大势为要，这显然与梁启超所提倡的史学史有别，表明蒙文通不愿为近代"新史学"作注脚。

蒙文通讲授中国史学史与其"史学"观念之演进相辅相成，在北京大学，蒙文通便开设过一学期"中国史学史"课程，此后在河北女师、川大、齐鲁大学均主讲类似课程，据现存史料，1938 年其任教成都国立四川大学时，《中国史学史》基本成型，只第一章第八节、第二章第五节、第九节后来补写。① 在《绪言》中，蒙文通提出作《中国史

---

① 是稿第一章第一、二节曾刊载于《重光月刊》第 3、4 期合刊（1938 年 4 月，成都），分别题为《周代学术发展之三时段》《尚书之传写与体例》；后又分别刊载于《图书集刊》第 3 期（1942 年 11 月，成都）、第 4 期（1943 年 3 月，成都），分别题为《论国语、家语皆为春秋》《论尚书之传写》。第一章第二、三、四、五、六等节曾刊载于《华文月刊》第 1 卷第 5、6 期（1942 年 10、11 月，成都），题为《晚周史学》。第二章第一、二、三、四、六、七、八、十等节曾刊载于《国论月刊》第 2 卷第 16、17 期合刊（1941 年 8 月，成都），题为《魏晋南北朝史学》。第三章第一、二、四、六、七等节曾刊载于《华文月刊》第 2 卷第 2、3、4 期（1943 年 7~9 月，成都），题为《宋代史学》。但综合考校其他文章，蒙默对此书某些缺略，稍作补充。如《汉以后有关古史之著作》，原为另稿《先秦史学史》之末章，所论为谯周、司马彪、皇甫谧、司马贞、刘知几之古史学说，司马彪、皇甫谧固王肃之徒，而肃为南学之宗，谯周则宗郑玄，而玄实北学所主，是此篇之旨略与第二章所缺《南学、北学与古史学》节相符，故径取之以代此节。《从〈采石瓜洲毙亮记〉看宋代野史中的新闻报》一文，并论与《毙亮记》同类之《顺昌战胜破贼录》《保蜀功勤录》等书，文中且径称《毙亮记》"就是宋人叫的史底"，则此篇宜即第三章所缺《史底》节之部分内容。《跋华阳张君〈水心研究〉》，略言自吕祖谦、水心以下及于明初之王祎、宋濂、方孝孺之传承及其论学之大旨，且言"此所谓金华文献之传也"。是亦可以略补第三章所缺"金华文献之传"一节；《北宋变法论稿》中之"北宋变法之史料问题"节，于宋代实录、国史、会计录、会要之纂修及元修宋、辽、金三史问题皆有论述，是亦可以略补第三章所缺"三派末流与官修宋、辽、金、元各史"一节；《中国历代农产量之扩大和赋役制度及学术思想的演变》一文中有"正始学术""大历学术""嘉靖学术"三节，亦皆可以补第二章"魏晋之学术与史学"节、第三章"天宝后之文、哲学与史学"节及第四章"正德、嘉靖以后之学术与史学"节之缺略。他之如《〈天问本事〉序》《〈宋略〉存于〈建康实录〉考》《评〈学史散篇〉》《致柳翼谋（诒徵）先生书》《〈宋史〉叙言》《跋〈宋史全文续资治通鉴〉》《馆藏嘉靖汪刻〈文心雕龙〉校记书后》诸篇，其所议论亦皆与史学史有关，故亦并作《中国史学史》附录。（蒙默：《中国史学史序》，蒙文通：《中国史学史》，上海人民出版社，2006）

学史》之主旨："记注、撰述，判若渊云，岂可同语。滥竽良史，即班述《汉书》，唐修五史，搜罗非不博，比校非不明，然漫无纪要，未睹风裁，谓之整齐故事则可，揆诸《春秋》所以为《春秋》之义，宁无歉然。"[1] 概而言之，以"《春秋》之义"区分"撰述"与"记注"是蒙文通作史学史取舍的标准。蒙文通批评当时以"西法"研究中国学术史，"以为某一时代有文学、经学、史学、宗教、艺术等，他时代亦如此，排比并无二致，殊有大谬不然者"[2]。在他看来，各种学术因时代之不同，盛衰亦有异："中国史学惟春秋、六朝、两宋为盛，余皆逊之。"[3] 蒙文通此稿多宣于讲堂，其生前未正式出版，故流传不广，但蒙文通与当时欲作中国史学史的学者仍有所交涉。

蒙文通《中国史学史》讲义大体竣工之时，金毓黻"始撰《中国史学史》"，其"无可依傍，以意为之"，后觉梁启超《历史研究法补编》中有"中国史学史作法"一节虽语焉不详，但"尚可取资"，故其史学史基本遵循梁启超的框架，即中国史学史的研究基本内容，包括"一，史官，二，史家，三，史学的成立及发展，四，最近史学的趋势"等四个方面。[4] 此书于 1939 年 2 月完稿，即交予刘节审阅，刘节以为"金氏此稿收集颇富，草创之作，甚不易也"。[5] 1939 年暑期，四川省教育厅召集一暑期讲习会讲师会议，邀请学界名流至成都演讲，中央大学刘节、金毓黻均在受邀之列。此时蒙文通与金毓黻诸人就"史学史"有所讨论，王玉璋在《中国史学史概论·自序》中写道："二十八年暑期，于蓉城得从金静庵、蒙文通诸先进游，获益甚多，静庵先生

① 蒙文通：《绪言》，《中国史学史》，第 7~8 页。
② 蒙文通讲，贺次君记《我国学术之进展》，《国立北京大学四川同乡会会刊》创刊号，1934 年，第 9 页。
③ 蒙文通：《致柳翼谋（诒徵）先生书》（1935 年 9 月），《中国史学史》，第 128 页。
④ 《金毓黻文集》编辑整理组校点《静晤室日记》第 6 册，1938 年 2 月 23 日，辽沈书社，1993，第 4103 页。
⑤ 刘节：《刘节日记（1939~1977）》（上册），1939 年 2 月 24 日，大象出版社，2009，第 38 页。

复出其中国史学史讲演大纲相授，更足以资鼓励而多所借助也。蒙先生适在川大亦作史学史之讲授，故于治斯学之方法，与材料之搜求，亦多有所指教，于余从事史料之搜罗，臂助甚大，惜文通先生之讲章无缘一睹为一大憾事耳。"[1] 1939 年暑期，金毓黻《中国史学史》大体竣工，故能以完稿提供示范，使王玉璋受益匪浅，后者所作《中国史学史》亦被人视为"用的材料和说出的见解都很少能走出金书的圈子"。[2] 其实，蒙文通之史学史大体已备，或因蒙氏仅视其为讲义，未成完稿，遂未借给王玉璋参阅，然从王氏所说"（蒙氏）故于治斯学之方法，与材料之搜集，亦多有所指教，于余从事史料之搜罗，臂助甚大"，可知王氏作《中国史学史》重心仍在史料，想必"得从金静庵、蒙文通诸先进游"时亦然，蒙文通难免将王氏欲作《中国史学史》视为考订"史料"，而非"史学"，或许因此觉得没有必要将《中国史学史》讲义相授。而金毓黻则在一年之后，得见蒙文通《中国史学史》讲义全稿，并于日记中对此稿作了一番评述：

> 晤蒙君文通，借其《史学史》稿本阅之，尚有意致。大抵其意谓吾国史学之盛有三时：一晚周、二六朝、三两宋，皆思想廓落之会也。体制革新，陈义深远，弘文迭出，名家踵武，虽汉唐盛世，未足比隆。诚以析理精莹，则论列足采，视天梦梦，则去取斯昏。故哲学发达之际，则史籍日精，哲学亡而史亦废。又曰：先秦诸子，不可及也，故于时国史、家史众制并作，灿烂足观。至汉仅经术章句之儒耳，魏晋名、法、道、墨，杂起朋兴，高谈名理，弃汉学若粪土，而干、孙之作，号五百年史例中兴，此史学之再盛也。至唐则士，惟宗教笃信谨守，于是令狐、姚、李，尚不得为记注之良，更何论于撰合，而史又衰。其在北宋，一排唐人博综之

---

① 王玉璋：《序》，王玉璋：《中国史学史概论》，商务印书馆，1942，第 2~3 页。
② 白寿彝：《评金毓黻〈中国史学史〉》，《文讯月刊》第 7 卷第 1 期，1947 年，第 77 页。

学，研精义理，超绝古今，于是司马、欧阳前驱拥彗；逮于南宋，胜意纷陈，此史学之又一胜也。晚宋至明，一宗朱氏，而史几乎以熄。舍此三时，虽有纂述才记注耳。记注、撰合，判若渊云，岂可同语。滥竽良史，即班述《汉书》，唐修《五史》，搜罗非不博，比较非不明；然漫无纪要，未睹风裁，谓之整齐故事则可，揆以《春秋》，为春秋之义，宁无歉然。

　　蒙君论史之旨，大略具于此。愚尝谓研史之途不一，有以史治史者，如章实斋、赵云崧之徒是也；有以经治史者，如往时之王西庄，近日之章菿汉是也。蒙君治史盖由经学入，其治经学，更以《公》、《穀》为本柢，故所重者为研史之义理，而非治史之方法。晚周、六朝、两宋皆为吾国学术思想隆盛之期，然晚周诸子，不见有自撰之史。六朝时撰史之风极盛，而亡佚其十九。两宋时期史著具在，然多不属谈理之彦。蒙君所著，盖取先秦诸子、六朝群彦之谈言微中有涉于史学者，一一撷而取之。其于两宋则以金华、永嘉诸派之学说采撷最备。然诸派中惟东莱能撰史，诸人不过论说之而已。至刘知几最为能通史法者，而蒙君则不之及，盖其意之所重不在此也。愚谓能自撰一史者，乃得谓之通史学，否则高语撰合，鄙视记注，则成家之作必少。还以质之蒙君，以为然乎，否乎？[1]

对比现存蒙文通《中国史学史·绪言》与金毓黻日记的前半部分，二者之间，仅有少数文字出入，大义雷同，想必后者当为另一版本的《绪言》。后半部分则说明金毓黻对蒙文通的治学路数相当了解，熟知蒙文通治史由经学入，治经学，更以《公》《穀》为根底，"故所重者为研史之义理，而非治史之方法"。金毓黻原本对于廖、康之学树立门户持有异议。早在1924年，金毓黻读皮锡瑞《经学历史》后称："清

_____

[1] 《金毓黻文集》编辑整理组校点《静晤室日记》第6册，1940年9月30日，第4590~4591页。

季诸儒谈古文学者，以孙籀颐为最平实，而章太炎则不免失之激切，谈今文学者，以皮鹿门为最平实，而康南海则失之夸，廖季平则失之诞矣。二派相争，始于嘉道，迄清亡而始稍戢。惟孙、皮两公不尚意气，或专讲故训，或宣究大义，只知实事求是，不知有门户之争，是最可师法者矣！"① 后又释今文古文之名："古今之名，因时世之异而定者也，古文今文之名，因体式之异而定者也。曷言乎古今之名因时世之异而定也？"金毓黻所言今古文为泛称，但格外针对晚清以来经今古之争："所谓古文今文之名，因体势之异而定者，此也。不知此义者，不失于笃旧，则失于骛新，笃旧者曰，我惟守古，骛新者曰，我惟贵今，穷变通久之义未之知，乃以为封建可行，井田可复矣，因革损益之制未之闻，乃以为圣言可蔑，古书可烧矣，各挟其是，趋于一偏，相激相荡，而宗派之名以立，门户之争以起。"金氏作此文就是为了以"正名为先"，"将古文今文，明立疆界，一如西土之各不相侵"，"承学之士，多习今文以致用，兼习古文以考古，庶宗派门户之争，或自兹少熄"。② 战时，凭借其人脉因缘以及学术理念，金毓黻主持中央大学历史系期间贯彻和而不同、求是为归的宗旨。③ 相反，蒙文通返川之后，以身份便利，沟通新旧，"弘扬蜀学"，治学则标举今文学，对廖平之学多有扬榷，在旁人眼中，难免有张大门户之嫌。

金毓黻、蒙文通关于《宋史全文续通鉴》一事的交涉也充分体现二人学术立场有别。蒙文通称："我本不喜校勘板本之学……校勘一事也不是凿空出来的，如清人那样专治校勘学者，是不会成功的。必于此学积累稍多，涉猎稍广，自然提出要校的问题也才能校，必治此学者才可校此书。若专从版本或类书下手，是用处少而害处多，所以清末有反对校书的说法，是有道理的。这也是学有本末之意。"④ 蒙文通撰《跋宋史全

---

① 《金毓黻文集》编辑整理组校点《静晤室日记》第 2 册，1924 年 1 月 8 日，第 1013 页。
② 金毓黻：《今文古文释名》，《说文月刊》第 2 卷第 4 期，1940 年，第 25~26 页。
③ 桑兵：《金毓黻与南北学风的分合》，《近代史研究》2008 年第 5 期。
④ 蒙文通：《治学杂语》，蒙默编《蒙文通学记》（增补本），第 31~32 页。

文续资治通鉴》意在批评《通鉴》之学及其流弊（详参本章第三节），此正符蒙氏所言从问题出发，明学之本末。金毓黻此时治宋史有年，"于此学问积累稍多，涉猎稍广"，对校勘、衡量《宋史全文续通鉴》一书之价值颇有发言权，蒙文通也夸赞金氏校《续资治通鉴长编》，"其法最善"。[1] 金毓黻在读过《跋宋史全文续资治通鉴》一文后，同意蒙文通所言，此书"本为书贾射利之作，下于上列诸书数等，而世人亦甚珍视之者，一如今人之宝重宋板元椠，贵远贱近，以罕见珍，昔人买椟还珠之喻，正可为此譬况也"。但与蒙文通意在批评《通鉴》之学不同，金毓黻则称"此书之可贵者，端在下半部光宁理度之世"，"《宋史》本书已感文献不足，《宋史》全文多可观览，乃所缺者独为下半，甚可惜也"。因此，"窃谓果于南宋事迹多所致功，为之补遗订误，正复多端"，"兹所取材，一为《会要》，二为别集，三为笔记"，"取以补史，必有可观"。[2] 蒙文通意在"宋学"，金毓黻则重于"宋史"。实际上，金毓黻对蒙文通的学术旨趣，"略发感触"，颇有与蒙文通商榷的意味，蒙文通批评《通鉴》之学，而金氏于此书"不仅南宋九帝故实所应究心"，"如能刮垢磨光，斐然可诵，使其上续涑水，毫无愧色，似亦今人所应努力之一事"。[3] 此事虽仅是双方"史学史"观念分歧的一个小插曲，金毓黻也知晓蒙文通"所重者为研史之义理，而非治史之方法"，此"义理"自为今文学之义理。然站在"新史学"立场，金毓黻对蒙文通以"义理"划分中国史学的做法并不赞同，评价蒙文通最认同的浙东史学："诸派中惟东莱能撰史，诸人不过论说之而已。"[4] 明确表达了对"何为史学"的不同看法，质疑蒙文通以《春秋》之义区分"撰述"与"记注"以及将其作为史学史取舍标准的做法。"撰述"与"记注"或可引出蒙文通与金毓黻乃至"新史学"者间"史学"理念的分殊。

---

① 蒙文通：《治学杂语》，蒙默编《蒙文通学记》（增补本），第48页。
② 金毓黻：《论宋史全文续通鉴》，《图书集刊》第2期，1942年。
③ 《金毓黻文集》编辑整理组校点《静晤室日记》第7册，1943年2月13日，第5147页。
④ 《金毓黻文集》编辑整理组校点《静晤室日记》第6册，1940年9月30日，第4591页。

## 二 "记注"与"撰述"

"记注"与"撰述"之分，"初申其旨于刘知几"，"迨至章氏乃为之发挥尽致"。① 所谓"记注欲往事之不忘，撰述欲来者之兴起，故记注藏往似智，而撰述知来拟神也"。② 章学诚区分撰述与记注，是为了强调史学不仅是材料的排比编次，而且应该有"别识心裁"，"独断于一心"，自成一家之言，"史之大原，本乎《春秋》。《春秋》之义，昭乎笔削。笔削之义，不仅事具始末，文成规矩已也。以夫子'义则窃取'之旨观之，固将纲纪天人，推明大道。所以通古今之变，而成一家之言者，必有详人之所略，异人之所同，重人之所轻，而忽人之所谨，绳墨之所不可得而拘，类例之所不可得而泥，而后微茫秒忽之际，有以独断于一心"。③ 章氏"记注"与"撰述"之分，为"六经皆史"说题中之义，与"六经皆史说"一并成为民国新旧学术转承的中介。

一如"史学"观念受刘咸炘启发，蒙文通分别"撰述"与"记注"亦然。刘咸炘在《史学述林》中论"史体"时称："言史体者莫精于会稽章君，其大旨具于《文史通义·书教篇》，篇中凡三要，一为分别记注与撰述，即真史书与广义史书之分；二为甄明《尚书》《春秋》左丘、司马演变之故，昔之论者止知三体，且视为各别之种类，章君则明其嬗变，借词名之，可谓为史体演化论；三则章君欲于三体之后别创新体，司马已取左丘，而章君则欲上取《尚书》，下采纪事本末，以补修司马，为一尤广大活动之体，盖因史迹变动交互，必有变动交互之史体，乃能文如其事。"学者若要明了"史迹之情状"，必先"明史书之体系"。④ 刘咸炘认为《文史通义·书教》"三篇是论史之大

---

① 金毓黻：《中国史学史》，河北教育出版社，2000，第329页。
② 章学诚：《书教》（下），《文史通义》，中华书局，1956，第9~12页。
③ 章学诚：《答客问》（上），《文史通义》，第136页。
④ 刘咸炘：《史学述林》，黄曙辉编校《刘咸炘学术论集·史学编》（下），广西师范大学出版社，2007，第365页。

纲。记注主官守之法，撰述贵私家之识。先生视六经为虚实合一，故论史亦主史子合一，合一者，寓理于事也"，然而当世"读先生书者，多不明此，遂以先生侪于章炳麟而大毁之"。① 刘咸炘所指显然是民国学界以"六经皆史说"褒贬章学诚的风气。

蒙文通称赞刘咸炘"言学宗章实斋，精深宏卓，六通四辟"，对其《右书》《史学述林》等著作，更是"益深景慕"，著《中国史学史》，明"史学"与"史料"之别，也是对刘咸炘"史学"的一种回应。刘咸炘所总结章学诚《书教篇》的三要点多就文史校雠、史书体例而言，蒙文通仅取第一点，后二者则并不认同，更没有接受章氏"六经皆史"说。在《中国史学史》的"绪言"中，蒙文通称"中国则所尚者儒学，儒以六经为依归，六经皆古史"，② 乃是在"事实"一层申明六经非虚构，乃依史而作，此点在《古史甄微》中早已论述。其弟子李源澄后来更明确指出，经本古史（古文献），儒家持之以授生徒，于是"儒学托于经以成经学，于是而经学与儒学不分"，"经学者，史与子合流之学问，固非史学，亦非子学"，"为一特殊之学问，自具独立之精神，而非史与子所能包含"。③

所谓刘歆、班固创九流十家"皆六经之支与流裔"，以为"三古之文，尽于六艺，百家所本，皆自《诗》《书》"，此说衍至晚近开六经皆史之说；与之相反，康有为则以六经皆孔子创制，更为上古茫昧无稽之说。早在《古史甄微》中，蒙文通已经指明晚周史说分为三系，驳斥"六经皆史"与"托古改制"二说。在《中国史学史》中其亦有所论，儒家之说，"求之故记，则事或未然"。晚周"诸侯各有其书，而诸国各有其学，六艺者，不过邹鲁之学"，三方所称古史不同，实即源自三方之思想各异，孟子所言"晋之《乘》，楚之《梼杌》，鲁之《春

---

① 刘咸炘：《文史通义识语》，《推十书》第一册，第697页。
② 蒙文通：《中国史学史》，"绪言"第7页。
③ 李源澄：《论经学之范围性质及治经之途径》，《经学通论》，路明书店，1944，第2~3页。

秋》"，其实已显示出史为三派。周秦诸子"派别统系，群言混乱，分合靡准"，所以"以言义理则人有出入，难可据依"，但就史迹而言，则"事有定质"，依此三派，则"晚周学术，亦可准此辨之。非徒明史，复足以探诸子源流，斯亦彼时文化之大限"。① 就史籍而论，亦有三方分野："若以三古之文，尽于六艺，百家所本，皆自《诗》《书》，非愚则诬而已。"认为九流十家皆六经之支与流裔，"则刘班之妄耳"，"不由诸子之文，以推诸国旧法世传之史，徒执鲁人残略之篇，以衡论往昔，又从而疑之"。康有为提倡上古茫昧无稽之说，"岂知三代文化，若皆野朴，则春秋战国曷克臻此。是不思文化之由层积而兴，翻以百家之术，皆将天纵而圣，则其论亦固而已也"。②

以上多言史籍、史迹，多属"记注"之言，而史学更要讲求通观明变，有"撰述"之义。所谓"史者，非徒识废兴，观成败之往迹也，又将以明古今之变易，稽发展之程序；不明乎此，则执一道以为言，拘于古以衡今，宥于今以衡古，均之惑也"。晚周各派"言往史之迹异，而论为治之术亦殊。是其知识之不同，而施为亦别，相互因果，故称述各违"。③ 因此，"古史定瓛，几不可能。而各家持说殊异之由，亦未易解"。④ 在三系之中，就论述史迹、史事而言，"法家者流，最明于史，持论明确，亦最可观"。但以"史学"而言，就"明变""论治"立论，"以今观之，亦颇有足疑者"：法家"亲亲废，上贤立"（商鞅），"归本于财用"（韩非）等学说虽可以"致富强而一区夏"，却"不足以为长久之志"，故"其可效于争乱之时，而未可施之于宁一之会"。可见，法家之史说"义有所难通，而治有所不验"。正因如此，"儒家之论又不可废者也"。儒家者流固亦知汲汲于解决供求、财用，故井田之论高涨，且更有进于井田者，如谨庠序、申孝悌之说。以此与法家之

---

① 蒙文通：《晚周史学三系》，《中国史学史》，第19~36页。
② 蒙文通：《鲁国史籍与诸国史籍》，《中国史学史》，第36页。
③ 蒙文通：《晚周各派之历史哲学》，《中国史学史》，第29~30页。
④ 蒙文通：《晚周史学三系》，《中国史学史》，第19~20页。

说对此，更知晓"社会之多元"，更适于"安世宁人"。①

孔子编定《春秋》，虽因行事而加王心，所重在窃取之义，然孔子之于行事，固亦洞见源流者也，孔子乃洞彻三代之变，且损益之，以俟后王。孟子虽言五百之期，治乱相袭，而以抑洪水、兼夷狄、作《春秋》为比拟，是亦禹、稷、颜回同道之意，此正是孟子的通观之识。但以进化史观为准则，就"通观明变"而言，儒家文质之说，类似循环史观，自是不可言"史学"。但蒙文通认为文质之说大失孔孟之旨，乃是由于"自孟子言五百之运，一治一乱，而儒之惑者，谬说踵兴"。"夫文质代谢，张弛迭用，其理未即乖。而视三古若走环，则固也"，"则是以历史非前进而实向后"，而后"邹子言五德之运，从所不胜，周而复始，后儒文质之说，是固取法于阴阳家，而大失孔孟之旨，此所以为昏也"。② 由此可见，孔孟之学在"宗仁义、秉礼乐"之时，也通观史事以"明古今之变易"。比较《古史甄微》中认为三晋乃史学正宗的说法，在此时的蒙文通看来，与东方文化一系相承的孔孟学说比承继三晋文化的法家更懂史学，"传统史学，本于儒家"。

以上可谓蒙文通借"撰述"之名，明《春秋》义，对晚周儒家史学的重新阐释。然如有学者指出章氏"六经皆史"说为中国近代"经学的史学化"提供了不可或缺的，或许还是别无选择的和最为合体的观念构架或概念工具。③ 若将此作用拓展到章学诚整个文史之学，亦未为不可。民国时有论者言：

> 吾国史学之趋势逐渐由神秘时代而入于科学时代，其间可分为四大时期：先秦至汉初，最重要代表作为《左传》、《史记》，此第一时期也。六朝之政治，华夷争竞，风俗颓败，惟史学特盛，其代

---

① 蒙文通：《晚周各派之历史哲学》，《中国史学史》，第 30、32~33 页。
② 蒙文通：《晚周各派之历史哲学》，《中国史学史》，第 29~35 页。
③ 刘巍：《章学诚"六经皆史"说的本源与意蕴》，《历史研究》2007 年第 4 期；刘巍：《经典的没落与章学诚"六经皆史"说的提升》，《近代史研究》2008 年第 2 期。

表作为《南北史》，及初唐初之刘知几《史通》，此第二时期也。降及两宋，史学复兴，前有司马光《资治通鉴》，后有郑樵《通志二十略》，不仅内容充实，其制作规模亦光越前代，此第三时期也。元明两代，人不向学，士有堕风，史学之暗淡亦以是时为最。清初经顾炎武、王夫之、黄宗羲三先生之提倡，学术界开辟新园地，而史学方法为之大变。北方以顾氏为领导，由经小学而创通一函有科学意义之史学，即清代之考证学；南方以黄氏为模楷，由宋明心学而开拓一函有哲学意味之史学，章学诚之《文史通义》其最著之代表也。此为第四期。自此以后，西洋新史学入中国，骎骎乎中西史学有道一风同之效矣。作述中国史学史，其骨干要领不外乎是。①

在中西学术承接的过程中，"新史学"所高举的旗帜即"科学"，而在引入科学方法时，不忘以清代考据学与之呼应。牟润孙认为，梁启超、胡适等认为纪事本末之体近似于西洋人写历史的体裁，看到章实斋说纪事本末圆而神，立论与西洋人的史书写法相符合，就大力为章氏揄扬。② 胡适与何炳松正是在美国学习了西方史学，回国后才发现了章学诚的意义。胡适与何炳松史学理念有别，前者对章学诚的推崇侧重于"六经皆史料"一说的震撼力，后者则用西方兴起的社会科学解读章学诚："章氏力主古今进化之说，以为一切制度，无非为应付需要起见。""吾国研究历史意在垂训，故崇古之见极深。章氏独主今古不同及改制更新之说，隐将泥古之习打破。"③ 而他所希冀的"通史新义"，即指赋予历史以意义的"撰述"的历史，即所谓的"纲纪天人，推明大道"，"通古今之变，而成一家之言"的"独断"之学。

金毓黻对何炳松的做法多有保留，"阅何炳松《历史研究法》。凡

---

① 止行：《中国史学史概论》，《图书季刊》新第 4 卷第 3~4 期，1943 年，第 83~84 页。
② 牟润孙：《蓼园问学记》，《注史斋丛稿》，第 535~544 页。
③ 何炳松：《章学诚史学管窥》，刘寅生、房鑫亮编《何炳松文集》第 2 卷，商务印书馆，1997，第 114~115 页。

十章，多采西儒之说，而以章实斋、崔东壁诸氏之说缘饰之，较所著《通史新义》为简括易读"，[①] 对何氏著作，仅以"简括易读"视之；相反，陈安仁所著《中国文化史》在学界口碑不佳，金毓黻却也赞其"喜钞引近人新著，时资启发，亦可观览"。[②] 章学诚之于金毓黻的意义恐怕与胡适近似，而且更进一步。在《中国史学史》中，金毓黻即说，"章氏所谓六经皆史者，不过档案之渐就整理者耳"，"《诗》、《易》所包，诚具有史料之一部，然亦不尽属于史料，即让一步言之，凡《易》、《诗》、《乐》之所包蕴，悉可以史料目之，亦不过曰六经皆古之记注也"。所谓"记注、撰述之分，变动不居者也，前日视为撰述者，正为今日之记注，后日视为记住者，亦即今日之撰述"，"今之撰新通史者，亦尝据'二十五史'为史料，故论者谓吾国旧史，悉当以史料视之，是亦不以为撰述矣"。[③]

蒙文通视中国史学为"撰述"，而金毓黻则视之为"记注"，蒙文通重《春秋》之义，故特重史论，金毓黻则重视编修新通史，故强调史学必有成家之著作，后者正是章实斋在民国为人所诟病之处。在"新史学"的大本营北大史学系不少学生认为"刘知几和章学诚这类的人，虽自命不凡，吹嘘他的史学如何高明，但只会空发议论，批评别人，若让他自己写部历史书，恐怕比别人还要糟……章学诚对历史事实没有什么研究，只吹他会讲史意，空讲史意有什么用？而且他写的《文史通义》，文字拖泥带水，啰哩啰唆，能写好历史吗？"[④] 余嘉锡曾言："章实斋《文史通义》，深思卓识，固有过人之处，所惜读书未博，故立言不能无失"，今日之患在于"后人尊实斋太过，不知检择"。[⑤] 实

---

① 《金毓黻文集》编辑整理组校点《静晤室日记》第6册，1939年7月15日，第4350页。

② 《金毓黻文集》编辑整理组校点《静晤室日记》第6册，1939年9月20日，第4367页。

③ 金毓黻：《中国史学史》，第328、334页。

④ 宁泊：《史学史研究的今与昔——访杨翼骧先生》，《史学史研究》1994年第4期，第14~15页。

⑤ 余嘉锡：《书〈章实斋遗书〉后》，《图书季刊》新第2卷第3期，1940年，第331~337页。

际上，"后人"不是"不知检择"，而是各有检择，各取所需罢了。

蒙、金二人各撰《中国史学史》，旨趣不同，学界亦褒贬不一。金毓黻书撰写于1938年，系大学授课讲义，1944年始在重庆商务印书馆出版，教育部即把它定为大学用书，引起学界重视。齐思和即赞扬金毓黻《中国史学史》"以类相从，不完全拘于时代之先后，疏而不漏，编制极佳，且文辞雅洁，叙次明晰，论断持平，诚佳著也"，同时亦批评"抑吾人犹觉美中不足者，书名史学，自宜论其体裁之得失，编次之良否，态度之偏正，考订之精细，俾读者了然于二千年来史学演变之大势，及今后改良之途径，作者过重故实，而忽略史学，仅言纂修经过，鲜及体例得失，史学之义，似犹未尽也"。①

着眼"史学之义"，有学者认为历史学研究的对象是客观的历史事实，如通史、断代史、专史（如政治史、经济史等），都是学问。但史学史讲的是史官、史家及他们编写的史书，不过是历代史书编撰的经过及其评价，没有多大意义，算不了什么学问。此言所针对的自是金毓黻所著《中国史学史》，杨翼骧就回忆："抗战胜利以后，我在北平结识了一位文学家、也是哲学家、对史学也颇有见解的先生，曾经问过他：'史学史算不算学问？'他说：'史学史应当是一门学问，要以历史哲学为主要线索，把历代有关史学的著作和言论贯穿起来，说明其对于社会人生的意义与价值。但现在号称史学史的著作，大都是着重于叙述史书编纂的经过和方法，介绍史书的内容与价值，就算不上学问。如果是这样，我也敢开这门课，只要看一遍《四库提要》，就可以上讲台了。有的著作虽然也提到了历史哲学，且列为其中的一章或一节，但这样孤立地讲，是把历史哲学作为历史编纂学的附庸，本末倒置。而且作者自己对历史哲学没有真正的研究，只是抄袭古人和今人的一些论述，聊以充数而已。'"② 周予同也认为史学史的写作不但要对过去各史学家的史

① 齐思和：《中国史学史》，《燕京学报》第32期，1947年，第250页。
② 宁泊：《史学研究的今与昔——访杨翼骧先生》，《史学史研究》1994年第4期，第12页。

学方法论有深刻的研究，对史籍有深刻的了解，对时代有深刻的体味，更要紧的，还要对史学自身的整个发展有所认识。否则，"会变成一本'垃圾堆'"，但当下的《中国史学史》，"可是总不能使人满意首盲，不是史观的错误，就是史料的不确，最大的缺陷，是对史学自身的发展没有把握到"。[①]

但若以明历史哲学要求金毓黻的《中国史学史》，实有未当之处，不符合金毓黻本意。金毓黻在全面抗战期间较早对近代史学进行总结时称，最近史学有两种趋势：史料收集与整理，新史学之建设及新史之编纂。对梁启超、何炳松二人"以西哲所说之原理，以为中国新史学之建设"，尤"乐为述之"。新史学就是要以西哲所说之原理，以为中国新史学之建设。"历史须具有科学化，对于史料，应为严密之批评"；对旧日事实则须进行分类研究，借助人类学、古物学、动物学等学科为基础，然后融会贯通而成人类活动之全部。新史学的目的是彻底明了现代状况的来历，利用旧日文化以树改革之精神，以改革现代之社会。"盖蒙远西学术输入之影响，以冲破固有之藩篱，利用考见之史料，而为吾国史界别辟一新纪元。"眼下急务是编撰新史，"即用近代最新之方法，以改造旧史之谓也"。[②] 金毓黻撰写《中国史学史》正旨在清理旧史，为编修新通史作史料上的铺垫，所以金氏亦称此书为《中国史学考》，意在以考据学的方法排比辨正史书，估量其史料价值。

蒙文通同名书未出版，就得见此讲义者而言，金毓黻自是不认同，然顾颉刚则赞誉尤佳。1947 年在接受记者采访时，顾颉刚称："前四川省立图书馆馆长现任华西大学教授蒙文通是治史学史最有成就的一位，虽然他不长于外文，但是他能批判接受西洋史学史权威的方法。"[③] 顾

---

① 周光岐：《由魏编〈中国史学史〉论及史学史的分期问题》，《文汇报·史地周刊》，1946 年 6 月 4 日，第 6 版。

② 金毓黻：《最近史学之趋势》，《中国史学史》，第 382~440 页。

③ 蒋星煜：《顾颉刚论现代中国史学与史学家》，《文化先锋》第 6 卷 16 期，1947 年，第 5 页。

氏所言"治史学史"当指中国史学史，而截至1947年，出版此类专著者繁多，其中金毓黻所著最为学林所重，[①] 但顾颉刚称赞蒙文通"治史学史最有成就"，自然是认同蒙文通作史学史的"撰述"之义。蒙文通在北平时，即与顾颉刚多有往来，全面抗战期间，顾颉刚曾长期主持齐鲁国学研究所，二人交往更是频繁。顾颉刚曾邀请蒙文通至齐鲁大学讲授史学史课程，[②] 故顾颉刚对蒙文通治史学史，应当认识颇深。虽然顾颉刚对金、蒙二人之学未有直接比较，但1945年，顾颉刚划分国内学者时将"金毓黻、郑鹤声、刘节"归为"整理史书"类，而将"蒙文通、钱穆、李思纯、沈刚伯"等人划归"讨论"一类。[③] "整理史书""讨论"或许能从侧面彰显金毓黻、蒙文通二人"记注""撰述"之别，顾颉刚的学生白寿彝的态度亦与此相符。

白寿彝认为金毓黻作《中国史学史》："实是有意地或无意地用一个考据家底立场来写的。所谓'用一个考据家底立场来写'，并不是说，书内有许多考据，而是说他用一个考据家底眼光或兴趣来处理史实"，而"作者似乎没有把全书底题目真正地弄清楚，究竟什么是'史学'？……书中说史或史家的地方，很少是说到法式和义例的，说原理的更难见到"。在白寿彝看来，该书根本没有作者自己的史学观念，故此书中所言之"史学"多有自相矛盾之处，反而时时透露出一种考据癖，"史学家是应该受过考据方法之训练的，史学底内容也可以把考据方法包括在内，但考据方法并不等于史学，这是应该弄清楚的"。[④] 后来，白寿彝亦言："（金毓黻）这部书带有浓厚的史学目录学的气味"，而"蒙文通在四川大学讲中国史学史，我见到他的讲稿的片段，颇有新意，不知道他是否写完，书稿保存下来没有"。[⑤] 1960年代初，根据

---

① 朱仲玉：《中国史学史书录》，《史学史研究》1981年第2期，第64页。

② 《本学期到校新同人》，《齐鲁大学校刊》第12期，1941年，第4页。

③ 顾颉刚：《顾颉刚日记》（5），1946年9月7日，第772~773页。

④ 白寿彝：《评金毓黻〈中国史学史〉》，《文讯月刊》第7卷第1期，1947年，第77~78页。

⑤ 白寿彝：《中国史学史》第1册，上海人民出版社，1986，第165~166页。

高教部的指示，中国史学史教材被纳入文科教材编写规划，白寿彝负责主编中国史学史教本的古代部分。为了编写教材，白寿彝在北京师范大学历史系专门成立了史学史教研室，创办《中国史学史参考资料》。当时，白寿彝也很想参考蒙文通的讲义，但无从得到，在《中国史学史参考资料》中只登载了蒙氏的讲义目录。①

白寿彝仅见蒙文通《中国史学史》讲稿的片段，在白氏长期的印象中此讲义"颇有新意"，所谓"新意"自然是因其与时贤迥异，所异之处表面看似为"撰述"与"记注"之分，根源则在于经史观念之分殊，蒙文通所主张的则是"《春秋》所以为《春秋》之义"，金毓黻及其批评者所提到的"思想""历史哲学""史学之义"其实皆不离"新史学"之范畴，仅是各有侧重而已。立志撰写《中国史学史》的萧鸣籁便认为："史学方面，注意点有二：（一）为史学理论，偏重于史学原理原则之推求。此出发点由于哲学，故有历史哲学之称；（二）为史学方法，偏重于史料之搜集整理，文献考订等事，此出发点为科学，故有历史科学之称。在鄙人之意，历史既为社会科学之一，自不能出于科学范围，以科学方法驾驭史材，自属必要之事。"②

三　"舍经言史"与"以经御史"

自 1920 年代开始，周予同就极力宣扬"六经皆史料"的主张以建设新史学："中国经学研究的现阶段，决不是以经来隶役史，如《汉书·艺文志》将史部的《史记》隶属于经部的《春秋》；也不是以经和史对等地研究，如《隋书·经籍志》以来有所谓经部史部之分。就是清末章学诚所叫出的'六经皆史'说，在我们现在研究的阶级上，也仍然感到不够；因为我们不仅将经分隶于史，而且要明白地主张'六

---

① 周文玖：《以明变为宗——评蒙文通著〈中国史学史〉》，《中华读书报》，2006 年 7 月 8 日。

② 萧鸣籁：《史与史学及史学史》，国立中山大学研究所文科研究所历史学部《史学专刊》第 2 卷第 1 期，1937 年，第 307 页。

经皆史料'说……明显地说，中国经学研究的现阶级是在不循情地消灭经学，是在用正确的史学来统一经学。"① 民国时期"新史学"变迁与"史学史"学科的发展，其间或存在诸多分歧，但新史学派各家所说的"中国史学"，显然都已脱离了传统"经史子集"知识体系，于不自觉中，转入西方现代的学科话语。② 所谓"自清季以来，以西法整理国故之风气寝盛，文学史、哲学史、经学史等书层出不穷，惟史学史尚付缺如"，③ 正是依照"西法"以弥补空白，才促使"中国史学史"一类的著述层出不穷。以"新史学"的眼光，经学仅是史料，此类《中国史学史》亦持相似看法，甚至"经"是否配称为"史"的资格都要怀疑，"经学"大义自然是为时代所淘汰，金毓黻就认为"吾国之治经，即等于研史"。④

在新史学者眼中，不仅现阶段是"用正确的史学来统一经学"，中国旧史的不发达也源自经学的压迫。"（西汉）以后，史学家虽也会继续地挣扎着，图谋史学的独立；虽也会创立什么纪传、编年和纪事本末诸体，扩大史学的领土，但终于受了中国社会本质的限制，不是低头于学术上的权威的经典，就是屈膝于实际政治上的权威。"⑤ 那么，经学与史学的关系从一开始便是对立与竞争，"汉武以后就是所谓第二段落，就是经学首起成立，史学也继续产生，而且在这第二段落的二千多年里，经学与史学互为消长"，起初，"史学的著作虽已产生，而且相当的可观，但学术研究者并不给史学以应有的地位"，是为"史属于经"，从汉武到魏晋皆如此；魏晋一直到清中叶则是"史次于经，也可以说经史并峙"；"经等于史，大概从满清中叶直到五四"；现今则是要

---

① 周予同：《治经与治史》（1936 年），朱维铮编《周予同经学史论著选集》，上海人民出版社，1983，第 622~623 页。
② 向燕南：《中国史学史还可以这样写》，《中国图书商报》，2006 年 7 月 18 日，第 A06 版。
③ 齐思和：《中国史学史》，《燕京学报》第 32 期，1947 年，第 249 页。
④ 金毓黻：《最近史学之趋势》，《中国史学史》，第 397 页。
⑤ 周予同：《治经与治史》（1936 年），朱维铮编《周予同经学史论著选集》，第 624 页。

"经属于史"。①

与这种强调经史对立、认为史学发展是基于史学逐渐摆脱经学而独立的观念不同，蒙文通认为正是有了经学才使得中国史学绵延不绝，"中国史籍之富，并世诸国，莫之与京。以我国土广民殷，开化最早，文献之传，百世所崇。是以记载纷纭，难可统纪。欧美列邦，建国既晚，诚不足校。即印度宿称古国，经乘浩穰，亦史缺无征。则以群希出世，其于人事陈迹，藐不关怀"。究其原因正在于"中国则所尚者儒学，儒以六经为依归，六经皆古史也。祖述尧舜，宪章文武，遵先王之法，为奕世不易之规"。也就是说，中国之所以"史籍之富"，恰恰在于儒学以六经为依归，树立了千古不易之典范，才使得"此故志新乘所由绳绳靡绝者欤？则称中国为历史之国家可也"。② 而今之著史学史则要"事宜钩要，苟徒取糟粕，尘秽简牍，而欲以穷其蕴奥难矣"，其中钩要的准绳则是"揆诸《春秋》所以为《春秋》之义"，辨明"撰述"与"记注"，所谓"记注、撰述，判若渊云，岂可同语"。③

如果说蒙文通阐明晚周史学三系意在为《春秋》正名，那么蒙文通扬六朝史学则欲弘《春秋》之用。梁启超于《中国历史研究法》中云："两晋六朝，百学芜秽；而治史者独盛，在晋尤著。读《隋书·经籍志》及清丁国钧之《补晋书艺文志》可见也。故吾常谓，晋代玄学之外，惟有史学，而我国史学界亦有以晋为全盛时代。"④ 郑鹤声亦以特立史部、史籍数量剧增为"汉隋间史学之进步"。⑤ 周予同则将之提升到经史对峙的层面，史学著作摆脱了隶属于《春秋》、作为经部附属品的地位而独立。金毓黻亦言："今取《隋志》阅之，若斯之类，杂然并陈，骤数之不能终其物，是即史学盛于魏晋南北朝之明征。吾谓王官

① 周予同：《经史关系论》，《离骚》第 1 卷第 1 期，1937 年，第 2~3 页。
② 蒙文通：《绪言》，《中国史学史》，第 7 页。
③ 蒙文通：《绪言》，《中国史学史》，第 8 页。
④ 梁启超：《中国历史研究法》，刘梦溪主编《中国现代学术经典·梁启超卷》，第 236 页。
⑤ 郑鹤声：《汉唐间之史学》，《学衡》第 33 期，1924 年，第 24 页。

失守，而诸子之学以兴，史官失守，而乙部之书日盛，当此之时，笃学之士，竞以作史相尚，有日新月异之势，亦如诸子之在晚周，以异学争鸣，而结璀璨光华之果。"① 蒙文通认为魏晋史学"可称鼎盛，盖我国史学除国语时代及后之宋代而外，无出其右"，② 其表征故如世人所称，"书籍之数大增""立学官""史部出现"之类，然就"撰述"而言，诸论皆未明魏晋史学之蕴奥。

陈鼎忠曾言，"史者通古今之邮传，为九流之枢纽，范围天地而不过，曲成万物而不遗，道并行而不相悖，百姓日用而不知"，秉《春秋》之义之事，"综典章因革之宜，可以增进群治也"，"明千祀相承之统，可以永固种族也"。③ 柳诒徵也认为："吾国史法自《春秋》以来，不外二端，一曰明君臣之义；一曰严夷夏之防。"④ 蒙文通正是本此二义阐明魏晋史学在儒说已坠、异说以兴、诸夷乱华之时代所起的维持社会风尚与民族治道之正的作用。

蒙文通主张以治子之法治史，用治史之法治经、子，即在经、子中找事实而在史中找义理，将史学中的义理与时代观念、社会问题相呼应。其言："自汉末以来，儒家之说已坠，异说以兴。始法家，次道家，言墨家者有鲁胜，言名家者有刘劭，管辂之于数术，华陀之于方技，阮武、姚信、锺繇、陈群之流，百家之说，莫不并起。技巧滋益，释道踵武，则思想之解放而为变古者极矣。文也，史也，靡不革新。于是马班抑坠，而干宝、孙盛巍然为五百年史例中兴。盖一切学术均变，而史学亦不得不变，哲学盛而史亦盛也。"⑤ 史学之盛乃应时而起，章太炎即说："承平之世，儒家固为重要。一至乱世，则史家更为有用。"历代"中国屡亡，而卒能复兴"，皆"归功于史家"，"如《春秋》内

---

① 金毓黻：《中国史学史》，第 110 页。

② 蒙文通讲，贺次君记《我国学术之进展》，《国立北京大学四川同乡会会刊》创刊号，1934 年，第 13 页。

③ 陈鼎忠：《原史》，《文史汇刊》第 1 卷第 1 期，1935 年，第 3 页。

④ 柳诒徵：《劬堂遗札·复朱绍滨书》，王元化主编《学术集林》（6），第 27 页。

⑤ 蒙文通：《魏晋之学术与史学》，《中国史学史》，第 42 页。

诸夏外夷狄，树立民族主义"。① 若以魏晋六朝而言，蒙文通认可史学有拨乱反正之功，"史人于玄风披倡之世，殆所谓砥柱中流者耶"，然而史家之所以能拨乱而反之正，洽在于申儒学之义，"方江左清谈风靡一世，乃干宝、孙盛凡诸史人，胥扼腕垂涕而争之，以期挽狂澜之既决"，"所以申汉法、而绌玄学者流之言《易》也……皆以反正始之义而然欤"，"于时史人虽崇灾侯阴阳之说，而摧图谶征应之辞，符于张衡之论。斯固董子、翼奉之道，大别于成哀之际、钟张之徒者也"，"先后史人皆汲汲于玄风之辟，直为中原倾覆之由"。② 它如"六代之文，卑溺至是。新体声病，殆又甚焉"，然"史家述笔，固异时流"，"深疾流俗藻绘之文，故取法经传质直之笔"，范晔之《自序》"其说自不谐于俗，而史人文思，于是乎显。盖所谓独标高致者焉"，裴子野则"直以文之华质，征世之理乱，可谓卓识"。③

　　"正统论"一直是新史学批判传统史学的核心问题，梁启超早在1902年即称"中国史家之谬，未有过于言正统者"。④ 而南北朝政治局面的对峙反映在史学上就是南北"正闰"之争，以"正名"争"帝统"，南北各国"莫不自命正朔"，而"用夏变夷，为神州陆沉之渐"。蒙文通则指出"史家正闰之论，肇于《汉晋春秋》，而极于《宋史质》。粗视之若无谓，而实有深意存焉"。⑤ 干宝正是鉴于"种族国家之痛"，"正闰之论，亦创于斯际"，虽"遗讯后来，然其义独盛于东晋、南宋二代，是固有其微意，又未可忽也"。蒙文通此论发于国难日深之时，自有深意，"衡论既往，兼以戒儆来兹"，而感叹当下"精义沦湮，诋讪竞作，岂知正闰之说，固亦事之不得已者也"。⑥ 夷夏之辨既明，则

① 章太炎：《论经史儒之分合》，《国风》第8卷第5期，1936年。
② 蒙文通：《史学与江左清谈》，《中国史学史》，第43~45页。
③ 蒙文通：《史学与六代俪文》，《中国史学史》，第45~46页。
④ 梁启超：《新史学·论正统》（1902年），刘梦溪主编《中国现代学术经典·梁启超卷》，第560页。
⑤ 蒙文通：《肤浅小书》，饶宗颐：《中国史学上之正统论》，第251页。
⑥ 蒙文通：《史学家之民族国家思想》，《中国史学史》，第47~48页。

君臣思想亦当申论。蒙文通此时阐发秦汉新儒学言"革命"之旨，此在中国史学中亦有所依据。如孟子曰："闻诛一夫纣矣，未闻弑君也。"荀卿亦曰："故桀纣无天下，而汤武不弑君。"蒙文通视此为："儒家之大义，而昧忽久焉，黄梨洲作《原君》所以为启千载之长夜者。"魏晋六朝，礼崩乐坏，以夷变夏，故此期史家干宝、孙盛之持论，深达"民为贵，社稷次之，君为轻"之旨；习凿齿作《晋承汉统论》则"凛然正义，下视僭乱之代，辞旨迥殊。故迹或有符，而予夺各异，权变陆离，义乃益精。此《春秋》贵正之词所以为卓绝"；裴子野则"尊其诛攘之勋，略其篡夺之咎，盖种族之情殷，故禅代之责恕也"。干宝《晋书》亦"直书晋恶，不为回曲"。蒙文通盛赞诸家秉持《春秋》大义，"干、孙、习氏皆百世之斧钺也，振已绝之纲纬，伸笔伐于衰俗"。[①] 诸家既秉《春秋》之义，更以此发明史例，"《春秋》以变文见义，事不必论，干、孙以下，乃有恒规，此则《史通》之所由仿也"，"饮水思源，则循颂子玄之书，而后知荀、杜、干、孙肇造之功为不可没也。以子玄之书，校诸五典、五志，识小识大，相去何其远也"，是故蒙文通盛赞干宝为"五百年史例中兴之盛者！"[②]

蒙文通《中国史学史》撰述"晚周"与"六朝"史学各有侧重，不难发现其旨趣与新史学大相径庭，其根源则在于双方经史理念乃至学术统系之别。

中国固有的学术系统，"经史子集"之分类与次序，"实含有深远的至理"，《四库全书》将之应用为图书分类，但若以西学分科的标准，其中的意义与价值或多被视为"迂腐陈旧"，新史学正是要破除此种意义，"以'史'的观点来治'经'，以社会科学的见地，发掘经典里的沉埋的材料"，并宣言"你把握这理论而有所成就，你就会以新的姿态出现于中国现代学术界，而不致于将自己穿戴着古衣冠杂厕在已死的古

---

① 蒙文通：《史家之君臣观念》，《中国史学史》，第49~52页。
② 蒙文通：《史例之进步》，《中国史学史》，第52~54页。

代的经学家的队伍里了！"① 蒙文通则视此一"新的姿态"为"妄以西方学术之分类衡量中国学术，而不顾经学在民族文化中之巨大力量、巨大成就之故也"，② "数十年来，国内史学界皆重史料，而绝少涉及文化遗产之史学"，中国史学发展历程中，"浙东史学究为文化遗产之一大宗，而世人知之者竟不多，殊可悯叹"。③ 蒙文通所谓"壮年以还治史，守南宋之说"，正是发扬"浙东史学"之绝学，"为后来文化之先导"。

## 第三节 "南宋"抑或"北宋"？

一 "汉人之经学，宋人之史学"：陈寅恪与蒙文通之交涉

1941 年，蒙文通在《四库珍本〈十先生奥论〉读后记》一文中写道：

> 往时陈君寅恪于语次称汉人经学，宋人史学，皆不可及。予闻其说而善之，叩诸陈君援菴、余君嘉锡，皆以为然。乃鄙意复又稍别者，以经学有西汉、东汉之分，史学亦有北宋、南宋之异。④

新近出版的《蒙文通学记》（增补本）增补了一条蒙文通 1950 年代的笔记：

> 二十余年前（约在 1934 年前后⑤），曾访陈寅恪氏于清华园，

---

① 周予同：《中国经学史讲义》，上海文艺出版社，1999，第 134 页。
② 蒙文通：《论经学遗稿三篇·丙篇》，《经史抉原》，第 150 页。
③ 蒙文通：《治学杂语》，蒙默编《蒙文通学记》（增补本），第 45 页。
④ 蒙文通：《四库珍本〈十先生奥论〉读后记》，《中国史学史》，第 159~160 页。
⑤ 原文误书为"1944 年"，应为 1934 年。

> 谈论间，陈盛赞"汉人之经学，宋人之史学"，余深佩其言，惜当
> 时未能详论。异日，再往访之，欲知其具体论旨。晤谈中，陈详论
> 欧阳永叔、司马君实，亦略及郑渔仲。而余意则不与同，以汉人经
> 学当以西汉为尤高，宋人史学则以南宋为尤精，所谓经今文学、浙
> 东史学是也。当时虽尚未有撰述，实早已成熟于胸臆中矣。[①]

二者所讲当指一事。1934 年前后，蒙文通对经今文学与浙东史学的研
究都有所进展，但未有著作问世。1940 年代初，《中国史学史》大体完
稿，《儒家哲学思想之发展》《儒家政治思想之发展》二文相继发表。
蒙文通遂点明与陈寅恪的分歧，蒙文通称赞西汉今文学、浙东史学，有
意回应陈寅恪、陈垣、余嘉锡等人。其实，陈寅恪、蒙文通"汉人之
经学，宋人之史学"的说法与民国新汉学、新宋学的兴起有莫大关联。

　　清代经学，号称极盛。虽然不能将整理国故运动视为清代汉学的
简单延续，如柳诒徵提出"非汉学非宋学"，"汉学宋学两名词，皆不
成为学术之名"，[②] 但整理国故运动与清代汉学一系在治学方法与人际
脉络方面都有千丝万缕的联系，被时人冠以"新汉学"，视作乾嘉考
据学的变相复兴。钱基博认为："北大为怀疑的国学运动，而东大则
反之而为宗信的国学运动，宗风各倡，然而重考据，尚证佐则一。世
所谓新汉学者是也。"[③] 胡适认为经学并不是清朝独有的学术，清朝的
经学却有独到的长处，与前代经学大不相同："汉朝的经学重诂训，
名为近古而实多臆说；唐朝的经学重株守，多注'注'而少注经；宋
朝的经学重见解，多新义而往往失经的本义。清朝的经学有四个特
点：（一）历史的眼光，（二）工具的发明，（三）归纳的研究，

---

① 蒙文通：《治学杂语》，蒙默编《蒙文通学记》（增补本），第 44 页。
② 柳诒徵：《汉学与宋学》，东南大学、南京高师国学研究会编辑《国学研究会演讲录》
　第 1 集，商务印书馆，1923，第 84 页。
③ 钱基博：《孔子圣诞演说》，钱基博著，傅宏星编《大家国学·钱基博卷》，天津人民
　出版社，2008，第 58 页。

（四）证据的注重。"清代经学正因为具备了这四种特长，所以"他的成绩最大而价值最高"。① 胡适称赞清代经学的四种特长，无疑是为"新汉学"张本。

蒙文通、陈寅恪等人提倡"汉人之经学"，有意针对清代经学。蒙文通认为清代汉学不仅不能适应时势变迁，与之一脉相承的整理国故运动更使中国学术丧失大本。蒙氏主张"兴蜀学"，以廖平本于礼制，明今古家法，与清代汉学"各张其帜以相抗"。所谓"自顾氏以迄于今，其道已敝，吴、越巨儒，复已悔其大失，则蜀中之士，独不思阐其乡老之术，以济道术之穷乎？"② 陈寅恪虽不治经，但对"十三经不但大部分能背诵，而且对每字必求正解。因此《皇清经解》及《续皇清经解》，成了他经常看读的书"。③ 他对清代学术评价不高，认为清人治经学与史学，"俱为考据之学"，"但能依据文句各别解释，而不能综合贯通，成一有系统之论述。以夸诞之人，而治经学，则不甘以片段之论述为满足。因其材料残阙寡少及解释无定之故，转可利用一二细微疑似之单证，以附会其广泛难征之结论"，"往昔经学盛时，为其学者，可不读唐以后书，以求速效。声誉既易致，而利禄亦随之"。④

胡适强调，"科学的考据""历史的眼光"是寻源溯流、认清时代的关键，整理国故的目的就是完成一部中国文化史。柳诒徵也说："乾、嘉诸儒所独到者，实非经学，而为考史之学。考史之学，不独赵翼《廿二史札记》、王鸣盛《十七史商榷》或章学诚《文史通义》之类，为有益于史学也，诸儒治经，实皆考史。"⑤ 清代考据学成为近代

---

① 胡适：《戴东原的哲学》，商务印书馆，1927，第12~13页。

② 蒙文通：《议蜀学》，《经学抉原》，第48~49页。

③ 俞大维：《怀念陈寅恪先生》，张杰、杨燕丽选编《追忆陈寅恪》，社会科学文献出版社，1999，第5~6页。

④ 陈寅恪：《陈垣元西域人华化考序》，《陈寅恪集·金明馆丛稿二编》，生活·读书·新知三联书店，2009，第269~270页。

⑤ 柳诒徵撰，蔡尚思导读《中国文化史》（下），上海古籍出版社，2001，第832页。

学人由经入史的捷径。金毓黻师从黄侃，自称"余之研史，实由清儒。清代惠、戴诸贤，树考证校雠之风，以实事求是为归，实为学域辟一新机，用其法以治经治史，无不顺如流水。且以考证学治经，即等于治史"。① 余嘉锡为考据名家，对清代学术推崇备至，"清儒之学，不独陵轹元、明，抑且方驾唐、宋。欲读古书，非观清儒及近人之笺注序跋不可，否则不独事倍功半，或且直无从下手之处"。不过，"清儒经学小学自辟蹊径，远过唐、宋，其他一切考证，则无不开自宋人，特治之益精耳。至于史学，不逮宋人远甚。乾嘉诸儒，鄙夷宋学，窃不谓然"。② 言下之意，清人经学仅是远过唐宋，仍不如汉人，史学更是远不如宋代。

清代汉学以经学为重心，以考据为表征，考据方法成为民国"新汉学"沟通中西的媒介。在蒙文通看来，考证是一种治学方法，治史必须考证，但考证并不算作史学著作，清代汉学只是考证而已，赵翼《廿二史札记》和钱大昕《廿三史考异》都不能算作史学著作，③ "清世考据学盛，史学终成坠绪"。④ 陈寅恪认为清代经学号称极盛，"史学则远不逮宋人"，"虽有研治史学之人，大抵于宦成以后休退之时，始以余力肆及，殆视为文儒老病销愁送日之具。当时史学地位之卑下若此，由今思之，诚可哀矣。此清代经学发展过甚，所以转致史学之不振也"。⑤ 至此，清代学术，经学不如汉代，史学不逮宋人，那么清代汉学真成为蒙文通所言："史学不是史学，经学不成经学，诸子又不是诸子，一部十三经注疏，就是经、史、文选，混在一起，真是不伦不类史订之学。"⑥ 陈寅恪对清代经学、史学的评价正好是为《元西域人华化考》作序言，陈垣对陈寅恪的意见应当认可。牟润孙曾追忆："我的老

① 《金毓黻文集》编辑整理组校点《静晤室日记》第 7 册，1944 年 2 月 16 日，第 5404 页。
② 余嘉锡：《古书通例》，《目录学发微》，中国人民大学出版社，2004，第 172~173 页。
③ 蒙文通讲，黎明记《国史体系》，《国立东北大学校刊》第 6 期，1944 年，第 3 页。
④ 蒙文通：《治学杂语》，蒙默编《蒙文通学记》（增补本），第 45 页。
⑤ 陈寅恪：《陈垣元西域人华化考序》，《陈寅恪集·金明馆丛稿二编》，第 269~270 页。
⑥ 蒙文通：《国史体系》，《国立东北大学校刊》第 6 期，1944 年，第 3 页。

师励耘先生对他恭维备至，谆谆嘱我应当读陈先生的著作，学他的治学方法。"①

宋代学术历来以程朱理学为正统，胡适称赞清人经学意在反理学："清初的学者想用经学来代替那玄谈的理学，而他们的新经学又确然有许多特殊的长处，很可以独立成一种学术。"② 蒙文通也认为明初仍是宋代学术，直到正德、嘉靖才转变，首先就是反对宋学。清代学术承此风气，提倡章句训诂与名物考据。③ 蒙文通、陈寅恪提倡"宋人之史学"，以"史学"代"理学"，消解汉宋之争；二人又一致倡导研究宋代历史，既针砭民国学界竞言古史的风气，又为提出"新宋学""新儒学"留下伏笔。

乾嘉汉学方盛之时，章学诚即与邵晋涵商讨修宋史一事，"今日之患，又坐宋学太不讲"，"廿一史中，《宋史》最为芜烂，邵欲别作宋史。吾谓别作《宋史》成一家言，必有命意所在，邵言即以维持宋学为志。吾谓维持宋学，最忌凿空立说"。④ 章学诚、邵晋涵作《宋史》一事，虽无结果，然咸同以降，宋学在各领域得到不同程度的复兴。"道咸以后，学风遂变，其时学者知大乱之将至，乃归咎于考证学之无用，又学术之事，有时而穷，才智之士不能不别启途径，故宋学文史复兴，经学之本身则有常州之今文学，其相同之点皆以反于乾嘉学术之无用是也。"⑤ 具体而言，颇讲义理的曾国藩等人影响了不止一代人；而诗坛出现的"同光体"，其最大特点就是尊宋诗，其影响直至民国。简言之，推崇宋代是道咸以后的一个基本风气。⑥

---

① 牟润孙：《敬悼陈寅恪先生》，引自蒋天枢《陈寅恪先生编年事辑》（增订本），第92~93页。

② 胡适：《戴东原的哲学》，第18页。

③ 蒙文通：《治学杂语》，蒙默编《蒙文通学记》（增补本），第52页。

④ 章学诚：《家书五》，章学诚著，仓修良编注《文史通义新编新注》，浙江古籍出版社，2005，第822页。

⑤ 李源澄：《经学通论》，路明书店，1944，第26~27页。

⑥ 罗志田：《"新宋学"与民初考据史学》，《近代史研究》1998年第1期，第1~23页。

民国学人多以宋代为近世起点，将赵宋一朝及其以降元明清之历史延伸至民国。民国初肇，严复就认为，赵宋一朝是古今变革之中枢，读史"当留心细察古今社会异同之点"，如果"研究人心政俗之变，则赵宋一代历史，最宜究心。中国所以成于今日现象者，为善为恶，姑不具论，而为宋人之所造就什八九，可断言也"。[①] 刘咸炘更是将"近人好利"的缘由，归结为乾嘉以降，宋学之不振："近日美风弥漫，人崇功利（德国学风近宋儒，与美反，近日学风来自美者盛，来自德者不盛），其弊大著，已有人主张复宋学也。故在章、邵之时，修宋史、表宋风，正如太史公之作百三十篇，表狂狷，预见西汉末之柔弊"，"今之政象正如五代。宋承五代，静其躁动，则尚厚重之凤。南宋行谊之盛，亦由北宋厚重之风胎之"。所谓"近三百年既似唐，近十余年既似五代，则后·时必复于宋。非但行谊当兴，即宋初大老厚重之风亦必重见"。"此二者似相反而实相成者也"，故"宋史于今当修"。[②] 蒙文通与唐迪风也时常敦促刘咸炘早修宋史，1928 年 3 月 3 日，刘咸炘至成都大学，蒙文通便对刘咸炘说："学林中有一事，须君为之。君文出笔如史，又熟史学，宜以重修宋史为任。"未隔数日，唐迪风复以重修宋史之事敦促刘咸炘。[③]

学术风气对于引导"人心风俗"尤为重要，而治近世学术，必始于宋。陈寅恪在 1933 年的《冯友兰中国哲学史下册审查报告》中亦提出"中国自秦以后，迄于今日，其思想之演变历程，至繁至久。要之，只为一大事因缘，即新儒学之产生，及其传衍而已"。[④] "迄于今日"一

---

① 严复：《与熊纯如书》（1917 年 4 月 26 日），王栻主编《严复集》（3），中华书局，1986，第 668 页。

② 刘咸炘：《史学述林·重修宋史述意》，黄曙辉编校《刘咸炘学术论集·史学编》（下），第 595~596 页。

③ 刘咸炘：《史学述林·重修宋史述意》，黄曙辉编校《刘咸炘学术论集·史学编》（下），第 592 页。

④ 陈寅恪：《冯友兰中国哲学史下册审查报告》（1933 年），《陈寅恪集·金明馆丛稿二编》，第 282 页。

语，无异于将"新儒学"一直延伸到当时。这似乎为"新宋学之建立"埋下了伏笔。与之同时，钱穆著《中国近三百年学术史》欲说明"最近国内学术思想之本国的来源，及其利弊得失所在"，此仅初步工作，其意图"将来由《近三百年学术史》推溯至北宋，完成《中国近代学术史》，改编宋元明学案"，[1] 以北宋为近代学术开端之意甚明。但宋学的复兴却步履维艰，时至 1920~1930 年代，不同于以往在"经上讨生活"，中国学术出现了新的解释风格，学术研究是一回事，道德是一回事，信仰又是另一回事，换句话说即"价值"与"事实"的分离，尤其是传统的义理价值与历史事实之分离。[2] 义理之学沦落到不用讲的地步，蒙文通第一次出川即抱着解决宋明理学层面上的困惑，但求学未果，遂全放下。

这种学术风格落实到实践层面则是将传统学术"对象化"与"历史化"，"科学史学"遂异军突起，沿袭道咸新学之余绪，史学界群趋古史一途，遂有学人慨叹宋史难治。民初学人研究国史大体可分为两派：一派注重史例、史意，"绍明章学诚之绪论"，以张尔田、何炳松为代表；一派注重考证上古史，"以疑经者疑史，扬康有为之唾余"，以顾颉刚为代表。钱基博认为二派"皆为后生所喜诵说"，然而"语多凿空，意图骋臆"。相反，钱基博赞同严复劝人读宋元明史的做法，以为"吾侪今日思想风俗政治，直接间接，可于宋元明史籀其因果律"。民初学人较少究心宋元史，"不过宋元明事证确凿，时代相接，不如上古荒渺之便于凿空，史例史意之可骋臆谈耳"。[3] 陈寅恪认为史学未脱经学旧染，导致"近代史事"难明，史料繁复，增添了研究宋史的难度。"盖天水一朝之史料，曾汇集于元修之宋史。自来所谓正史者，皆

① 教育部编《全国专科以上学校教员研究专题概览》，商务印书馆，1937 年 1 月，第 331 页。
② 王汎森：《价值与事实的分离？民国的新史学及其批评者》，《中国近代思想与学术的系谱》（增订版），上海三联书店，2018，第 408 页。
③ 钱基博：《后东塾读书记》，世界书局，1936，第 59~60 页。

不能无所阙误，而宋史尤甚。若欲补其阙遗，正其讹误，必先精研本书，然后始有增订工事之可言。宋史一书，于诸正史中，卷帙最为繁多。数百年来，真能熟读之者，实无几人，更何论探索其根据，比较其同异，藉为改创之资。"① 新汉学一系竞言古史，着重从历史源头处重建文明起源，严复、钱基博强调宋代是古今变革的中枢，研究宋史可以考察近代中国人心风俗的变迁。

1930 年代前后，治国学者群趋史学一途，史学渐脱经学而独立，效法"宋人之史学"编纂宋史成为民国学人的共识。蒙文通、唐迪风规劝刘咸炘重修宋史，刘咸炘认为修《宋史》一事，"兹事太大，未易着手"，而且"弟子中亦尚未有能助我者"，故决定："先以宋事诸大端多拈题目，与诸弟子合力辑论，如吾旧作《北宋政变考》《南宋学风考》之例，将来有数十篇，便足焉史篇之底稿，如其能备规模，则谓之《宋史略》，如不能备，则谓之《宋史别裁》。"② 刘氏早逝，此事未果。傅斯年曾希望陈寅恪将主攻方向转移到宋代，"唐代史题每杂些外国东西，此时研究，非与洋人把泥带水不可。而明、清史料又浩如烟海。宋代史固是一个比较纯粹中国学问，而材料又以淘汰得不甚多矣。此可于十年之内成大功效，五年之内成小功效，三年之内有文章出来者也"。③ 此事并无下文。此时，有不少学人立志研究宋史，黄云眉与夏承焘均拟改编历代《宋史》著述，作为编修新宋史的基础。④ 童书业曾对古史兴趣大减，拟改治宋史、明史，夏承焘建议童书业专注于南宋一代。⑤ 1930 年代，北京大学开设宋史专题课程，现存一份北大"中国史

① 陈寅恪：《邓广铭〈宋史职官志考证〉序》，《陈寅恪集·金明馆丛稿二编》，第 277 页。

② 刘咸炘：《史学述林·重修宋史述意》，黄曙辉编校《刘咸炘学术论集·史学编》（下），第 592 页。

③ 傅斯年：《致陈寅恪函》（1929 年 9 月 9 日），王汎森、潘光哲、吴政上主编《傅斯年遗札》，台北："中研院"历史语言研究所，2011，第 227~228 页。

④ 黄云眉：《与夏瞿禅论改修宋史诸家书》，《文澜学报》第 2 卷第 1 期，1936 年，第 1~6 页。

⑤ 夏承焘：《天风阁学词日记》（上），1936 年 11 月 14 日，《夏承焘集》第 5 册，浙江古籍出版社、浙江教育出版社，1997，第 477 页。

试题"，有一论述题，"两宋学术超越前代。试就理学、朴学、史学、文学四事，述其贡献之大纲，并评论其创造力"。① 起初，赵万里主讲宋史，注重介绍新材料以补充旧材料，尤其致力于典制、学术、艺术、风俗、文学等方面。② 之后，蒙文通认为晚周、六朝、两宋为中国文化的高峰期，宋代学术与制度是他授课的重点：

> 注重探讨有宋一代政治之升降，学术之转变，制度之沿革，民族之盛衰，以吕东莱、陈君举、叶水心之说为本，取材于《东都事略》、《南宋书》、《宋朝事实》、《太平治迹》，以济元修《宋史》之阙；更从《文献通考》辑出《建隆编》佚文，以为《宋会要》之纲。③

蒙文通于1930年代以后在各校开设史学史课程，常常强调："今之世，言议淆而政俗污，何其似魏晋、五季之甚，吾人亦希能比踪于两宋、而无为六代之续则幸也。宋之为宋，学术文章，正足见其立国精神之所在，故于宋史首应研学术，则知宋之所以存，次制度，则知宋之所以败，而事变云为纷纷者，皆其现象之粗迹，而别有为此现象策动之因存，亦正今日所当深思而引为明鉴者也。"④ 民国学人多以宋代为近世起点，宋代不仅是中国文化的高峰，更是近代中国政治社会文化转型的源头。治宋史首先要明宋学，成为学界共识，诚如钱穆所言："治国史必通知本国文化精意，而此事必于研精学术、思想入门，弟正可自宋代发其端。"⑤ 蒙文通讲授宋史，以南宋浙东诸儒的"史论"为本，南宋

---

① 《中国史试题》，台北："中研院"傅斯年图书馆藏，傅斯年档案，档号：Ⅱ—951。
② 《国立北京大学史学系课程指导书》（1932~1933学年），台北：中研院傅斯年图书馆藏，傅斯年档案，档号：Ⅱ—612。
③ 北京大学文学院编《国立北京大学文学院课程一览》（1934~1935学年），第111页。
④ 蒙文通：《"宋史"叙言》（1938年），《蒙文通文集》第5卷《古史甄微》，第398页。
⑤ 李埏：《昔年从游之乐，今日终天之痛——敬悼先师钱宾四先生》，中国人民政治协商会议江苏省无锡县委员会编《钱穆纪念文集》，上海人民出版社，1992，第18页。

学人"于北宋一切弊政尚能看得清楚、说得透澈，然已不能拯宋室于倾亡"。①

几乎同时，陈寅恪在清华大学开设"欧阳修"的课程，或可视为他研究宋史的开端，落实编纂宋史的规划：

> 中国文化史，在秦以后，六朝与赵宋为两个兴隆时代，至今尚未超越宋代。本课程就欧阳修以讲宋学。所谓宋学，非与汉学相对之宋学，乃广义的宋学，包括诗文、史学、理学、经学、思想等等。所讲不专重词章，要讲全部宋学与今日之关系，而所据以发表意见之材料，不能不有所限制，故开本课，实为研究宋史第一步。②

陈寅恪曾批评民初的科玄论战所谓"复兴宋学"的口号"不通家法""语无伦次"，③ 此处格外强调广义的宋学，包括文学、史学、经学、理学等层面，以此考察宋代文化的全貌，有意与汉宋之争划清界限。汪辟疆认为仅以《宋史·道学传》为宋学张目，"终不能一究宋人学术之全"。④ 陈寅恪以欧阳修讲宋学，注重广义的宋学与近代的关联，在中国文化发展历程的视野中判断宋学是中国文化史的高峰期，以此把握宋代以来中国社会、文化各层面的整体变迁。陈寅恪将开设"欧阳修"课程看作研究宋史的起点，此后提倡"新宋学"之建立正是以宋代历史研究为基础。1943 年，陈寅恪正式提出建立新宋学，视之为中国文化复兴的初步："吾国近年之学术，如考古、历史、文艺及思想史等，以世局激荡及外缘熏习之故，咸有显著之变迁。将来所止之境，今固未敢断论。惟可一言蔽之曰：宋代学术之复兴，或新宋学之建立是已"，

---

① 蒙文通：《北宋变法论稿》，《古史甄微》，巴蜀书社，1999，第 465 页。
② 卞僧慧纂，卞学洛整理《陈寅恪先生年谱长编（初稿）》，中华书局，2010，第 169 页。
③ 陈哲三：《陈寅恪先生轶事及其著作》，张杰、杨燕丽选编《追忆陈寅恪》，第 88 页。
④ 汪辟疆：《清学出于宋学》，《汪辟疆文集》，上海古籍出版社，1988，第 750 页。

"由是言之，宋代之史事，乃今日所亟应致力者。此为世人所共知，然亦谈何容易耶？"[1]

陈寅恪、蒙文通认为宋学与宋史互为表里，通宋学知晓本国文化精意，研究宋史可明了历代文化嬗变转承，引为明鉴。不仅如此，二人赞誉"宋人之史学"更为时下研究宋学与宋史提供治学准则。不过，学术立场的差别导致陈寅恪、蒙文通所认可的宋代学术貌同心异，陈寅恪以欧阳修讲宋学，蒙文通本于浙东诸儒讲宋史，二人所讲宋学与宋史的宗旨大相径庭。北京大学史学系解聘蒙文通时，胡适、傅斯年曾计划以陈寅恪弥补其空缺。此一人事变动，颇能反映民国主流学人认知陈寅恪、蒙文通史学理念的差别。

1943 年 12 月底，陈寅恪辗转抵达成都，任教于燕京大学。虽说是首次客居蓉城，陈寅恪对成都早就心有向往，在半年多前，陈寅恪曾致信时任华西协合大学教授的友人闻宥，称："弟久有远蓉之愿，今幸得遂。"[2] 陈寅恪在蓉期间，四方搜求刘咸炘的《推十书》，并认为从未谋面的刘咸炘是"四川最有识见的学者"。[3] 陈寅恪缘何急于搜求《推十书》，并对刘咸炘予以如此高的评价，具体原因，限于史料，无法探明。联系陈寅恪之前不久才在《邓广铭〈宋史职官志考证〉序》中，提倡建立"新宋学"，而刘咸炘则正是"以重修宋史为任"，或可推想其中缘由。况且，陈寅恪与蒙文通早在 1930 年代就有交往，陈寅恪刚刚赴蓉不久，川省教育厅长郭有守就于 1944 年 1 月 9 日设宴，招待时在成都的学界名流，计有蒙文通、沈尹默、钱宾四、陈觉玄、闻宥、李小缘、徐中舒、张大千、马季明、冯汉骥、叶圣陶。[4] 蒙文通等川省学人借机向陈寅恪推荐《推十书》的可能性极大，而陈寅恪关切刘咸炘

① 陈寅恪：《邓广铭〈宋史职官志考证〉序》，《陈寅恪集·金明馆丛稿二编》，第 277 页。
② 陈寅恪：《致闻宥函》（1943 年 8 月 5 日），《陈寅恪集·书信集》，生活·读书·新知三联书店，2002，第 215 页。
③ 王川：《陈寅恪与四川学者的交往述论》，《中山大学学报》2004 年第 6 期，第 112 页。
④ 商金林编《叶圣陶抗战时期文集》第 3 卷，人民教育出版社，2005，第 77 页。

修宋史的进展应在情理之中。1944 年暑期，蒙文通在《跋华阳张君〈叶水心研究〉》一文中，再次提出：

> 经学莫盛于汉，史学莫精于宋，此涉学者所能知也。汉代经术以西京为宏深，宋代史学以南渡为卓绝，则今之言者于此未尽同也。近三百年来，宗汉学为多，虽专主西京其事稍晚，然榛途既启，义亦渐明。惟三百年间治史者鲜，今兹言史者虽稍众，然能恪宗两宋以为轨范者，殆不可数数觏，而况于南宋之统绪哉！①

蒙文通所指治史"能恪宗两宋以为轨范者"非陈寅恪莫属，又强调"汉代经术以西京为宏深，宋代史学以南渡为卓绝"，有意与陈寅恪倡导的"新宋学"立异。诚如有学人认为蒙文通将经学与史学、南宋与北宋彼此牵连，对陈寅恪的本意，或有所误会，或故作别解。② 然而，蒙文通貌似强分轩轾、不免门户之见的判断，正折射出近代"新儒学"另辟蹊径的复杂理路，其背后关涉民国学界对"宋学"的整体判断以及由此引出的"如何治学"等诸多问题。

二　宋学渊源："内""外"之别

钱穆认为："治近代学术者当何自始？曰：必始于宋。何以当始于宋？曰：近世揭橥汉学之名以与宋学敌，不知宋学，则无以平汉宋之是非。"③ 研究宋学成为近代学术沟通汉宋的基础，首要问题就是明清以来纷纷攘攘的宋学起源之争，这不仅关系对宋学的整体评价，更与认定宋学正统息息相关。民国初年，就有学人总结道："世儒之论宋学者，

---

① 蒙文通：《跋华阳张君〈叶水心研究〉》，《中国史学史》，第 161 页。

② 桑兵：《民国学人宋代研究的取向及纠结》，《近代史研究》2011 年第 6 期，第 25~74 页。该文指出蒙文通谈论的对象更像是傅斯年，诚为确论。蒙文通与傅斯年都重视中国学术内在脉络，但旨趣有别。

③ 钱穆：《中国近三百年学术史》，刘梦溪主编《中国现代学术经典·钱宾四卷》（上），河北教育出版社，1999，第 6 页。

多矣。誉之或过其实，毁之亦损其真，要皆持先入之见为偏至之谈。"
宋学的褒贬可以归结于"新"这一特点：

> 宋儒之学所以能于中国学界占最优之势力，而支配千余年以来
> 之人心者，全以开新之功……宋儒之学专以崇心得、辟新知为主。
> 虽采及老佛而不为老佛用，虽诵法孔孟而言思所及，时时轶出六
> 经、《语》、《孟》之外，此断然无可疑者也。惟宋人既拔奇于前人
> 之外，自成一种新理想、新学术，及其用以治经，则不但顺文解义
> 而已，亦时以己之新学参之。故按之经旨，往往不能悉合，又以其
> 研究义理用志既专，则于名物训诂自不如汉唐诸儒之精核，因是不
> 免为近代汉学家所集矢，而不知宋学之所以不可没者即在于
> 此也。①

清代汉学"功在释经"，宋儒注重以心得、新知理解圣人的微言大义，
重义理更胜于考据训诂，这正是宋儒有别汉唐儒的关键所在。然而，宋
儒的"新"源于何处，历来有两种思路：在中国文化内部寻找其源头；
从历史文化演进的视角，强调儒佛对抗与融合。民国学人认为中晚唐时
期禅宗兴起与古文运动是宋学起源的关键。余嘉锡认为宋人许多理论来
自唐人文章；② 汤用彤也认定如果没有隋唐佛学的特点及其演化，"恐
怕宋代的学术也不会那个样子"。③ 对于援佛入儒，向来存在近乎对立
的两种认识，有学人批评宋明儒家阳儒阴释，中国思想因印度佛学完全
改变。陈钟凡认为唐末儒生"莫不潜心内典，怡情禅悦，久而与之俱
化。中国学术系统，不传于儒而传于释老，盖数百年于兹矣"；④ 范皕
海直接斥责宋儒是禅学。相反，认同宋明理学的学人认为中国文化的特

---

① 希如：《宋学论》，《文史杂志》第 4 期，1913 年，第 1~3 页。
② 杜高厚：《燕学记言》，《责善半月刊》第 2 卷第 24 期，1942 年，第 18 页。
③ 汤用彤：《隋唐佛学之特点》，《图书月刊》第 3 卷第 3、4 合期，1944 年，第 4 页。
④ 陈钟凡：《两宋思想述评》，东方出版社，1996，第 1 页。

质并未因佛学"捣乱"而丧失，宋明儒学依然是中国固有的道统。钱穆就认可宋明儒家会通佛学来扩大儒家，把佛学吸纳融化，"有了宋明儒，佛学才真走上衰运，而儒家则另有一番新生命与新气象"。①

儒佛关系与援佛入儒是唐宋之际中国学术转型的关键。冯友兰认为，"宋明新儒家之学之基础与轮廓，韩愈李翱已为之确定。二人在中国哲学史中之地位，不可谓不重要也"。② 陈寅恪在演讲中，曾对李翱学术思想来源有一断案："李翱的性论，来自天台宗……天台大师由大涅槃经后部，所说的一阐提佛性不断的经文，悟出佛祖亦应一阐提不断，随主张一种善恶并存的二元性论。湛然受华严宗的影响，窃起信论旨，变大师之意，作金刚铍，明无情有性，随缘不变；梁肃传此说与李翱；李翱本之作复性书。"③ 陈寅恪通过比较起信论、湛然、梁肃、李翱的学术传承脉络与性论旨趣，认定李翱复性论是以梁肃作媒介，出自天台宗。宋代文化乃南唐、吴越文化的扩充，南唐受佛教天台宗的影响，至宋才有理学。在《中国哲学史》下册中，冯友兰吸收陈寅恪的观点，认为李翱受天台宗的影响，本佛学之说变为儒家之说，但坚持李翱是儒家的立场，"儒家的佛必须于人伦日用中修成"。④ 在冯友兰《中国哲学史》下册的审查报告中，陈寅恪鲜明地论述了宋代新儒学渊源脉络："新儒家之产生，关于道教之方面，如新安之学说，其所受影响甚深且远"，"六朝以后之道教，包罗至广，演变至繁，不似儒教之偏重政治社会制度，故思想上尤易融贯吸收。凡新儒家之学说，几无不有道教，或与道家有关之佛教为之先导"。⑤ 学界对陈寅

---

① 钱穆：《中国思想史》（新校本），九州出版社，2011，第160页。

② 冯友兰：《韩愈李翱在中国哲学史中之地位》，《清华周刊》第37卷第9、10期合刊，1932年，第4~5页。

③ 陈寅恪关于李翱的研究，出自孙道昇的课程笔记，参见孙道昇《李翱思想的来源》，《清华周刊》第41卷第5期，1934年，第42页。

④ 冯友兰：《中国哲学史》（下），《三松堂全集》第3卷，河南人民出版社，2001，第258~259页。

⑤ 陈寅恪：《冯友兰中国哲学史下册审查报告》，《陈寅恪集·金明馆丛稿二编》，第282~284页。

恪的观点褒贬不一。徐英批评冯友兰认定宋学起源于韩愈、李翱，是"不明宋学之渊源"，"空言而无当"，"陈氏此说，实深晓吾华思想学术之源流"。① 孙道昇认为杨东莼、钟泰均论述李翱思想来源的研究"既无精确的考证，又无具体的说明"，"很少讨论的价值"，只有陈寅恪的考定"至详且尽"。不过，孙道昇认为李翱性论的来源，完全是儒家的，不是天台宗的："纵然是天台宗的，也是儒教化的天台宗，绝不是纯粹印度思想"；天台宗、起信论、湛然、梁肃都是"取中国的性论为骨骼，取印度的名辞作筋肉"。因此，李翱的性论"与其说是取自天台宗，勿宁说是取自儒家为直截了当"，其来源是《礼记》。②

陈寅恪论证李翱以及新儒家与道家、佛学的关系侧重文本与史事的关联，孙道昇则侧重于儒佛各派义理的演绎，二人分歧恰是近代援佛释儒的两种路径。近代佛学复兴，欧阳竟无力图完成系统佛学的重建，会通孔佛，发扬仁义精神，建设适应现代中国的学术体系。陈寅恪自称"于道教仅取以供史事之补证，于佛教亦止比较原文与诸译本字句之异同，至其微言大义之所在，则未能言之也"。③在他看来，近世唯识学虽有人"欲燃其死灰，疑终不能复振"，④ 欧阳竟无等人"似觉劳而少功"。⑤ 虽然陈寅恪自谦"未能言"佛道二教的微言大义，但他考证史实，证明"佛学为新儒学之先导"的观点，常被批评宋学"阳儒阴释"的学人引为同道，熊十力、蒙文通对此不以为然。

---

① 徐英：《书评·中国哲学史》，《制言》第 42 期，1937 年，第 15、16、23 页（栏页）。

② 孙道昇：《李翱思想的来源》，《清华周刊》第 41 卷第 5 期，1934 年，第 42、44、54~56 页。

③ 陈寅恪：《论许地山先生宗教史之学》，《陈寅恪集·金明馆丛稿二编》，第 360 页。

④ 陈寅恪：《冯友兰中国哲学史下册审查报告》，《陈寅恪集·金明馆丛稿二编》，第 284 页。

⑤ 吴宓著，吴学昭整理注释《吴宓日记》第 6 册，1937 年 6 月 22 日，生活·读书·新知三联书店，1998，第 152~153 页。

新文化运动对传统文化所蕴含的价值体系予以强烈的抨击，"打倒孔家店""覆孔孟，铲伦常"一类的口号，使人们对古来相传的种种正统观念产生彻底的质疑。重新估定一切价值成为时代风潮，在"研究问题，输入学理，整理国故，再造文明"四大文化纲要的指导下，以西学系统重新书写中国学术的呼声很高。开风气之先的当数胡适《中国哲学史大纲》，此书初版于 1919 年 2 月。在此之前，虽已有 1916 年出版的谢无量《中国哲学史》一书，但该书仍以儒家思想为正宗，全未越出儒家经学的藩篱。同时，在北京大学讲授中国哲学史课程的陈汉章，亦沉溺于儒家古史观中。胡适的《中国哲学史大纲》所提供的并不是个别的观点，而是一整套关于整理国故的信仰、价值和技术系统。换句话说，便是一个全新的"典范"。[1] 冯友兰《中国哲学史》继胡著而起，此书在 1930 年代便有取代胡著之势，张季同即谓，日本多学人，而中国学人，只有王国维、郭沫若之于甲骨，胡适、冯友兰之于哲学史（"冯著尤为精湛，尤称宏构"，"冯芝生氏亦非国学者，但著作则出国学者之上"），陈垣、陈寅恪之史学，杨树达之训诂学，傅增湘之目录学足以抗衡日本学者的相关研究。[2] 齐思和以留学美国的经验，称美国人"学哲学者近皆读冯友兰所著书，不复及胡适"。[3]

学界围绕胡冯二人的争议多集中于"用外来间架条理中国思想"的利弊，在重估一切价值的语境中，新文化派顺理成章地以西学格义中学。但批评的声音也随之而来，1928 年，张荫麟撰文评冯友兰《儒家对于婚丧祭礼之理论》时，即指出："以现代自觉的统系，比附古代断片的思想，此乃近今治中国思想史者之通病。此种比附，实预断

---

① 余英时：《中国近代思想史上的胡适》，台北：联经出版事业公司，1984，第 83 页。
② 张季同：《评先秦经籍考》，《大公报·文学副刊》（天津版）第 188 期，1931 年 8 月 17 日，第 10 版。而杨树达于读完此篇所作笔记中径直将"胡适"略去。杨树达：《积微翁回忆录》，1931 年 8 月 18 日，第 39 页。
③ 杨树达：《积微翁回忆录》，1935 年 9 月 21 日，第 73 页。

（presuppose）一无法证明之大前提，即谓凡古人之思想皆有自觉的统系及一致的组织。然从思想发展之历程观之，此实极晚近之事也。在不与原来之断片思想冲突之范围内，每可构成数多种统系。以统系化之方法，治古代思想，适足以愈治而愈棼耳。"[1]

陈寅恪为冯友兰《中国哲学史》（尤其是下册）撰写的审查报告，则更含有"微言大义"般的审思，这些思考集中于中国思想传统的素材和范围与西方哲学的理想性规范之间，是否会出现削足适履、圆凿方枘的问题。不过，在"多研究些问题"的氛围中，方法的论争最终是要落实于学术史叙述，对古代学术渊源的考证与价值判断往往成为各方争议的焦点。在审查报告中，陈寅恪点明中国自秦以来思想演变历程的大事因缘，进而引出对待外来学说的立场态度，颇有以古喻今的意味。然就新儒学的产生及其传衍问题，陈寅恪对冯著的正统派立场表示认可，"此书于朱子之学，多所发明"。[2]陈寅恪这一正统立场由来已久，在审查报告中不过是从佛道二教对"宋学"起源提出新解释。或可说，陈寅恪与冯友兰虽在中西学术如何沟通上存在分歧，但两人对中国学术的认识立场均可视为正统派。对于前者，冯友兰即刻作出回应，1934 年在国际哲学会议上演讲"哲学在当代中国"时，将现代中国哲学的发展分为三期：首期为以旧说旧，即以老的思想方法阐述过去的哲理；二期为说明东西方哲理的差别；三期则"用另一种文明去阐明某种文明，使两种文明都能被人更好地理解"，并以为"希望不久以后我们可以看到，欧洲哲学观念得到中国直觉和体验的补充，中国哲学观念得到欧洲逻辑和清晰思维的澄清"。[3]冯友兰一直坚信，"西洋哲学之形式上的系统，

---

① 张荫麟：《冯友兰〈儒家对于婚丧祭礼之理论〉》，《大公报·文学副刊》（天津版）第 27 期，1928 年 7 月 9 日，第 9 版。

② 陈寅恪：《冯友兰中国哲学史下册审查报告》，《陈寅恪集·金明馆丛稿二编》，第 282 页。

③ 冯友兰：《哲学在当代中国》（1934 年），《三松堂全集》第 11 卷，河南人民出版社，2000；原文为英文，涂又光译，第 269~270 页。

实是整理中国哲学之模范"。① 除了陈寅恪，徐英也批评冯友兰"不明宋学之渊源。"② 不过，冯友兰此后则接受了陈寅恪的意见，认为"宋代经过更新的儒学思想有三个来源"：其一"当然是儒家本身的思想"；其二"是佛家思想，连同经由禅宗的中介而来的道家思想"；其三"便是道教"。而把这些思想结合，"构成一个统一的思想体系"，可以"上溯到唐代的韩愈和李翱"。③

今人多关注陈寅恪审查报告中所蕴含的"微言大义"，此事实为1930 年代"全盘西化"与"中国文化本位"之争在哲学史议题中的折射。相反，学界较少注意到陈寅恪有关新儒学起源的解释参与了民国学界关于"宋学及其起源"的争论。实则二者互为表里，蒙文通均有所回应。

陈寅恪尤其重视儒家学说中的佛道因素："新儒家之产生，关于道教之方面，如新安之学说，其所受影响甚深且远"，"六朝以后之道教，包罗至广，演变至繁，不似儒教之偏重政治社会制度，故思想上尤易融贯吸收。凡新儒家之学说，几无不有道教，或与道家有关之佛教为之先导"。④ 陈寅恪强调心性一系，与其推重朱子一脉相承，"宋、元之学问、文艺均大盛，而以朱子集其大成。朱子之在中国，犹西洋中世之Thomas Aquinas，其功至不可没"。⑤ 朱子之学正是借镜佛法，"救中国之缺失"：

　　汉、晋以还，佛教输入，而以唐为盛。唐之文治武功，交通西

---

① 冯友兰、孙道昇：《怎样研究中国哲学史?》（上），《出版周刊》第 233 期，1937 年 5 月 15 日，第 3 页。

② 徐英：《书评·中国哲学史》，《制言》第 42 期，1937 年，第 15 页（栏页）。

③ 冯友兰：《中国哲学简史》，赵复三译，天津社会科学院出版社，2005，第 234 页。

④ 陈寅恪：《冯友兰中国哲学史下册审查报告》，《陈寅恪集·金明馆丛稿二编》，第 282、284 页。

⑤ 吴宓著，吴学昭整理注释《吴宓日记》第 2 册，1919 年 12 月 14 日，生活·读书·新知三联书店，1998，第 103 页。

域，佛教流布，实为世界文明史上，大可研究者。佛教于性理之学Metaphysics，独有深造，足救中国之缺失，而为常人所欢迎。惟其中之规律，多不合于中国之风俗习惯，（如祀祖、娶妻等）故昌黎等攻辟之。然辟之而另无以济其乏，则终难遏之。于是佛教大盛。宋儒若程若朱，皆深通佛教者，既喜其义理之高明详尽，足以救中国之缺失，而又忧其用夷变夏也。乃求得两全之法，避其名而居其实，取其珠而还其椟，采佛理之精粹，以之注解四书五经，名为阐明古学，实则吸收异教，声言尊孔辟佛，实则佛之义理，已浸渍濡染，与儒教之宗传，合而为一。此先儒爱国济世之苦心，至可尊敬而曲谅之者也。故佛教实有功于中国甚大。而常人未之通晓，未之觉察，而以中国为真无教之国，误矣。[1]

陈寅恪注重佛教、道教与新儒学三者之间的历史关联，由来已久。在《陈垣明季滇黔佛教考序》中称赞陈垣此书开中国乙部中治宗教史之先河，"虽曰宗教史，未尝不可作政治史读也"。[2] 相反，在《冯友兰中国哲学史下册审查报告》中，有感于欧阳竟无与熊十力之间的唯识学之争，批评了近世治唯识学者。1937年6月，陈寅恪曾对吴宓说："熊十力之新唯识派，乃以Bergson之创化论解佛学。欧阳竟无先生之唯识学，则以印度之烦琐哲学解佛学，如欧洲中世纪耶教之有Scholasticism，似觉劳而少功，然比之熊君所说尤为正途确解。"[3] 对于欧阳竟无一系治唯识学，似乎有所肯定，但在审查报告中则持怀疑态度，"近虽有人焉，欲燃其死灰，疑终不能复振"，其原因或是陈寅恪研究佛道二家之学的旨趣与欧阳竟无迥异。在《论许地山先生宗教史之学》一文里，他曾说："寅恪昔年略治佛道二家之学，然于道教仅取以供史事之补证，于佛教亦止比较原文与诸译本字句之异同，至其微言大义之所在，

---

① 吴宓著，吴学昭整理注释《吴宓日记》第2册，1919年12月14日，第102~103页。
② 陈寅恪：《陈垣明季滇黔佛教考序》，《陈寅恪集·金明馆丛稿二编》，第272~273页。
③ 吴宓著，吴学昭整理注释《吴宓日记》第6册，1937年6月22日，第152~153页。

则未能言之也。后读许地山先生所著佛道二教史论文，关于教义本体俱有精深之评述，心服之余，弥用自愧，遂捐弃故技，不敢复谈此事矣。"①

陈寅恪虽称于"微言大义之所在，未能言之"，但实际上，他以史学证明"佛学为新儒学之先导"与"向来攻宋明诸师者，皆谓其阳儒阴释"的说法有所配合。张东荪即认为："宋明儒实取佛家修养方法，而实行儒者入世之道。其内容为孔孟，其方法则系印度。"② 张岱年是时也认为："佛教思想输入后，经了许久中国人乃能消化之，从新建立新的哲学，这即新儒家，或道学、理学。"③ 就此问题，蒙文通、熊十力等人也争论不休。据钱穆《师友杂忆》可知在蒙文通寓居北平时，汤用彤、熊十力、蒙文通、钱穆四人"时时相聚"，熊十力与蒙文通由佛学至宋明理学，常加以辩难，钱穆则加以缓冲。④ 熊十力当时就反驳张东荪，称："夫孔曰求己，曰默识。孟曰反身，曰思诚。宋明儒方法，皆根据于是。虽于佛家禅宗，有所参稽，兼摄要非于孔、孟无所本，而全由葱岭带来也。"⑤ 熊十力称"平生寡交游，而式好无尤，文通要为二三知己中之最"，⑥ 在北大甚至请蒙文通临时代他在哲学系讲唯识。⑦ 不久，蒙文通便在第一届中国哲学年会上对陈寅恪有所回应。

1935 年 4 月中旬，中国哲学会"近鉴于际此社会改革之际，国家需要一种新思想，新途径，为群众的向导，哲学尤应格外提倡，故决定开年会一次，讨论关于历代中国社会思想之趋向"。此会由北大、

---

① 陈寅恪：《论许地山先生宗教史之学》，《陈寅恪集·金明馆丛稿二编》，第 360 页。
② 熊十力、张东荪：《关于宋明理学之性质》，《文哲月刊》第 1 卷第 6 期，1936 年，第 1 页。
③ 张季同：《中国思想源流》，《大公报·学界思潮》（天津版）第 64 期，1934 年 1 月 25 日，第 11 版。
④ 钱穆：《八十忆双亲　师友杂忆》，第 178 页。
⑤ 熊十力、张东荪：《关于宋明理学之性质》，《文哲月刊》第 1 卷第 6 期，1936 年，第 1 页。
⑥ 熊十力：《致蒙文通函》，《熊十力全集》第 8 卷，湖北教育出版社，2001，第 661 页。
⑦ 杨向奎：《我们的蒙老师》，蒙默编《蒙文通学记》（增补本），第 63 页。

清华、燕大等哲学系教授发起组织，4 月 13 日上午在景山东街北京大学第二院宴会厅举行，出席者有蒋梦麟、胡适之、冯友兰、胡文通、金岳霖、张东荪、张荫麟、贺麟、温寿链、钱穆、胡石青、郑昕、汪奠基、沈有鼎、吴恩裕、孙道昇、周叔迦、张申府、张季同、张纪航、朱光潜、刘廷芳、郭湛海、蒙文通、彭基相、许地山等 20 余人。① 景幼南临时因故未到，遂改由蒙文通宣读《唯识新罗学》，《唯识新罗学》中曰："今者佛法重光，基沼之学大显，而胜子西明之坠绪，寂寞无称"，蒙文通遂"收拾坠文，述其绝义"，虽声称"意在备此一家"，却又曰：　"奘公门下，车有二轮，相反相成，岂能偏废。"②

　　蒙文通治唯识学，师出欧阳竟无，《唯识新罗学》以治经之法治佛学，与蒙文通抉原经史、寻孔孟本义的主旨道一同风。③ 至于佛学与儒学的高下，蒙文通原本就认为孔高于佛，学佛乃以"经学为体，佛学为用"。陈寅恪认为"二千年来华夏民族所受儒家学说之影响，最深最钜者，实在制度法律公私生活之方面，而关于学说思想之方面，或转有不如佛道二教者"。④ 蒙文通则主张儒学在政治、思想各个层面对中国历史文化的影响力非佛教所能比拟，"由秦汉至明清，经学为中国民族无上之法典，思想与行为、政治与风习，皆不能出其轨范。虽二千年学术屡有变化，派别因之亦多，然皆不过阐发之方面不同，而中心则莫之能异"。⑤ 熊十力亦强调儒学自有哲理，当今建立新哲学当明儒家思想。蒙文通与熊十力二人常加"辩难"，熊十力虽然视蒙文通为"二三知己中之最"，意思是说蒙文通最懂得自己的学问，但蒙文通则强调"我的

①　《哲学会第一届年会昨在北大开幕》，《北平晨报》，1935 年 4 月 14 日，第 9 版。
②　蒙文通：《唯识新罗学》，《微妙声》第 1 卷第 7 期，1937 年，第 1、5 页。
③　李晓宇：《蒙文通先生佛学研究中的经学问题》，《宗教学研究》2006 年第 4 期，第 202~206 页。
④　陈寅恪：《冯友兰中国哲学史下册审查报告》，《陈寅恪集·金明馆丛稿二编》，第 283 页。
⑤　蒙文通：《经学抉原》，第 209 页。

学问跟他不完全相同"，[①] 李源澄更认为，"熊十力虽然侈谈中国哲学，而所看过的中国哲学著作也不多"。[②] 蒙、熊二人学术之差异源自二人治佛学、儒学各有宗主，但与陈寅恪的"史学"视角以及"天竺为体，华夏为用"的观念比较，熊十力、蒙文通的分歧仍在"尊经""尊儒"的范畴内，而非经史乃至中西文化立场的对立。

蒙文通于哲学学会年会上宣读的《唯识新罗学》，正属于陈寅恪所谓"欲燃其死灰""终归于歇绝"一类，此文摘要接连刊布于《大公报》与《哲学评论》。[③] 此后，蒙文通陆续写就《评〈学史散篇〉》《文中子》《四库珍本〈十先生奥论〉读后记》《宋代史学》诸文，对朱子之"正统"提出异议。《评〈学史散篇〉》是现存蒙文通所发表的唯一一篇书评性质的文章。蒙文通所作之文，皆有所指，但并不明示。其他几篇论争性质的文章，也皆限于缪凤林、钱穆、李源澄等人。不过，《评〈学史散篇〉》发表于 1935 年，刘咸炘早已去世，蒙文通应当并非以刘氏为论学对象，反而更似回应学界关于宋学渊源的讨论。《学史散篇》由《唐学略》《宋学别述》《近世理学论》《明末二教考》《长洲彭氏家学考》五篇文章组成。蒙文通称"前二篇最宏大杰出，第三篇立论殆别有旨，末二篇备言近世宗教史之故，事亦最奇。五篇近五万言，搜讨之勤，是固言中国学术史者一绝大贡献"。蒙文通评述的重点则落在评述《唐学略》与《宋学别述》二文，以此梳理唐宋学术之传承，"中国学术，建安、正始而还，天宝、大历而还，正德、嘉靖而还，并晚周为四大变局，皆力摧旧说，别启新途。魏晋之故，迩来注意及之者已多。而晚唐、晚明之故，则殊少论及。先生于唐推韩愈先后及并时之人，以见古文流派之盛。由因文见道之说，而寻其思想，以见

---

① 牛敬飞、张颖：《追忆国学大师蒙文通先生——蒙默老师采访记》，《天健》2004 年第 17 期，第 44 页。

② 巨赞：《评熊十力所著书》，黄夏年主编《巨赞集》，中国社会科学出版社，1995，第 370 页。

③ 《哲学会论文节要》，《大公报》（天津）1935 年 4 月 14 日，第 4 版；《中国哲学会第一届年会论文摘要》，《哲学评论》第 7 卷第 1 期，1936 年，第 128 页。

孟、荀、扬雄、王通所以为世尊仰，而佛老所以逢诃斥，六朝唐初之风，于此丕变，以下开两宋。凡表见二百三十人，师友渊源，及其讲学义趣，若示诸掌，则唐学于此可寻，信可谓绝伦也"。[①]

言宋学渊源，民国学人多追溯至唐末古文运动之援佛入儒，陈寅恪持论已如上述；"由唐人论著中考论宋学之渊源"乃蒙文通所执掌的省图研究辅导部门的重要课题，后"成一文曰唐代文士之内心及其影响取材多由天宝大历以来诸家文集与唐文粹《新唐书》渗合而成"。[②] 可知，从唐人文集中寻求宋学渊源，也是蒙文通一直关切的，但蒙氏所激赏的"新儒学"并非程朱理学，而是秦汉新儒学，对以程朱一系为正统也颇不惬意。在宋学起源问题上，认为囿于古文运动、强调佛道等外因，有本末倒置之嫌："唐自中叶以后，赵匡、陆淳辈之于经，萧颖士、裴光庭、姚康复辈之于史，韩愈、柳宗元辈之于文，皆力矫隋唐，下开北宋，由天竺全盛之势力而力反求中国固有之文明，以究儒者之形而上学，此文化史中一大关键也。"[③] 也就是说，唐宋之际，文化转变，虽有佛教之外部刺激，但宋儒所讲"儒者之形而上学"则源自"中国固有之文明"。宋代新儒学兴起的关键并非在于古文运动与援佛入儒，而在于"古文运动"和新经学、新史学共同构成了复兴儒"道"的思想运动。[④]

儒者"反求中国固有之文明"的方式不外二途：诸子学之复兴及由此而兴起的儒家义理、孔孟心性之学。蒙文通正是在此二途"发现"众多晚唐"异儒"。唐初之学，沿袭六朝，经学皆从五经正义，官修五史则皆断代纪传一体，"徒能整齐故事，无所创明"。中晚唐则风尚一变，诸多反六朝隋唐传统之"异儒"，人自为学，鄙视训诂章句，"是

---

① 蒙文通：《评〈学史散篇〉》（1935 年），《经史抉原》，第 402 页。
② 《四川省立图书馆工作报告表》（1946 年 4 月）四川省档案馆藏四川省立图书馆档案，档号：109-1。
③ 蒙文通：《文中子》，《益世报·读书周刊》第 9 期，1935 年 8 月 1 日，第 11 版。
④ 江湄：《中唐儒"道"复兴与史学观念的转变》，《河北学刊》2000 年第 3 期，第 97~102 页。

皆一反隋唐传统之学，而乞灵于晚周百家之言。诸子之学，于是蔚起，其从事六经，亦以从事诸子之法求之，而义理之途遂启"。① 汤用彤对蒙文通此论印象尤深，在中华人民共和国成立后称赞蒙文通"对唐宋思想的发展也极有研究，特别注意了过去向未被人注意的那些思想家"。② 蒙文通进而指出：晚唐之时"儒家之说，孟、荀、扬、王之说乃独显，而孟始特尊"，③ 如尹知章遍注《老》《庄》《管》《韩》《鬼谷》，赵蕤《长短经》综纵横、儒、法自成一家，来鹄于《鬼谷子》，皮日休于《司马法》，韩愈、柳宗元于《墨子》《列子》《荀卿》《鬼谷》，"皆尝出入"，杜牧于《孙子》，杨倞于《荀子》，卢重玄于《列子》，其议论尚可寻。至《唐书》志、传所载贾太隐、陈嗣古于《公孙龙》，胜辅于《慎子》，而杜佑于《管子》，陆善经于《孟子》，皆为之注，而《太玄》《法言》，注者尤多。④ 而在蒙文通看来，"唐的这个异儒之学开了宋学的先河"。⑤ 晚周诸子学复兴推动了反隋唐《五经正义》的解放运动，"经史文学，迥与昔异，而义理之旨乃隆"。《隐书》《谗书》《两同书》《化书》《素履》《无能》《伸蒙》《续孟》，不仅足见解放之风，且"渐入于孟氏之域，波澜之阔，虽似不及魏晋，而研精反约，主《中庸》，尊《孟子》，若又过之"。⑥ "思想解放之风，而渐入于尊儒之域"，⑦ 儒家义理、孔孟心性之学由此兴起，"大历以来，论天、论《易》、论性、论诚，实以《中庸》《孟子》为中心，信可谓已知所讨究"。⑧

至于韩愈，刘咸炘以为"退之于学术诚有变革之功，然其学实枵

---

① 蒙文通：《天宝后之文、哲学与史学》，《中国史学史》，第 70 页。
② 汤用彤：《博学的蒙文通》，蒙默编《蒙文通学记》（增补本），第 58 页。
③ 蒙文通：《评〈学史散篇〉》，《经史抉原》，第 408 页。
④ 蒙文通：《天宝后之文、哲学与史学》，《中国史学史》，第 69~70 页。
⑤ 蒙文通：《治学杂语》，蒙默编《蒙文通学记》（增补本），第 51 页。
⑥ 蒙文通：《评〈学史散篇〉》，《经史抉原》，第 408 页。
⑦ 蒙文通：《天宝后之文、哲学与史学》，《中国史学史》，第 70 页。
⑧ 蒙文通：《评〈学史散篇〉》，《经史抉原》，第 407 页。

浅无可言"，① 而钱穆则言："治宋学当何自始？曰：必始于唐，而昌黎
韩氏为之率"，"治宋学者首昌黎，则可不昧乎其所入"。② 二人一贬一
褒，蒙文通持折中之见："退之论不二过，突心于诚明之说，欧阳詹从
而申之。退之论性三品，皇甫湜从而申之，皆以益邃。至李习之《复
性书》三篇，已足以启千古之长夜，与伊洛之旨，犹响斯应。"③ 所未
逮于二程者，是尚未及《大学》诚意之旨。此说乃以李翱为伊洛之先
声，胡适、傅斯年均有此意。胡适讲唐代之中国哲学思想，"辨韩愈、
李翱为两条不同的道路"，"《原道》与《复性书》是两部开路的书：
以后李德裕、范仲淹、李觏、王安石走的都是《原道》的路；理学走
的是《复性书》的路"。④ 傅斯年则称"李习之者，儒学史上一奇杰
也，其学出于昌黎，而比昌黎更近于理学"，"北宋新儒学发轫之前，
儒家惟李氏有巍然独立之性论"，"李氏说之与禅无关，于儒有本者，
号称治汉学者反不相识矣"。⑤

　　蒙文通认为，"异儒"之学盛行，而"孟荀杨雄王通为世重，佛老
之焰以衰"。⑥ 既然思想学术为之一新，则文学"不能安于骈俪之旧，
而古文之说倡"。⑦ 唐代古文家所谓文以载道，"自有其所载之质，而后
形之于文，非徒因文以见道也。犹有进者，宗经复古，崇仁义，宗孔、
孟，贵王而贱霸，其事犹非一朝一夕所能及也"。刘咸炘在《唐学略》中
分两章"古学者略表""实学略"论述"唐学"，但蒙文通认为其"人
体就古文一家论，似失之隘"，"忽于唐之新史学未得其要"，讲唐学
"似不必侧重于文"。所谓事不孤起，必有其邻，有天宝、大历以来之

① 蒙文通：《评〈学史散篇〉》，《经史抉原》，第 406 页。
② 钱穆：《中国近三百年学术史》，刘梦溪主编《中国现代学术经典·钱宾四卷》
　（上），第 6~7 页。
③ 蒙文通：《评〈学史散篇〉》，《经史抉原》，第 406 页。
④ 曹伯言整理《胡适日记全编（6）》，1937 年 6 月 15 日，第 690~691 页。
⑤ 傅斯年：《性命古训辩证·李习之在儒家性论发展中之地位》（1940 年），《民族与古
　代中国史》，河北教育出版社，2002，第 416、418 页。
⑥ 蒙文通：《文中子》，《益世报·读书周刊》第 9 期，1935 年 8 月 1 日，第 11 版。
⑦ 蒙文通：《天宝后之文、哲学与史学》，《中国史学史》，第 70 页。

新经学、新哲学，而后有此新文学，即古文运动。由古文运动之流派"以见一般新学术之流派则可"，"惟论新文派以及其思想，而外一般新学术，将不免于隘"。①

所谓新经学者，盖指啖助、赵匡、陆质诸人，讲春秋之学，力排唐初以来章句之经学，而重大义，下逮陆龟蒙，犹以古文后进宗啖、赵《春秋》。宗经复古者，实唐古文家之标的，新文学与新经学同为气类，而下启柳开、穆修、孙复、刘敞，故古文家言文必曰"取之六经"，再则曰"效扬雄、王通之辞"，"唐之异学固古文之贤"。新经学与古文运动，可谓"一质一文，相为表里"。唐初《汉书》之学，因之一蹶不振，新史学由此而起。《春秋》之学既有复兴之迹象，则义例褒贬之说盛，托微辞以示褒贬，惩恶劝善。陆长源、沈既济等人，皆以义例言史。自古文家先驱萧颖士提倡，而后皇甫湜作《东晋元魏正闰论》，下逮于北宋之欧阳修、苏轼、陈思道《正统论》。义例编年通史，至此异军突起，言史必讲褒贬，书法则与讲经通大义相类，非复唐初著史专师《汉书》之风。而此时所谓"异儒"、新史家、古文家皆师友之间。②

可知，晚唐之新经学、新史学与古文运动辅车相依，有唐之古文以反六朝之俪体，开宋之古文；有唐之新经学、新史学以反唐初正义、五史一派，下开宋之经学、史学。李源澄在《经学通论》中就评价："蒙先生论唐代学术之变，至为明晰，经学之变，乃其一端，宋之正统由唐之异儒递变成之也。"③ 不过，就宋学孰为正统，孰为异端，蒙文通亦自有一番理解。其实，胡适对冯友兰最不满的正是其"正统观念"，直到晚年为冯著英译本写书评，重看两遍，觉得"实在看不出有什么好处"，仍强调其根本弱点正是所谓"正统派"观点，也就是"道统"观，即必须以孔子为中国古代思想史开端，"上继往圣，下开来学"；秦以后则为经学时代，其思想演变历程"只为一大事因缘，即新儒学

---

① 蒙文通：《评〈学史散篇〉》，《经史抉原》，第 403、407、408 页。
② 蒙文通：《天宝后之文、哲学与史学》，《中国史学史》，第 70～72 页。
③ 李源澄：《经学通论》，第 25 页。

之产生及其传衍而已!"① 只不过胡适打破正统是连儒学一齐撕破,蒙文通则要在儒学内部另立新统。

三 宋代史学:南北之分

梁启超称:"于今日泰西通行诸学科中,为中国所固有者,惟史学。"重新阐释传统史学成为近代学人沟通中西、创新史学的重要资源,各派学人对宋代史学赞誉尤佳。梁启超在《新史学》中所称道"二千年来史家,其稍有创作之才者惟六人",宋人居其三。② 傅斯年认为中国传统史学分为三个阶段:前期由司马迁创新体裁,八代绍述;中期唐朝"官家修史,一往芜乱";后期则北宋开端,"有模范史学之箸作,《通鉴》别开新体,广益史料,精求考核,这已全合于近代科学的要求。明清之交浙东学派,其后起之秀耳"。③ 傅斯年认为宋代史学的诸多特征近似欧洲近代的新史学,以《资治通鉴》为代表的北宋史学被视为中国近代新史学的源头与典范。陈寅恪与傅斯年对宋代史学的认识不同,《资治通鉴》、《通鉴考异》及《建炎以来系年要录》为宋代史学的典范,北宋史学既有长编类比之方法,又能贯通古今大势、把握民族精神文化。老辈学者孟森于历代史学,最推崇宋代:"自唐以下,史家眉目终以欧阳、司马为标准,虽不能至,心向往之",期望"治清史者,将来必有祖述涑水其人,作为《清鉴》,即自有编年之清史"。④ 上述学人对宋代史学的推崇集中于北宋,尤其是司马光。至于南宋史学,傅斯年视为无可取之处:"北宋史学因已超越前代远矣,惜乎南渡后无进展,元明时生息奄奄。"⑤ 金毓

① 曹伯言整理《胡适日记全编(8)》,1955年1月24日,第353页。
② 梁启超:《新史学》,《梁启超史学论著四种》,岳麓书社,1985,第241~245页。
③ 傅斯年:《中国古代文学史讲义补·八代史学》,转引自李飞、费晓健《傅斯年论述"八代史学"的一篇佚文》,瞿林东主编《史学理论与史学史学刊》2010年第8卷,第306页。
④ 孟森:《史与史料》,《文献特刊》,1935年10月,第6~7页。
⑤ 傅斯年:《中西史学观点之变迁》,欧阳哲生整理《傅斯年全集》第3卷,第152页。

黻认为撰史才称得上通史学，《资治通鉴》取精用宏，神明变换；南宋浙东诸儒唯独吕祖谦能撰史，其他均"高语撰合，鄙视记注"，"不过论说之而已"。[①]

蔡元培以"圆而神，方以智"比喻"史"与"长编"，史重在开来，"于种种往事中抽出律贯，昭示后人"，"圆而神之著作，不可不以极完备之长编为凭藉，否则所根据之事实，既已挂一漏万，则其所籀绎之律贯，或不免代毫而失墙"。[②] 民国学界对北宋史学的推崇多侧重以长编之法，考察历史真迹，会通社会常情与变态。[③] 张尔田认为，"修史之所凭借，全在长编，其有稗说、野记与正史不合者，必其长编漏略，抑或别有弃取，自长编不存同异之故"，进而批评新史学家"心有所蔽而不得其正"。就长编之法而言，"古史未必尽非，而今之所测亦未必尽是，故我辈居今日而论古史，宜恕不宜苛，断不可据一二孤证轻易旧文。与其改之而失，无宁留之而失。留之而失，则是非尚可以考索，改之而失则罅隙全泯"。[④] 刘咸炘进一步指出单纯考据只是治史的功力，真史学应以"真史书"和"撰述"为基础。编年仅是记注的初型，不如纪传之综合，后世编年去取，"但能严整，便称佳本，而论断亦纤碎少宏旨，求其成家，必在唐以前"，后世推崇备至的《资治通鉴》"不过为政治史之简本，无多味也"。宋代史学"厄于经家义理之论，一被阻于王氏之徒，再被贱于程朱之流"，宋世史学一线之传当属南宋浙东史学。北宋史家欧阳修、宋祁、司马光著史皆有所长，"然于史学皆无所论说"。[⑤] 1935 年，蒙文通在与柳

---

① 《金毓黻文集》编辑整理组校点《静晤室日记》第 6 册，1940 年 9 月 30 日，第 4591 页。

② 蔡元培：《〈经济史长编〉序》，《蔡元培全集》第 5 卷，中华书局，1988，第 352 页。

③ 关于陈寅恪等学人对宋代长编考异方法的详尽论述，参见桑兵《"了解之同情"与陈寅恪的治史方法》，《社会科学战线》2008 年第 10 期，第 98～109 页；《民国学人宋代研究的取向及纠结》，《近代史研究》2011 年第 6 期，第 52～74 页；等等。

④ 张尔田：《答梁任公论史学书》，《遁堪文集》第 1 卷，1948 年刊行本，第 28 页。

⑤ 参见刘咸炘所撰《史体论》《宋史学论》《史学杂论》《编年二家评论》等篇，均收入《史学述林》，《推十书》第二册，第 1410～1490 页。

诒徵讨论中国史学史时，认为："子长、子玄、永叔、君实、渔仲，誉者或嫌稍过，此又妄意所欲勤求一代之业而观其先后消息之故，不乐为一二人作注脚也。"① 此语既表明蒙文通注重把握历代学术的变迁大势，又点明不愿做"新史学"的注脚，有意与柳诒徵、陈寅恪等学人立异。②

大历以还之新学，"虽枝叶扶疏，而实未能一扫唐之旧派而代之，历五代至宋，风俗未能骤变也，旧者息而新者盛，则在庆历时代，然后朝野皆新学之流"。五季宋初，新派学者皆在野，如种放、穆修、柳开、孙复多隐居，以经术文章收徒教学，研几多以《易》经，经世则以《春秋》；在朝者皆属旧派，如孔维、邢昺之校撰群经正义，刘煦、薛居正撰《唐书》《五代史》。庆历以后则新派勃兴，柳、孙一派，至欧阳修而后显。欧阳修为后世所津津乐道的《春秋》笔法，在蒙文通看来，不过是循晚唐褒贬义例之风，"取持正、习之虚言而实现之己耳"，"所谓庆历以前，即宋初显学，沿于唐之旧派者也；庆历以后之显学，则本于唐之异儒新派者也，文起八代之衰，而道继千四百年之绪"，此乃北宋学术之宗趣，"《新唐书》、《新五代史》者，即本此宗趣以重修旧史者也"。③

蒙文通虽肯定《资治通鉴》"长编之法"，"收罗放佚，考正异同，其事之巨且伟"，"编年之体，至是由约而即于繁"。但此仅"史法"，若以"史学"论，《资治通鉴》则流弊甚多。蒙文通认为自荀悦《汉纪》以来，编年史书均兼备制度，即"书志之文，亦散存其间"，唐以来，更是制度、褒贬皆"并举不遗"。但至北宋孙甫作《唐史记》则史学一变，孙甫论编年、纪传二体得失，颇有远过唐人，但唐末褒贬义例之旨，孙氏以"不敢僭经"而略之。柳芳、姚康

---

① 蒙文通：《致柳翼谋（诒徵）先生书》，《中国史学史》，第 128 页。
② 关于蒙文通《中国史学史》的旨趣，可参见张凯《经史分合：民国时期〈中国史学史〉的两种写法》，《社会科学战线》2012 年第 8 期，第 82~88 页。
③ 蒙文通：《〈五代史〉、〈唐书〉之重修与新旧史学》，《中国史学史》，第 72~74 页。

复主张的制度典礼之数，孙氏以"难乎具载"而损之。《资治通鉴》以编年体修通史，是继承萧颖士、姚康复之余绪，但"遗褒贬，削制度"，则仿于孙甫。①

司马光与欧阳修分流，各有导源，但二者皆"削制度"。刘咸炘即认为"编年本止账簿之本相，记注之初型，纵加变化，要不能免于方直，如《资治通鉴》虽有镕裁，亦不过为政治史之简本，无多味也"。② 蒙文通进而批评北宋诸贤"言史而史以隘"。"削制度"之缘由不外两端：典章制度之学，盛于唐，宋人则高谈性道，激论变法，却卑视汉唐，不识治法；荆公新学重制度，但废《春秋》，轻史事，亦不识治法且用人不善。而"温公恶安石变法，故与温公《通鉴》之役者，范梦得之流，于《唐鉴》中亦伸在得人不在法之意，安石主收熙河、制辽夏，温公亦不谓可，于言法、言兵皆《通鉴》一书之所斥责"。至此，略法治重人治，遂为《资治通鉴》的主要见解。"温公修此书稽时十九年，又得范与二刘为之助，皆一时硕学巨儒，且当一时史学略有定论之际，握住时代之思潮，书一出遂举世风靡"，"徒法之不如徒善"遂为北宋修史者之共识，"且衣被数百年"。③

朱子极重视司马光《通鉴》一书，且有意来写一部纲目。把司马光《资治通鉴》当作《左传》，而他自己的《纲目》则是一部新《春秋》。④ "朱子作《纲目》，即依《通鉴》为终始，亦依涑水为是非，朱学大盛于元明，而余波遂及于清，合朱子之《纲》、司马之《鉴》以言史者，宋、元、明、清皆然也"。⑤ 钱穆视此为朱子的一大创举，但在

---

① 蒙文通：《孙甫与司马光》，《中国史学史》，第74~79页。
② 刘咸炘：《史学述林·史体论》，黄曙辉编校《刘咸炘学术论集·史学编》（下），第369~370页。
③ 蒙文通：《跋〈宋史全文续资治通鉴〉》，《经史抉原》，第456页。
④ 钱穆：《中国学术通义·朱子学术述评》，刘梦溪主编《中国现代学术经典·钱宾四卷》（下），第994页。
⑤ 蒙文通：《跋〈宋史全文续资治通鉴〉》，《经史抉原》，第456页。

蒙文通看来，"晚宋至明，一宗朱氏，而史几乎以熄"，[①] "荀氏《汉纪》以来，备著书志之事，自孙之翰、司马光而后，编年之体，始惟取纪传以为文，袁氏因之，典制遂阙。此后世纪事本末一体，所由不足尽《尚书》之恢宏而即于隘。则因刘氏之瞀谈，翻足以补朱子之宏论也"[②]。

不仅如此，"二李《长编》、《要录》，实又以《通鉴》为法式，《通鉴》出而制科学究犹苦其浩博"，故删节之本，盛行于明清，"皆以播司马之旨义于民间"，近时坊间流行之《清易知录》，更是不伦不类。章太炎就有"但得读《知易录》一过，便已足为专家"之叹。在蒙文通看来，此皆司马光、朱子一系之流弊，《通鉴》之学为朱子所尊，一入制科，而"恶言法、恶言兵之说，传播于俗儒之口，深入于民庶之心，并孔孟仁义之说，同其威重，岂意一时有激之论，遂数百年深入社会而不可拔！"[③]

司马光晚年撰写《稽古录》，与《资治通鉴》相辅而行，此书偏重于评述历代王朝的兴亡，总结出"夫国之治乱，尽在人君。人君之道有一，其德有三，其才有五"。[④]《朱子语录》曰："《稽古录》极好看，常思量教太子诸王"，"《稽古录》一书，可备讲筵官僚进读。小儿读六经了，令接续读去，亦好。末后一表，其言如蓍龟，一一皆验"。[⑤] 纪昀亦称："今观其诸论，于历代兴衰治乱之故，反复开陈，靡不洞中得失。洵有国有家之炯鉴，有裨于治道者甚深。"[⑥] 任教北平时，蒙文通"读干宝《晋纪总论》，叹其文羡而意深、识度超绝"，就有编订《稽古别录》补正司马光《稽古录》之意，此时，蒙文通对南北宋史学的高

---

① 《金毓黻文集》编辑整理组校点《静晤室日记》第6册，1940年9月30日，第4591页。
② 蒙文通：《论〈尚书〉之传写与体例》，《中国史学史》，第19页。
③ 蒙文通：《跋〈宋史全文续资治通鉴〉》，《经史抉原》，第456~457页。
④ 司马光著，吉书时点校《稽古录》卷十六，北京师范大学出版社，1988，第178页。
⑤ 黎靖德编，王星贤点校《朱子语类》（第8册）卷134，中华书局，1986，第3207页。
⑥ 纪昀总纂《四库全书总目提要》卷四七《史部三》，河北人民出版社，2000，第1298页。

下判断已成。虽未出版，但此书为选编历代史论，故从现存目录与序言亦可知其大概。《稽古别录》从选取时段上而言与《稽古录》同，始言"宋元明清数代，亦思选撷鸿篇，举其纲条"，但未选一篇，虽自谦为"闻见褊隘，未睹所宜，后庶获之，以为《稽古续录》可乎!"[1] 但宋以后未选的缘由恐怕是上文所言"晚宋至明，一宗朱氏，而史几乎以熄"。为更直接理解此书补偏救弊之意，兹截取《稽古录》《稽古别录》中关于曹魏西晋盛衰兴亡的评述，两相比较，以明其意：

> 汉室不纲，群雄麋扰，乘舆播荡，莫之收省。太祖独奉迎而相之，披荆棘以立朝廷，则其名义固足以结民心矣。加之英威明略过绝于人，驱策贤豪，粪除奸宄，于是张绣屈膝，吕布授首，公路野死，本初覆亡，刘琮献地，韩、马遁逃，中原肃清，戎狄请服。然则魏取天下于盗手，而非取之于汉室也。惜其狭中多诈，猜忌贤能，此海内所以不尽服也。及文帝受禅，明帝继业，内绥外御，不废前功。而明帝于弥留之际，奸臣牵率，嗣子幼弱，寄托非人。曹爽骄蹇，党与轻佻，祸自内兴。遂衰微不振，以至于易姓，悲夫![2]

> 宣帝始以重望高才，策名魏室，西却诸葛，东举公孙，若以忠顺终之，足为良臣矣。遭爽、晏忌疾，乘间而发，专制朝柄，诛锄异己，平昔之美，扫地尽矣。及景、文相继，遂迁魏祚。武帝席卷全吴，缵禹旧服，恃其治安，荒于酒色。以开基之始，不为远图，崇尚浮华，败弃礼法。惠帝昏愚，不辨菽、麦，譬如万金之宝，委之中衢，无人守之，安得不为他人有乎？祸生于闺闼，成于宗室，骨肉相残，而胡、羯、氐、羌、鲜卑，争承其弊，剖裂中原，斋醢

---

① 蒙文通：《〈稽古别录〉序言》，《四川大学学报》2006年第4期，第22页。
② 司马光著，吉书时点校《稽古录·魏论》卷十三，北京师范大学出版社，1988，第95页。

**286**

生民，积骸成丘，流血成渊，几三百年，岂不衰哉！①

今晋之兴也，功烈于百王，事捷于三代，盖有为以为之矣。宣景遭多难之时，务伐英雄诛庶桀以便事，不及修公刘太王之仁也。受遗辅政，屡遇废置，故齐王不明，不获思庸于亳，高贵冲人，不得复子明辟，二祖逼禅代之期，不暇待三分八百之会也。是其创基立本，异于先代者也。又加之以朝寡纯德之士，乡乏不二之老，风俗淫僻，耻尚失所，学者以庄老为宗而黜六经，谈者以虚薄为辩而贱名俭，行身者以放浊为通而狭节信，进仕者以苟得为贵而鄙居正，当官者以望空为高而笑勤恪。……故观阮籍之行，而觉礼教崩弛之所由，察庚纯贾充之事，而见师尹之多僻，考平吴之功，知将帅之不让，思郭钦之谋，而悟戎狄之有衅，览傅玄刘毅之言，而得百官之邪，核傅咸之奏、钱神之论，而睹宠赂之彰，民风国势如此，虽以中庸之才、守文之主治之，辛有必见之于祭祀，季札必得之于声乐，范燮必为之请死，贾谊必为之痛哭，又况我惠帝以荡荡之德临之哉？故贾后肆虐于六宫，韩午助乱于外内，其所由来者渐矣。岂特系一妇人之恶乎？②

一如蒙文通所言"温公所论，伤于简括，不具事行"，司马光论魏晋之兴衰，多以道德、人治为决定因素。相反，干宝之《晋纪总论》则如刘咸炘所论，颇有"史家观风立旨之意"，"详言晋之异于先代，因及风俗之靡"，论一世成败，"由政及风，因文得事"，而"司马《通鉴》之论"，"其选论赞，颇为不苟"。③ 蒙文通将刘咸炘的议论与《晋纪总论》皆择录于《中国史学史》第二章"史识"一节。蒙文通对二者之

① 司马光著，吉书时点校《稽古录·西晋论》卷十三，第98页。
② 干宝：《晋纪总论》，严可均编《全上古三代秦汉三国六朝文》，中华书局，1958，第2192页。
③ 刘咸炘：《史学述林·编年二家论评》，黄曙辉编校《刘咸炘学术论集·史学篇》（下），第550页。

褒贬立见，后编订《稽古别录》则称："此编之成，意且在是，藏之家塾，俾儿辈习之，庶足以明史迹之要；由长沙之文，下逮温国公，徇讽诵焉，文章上下之流变，亦可识概也！"① 当时在论中学生教育时，蒙文通曾言："要把三民主义实际的作法与意义作个大纲，以包括公民全部生活须知道的事。忠孝仁爱信义和平也要加以理论的阐扬。配合些先正的规模故实，要教他们作公民的道德与技能。"② 编订《稽古别录》，以纠正司马光、朱熹言"人治"之空言，与此意相符。

如果说，编订《稽古别录》旨在"破"北宋史说、挽"北宋史人皆高谈性道，不识治法"③ 的流弊，那么，蒙文通所"立"的则是"南宋之说"，"史学莫精于宋"，"宋代史学以南渡为卓绝"。④ 刘咸炘即称："六朝史学为专科，唐人犹多专习，至宋世则厄于经家义理之论，　被阻于王氏之徒，再被贱于程、朱之流"，"《学案》囿于义理，史学则略焉"。⑤ 李源澄则认为"宗派之名，未始不可立，但不可束于一家，更不可自重而轻彼"，然"《宋元学案》虽有艮斋、止斋、水心、龙川诸儒学案，其所去取，实不足以窥见其全，惟取其与理学诸儒同者，著于篇，风气之囿人，虽豪杰之士，亦无从而矫之也"。⑥ 在《宋元学案》中，黄宗羲、全祖望多将南宋浙东学术之渊源归至二程伊洛之学，而衍其流于朱子之学，对于其学之本末明显异于朱子者，"必主于洛、闽，不惜割裂变乱其系统而淆之，于其为学大体，又未能具言"。蒙文通言宋代浙东史学，正是为了补正《学案》之说，"南渡之学，以永嘉为大宗，实集北宋三家之成，不仅足以对抗衡朱氏"，⑦ 为

---

① 蒙文通：《〈稽古别录〉序言》，《四川大学学报》2006年第4期，第22页。
② 蒙文通：《从中学生的"用"来说中学生的"学"》，《中等教育季刊》第2卷第1期，1942年，第2页（文页）。
③ 蒙文通：《四库珍本〈十先生奥论〉读后记》，《中国史学史》，第160页。
④ 蒙文通：《跋华阳张君〈叶水心研究〉》，《中国史学史》，第161页。
⑤ 刘咸炘：《史学述林·宋史学论》，黄曙辉编校《刘咸炘学术论集·史学编》（下），第505~506页。
⑥ 李源澄：《南宋政论家叶水心先生》，《论学》第3期，1937年，第37页。
⑦ 蒙文通：《评〈史学散篇〉》，《经史抉原》，第411~412页。

宋学之别派，"及其流之既远，为金华文献之传，与朱学合而为一，入明犹盛"。① 可见，因后人不明学脉，南宋浙东学脉混入程朱理学，暗而不彰，那么，蒙文通则力图重新梳理南宋浙东史学的渊源流变。

蒙文通言浙东史学意在补《学案》之弊，那么，首先就要区分南宋浙东史学与清代浙东史学。民国学者言清代浙东史学，多认为其源于宋儒，1930 年底，陈训慈就在中央大学的《史学》上发表《浙东史学管窥》一文，次年 4 月再以《清代浙东之史学》为题发表于南京中国史学会主编的《史学杂志》，云："清代浙东之学，近承姚江性命之教，而远绍两宋儒哲之传。源深者流长，理势然也。两宋三百年之间，大儒蔚起，浙东学者治性命之学者，与中原相望，而永嘉、金华、宁波三处之学风为尤盛。"② 刘咸炘在《重修宋史述意》中说："乾嘉以来，王学几绝，宋学大衰，天下靡然于考据，其独异者止浙东史学耳。"而浙东史学"远始南宋之婺学"，"王派学风则正浙东史学之素质也"，至黄宗羲则集其大成。③ "会稽章实斋先生之学，可谓前无古人，然实承其乡先生之绪。所谓浙东学术者，今世罕知其详。盖以宋世婺州史学为表，以明之姚江理学为里，而成于黄梨洲者也。"④

蒙文通则认为"黄、全为清代浙东史学巨擘，吾是以知清代之浙东史学，固未足与言宋代之浙东史学"，⑤ "黄梨洲、全谢山世推浙东理学家，乃《学案》一书，于诸家史学不论及，而于学派渊流亦若未晰。其书本义理，不及史学可也，而一归之为洛学之徒，其传及于明初王、方，于其流亦足以见其源，而并以为朱之徒，恐黄、全

① 蒙文通：《南渡女婺史学源流与三派》，《中国史学史》，第 84 页。
② 陈训慈：《清代浙东之史学》，《史学杂志》第 2 期第 5、6 期合刊，1931 年，第 1 页（文页）。
③ 刘咸炘：《史学述林·重修宋史述意》，黄曙辉编校《刘咸炘学术论集·史学篇》，第 595 页。
④ 刘咸炘：《先河录序》，《成大史学杂志》第 2 期，1930 年，第 155 页。
⑤ 蒙文通：《评〈史学散篇〉》，《经史抉原》，第 412 页。

于宋人浙东史学实有轻心处"。① 也就是说，黄、全所主浙东学术，乃在"理学"，而宋人浙东学术则为"史学"，《学案》一出，导致"宋人浙东史学"全系于程朱一系之下，陈训慈、刘咸炘之说即多本于黄、全二人。

那么，南宋浙东史学的渊源到底为何呢？早在 1928 年，何炳松在上海公学史学会的演讲中"发表几个大胆的主张：第一，就是认定南宋以后，我国的学术思想还是有三个系统，由佛家思想脱胎出来的陆九渊一派心学，由道家思想脱胎出来的朱熹一派道学，和承继儒家正宗思想而转入史学研究的程颐一派。第二，就是认定南宋以后程颐一派的学说流入浙东，演化而成为所谓前期的浙东史学"。1932 年则撰文系统论证，南宋以来我国的学术思想上承北宋以前儒、道、佛三家之旧，形成程颐、朱熹、陆九渊三大派，其中程颐一派"承继儒家正宗思想而转入史学研究"，在南宋以后"流入浙东，演化而成所谓前期的浙东史学"，程颐就是"浙东学派的宗主"。② 何炳松自许此说"大胆"，以程颐为浙东学派之宗主，以"浙东史学"与朱、陆对峙，可谓打破了以理学、心学言宋学的传统观念。但蒙文通仍视此为未脱正统之见。受蒙文通启发的邓广铭曾就此撰文指出："若因袭了宋儒之所谓'传道统'的那种陋见，而强把他们派作程门的嫡传，洛学的正宗，如过去谈此问题的一切人以至现在的何炳松先生在《通史新义》和《浙东学派溯源》二书中的那种说法，则是为了挂一而故意漏万，是不能见出他们的学问的全面目的。"③ 所谓"挂一而故意漏万"是指何炳松仅看见了浙东史学的一面而已。实际上，北宋学术有以二程为代表的洛学、以苏轼为代表的蜀学和以王安石为代表的新学三家，南宋浙东史学则汇集北宋三家

---

① 蒙文通：《致柳翼谋（诒徵）先生书》，《经史抉原》，第 414~415 页。

② 何炳松：《浙东学派溯源·自序》（1932 年 9 月 11 日），《浙东学派溯源》，广西师范大学出版社，2004，第 4~5 页。

③ 邓广铭：《浙东学派探源——兼评何炳松浙东学派溯源》，《益世报·读书周刊》第 13 期，1935 年 8 月 29 日，第 11 版。

之大成，"南渡之学，以女婺为大宗，实集北宋三家之成"，具体而言，"吕氏尚性理，则本于程者为多；唐氏尚经制，则本于王者为多；陈氏先事功，则本于苏者为多"。所以，要如后人那样，将南宋浙东史学的渊源纯粹系于洛学一派，则是不妥当的，即"以女婺之学亦有本之伊洛者则可，谓纯出于伊洛则不可"，① "分看各家，虽畸轻畸重各不相同，若作为一个整体而看浙东之学，则正是熔铸性理、经制、文史三方面的学问于一炉之内的。性理之学本于伊洛，经制之学沿溯新经，而文史之学则出诸苏氏"。②

诸说以南宋浙东史学为程朱之传，自然会以地域为南宋浙东学术派分的标准。何炳松认为，南宋到明初的浙东史学"有永嘉和金华两大派，并由金华分出四明（按即今宁波）的一支"。③ 陈训慈在《清代浙东之史学》一文中也认为："宋世浙东文教之盛，四明之外，所谓永嘉学派与金华学派为尤著。"④ 金毓黻在《中国史学史》中也说："考浙东学派起于宋，时有永嘉学派、金华学派之称。"⑤ 刘咸炘的《宋史学论》也是从金华、永嘉和永康的地理概念分别对吕祖谦、陈傅良、叶适和陈亮等人的思想展开论述。

蒙文通既视南宋浙东史学汇合了北宋三家之长，遂以此构建了一个可以与朱子学相抗的宋学别派。"南渡之学，以女婺为大宗，实集北宋三家之成，故足以抗衡朱氏，而一发枢机系于吕氏"，⑥ 也就是说，浙东史学"实以东莱吕氏为之率"，是"一宗"，即一个渊源于北宋、流衍于元明的整体，"故其为学，若殊途而实同归"。⑦ 也就是说，每派每

---

① 蒙文通：《南渡女婺史学源流与三派》，《中国史学史》，第 82、83 页。
② 邓广铭：《浙东学派探源——兼评何炳松浙东学派溯源》，《益世报·读书周刊》第 13 期，1935 年 8 月 29 日，第 11 版。
③ 何炳松：《浙东学派溯源》，第 148 页。
④ 陈训慈：《清代浙东之史学》，《史学杂志（南京）》第 2 卷第 5、6 期合刊，1931 年，第 2 页（文页）。
⑤ 金毓黻：《中国史学史》，河北教育出版社，2003，第 280 页。
⑥ 蒙文通：《南渡女婺史学源流与三派》，《中国史学史》，第 82 页。
⑦ 蒙文通：《跋华阳张君〈叶水心研究〉》，《经史抉原》，第 472 页。

家都是熔铸性理、经制和事功而来，但各自思想亦有所侧重。蒙文通将南宋浙东之学以思想倾向分为义理、经制和事功三派六家。这一分法源于元代学者黄溍，蒙文通引黄溍之言说："婺之学，有三家焉，陈氏先事功，唐氏尚经制，吕氏善性理，在温则王道甫尝合于陈氏，而其言无传，陈君举为说皆与唐氏合，叶正则若与吕氏同所出。"① 所谓三派六家，分别是义理派史学的吕祖谦、叶适二家，经制派史学的唐仲友、陈傅良二家，事功派史学的陈亮、王自中二家，并在《中国史学史》讲义中做了具体的论述。

"南渡以后，女婺之学极盛，盖自有其独造之处"，"大抵均以先王之道为己任，先王之制为必行"，"其为文也，本诸圣贤之经，考求汉唐之史，凡天文、地理、井田、兵制、郊庙之礼乐，朝廷之官仪，下至族姓、方技，莫不稽其沿袭，究其同异"，② 此为"女婺学术之纲领"。明其源、究其实之后，自当衍其流。刘咸炘在《史学述林》谈道："永嘉之学渐衰，而金华之传独久，绵亘元、明，为史学之大宗焉。第一辈为黄溍晋卿、柳贯道传，第二辈为王祎子充，宋濂景濂，皆以文章称而兼长史学。"③ 对此，蒙文通亦有粗略的梳理，他说："自吕、叶诸家而下，楼昉、陈耆卿、叶邦、王瀚为一辈，王撝、徐侨、王柏、吴子良为一辈，王应麟、车若水、舒岳祥、金履祥为一辈，吴师道、戴表元、闻人梦吉、许谦为一辈，柳贯、黄溍、吴莱、袁桷为一辈，宋濂、王祎、胡翰、戴良为一辈，以迄于方孝孺，其流若斯之永也。……所谓金华文献之传也。"④ 此可谓"女婺学术之派系"，《中国史学史》讲义虽列有"金华文献之传"一节，但有目无文。

　　至此，蒙文通遂总结道：

---

① 蒙文通：《南渡女婺史学源流与三派》，《中国史学史》，第83页。
② 苏天爵言，转引自蒙文通《四库珍本〈十先生奥论〉读后记》，《图书季刊》新第3卷第1、2期合刊，1941年，第46页。
③ 刘咸炘：《史学述林》，《推十书》（增补全本）丙辑（2），上海科学技术文献出版社，2009，第514页。
④ 蒙文通：《跋华阳张君〈叶水心研究〉》，《经史抉原》，第472页。

所谓浙东史学者，以此最为深宏也，论浙东之学，舍此而言明清，斯为不知要。言此诸家，不知穷其根实，惟囿于《宋元学案》理学家言，则又大惑矣。惟浙东之学，以制度为大宗，言内圣不废外王，坐言则可起行，斯其所以学独至而言无弊。顾著作宏富，植根于深固，斯《奥论》数十卷者，曰英华之言可，曰枝叶之言亦可。要以李心传所举吕氏《大事记》、陈氏《建隆编》之类，则根实也。玩其华叶而遗其根实，重其根实而轻其英精者，皆非知要。合而论之，始可以见女婺学术之全。不知浙学之全体，则亦不可与论此书也。[1]

也就是说，清人以降所言浙东史学乃"理学家言"，偏于"内圣"。北宋言史者亦然，"盖治法密于唐，自北宋人视之，若谓徒法之不如徒善，故北宋史人皆高谈性道，不识治法。虽激论变法，而北宋究无能论法者"。"人治"与"制度"乃两宋史学相异处，其根源则在于"内圣""外王"之侧重。北宋史学偏于人治，而废典制之学，"北宋言史而史以隘，专主人治而遗史之全体。是北宋之言史专于理道之旨，义每狭而浅，未若南宋之广且深矣"。然南宋浙东诸儒，"言史必以制度为重心"，"言内圣不废外王，坐言则可起行，斯其所以学独至而言无弊"，[2] 足与正统之朱子相抗，蒙文通正以南宋浙东史学明宋学之全体，质疑程朱正统。

陈寅恪赞北宋史学，乃注重欧阳修之史学义法与司马光考异、长编之学，蒙文通抑北宋、扬南宋，则以"制度"为重，二人标准不同。但有所疑问的是，中国史学向来注重典章制度之学，近代学人亦然。金毓黻主持中央大学史学系时称"本系治史，侧重中国部分，故以研究制度文物为中心，应以各正史之书志及《通典》、《通考》、《会要》、《会典》诸书为研究对象。其前代治乱大事，如正史之纪、传，及《通

---

① 蒙文通：《四库珍本〈十先生奥论〉读后记》，《图书季刊》新第3卷第1、2期合刊，1941年，第46~47页。

② 蒙文通：《四库珍本〈十先生奥论〉读后记》，《图书季刊》新第3卷第1、2期合刊，1941年6月，第46~47页。

鉴》诸书所载，仍就制度文物有关联者从而研究之，其他则暂行从略"。① 余嘉锡称："不通训诂声韵，不足以治经；不明制度礼俗，不足以治史，根柢之中又有根柢焉。"② 余氏曾称其学就是"考史"，史学即为其学术之根柢，"制度"显然是"根柢之中又有根柢"。陈寅恪也说，"研究历史，要特别注意古人的言论和行事"，"事，即行，行动，研究其行动与当时制度的关系。《通典》、《大唐六典》、《唐律疏议》皆讲制度（system）组织方面（structure），现在要研究其制度的施行（function），研究制度对当时行动的影响，和当时人行动对于制度的影响。研究某种行动为何发生，如结婚必与民法有关，杀人必与刑法有关"，且指定"晋至唐史"一段的最低限度必读书为"政治史部分要看《资治通鉴》"，"典章制度部分要看《通典》，天宝以后的《通典》没有，可用两《唐书》的志补充"。③ 《通鉴》言"事"，《通典》明"制"，且注重行事与制度的联系，陈寅恪治史正是"人治"与"制度"并重，与蒙文通所言相类，但"貌同心异""名同义殊"，二人对南北宋史学认识的分殊，归根结底在于所言"制度"之"义"不同。若要明此，可以回溯到本节开篇时二人关于此事之交涉。

《四库珍本〈十先生奥论〉读后记》一文"后记"言"此文草创于北平，材料多资于北平图书馆，亦颇有取材于天津图书馆及江苏国学图书馆者。积二年稿未定，他作多于南京陷落，遂致散失。此稿以徒校订旧文，别笥藏之，仅得保存。返蜀于兹已三年，以今夏暑期休假还乡，山居寡务，重为次序。而书籍不备，无以资检阅"。④ 此文发表于1941年6月，所以文中所言"今夏暑期"当指1940年暑期，结合所言"积二年稿未定"，"返蜀于兹已三年"等语，可知此文构思于1935年

① 《金毓黻文集》编辑整理组校点《静晗室日记》第6册，1941年6月30日，第4739页。
② 余嘉锡：《〈积微居小学金石文字论丛〉余序》，杨树达：《积微居小学金石文字论丛》（增订本），中华书局，1983，第9页。
③ 蒋天枢：《陈寅恪先生编年事辑》（增订本）引"卞记"，第95~97页。
④ 蒙文通：《四库珍本〈十先生奥论〉读后记》，《图书季刊》新第3卷第1、2期合刊，1941年，第47页。

暑期前后，而在 1934 年（甲戌年）下半年蒙文通就与柳诒徵"畅论宋代史学"，蒙文通想必是在此前后往清华园拜访陈寅恪商讨南北宋史学，而到了 1935 年 9 月，蒙文通便致信柳诒徵，访求浙东诸儒遗作，倡言浙东史学，结合同年 6 月份发表的《评〈史学散篇〉》一文，可知 1935 年蒙文通对浙东史学的总体认识基本确定，也正是在此时草拟《四库珍本〈十先生奥论〉读后记》，后往天津执教河北女子师范学院，而 1937 年 7 月又往南京参加欧阳竟无所主持之内学院道场，[①] 从"他作多于南京陷落，遂至散失"可知，蒙文通于 1937 年底才离开南京，虽然之前早与柳诒徵就浙东诸儒遗作多有探讨，但此行当有充裕的时间到江苏国学图书馆搜集材料，并与柳诒徵进一步商讨，这才有"后记"中所言，"材料多资于北平图书馆，亦颇有取材于天津图书馆及江苏国学图书馆者"。由此可知，"宋人之史学"一事，蒙文通与陈寅恪、柳诒徵二人多有交涉，而三人所重"制度"之义却各有千秋。

陈寅恪曾强调："吾中国文化之定义，具于《白虎通》三纲六纪之说，其意义为抽象理想最高之境。"[②] 而此理想抽象之物"所依托以表现者，实为有形之社会制度"。并具体指出："秦之法制实儒家一派学说之所附系"，"儒家理想之制度，而于秦始皇之身，而得以实现"，"汉承秦业，其官制法律亦袭用前朝。遗传至晋以后，法律与礼经并称，儒家《周官》之学说悉采入法典。夫政治社会一切公私行动，莫不与法典相关，而法典为儒家学说具体之实现"，[③] "夫纲纪本理想抽象之物，然不能不有所依托，以为具体表现之用；其所依托以表现者，实为有形之社会制度，而经济制度尤其最要者。故所依托者不变易，则依托者亦得因以保存"。佛教传入中国，然"中土历世遗留纲纪之说，曾

---

① 彭铸君供稿，政协文史研究委员会整理《彭芸生年谱》，中国人民政治协商会议崇庆县委员会编《崇庆县文史资料选辑》第 5 辑，1987，第 29~50 页。

② 陈寅恪：《王观堂先生挽词并序》，刘梦溪主编《中国现代学术经典·陈寅恪卷》，河北教育出版社，2002，第 846 页。

③ 陈寅恪：《冯友兰中国哲学史下册审查报告》，《陈寅恪集·金明馆丛稿二编》，第 283 页。

不因之以动摇者，其说所依托之社会经济制度未尝根本变迁，故犹能藉之以为寄命之地也"。① 因此，"二千年来华夏民族所受儒家学说之影响最深最钜者，实在制度法律公私生活之方面"。②《周官》之影响，虽至深远，然《周官》并非可以"致用"，他在《隋唐制度渊源略论稿》中明言：该书主旨就是"反证唐制与周礼其系统及实质绝无关涉"。③隋唐凡效法《周礼》，便成"文饰"。尤其唐之为盛世，而其制度实非复《周礼》。诚如有学者言此为"法后王而不道久远之事"，④ 而史学重制度，非为复古，其意或在说明"法后王"之必要。

陈寅恪虽认为"周公之典章制度实中国上古文明之精华"，⑤ 但言唐朝以"非复《周礼》"而"至富强"。柳诒徵则以为："中国经制之学，只有《周礼》一书，如讲制度，必从此出。不幸王莽一试而败，王安石再试而败，故程闽诸儒，虽极讲制礼，而不敢专以《周礼》为号召。永嘉、金华诸儒，则不讳言之，其思想言论之结果，至明初复加小试，颜李之学即从此出，盖心性文章有他途可循，经制则舍此无他途也。"虽然柳诒徵也不主张经制改革仅依照《周礼》，其引用袁悦斋通达之言，称"有天下通行之法，有数路共行之法，有一路一州一县一司专行之法，皆因其不齐而为之制，同归于治而已"，强调"此言非惟执《周礼》而行于宋者当知其非，即今日稗贩外国法制以改造中国者亦当引以为鉴"，⑥ 但所谓"中国经制之学，只有《周礼》一书，如讲制度，必从此出"，"经制则舍此无他途"，无疑表明其以《周礼》为国史

---

① 陈寅恪：《王观堂先生挽词并序》，刘梦溪主编《中国现代学术经典·陈寅恪卷》，第846 页。

② 陈寅恪：《冯友兰〈中国哲学史〉下册审查报告》，《陈寅恪集·金明馆丛稿二编》，第283 页。

③ 陈寅恪：《隋唐制度渊源略论稿》，刘梦溪主编《中国现代学术经典·陈寅恪卷》，第108 页。

④ 罗志田：《陈寅恪的"不古不今之学"》，《近代史研究》2008 年第 6 期，第 43 页。

⑤ 吴宓著，吴学昭整理注释《吴宓日记》第 2 册，第 102 页。

⑥ 柳诒徵：《劬堂遗札·复蒙文通书》，《学术集林》（6），上海远东出版社，1995，第32 页。

制度之骨干,而其所言"今日稗贩外国法制以改造中国者亦当引以为鉴"则暗示"改造中国"仍需综合《周礼》之制。熊十力特别推崇《周官》,视之为春秋拨乱之制,所以为太平之世,开辟洪基,进而总结《周官》制度中"均"与"联"两大原理,以之为建构儒家政治及社经制度的基本精神。柳诒徵认为熊氏所胪举《周官》蕴义,"尤为诒多年所主张",[①]"公宗仰《周官》与诒符同",并进一步称:"《周官》曰:儒以道得民,此五字极有关系。向来人多忽略读过去。诒以为自道经危微精一之说至程朱陆王,皆括在此五字之中。"[②] 然而,熊十力与蒙文通就《周官》一事,分歧犹多。蒙文通曾称《周官》之制,"不得谓之美善",熊十力不以为然,反驳说:"夫井田之美意,推而广之,是研古制者之责也。必以'卑陋不足观'一语了之,似亦未安";若就《周官》中,学校制度而言,"吾侪于周礼,当研究其教育旨趣所在,其与现代功利思想,或法治国家等等教育旨趣,有其相通之点否;此真可注意者也"。[③]

陈寅恪与蒙文通就中国文化,特别是儒学的态度分歧甚多,陈氏所言"秦之制度为实儒家一派学说之所附系",就是蒙文通坚决反对的,蒙氏一系列的周秦民族研究就是要说明秦乃夷狄,夷夏之辨即儒法之争,更不用谈"儒家理想之制度,而于秦始皇之身,而得以实现"一类的论断。至于柳诒徵所说"中国经制之学,只有《周礼》一书,如讲制度,必从此出,"亦与蒙文通"尊今抑古""今文学言《王制》、古文学讲《周官》",以及之后"今文为哲学,古文为史学"的今古文观念相背离。而在《中国史学史》中,蒙文通则引叶适之言,表达心中所系之"制度"究竟为何。

浙东诸儒中,蒙文通曾特意强调"我爱叶水心讲史学",[④]"水心同于东莱,称治史而究乎义理之源",不过,"水心于伊洛多微辞,则于

---

① 柳诒徵:《劬堂遗札·致熊十力书(一)》,《学术集林》(6),第29页。
② 柳诒徵:《劬堂遗札·致熊十力书(二)》,《学术集林》(6),第30页。
③ 熊十力:《论〈周官〉成书年代》,《图书集刊》第2期,1942年,第97~98页。
④ 蒙文通:《治学杂语》,蒙默编:《蒙文通学记》(增补本),第51页。

东莱究异致"。孙子宏《习学记言》曰"先生之书，能稽合乎孔氏之本统……《诗》、《书》义理所聚也，《中庸》、《大学》则后矣。以孟轲能嗣孔子，未为过也，舍孔子而宗孟轲，则于本统离矣"。蒙文通称"此最足以见水心之旨"。所谓"舍孔子而宗孟轲"，盖即指伊洛之传，叶适则能"稽合孔氏之本统"，"是则绝异于伊洛与东莱者"。不仅如此，叶适于史，"恒多独造之言，远乎迂阔之习"。① 以《周礼》而言，叶适即认为此乃"封建之制，决不可行于郡县之时"，这或对蒙文通是时以社会、政治制度论《周官》之年代与性质不无启发。那么何为良法，"制度"又该如何实行呢？叶适论王通时称："言仁义礼乐必归于唐虞三代，儒者之功也。言仁义礼乐至唐虞三代而止，儒者之过也"，"以道观世，则世无适而非道。后世之自绝于三代也，是未能以道观之者也。举三代而不遗两汉，道上古而不忽方来，仁义礼乐绳绳乎其在天下也"，② 也就是说，论世言制必须本于"道"，但不可"循名执迹"，"举三代而不遗两汉，道上古而不忽方来"。即有"法先王"但不忘"后世"之意，"不忽三代以下，乃浙东史学之异于闽、湘者"。③ 此或符合蒙文通所言"孔孟书中本来就有经（常）、有权（变）两部分言论，经是同于世俗之儒，是孔子经常谈到的，是局限于时代的一面。权是高于出于世俗之儒，是孔子很少谈到的，是不局限于时代的一面"。④ 此一精神正是浙东史学所具有的，"凡东莱、水心说制度皆类此，切事情而又得前人制法之意，尽有超越汉师处，乃清儒一概屏之，此真清代史学不讲之过"。浙东史学可谓"绝学"，"真非清代汉学考据家可几及"。⑤ 那么，蒙文通著《中国史学史》表彰浙东史学，自有钩沉"绝学"之功，而他"壮年守南宋之说"，同时又以秦汉新儒学以理想制度

---

① 蒙文通：《义理派史学》，《中国史学史》，第 86 页。
② 蒙文通：《义理派史学》，《中国史学史》，第 87~88 页。
③ 刘咸炘：《史学述林·宋史学论》，黄曙辉编校《刘咸炘学术论集·史学编》（下），第 517 页。
④ 蒙文通：《孔子和今文学》，《经史抉原》，第 165 页。
⑤ 蒙文通：《致柳翼谋（诒徵）先生书》，《经史抉原》，第 414、416 页。

言今文学"革命"之大义，岂不是自期为此"绝学"之继承者。

李源澄曾总结浙东史学特征有五："经史合一；子史并重；学贵鸿通；注重当代历史；文以适用为主"，而"每当浙东学术之兴起"，"此五者必为其标帜"。[①] 此尚为泛论历代浙东史学，若具体到蒙文通所提倡的南宋浙东史说乃是一种"表达儒学的义理性立场的史学"。在论及浙东文献之传于朱子之后最终与道学合流时，蒙文通感慨：

> 夫言史而局于得失之故，不知考于义理之原，则习于近迹，而无以拔生人于清正理想之域，固将不免于丧志之惧。然苟持枵大无实之论，惟知以绳墨苛察为击断，是亦曲士庸人之陋，则又乌可以语至治之事哉？[②]

只有浙东史学将义理、制度与事功融为一体，"义与制不相遗"，才能最完整地体现儒家义理。"儒学"一面不断回溯孔孟义理价值根源，一面又据此在不同历史条件下产生新的理想，"儒学"本身内具了史学的精神与功能。[③]"南宋浙东史学"乃至"中国史学"之所以能成"学"正在于其中的儒学"义理"精神。宋育仁曾言："史学惟有《史》、《汉》是其书中有学，非以其书谓学，若是则主张史学者难曰，即经学何独不然。研经以求所载之道是之为学，而非即以研经为学"，"其中有学者，皆传述孔门经学之绪余，乃发挥孔门之学而非自辟一途为学也"。[④] 蒙文通、宋育仁就何为孔门之学所载之道，或许各有理解，由此对中国"史学"的判断有所差别，但二人认定"史学"必须发挥"孔门之学"则并无二致。宋育仁论"史学"以"统释文史校雠源流得

---

① 李源澄：《浙东史学之远源》，《史地杂志》第 1 卷第 3 期，1940 年，第 17~18 页。

② 蒙文通：《新学、洛学、闽学与史学》，《中国史学史》，第 80 页。

③ 张志强：《经、史、儒关系的重构与"批判儒学"之建立——以〈儒学五论〉为中心试论蒙文通"儒学"观念的特质》，《中国哲学史》2009 年第 1 期，第 101~111 页。

④ 宋育仁：《论史学》，《国学月刊》第 20 期，1923 年，第 25 页。

失"，旨在与章太炎、梁启超商榷如何"保存国粹，提高人格"，那么，蒙文通提倡"南宋浙东史学"则旨在为以"秦汉新儒学"回应"汉宋""今古""经史"之争作铺垫，其与民国学人的分殊也引出"如何治学"这一问题。

四　治学之法："虚""实"之间

晚清以降，宋学文史复兴与经史递嬗风潮合流。1930 年代，治国学者群趋史学一途，北平学界形成"非考据不能言学"的风气。蒙思明强调考据不能独当史学重任，而且考据必须有历史哲学的领导，有博大宏阔的学识以及有实用价值。总之，"需要有目的的考据，更精密的考据学，具特识的考据家。否则整理国故，再造文明的鸿愿，永远是一个鸿愿而已"。[①] 1937 年初，胡适在日记中记述了与汤用彤的一番对话：

> 到北大，与汤锡予先生畅谈。他自认胆小，只能作小心的求证，不能作大胆的假设。这是谦词。锡予的书极小心，处处注重证据，无证之说虽有理亦不敢用。这是最可效法的态度。他又说：颇有一个私见，就是不愿意说什么好东西都是从外国来的。我也笑对他说：我也有一个私见，就是说什么坏东西都是从印度来的！我们都大笑。其实，这都不是历史家正当态度。史家纪实而已。如果有些好东西是从海外来的，又何妨去老实承认呢？[②]

上述当为汤用彤与胡适二人不经意间的趣谈，但胡适有心记录，事后评价"这都不是历史家正当的态度"或有自我警醒的意味，但二人所流露的"私见"正反映出即便在当时"非考据不能言学"的风气下，严谨考证背后始终寄托着学者无限的文化关怀。

---

① 蒙思明：《考据在史学上的地位》，《责善半月刊》第 2 卷第 18 期，1941 年 12 月 1 日，第 15 页。
② 曹伯言整理《胡适日记全编（6）》，1937 年 1 月 18 日，第 642 页。

国难日亟，传统文化呈现复兴之势，发扬国光以振起民族精神成为潮流，阐发义理以指引国家前途成为当务之急。钱穆再三强调："不通儒术，不明经义，终无以见国史之精神，亦无以澈悟我先民文化之真态。"① 陈垣体验北平史学界风气变迁，"从前专重考证，服膺嘉定钱氏；事变后颇趋重实用，推尊昆山顾氏；近又进一步，颇提倡有意义之史学"，讲学"欲以正人心，端士习，不徒为精密之考证而已"。② 如何坚守与发扬中国传统文化的真精神，民国学界存在"以实证虚"与"以虚带实"两条路径。虚实之间，张弛有度，方才称得上高明的学人，陈寅恪、蒙文通可谓其中典范。

陈寅恪主张中西文化沟通，反对中西、古今学术系统随意格义附会。陈寅恪的助手浦江清就谈及研究中国文学史"必须用中国间架，不然则古人苦心俱抹杀矣"。③ 1933 年底，杨树达在日记中曾记："陈寅恪送所撰《四声三问》来。文言周颙、沈约所以发明四声，由于当时僧徒之转读。立说精凿不可易，以此足证外来文化之输入必有助于本国之文化，而吾先民不肯固步自封，择善而从之精神，值得特记为后人师法者也。"④ 杨氏引申之义与《四声三问》主旨近似，在《四声三问》文末，陈寅恪特意指出："宫商角徵羽五声者，中国传统之理论也。关于声之本体，即同光朝士之所谓'中学为体'是也。平上去入四声者，西域输入之技术也。关于声之实用，即同光朝士所谓'西学为用'是也。"⑤ 此一文化观念贯穿陈寅恪学术研究的始终。

研究中国传统学术文化，陈寅恪倡导了解之同情："所谓真了解

---

① 钱穆：《〈崔东壁遗书〉序》，《中国学术思想史论丛》第 8 册，台北：东大图书股份有限公司，1980，第 291 页。

② 陈垣：《致方豪函》（1943 年 11 月 24 日），陈智超编注《陈垣来往书信集》（增订本），生活·读书·新知·三联书店，2010，第 326 页。

③ 朱乔森编《朱自清全集·日记编》第 9 卷，1933 年 4 月 21 日，江苏教育出版社，1997，第 213 页。

④ 杨树达：《积微翁回忆录》，第 54 页。

⑤ 陈寅恪：《四声三问》，《陈寅恪集·金明馆丛稿初编》，第 381 页。

者，必神游冥想，与立说之古人，处于同一境界，而对于其持论所以不得不如是之苦心孤诣，表一种之同情，始能批评其学说之是非得失，而无隔阂肤廓之论。"① 若要理解古人的苦心孤诣，进入古人的精神世界，评说古人学说的得失，需要以实证虚，而非以新理论格义附会。具体到上古经史，陈寅恪以长编考异之法，用史事印证言论，考订与解释文本，切实体会圣贤之言行。他曾批评新派"失之诬"，所谓以科学方法整理国故，"似有条理，有解释，然甚危险"；② 今人所著中国哲学史大都"今日自身之哲学史者"，"言论愈有条理统系，则去古人学说之真相愈远"。③ 陈寅恪认为借鉴西方现代史学的方法以发现中国历史、文化的内在脉络与系统，只有不勉强古人以就我，才能以古鉴今，有利当下。张荫麟评述冯友兰《儒家对于婚丧祭礼之理论》一文时，同样指出："以现代自觉的统系，比附古代断片的思想，此乃近今治中国思想史者之通病。此种比附，实预断（presuppose）一无法证明之大前提，即谓凡古人之思想皆有自觉的统系及一致的组织。然从思想发展之历程观之，此实极晚近之事也。"张荫麟反对以后起的统系比附古人学说，所谓"以统系化之方法，治古代思想，适足以愈治而愈棼耳"。④

陈寅恪强调落实历史文化的历史脉络，张荫麟所言中国古人学说无自觉的义理统系，以实证虚，以具体应对抽象，实事与本意相参证。背后的关怀是中华文化系统、民族精神有待于历史演化印证，并未先验地认可"道传一系"的文化义理。然而，有学人认为中国历史应当由儒家义理系统来指引与规范，"学术之系统，为学者不可不明晓，亦不可不遵依"：

---

① 陈寅恪：《冯友兰〈中国哲学史〉下册审查报告》，《陈寅恪集·金明馆丛稿二编》，第 279 页。
② 卞僧慧纂，卞学洛整理《"晋至唐文化史"开课笔记》，《陈寅恪先生年谱长编（初稿）》，第 361 页。
③ 陈寅恪：《冯友兰中国哲学史上册审查报告》，《陈寅恪集·金明馆丛稿二编》，第 280 页。
④ 张荫麟：《评冯友兰〈儒家对于婚丧祭礼之理论〉》，《大公报·文学副刊》（天津版）第 27 期，1928 年 7 月 9 日，第 9 版。

　　吾国之学术系统，可以经史子集四部之名称及其次序赅之。（一）经者，先圣先贤所传之精理，人类智慧经验之结晶，万事万物之本原，而一切学术政教之准绳规矩也。( principles；standard；essentials；wisdom；eternal & fundamental truths) （二）史者，人类活动之实践，智愚贤不肖内心外境生活行事之摄影，成败得失之龟鉴，而经中所言之原理之实例与确证也。( facts；images；demonstrations；records )。经言理，史述事。理为普遍永久，事乃一时一地偶然特殊之表现。理在真如观念（ideas）之境界，空虚证明，固定不移，事在幻影浮象之境界，淆杂纷错，变动不居。故经必在史上，而史必次于经。盖理能成事，事仅证理，宾主显分，轻重攸别，故（一）经（二）史之次序必不可乱也。[①]

中国固有的学术系统，四部分类与次序，"实含有深远的至理"，若以西学分科的标准，其中的意义与价值或多被视为"迂腐陈旧"，近代科学史学正是要破除此种意义，以史代经。蒙文通主张"以经御史"，认为"数十年来，国内史学界皆重史料，而绝少涉及文化遗产之史学"。[②] 蒙文通所谓"壮年以还治史，守南宋之说"，正是发扬南宋浙东史学之绝学，标举经今文学的文化理想，"为后来文化之先导"。

　　蒙文通以唯识宗解唯识学，考察思想、学术不仅要抽绎其义理，也从当时当地的具体史事中得启发。以往研究周秦思想，每从义理入手，言人人殊，难以依据；许多古事却可考定，由史事反观诸子，可对理解各家义理有进一步的认识。[③] 蒙文通突破今古家法，正是通观"制度"

---

① 《悼柯凤孙先生》，《大公报·文学副刊》（天津版）第297期，1933年9月11日，第11版。

② 蒙文通：《治学杂语》，蒙默编《蒙文通学记》（增订本），第45页。

③ 罗志田：《事不孤起　必有其邻：蒙文通先生与思想史的社会视角》，《四川大学学报》2005年第4期，第101~114页。

与"史迹"察明今古学的渊源流变，探寻周秦学术、民族与文化变迁。蒙文通晚年在论述公羊家张三世大义时，认为"此经义之三世著见于《公羊》。而三世之实义，宜求之于《左氏》"，"公羊先师三说不同，以《左氏》史实求之，理或有当，而三世断限若可定"。陈寅恪侧重"以实证虚"，蒙文通认为"义与制不相遗而后学明"，研究中国学术既要因事明制，更应"以虚带实"，以"义"御"制"，以简驭繁，"以虚带实，也是做学问的方法。史料是实，思维是虚。有实无虚，便是死蛇"。唐君毅、丁山都认为蒙文通"每篇文章背后总觉另外还有一个道理"，"每篇考据文章都在讲哲学"。在蒙文通看来，"这虽显有推崇之意，却也符合实际"，"无论是讲课、写文章，都把历史当作哲学在讲，都试图通过讲述历史说明一些理论性问题"。① 蒙文通所言"虚""哲学"，主要指他学术的统宗：今文学义理。蒙文通阐发"秦汉新儒学"与"南宋浙东史学"，虚实相济，落实以"西汉家言"为中心的儒学义理。今文学立场决定了蒙文通的学术方法与时贤迥异，以实证虚与以虚带实的分际关涉晚清民国时期经今古文转入史学的不同路径。

近代学术，经史递嬗，不同经学向何种史学过渡构成了近代学术转型的复杂情景。晚清今文学的历史观念与怀疑精神诚是近代古史研究兴起的重要因素，廖平与康有为提倡托古改制，本以解经学之纠纷，一变而为古史之探索。然而，以科学学术方法而论，今文学最不适用，考证学最符合今日科学归纳、演绎之法。方法的差异，实际上是经今古文研究对象与内涵存在"虚实"之分。裴匡庐认为："盖学之偏于实者，其程效可以计功计日。学之偏于虚者，苟非实有所悟，则决无渐臻高深之望。语其成功，不闻用力之多寡，为时之久暂也。"② 蒙文通教诲李源澄，经史之学，可积累而成，义理之学"能解者自解，不能解者，虽十年亦不

---

① 蒙文通：《治学杂语》，蒙默编《蒙文通学记》（增补本），第 1～2、5、9、10 页。
② 钱基博：《十年来之国学商兑》，钱基博著，曹毓英选编《钱基博学术论著选》，华中师范大学出版社，1997，第 49 页。

解也"，李源澄视之为"真心寡过与贩卖智识之别"。① 若以经学分派而论，"偏于实者"为名物制度，"偏于虚者"为义理之学。刘咸炘曾以文史校雠的视角，指出："书籍虽多，不外子、史两种。集乃子、史之流，不能并立；经乃子、史之源，而今文家认为子，古文家认为史，所以纷争。"② 今文家视经为子，旨在言理；古文家以史代经，详于说事。

以史代经是近代新学术建立的关键环节。经今古文家法之别注定经今古文学术转型的不同方式。治经学必先知家法，今古文学各有家法，古文偏于考证之学，今文学偏重义理。考证之学可凭读书而得，"即时示人以论据"。义理之学"不能专凭目验，或不能即时示人以证据"。以古文考证而言，"谓西京今文家说皆不出于孔子可也"；若以今文家法而论，"谓西京今文家说皆不背于孔子亦可也"。张尔田提示王国维：研究公羊学"详于义例、故训、名物、历算自是清朝治学正轨"，今文家法"亦不可不存为参镜之资"，否则"遇无可佐证处，或恐有疑非所疑者矣"。③ 研究中国学术，既要"考其事"，更要"求其义"，谨守训诂章句之学，不敢发挥微言大义，遂导致疑古惑经之说盛行。今文义理之学不能以无实证，而轻易怀疑。廖平认为，研究经学，必先信六经为全书，正是秦火经佚的观念，使得东汉以来，经学沉沦不振。今文各家说法各异，常为学者怀疑，张尔田视此为学术传衍，"后学推衍密处"。义理之学并无实在证据，那么寻求义理"必须纵求之时间，横求之空间，从至繁极赜中，籀一公例，综合而比较之，而后结论乃成，自古成家之学，殆未有不如是者"。④ 张尔田认为"考据者，说经家之初门，而亦诸学之所同"，"说经不能废考据，而考据必以微言大义为之归"，"治宋学不能不考据宋学，治汉学不能不考据汉学。考据宋学为性理也，考据汉学为微言大义也，未有舍义理而空谈考据者。舍义理而空谈

① 李源澄：《理学略论》，《国风月刊》第 8 卷第 12 期，1936 年，第 11 页。
② 刘咸炘：《中书二·认经论》，《推十书》（增补全书）甲辑（1），第 30 页。
③ 张尔田：《与王静安论今文学家书》，《学衡》第 23 期，1923 年，第 3~4 页（栏页）。
④ 张尔田：《与王静安论治公羊学书》，《学衡》第 23 期，1923 年，第 2 页（栏页）。

考据，是治稼者宝守五谷之种而不收获以供祭祀、燕宾客也"。①

张尔田认可陈寅恪所言清儒考据之学"不能综合贯通成一有统系之论述"，甚至以细微单证附会"广泛难征之结论"。后世疑古考据之学"其论既出之后，固不能犁然有当于人心，而人亦不易标举反证以相诘难"，其说"是否果有证据，有证据矣，而彼所认为证据者是否别有隐歧，此皆今日所当逐一审察评量者。疑者工于疑古人，吾人即以疑古人者疑疑者，如此方是根本怀疑之学问"。追根溯源，以科学整理国故与疑古思潮根本在于以科学方法为标榜，格义附会中西学术。张尔田援引熊十力的说法，"科学方法须有辨，自然科学可资实测以救主观之偏蔽，社会科学不先去其主观之偏蔽者，必不能选择适当资料以为证据，则将任意取材以成其僻执之论"。因此，"疑古可也，伪古则不可也"，真考据家须有"治心工夫"，今之治国故者"其人中国人也，其心则皆外国心也。以外国之心理治中国之书，其视先秦上古之文化也直等于莫明其妙，由不了解而妄疑，由妄疑而起执，而又有现代化观念先入为主"。② 无独有偶，汤用彤以中国佛教史考察中国精神传统时，也格外强调将文字考证的科学方法与"同情之默应"的心性体会二者结合，"中国佛教史未易言也。佛法亦宗教，亦哲学。宗教情绪，深存人心。往往以莫须有之史实为象征，发挥神妙之作用。故如仅凭陈述之搜讨，而无同情之默应，必不能得其真。哲学精微，悟入实相。古哲慧发天真，慎思明辨，往往言约旨远，取譬虽近，而见道深弘。故如徒于文字考证上寻求，而乏心性之体会，则所获者其糟粕而已"。③ 沟通考据与义理的枢纽即家法义例，"群经有家法，诸史有义例，一时有一时习尚之殊，一时有一时信仰之别"。④ 蒙文通认为家法条例实与近代科学

---

① 张尔田：《遁堪撰言·论考据当注重微言大义》，《孔教会杂志》第 1 卷第 1 期，1913 年，第 4~5 页（栏页）。后收入《遁堪文集》第一卷，改名《塾议一》，第 13 页。
② 张尔田：《论伪书示从游诸子》，《遁堪文集》卷 2，1948 年刊行本，第 8~9 页。
③ 汤用彤：《汉魏两晋南北朝佛教史·跋》，上海书店，1991，第 1 页。
④ 张尔田：《论伪书示从游诸子》，《遁堪文集》卷 2，第 8 页。

相通："世之研骨化石者，得其半骼残骸，于以推测其全体，得他之片骨残骸，又以推测一全体，此家法条例之比也。"不明家法，不究条例，可谓"萃众多不同世之化石于一室，割短续长，以成一具体备形之骸，虽至愚人亦不出此"，"贤者识大，不贤识小，古今一揆，东西皆尔"。[①]

以家法条例沟通考据与义理，虚实相济，贯通经史，其背后的关怀即在于以理解与同情作为整体的中国历史文化精神。蒙文通研究上古国史与周秦民族史，申明儒学在中国文化中的地位，论证今文学本于周秦历史的衍变而成立；考察经说与古史的关联，阐发儒学义理与历史变迁的能动关系，认定两千年的中国历史为"先汉经说所铸成"。[②] 义理之学牵引史学，又以史学呈现、落实中国历史文化的义理。蒙文通在华西大学文学院 1941 年度中西文化问题系列讲座中，特意主讲"中国文化一贯性"。宋代儒学发扬中国固有文明，宋代学术文章是宋代立国精神之所在。研究宋史首重学术，"则知宋之所以存"；研究宋代制度，"则知宋之所以败"，"事变云为纷纷者，皆其现象之粗迹，而别有为此现象策动之因存，亦正今日所当深思而引为明鉴者"。[③]

全面抗战期间，学界兴起一股"理学救国"的新潮流。杨向奎称赞冯友兰依照程朱学说撰著《新理学》，实乃空谷足音，"为学术界最可喜的现象之一"。若从方法上分别朱子、阳明异同，朱子注重格物，阳明讲致知；朱子的精神近于荀子，阳明则是思孟嫡传。道德哲学为正统派的儒家哲学的中心，融合朱子学与阳明学是"今后哲学的出路"。[④] 1946 年，童书业展望民国学界发展趋势时，认为民国"新汉学"的特点在于接受旧宋学的批判精神，对传统思想、旧史传说，能作"勇猛无情的批判"；最近学术的必然趋势是"新宋学"运动，即"近来一班喜讲道理的学者的讲道理运动"。新宋学是应用汉学的实证精神来讲道

① 蒙文通：《廖季平先生与清代汉学》，《经学抉原》，第 104～105 页。
② 蒙文通：《〈儒学五论〉题辞》，《经学抉原》，第 204 页。
③ 蒙文通：《〈宋史〉叙言》，《中国史学史》，第 132 页。
④ 杨向奎：《论宋学》，《新中国日报》，1944 年 8 月 23 日，第 2 版。

理，新宋学依据科学的、发现的、相对的真理和社会政治的实际情况而产生科学化哲学或思想。① 童书业所讲的新宋学偏向于新史学一系，与陈寅恪所讲"新宋学之建立"路径有别，虽然以实证精神讲道理成为学界共识，但怎么讲，讲什么道理，各派学人旨趣各异。民国新汉学以科学考据著称，背后的义理关怀遵奉西方为准则，期望再造文明。陈寅恪高度赞扬宋代历史文化，以实证虚，建构新宋学，揭示"吸收输入外来之学说"与"不忘本来民族之地位"的"相反而适相成"之文化出路。② 蒙文通因事明制，发明秦汉新儒学沟通汉宋，倡导南宋浙东史学，确立中国传统文化义理、制度、事实间的关联性，重建中华文明体系，回应西方文明的挑战。以实证虚，以虚带实，各有侧重，前者偏于民族历史演进，后者重于文明精神的传承与嬗变。虚实相济，方能实践民族国家与文明精神的相辅相成。经学，中华文明之源泉，"中国特立之精神"；"史者，先人之经验，而后人之师资也。无历史不足以立国于世，无文化不足以立国于世"。③

时下学术界以跨学科为标的，力图建构中国学术本位，然心中本已横亘"学科"范畴，其实已将中国文化的系统价值分科割裂。诚如钱穆所主张，学问本自会通，应当"具绝大义理，经得起从来学术史上之绝大考据"，每种学说与义理"其兴起而臻于成立，各有传统，各有背景，各有据点，各有立场"，"复有立说者之个性相异，时代不同"。④ 钱穆论"清初学风，乃自性理转向经史"之时，曾言："盖由朱子转经史，其道顺。由阳明转经史，其道逆。"⑤ 借用此语，似乎可言"晚清

---

① 童书业：《新汉学与新宋学》，童书业著，童教英整理《童书业史籍考证论集》（下），中华书局，2005，第778~780页。

② 程千帆追忆："陈寅老以一考据家的面目出现，谈论的实际上是文化的走向问题。"见程千帆：《桑榆忆往》，第158页。

③ 徐英：《读经救亡论》，《安徽大学月刊》第2卷第7期，1935年，第7页。

④ 钱穆：《学术与心术》，《学龠》，九州出版社，2010年，第149页。

⑤ 钱穆：《顾亭林学述》，《中国学术思想史论丛》（8），安徽教育出版社，2004，第53页。

民国学风，乃自经学转向史学"，"由古文转史学，其道顺；由今学转史学，其道逆"。若以科学方法为标准，胡朴安则指出："以今日研究学术之方法，论之今文学最不适用。所谓以春秋折狱，以禹贡治河，以三百篇当谏书，以及近人据乱小康大同之说，皆无一是处。"相反，"古文学之考证，最合于今日治学之方法，学之所以成为科学者，以其收集各种证据，归纳以得公例，古文学家治学之方法，极合此种之条例"。① 金毓黻认为此间分殊是"宋学、汉学之翜分也"，进而申论，"清代名贤如戴东原、王怀祖，谓研经必先究名物制度，究名物制度必先通训诂，此即所谓汉学之嫡派也。然研究名物制度实属于史学，不过其研究之对象，即为群经，群经之外虽有言名物制度者，皆不在研究范围之内"，金氏称此为"经学中之史学"。至于阐明义理，"不惟宋儒能之，而清儒亦能之，如今文学派诸家，以宣究古人微言大义，皆属之，此又为经学之别派，亦可称之为经学中之哲学"。总之，"经学之内蕴，不外史学、哲学二大派，而经学不能独立自成一科"。②

以近代分科而论，"经之一名词，以今日之眼光观之，在学术中是否能成立，尚为一问题。以予个人之意见，学术中不承认有经之名词存在。惟是今之所谓经者，确为古代思想制度之所汇萃，欲求中国文明之原起，是当于经求之，所以吾人治经之方法，不可为经所拘，即不以经为古代贤圣之常道，而以经为古代学术之史料是也"。③ "经学"不能成为新学术中之一科，本是中西学术分别的根源，然西学东渐，以夷变夏，在以西方学术分科部勒中国学术的趋势中，"经学"之名自然无法成立，而"今文学""古文学"因存在"义理""考据"之"虚""实"的分别而被冠以"哲学""史学"之名。以"史学"与"哲学"类比"经古文""经今文"二派，正体现了在现代学术分科中经今、古文的不同命运。

---

① 胡朴安：《经学讲义序》，《国学周刊》第 73 期，1924 年，第 4 页。
② 《金毓黻文集》编辑整理组校点《静晤室日记》第 6 册，1939 年 2 月 12 日，第 4288~4289 页。
③ 胡朴安：《经学讲义序》，《国学周刊》第 73 期，1924 年，第 4 页。

就事实而言，晚清民初，章太炎及其门生多先后成为新旧"汉学"之骨干，廖平、康有为及其弟子皆纷纷倾向立孔教，倡言孔圣制作，与民国"新史学"多有隔膜。张尔田即认为，义理之学远较考证之学"难且百倍"，"考核名物训诂，但使有强有力之证据，即可得一结论"，① 如果说，康氏子弟中较早自立门户的梁启超是一例外，那么廖平门下有蒙文通、李源澄活跃于民国学界。蒙文通讲学四方，学亦数变，然其今文学立场始终未移，"沉思今古事"是其一生之关怀。世事变迁、文化兴替，蒙文通今文学义理亦有所权变，但"义理"始终支配其学术旨趣，而持此"义理"之学却能交通于新旧学人之间，其关键就在于以"史事""制度"将此一"义理"坐实，其战时结集《儒学五论》正是本"义与制不相遗"的宗旨阐明"秦汉新儒学"。

① 张尔田：《与王静安论治公羊学书》，《学衡》第 23 期，1923 年，第 2 页（栏页）。

# 第六章

# "内圣外王之事，无乎不具也"

1944 年，蒙文通时届五十知天命之年，学问大成，成都路明书店出版了他自编、自校、自跋的唯一论文集——《儒学五论》，此书收录了他于战时所发表有关儒家哲学思想、政治思想、诸子学、国史的文章。《自序》开篇即言："儒之学，修己以安人。达以善天下，穷以善一身，内圣而外王，尽之矣。"此乃言《哲学思想》《政治思想》二文之义，诸子百家等文与二篇相发者并系，广为《本论》五篇，"又以究儒史相资之故，别附四篇，以明其变。于是儒者之经济思想、社会思想，亦可考见"。① 同年，在为金陵大学研究生张君《叶水心研究》作跋时，蒙文通亦总结道："余少年习经，好西汉家言。壮年以还治史，守南宋之说，是皆所谓于内圣外王之事，无乎不具也"，"近校印拙著《儒学五论》方竣，于西汉之学殆略推论之也"。② 现存一篇约作于1944 年前后的《经学遗稿》则称："西汉之儒家为直承晚周之绪，融合百氏而一新之"，"惟今文之学有其中心，至井研之学出，乃有论定。

---

① 蒙文通：《儒学五论·自序》，《儒学五论》，广西师范大学出版社，2007，第 149~150 页。

② 蒙文通：《跋华阳张君〈叶水心研究〉》，《经史抉原》，第 473 页。

不知今文之中心者，不足以知周秦学脉之相毕注于此也。知其中心而不求之周秦，亦不足以见今文之恢宏"。①

《儒学五论》是蒙文通"为体之学"的倾心之作，其要在言以"今文学"为中心的"西汉之学"。国难方殷之日，蒙文通正是本于今文学，阐发"秦汉新儒学"，一一回应了清季以降学界纷纷扰攘的"汉宋""今古""经史"乃至中西文化问题。

## 第一节 "以宋明阐周秦，以周秦正宋明"

蒙文通基本上是被当作史学色彩浓厚的经学家，或者有经学倾向的史学家来看待的。但实际上，他在宋明理学上的抱负与造诣，绝不在经学、史学之下。不过，蒙文通对宋明理学的体会多限于师友之间的交流，并未付诸文字，他对早年所受理学教育的回忆也仅是只言片语，点到为止。对此，只能通过蒙默的转述来窥探豹之一斑：

> 先君……言少时从曾习之先生学，曾先教以为学须从体认良知入手，谓此理不从身心体认，纵博极群书，剖析毫芒，不过比较于文字，于实理究无所得也。②

文中提到的"曾习之"，便是被人称为"曾大圣人"的曾学传。据高等学堂的学生回忆，曾学传在高等学堂讲伦理学，不是西洋伦理，而是讲宋学，他尤其崇拜陆象山，学生因此戏呼他为曾大圣人。③ 民国初年，

---

① 蒙文通：《论经学遗稿三篇》，《经史抉原》，第148页。
② 蒙文通：《理学札记》，《古学甄微》，第131~132页。
③ 陆殿舆：《四川高等学堂纪略》，《文史资料存稿选编·教育》，中国文史出版社，2002，第786页。

彭云生和蒙文通在四川国学院读书时，曾学传教他们只读陆象山的著作。[①] 曾学传一生尊孔崇儒，提倡孔教，先后发起国粹学会、常学会、教育研究会、孔教扶轮会、中华国粹学会等团体，研究儒学，宣扬国粹。[②] 曾学传撰《宋儒学案约编》谓"六经之蕴、四子之精，发明于宋儒"，宋儒"始接孟子垂绝之绪"，得孔子之正传，"不明宋学，无以知孔道之脉"，"今国势若此"，"四维不张，其害惨于阻饥，则斯道不可一日或亡，即宋学不可一日不讲也"。[③] 曾学传批评道，"自清乾嘉以来，学者侈为考据文字之学，排斥义理，以为意见，以为空疏。夫学至排斥义理，尚得谓之学乎？只成为无忌惮之小人"，衍至今日，"国中号为硕学通儒者，大半皆孔门之罪人，是非千载至不能逃，后之学者，当以为鉴。至谓人只知争形骸之生活，而不知争良心之生活，是以日沈埋在卑陋凡下处，而不能自拔，尤为今日人心之害"。[④] 蒙文通受曾学传影响至深，蒙默回忆：

> 我父亲从他读存古学堂起多年崇尚理学，一直到他老，而且认为他的学问里面他的理学是最深的，最有心得的。
>
> 他（按，指文通先生）自己讲，理学是他最深的学问，这个我是很早就听他跟我谈过，但是他写那个《理学札记》，是一直到他死了过后清理他抽屉里头的东西我才看到的，以前就没有看到过，他以前就不给我看。[⑤]

---

① 刘雨涛：《学习、研究宋明理学的"不二法门"——蒙文通先生、唐君毅先生教诲我如何学习、研究宋明理学》，《毅圃》第4期，1996年2月。

② 温江县志办人物编写组整理《著名教育家曾学传事略》，温江县政协文史资料研究委员会编《温江县文史资料选辑》第1辑，1987，第116页。

③ 曾学传：《宋儒学案约编·叙》，《四川国学杂志》第2期，1912年，第2~3页。

④ 曾学传：《温江县志·艺文·忧患录》，张骥等修，曾学传等纂《温江县志》，《中国地方志集成·四川府县志辑》第八册，巴蜀书社，1992，第426页。

⑤ 牛敬飞、张颖：《追忆国学大师蒙文通先生——蒙默老师采访记》，《天健》2004年第17期，第44、50页。

从上述两段话不难看出，宋明理学确是蒙文通"生平抱负之业"，他"所学虽至广博，而谓自得之深者厥唯理学，且谓正以于理学之入深，故能读二氏诸子之书咸有创获"。[①] 虽说理学在蒙文通心中占有如此举足轻重的地位，但他对此深自韬晦，即便如此，宋明理学却像"一只看不见的手"支撑着蒙文通的整个学术体系。其学问早年即呈现了"为体之学"的气象，"本之孟子"的理学明显处于首要位置，经史子集多与之相发明。1920 年代初，蒙文通在重庆教中学国文，"讲授宋明儒学之义"。[②] 蒙默也曾经谈及，此时蒙文通还曾打算作一篇《孔氏古文说内篇》，是要以宋明理学的传统来讲儒学。[③] 后来蒙文通从历史之实情认定：儒家思想于中国两千年之历史影响甚巨，不明儒家思想不足以明两千年之国史，而宋明理学则又探究儒家思想之根本。[④] 理学在蒙文通心中的地位，可见一斑。如今，通过友朋间的书信，方可窥探蒙文通理学思想变迁之轨迹。在《致张表方书》中，蒙文通系统地追述了自己研治儒家哲学的历程：

> 儒家之学，自《周易》以下迄宋明，皆深明于变动之说，惟于发展之义则儒者所忽，而义亦不可据。今读辩证唯物论，乃确有以知宋明之说有未尽者。文通少年时，服膺宋明人学，三十始大有所疑，不得解则走而之四方，求之师友，无所得也，遂复弃去，唯于经史之学究心；然于宋明人之得者，终未释于怀。年四十时，乃知朱子、阳明之所蔽端在论理气之有所不澈：曰格物穷理，曰满街

① 蒙文通：《理学札记》，《古学甄微》，第 132 页。
② 唐君毅：《先人著述·〈孟子大义〉重刊记及先父行述》，《唐君毅全集》（29），台北：台湾学生书局，1988，第 16 页。
③ 此由张循在 2005 年 7 月 13 日对蒙默的一次采访中得知。蒙默说，《孔氏古文说内篇》未曾公开发表过，他自己也没看见过，只是在《古史甄微》最初的石印本的《后记》中，蒙文通曾提到写有此文。笔者检得在《天问本事》前言以及《古史甄微》最初发表于《史学杂志》的前言中也提到过《孔氏古文说内篇》一文。
④ 蒙文通：《理学札记》，《古学甄微》，第 132 页。

尧舜，实即同于一义之未澈而各走一端。既知其病之所在也，而究不知所以易之。年五十始于象山之言有所省，而稍知所以救其失，于是作《儒学五论》，于《儒家哲学思想之发展》一文篇末《后论》中略言之。自尔以来，又十年矣，于宋明之确然未是者，积思之久，于陈乾初之说得之，于马列之说证之。①

此信作于中华人民共和国成立初年，颇有晚年定论的意味，蒙文通自诩在学习马列主义理论后，"数十年之积惑一朝冰释"。此语之虚实，暂且不论，② 但就此信，可以看出"年四十"至"年五十"，蒙文通经历了对"宋明人学"由"疑"到"解"的过程，而《儒家哲学思想之发展》一文的演变正是此期之结晶。颇巧合的是，蒙文通的学术一直有"事、制、义"之分界，"义"毫无疑问处于核心地位，但论"义"之文，唯独仅有《儒家哲学思想之发展》发表。早年所作《孔氏古文内篇》未见发表，晚年的《理学札记》也是深藏不露。故有必要先考察《儒家哲学思想之发展》一文发表的缘由与本意。

蒙文通认为理学并非知识，而是为人处世之道，可切身体会揣摩，并不一定要立一宗旨，著书立说。"读宋、明理学书，不能当作是学知识，而要当作是学道理，读时应顺着书中所说去体会其道理，要在能懂，不可求快。初读时宜读选本，周汝登《圣学宗传》、孙奇逢《理学宗传》都可（《明儒学案》每家分量稍重，《宋元学案》更重，不宜初学），能读懂哪家，能理会其道理者，不妨多读几遍，然后再读全集。通一家后，再如前法选读他家。总之，选自己有兴趣的、能读懂的来读，而不要勉强硬读。只有这样读，才能真有所得，才能做到'心知其意'，深刻理解。"③ 心知其意的关键在于"体会"，在于"讲学"，

---

① 蒙文通：《致张表方书》（1952 年），《古学甄微》，第 156 页。

② 可参考陈其泰《"数十年之积惑一朝冰释"——跋蒙文通先生〈致张表方书〉》，《四川大学学报》2008 年第 1 期。

③ 蒙文通：《治学杂语》，蒙默编《蒙文通学记》（增补本），第 4~5 页。

而非"作文"。蒙文通在《经学导言》的"绪论"与"结语"里，一再强调孔孟之道的精义到了王阳明、泰州学派近溪、海门才阐发清楚，没有什么可疑，他所说的明道也就是在这一层上着手，要将圣人的尽性与普通人的率性之类的道理，事前没有任何准备地直接承担下来，深惜明代以后此道便渐渐地晦而不明了。① 可见，虽然蒙文通很少就理学问题发表文章，但其治学之始就十分专注于性道层面对孔孟之道的思考。

唐迪风曾说蒙文通只是"不以其纯美者示人"，而偏嗜于姚江、泰州学派的刘咸炘也有同感，并认为蒙文通对泰州学派的理解与自己"有以相发"，若能"以其纯美者示人，必大过于炘"。② 或可说，蒙文通早年就把理学定位为自身体会，略及学友之间"讲学论道"，而并非要"作文发表"。蒙默曾回忆，1950 年代川大"哲学系准备请他去讲理学，我极力反对，我说你讲不好这个东西"。因为"那个时候对理学这个东西完全是批判，根本没有哪个来阐发、解释，主要就是批判。……所以我极力阻止他去讲"。③ 蒙默当时担心外部环境不好，而从他"极力阻止"的行动来看，蒙文通当时似颇有意去讲。蒙文通仍是要"讲"理学的，只不过当时的环境使得"讲了也等于不讲"。他在 1963 年 3 月的《答洪廷彦书》中说："中国哲学，宋明有精到处，但今不易说，说了别人也不易明了，因二三百年来于理学误解太深、攻击太甚。"④ 同年 7 月《致郦衡叔书》中，他说自己"每欲抽暇"完成一篇总结他理学思想的文字，但"亦思虽言之，将与谁论之，即写成亦无用之文耳"。⑤ 可见，到了晚年，随着学友的逝去与各奔他乡，理学没有言说论学的对象，蒙文通才作《理学札记》，颇有藏诸名山、以待来人的意思。

---

① 蒙文通：《经学导言》，《经史抉原》，第 10~11 页。
② 刘咸炘：《推十文集·与蒙文通书》，《推十书》第三册，第 2208 页。
③ 牛敬飞、张颖：《追忆国学大师蒙文通先生——蒙默老师采访记》，《天健》2004 年第 17 期，第 50 页。
④ 蒙文通：《答洪廷彦书》，《古学甄微》，第 163 页。
⑤ 蒙文通：《致郦衡叔书》，《古学甄微》，第 160 页。

综合考虑民国以至中华人民共和国成立后的舆论氛围，以及蒙文通有诸多其他文稿在生前也没有出版的情况，似乎尚不能将蒙文通深自韬晦的缘由过多归结于外部环境。其中也牵涉学术发表的观念。近代学术转型的一个重要媒介就是学术刊物以及与之配合的新表达方式的出现，专业期刊与现代的学术论文相互依托。贺昌群在1943年就提出"我国学术文字最初具有论文形式的，似以光绪三十一年（1905）创刊的《国粹学报》中所载为最早"。① 齐思和在1949年同样将学术论文与期刊的兴起联系起来考察，"民国以来的史学大师如王国维、陈寅恪、顾颉刚、郭沫若等先生，他们的研究俱是以专题论文的方式发表出来的，除了他们的作品之外，无数的专题论文，在学术杂志中发表，成了我们现代史学的基础。这种风气经几位大师的提倡，和西洋前例的引导，到了民国十年以后，专门的学术杂志便纷纷的出现了"。② 象征新学术的学术期刊兴起之后，在重要刊物上定期发表高质量的学术论文不仅成为体制内学术评定的重要标准，还是在学术界声名鹊起的重要手段。陈垣即教导陈乐素，"每年必要有一二稍有分量之文发表，积之数年，必有可观"。③

与此同时，如何处理思想、学术与期刊之间的关系成为新的问题。王国维很早就指出："庚辛以还，各种杂志接踵而起。其执笔者，非喜事之学生，则亡命之逋臣也。此等杂志，本不知学问为何物，而但有政治上之目的。虽时有学术上之议论，不但剽窃灭裂而已。"④ 张尔田也曾言"真学问必不能于学校中求，真著述亦必不能于杂志中求"。⑤ 二人都把杂志定位于社会思想的鼓动者，在他们眼中，杂志多为宣传工具，所载多通俗读物。张季同就发现"今之所谓国学家，又每有一奇

---

① 贺昌群：《一个对比》，《贺昌群文集》第3卷，商务印书馆，2003，第544页。
② 齐思和：《近百年来中国史学的发展》，《燕京社会科学》第2卷，1949年，第34页。
③ 陈垣：《致陈乐素》，陈智超编注《陈垣来往书信集》，第642页。
④ 王国维：《论近年之学术界》，《王国维遗书》第5册，上海古籍书店，1983，第95页。
⑤ 夏承焘：《天风阁学词日记》，《夏承焘集》第5册，第327页。

癖，即不肯撰著"。① 因此，在老辈所主持的期刊中，无论文章的选题、表达方式甚至思想旨趣，皆给人一种守旧的感觉。这些刊物的宗旨多为"保存国粹"，"温故而知新"，"承前"多是延续乾嘉以降学术之传统，"立异"则是表达对新学术的不满。他们治学求道的渠道多限于友朋之间论学，在刊物上发表出来，就多有与古今学人讨论、针砭时弊的意味。蒙文通参与了新学术社会的共建，与同辈学人们相比，他身上传统经学遗留的色彩恐怕是最浓的，与老辈或"偏旧"学人的交往往往更加密切，发表文章也格外有分寸。

从 1920 年代末开始，蒙文通一直在各大学史学系任教，执教中央大学时，《经学抉原》《古史甄微》皆发表于《史学杂志》，均被归为"古史"范畴，在中大的不快，似乎促使蒙文通对发表文章特别注意。此后，蒙文通极少将言经学、义理的文章发表于各类新学术期刊之中，而多刊于自己或弟子主持的刊物，这些刊物对"新汉学""新史学"持保留意见。现今所见蒙文通专门讨论理学的文章仅有《儒家哲学思想之发展》《汉儒之学源于孟子考》，二文皆发表于李源澄所主持的《论学》杂志。此时蒙文通对朱王学说皆有所疑，故论文主旨以周秦哲学批驳宋明诸儒之说，后宗陆象山，则将两文改写，在《后论》中以陆王学说调停汉宋。蒙文通一直将理学定位在"体会""讲学"的层面，而发表则意味着此时有必要与世人"讲理学"，其直接动因正是李源澄，"昔寓析津，始谋属稿，亦浚卿促之。自迩以来，屡有改益"。② 也就是说，李源澄觉得蒙文通十分有必要讲"儒家之哲学"以针砭世风。寓居平津数年的蒙文通也适时地将之"发表"，与好言"汉宋"之学者商榷。

早在 1920 年代初科玄论战时，张君劢已提出复兴宋学的口号，以"新宋学"之名与胡适所代表的"新汉学"相抗，唯张氏于旧学尚未入

---

① 张季同：《评先秦经籍考》，《大公报·文学副刊》第 188 期，1931 年 8 月 17 日，第 3 张第 10 版。

② 蒙文通：《儒学五论·自序》，《儒学五论》，第 150 页。

门,所提出的多限于思想逻辑层面,仅留下一个思想论战的印象,对知识、学术的深化、演进功劳无多。对这场论战,陈寅恪就给了"不通家法""语无伦次"的评价。[①] 1930 年代,胡适、傅斯年入主北大文学院,为与西方汉学抗衡而急欲自立门户,平津学界遂在"全盘西化"与"中国文化本位"的思想争论背景下,隐然形成了"汉宋"相争的局面,此时寓居平津的蒙文通自会参与其中。胡适当时延续了"整理国故"时"新汉学"的思路,致力于"考证学方法"的提炼与推广,研究中国思想史则注重发掘"反理学"因素。据《胡适日记全编》所记,胡适自许为陈垣《元典章校补释例》所作之序,是要"重新奠定中国的校勘学","重新指出校勘学的方法真意",[②] 在陈垣的认可之下到辅仁大学演讲"考证学方法的来历","证明朴学方法确是道地国货,并非舶来货品"。[③] 后曾到燕京大学讲"颜李学派",分为三讲,"理学与反理学、颜元、李塨与颜学的转变",并自我感觉"第一讲成绩不坏"。[④] 而当胡适演讲考据学方法的来历后,张东荪即发表《考证方法是科学方法么?》一文与胡适针锋相对,称"自然科学与历史科学不可不分","考据方法是历史科学的方法,而不能够笼统称之为科学方法,因为有使人误会为自然科学的方法的嫌疑"。[⑤] 而在 1935 年哲学会第一届年会上,与会学者对建立"新哲学"之途径亦有类似分歧。当时大会主席冯友兰称:"中国哲学家亦应受理性主义之训练,虽然亦并不反对经验主义。中国之哲学,有人以为必产出一种纯新之哲学。本人之见,以为至少乃极难之事",而"哲学家之实际任务,只是将过去之思想,使之与眼前之事实,发生联系,如能产生新哲学,亦必在此种场合

① 陈哲三:《陈寅恪先生轶事及其著作》,张杰、杨燕丽选编《追忆陈寅恪》,第 88 页。
② 胡适:《一九三四年的回忆》,曹伯言整理《胡适日记全编(6)》,1935 年 2 月,第 425~426 页。
③ 曹伯言整理《胡适日记全编(6)》,1934 年 1 月 11 日,第 280 页。
④ 曹伯言整理《胡适日记全编(6)》,1935 年 5 月 9 日,第 466~467 页。
⑤ 张东荪:《考证方法是科学方法么?》,《益世报·社会思想》第 66 期,1934 年 2 月 12 日,第 11 版。

中产出"。胡适则致辞表示："中国哲学家赛学之途径，极明显有二途，一为以科学方法将中国固有之玄妙学说，加以史的整理，一为将西洋哲学加以史的整理。"冯友兰、胡适二人对于研究"中国哲学"一事在立场与方法上迥然不同。此次会议胡适所提交的论文即《楞伽宗的研究》，其优点是所引"多中国所未有"之材料。① 张申府所提交的《我所了解的辩证法》一文则呼吁一种新哲学，声援冯友兰。此会议熊十力因故未到，但后则作文《为哲学年会进一言》，陈述五义，"略明儒家思想，宜图复兴，以为新哲学创生之依据"。②

蒙文通亦参加此次会议，并递补演讲《唯识新罗学》，此文虽未直接参与双方争论，但熊十力所陈"儒家思想"五义则与蒙文通有所交涉。在熊十力所进之言中即提到"昨冬吾南回，过锡予先生家，蒙、钱、贺、郑诸教授均在座，吾曾发一种议论"。据当时在北大哲学系求学的任继愈回忆："在北平常和熊先生来往的，有汤用彤、林宰平、蒙文通、贺麟、张东荪诸先生。"③ 谢石麟则回忆："经常来的主要有张申府兄弟、张尔田兄弟等。罗常培、罗庸、郑奠、郑天挺等对熊先生执弟子礼"，"经常和熊先生切磋学问的，有汤锡予、钱宾四、蒙文通诸先生"。④ 钱穆《师友杂忆》中也有近似回忆，钱穆当时所作《中国近三百年学术史》开篇即称："治近代学术者当何自始？曰，必始于宋。何以当始于宋？曰：近世揭橥汉学之名以与宋学为敌，不知宋学，则无以平汉宋之是非。"⑤ 钱穆、蒙文通、汤用彤三人被称为"岁寒三友"，过从甚密，蒙、钱二人就汉宋问题有所探讨当在情理之中，而且钱穆当时

---

① 《哲学会第一届年会昨在北大开幕》，《北平晨报》，1935 年 4 月 14 日，第 9 版。
② 熊十力：《文化与哲学》，《大公报》（天津），1935 年 4 月 23~24 日，第 1 张第 3 版。
③ 任继愈：《熊十力先生的为人与治学》，郭齐勇编《存斋论学集：熊十力生平与学术》，生活·读书·新知三联书店，2008，第 134 页。
④ 谢石麟：《随侍子真师琐忆》，郭齐勇编《存斋论学集：熊十力生平与学术》，第 204~205 页。
⑤ 钱穆：《中国近三百年学术史·引论》，刘梦溪主编《中国现代学术经典·钱宾四卷》，第 6 页。

所搜集之《章实斋遗书》、戴震《孟子私淑录》稿抄本，均与蒙文通有所关联，其中部分佚文后来皆刊印于川省图出版的《图书集刊》创刊号。

不厌其烦地征引诸家回忆，搜罗蒙文通与他们论学交往之行事，目的在于大体勾勒蒙文通在北平主要的论学对象，他们关注的主要问题为佛学与宋明理学，引申则为"汉宋"之是非，然具体所论为何，不得其详。不过，这些人物皆持反对胡适以及新文化运动的立场。钱穆晚年曾提到他从 1930 年进入平津学界后直至全面抗战，所交往学界名流中，发现其中不少人对胡适抨击中国文化的言论深感不满。除梁漱溟、南京中央大学诸教授外："以余一人所交，在北大如孟心史、汤锡予，清华如陈寅恪，燕大如张孟劬，其他南北名学者，如马一浮、熊十力、钱子泉、张君劢诸人，余皆尝与之一一上下其议论，固同对适之有反对感。"[1] 蒙文通的文化立场、学术理念与胡适一系，颇多不和，然钱穆之所以未列蒙文通，原因或在钱穆此处强调一种"反对感"，而据蒙默回忆，蒙文通较少言及胡适，或许多有不屑谈的意思，这也符合周予同对蒙文通的评价"有才气，但往往自负"。[2] 蒙文通后来作《漆雕之儒考》正意在"明近人说儒之不根，俾无为世惑"，[3] 所谓"不根"者，包括胡适无疑。而"每喜与余（蒙文通）谈论"的章太炎也说："胡适素未从事经学"，"他人纵不配读全经，亦尚配读《毛诗》一句，而胡适于此，恐终身有望尘弗及之叹"。[4] 蒙、章二人对胡适的极端轻视态度当属近似。不过，钱穆未将蒙文通列入，似乎也暗示了蒙文通与所述诸家亦有分歧，其学术的"对手方"另有高人。

1936 年 1 月《制言》第 9 期篇首即登载一篇《答欧阳竟无书》，章

---

① 钱穆：《维新与守旧——民国七十年来学术思想之简述》，《中国学术思想史论丛》（9），《钱宾四先生全集》第 23 册，台北：台湾联经出版公司，1998，第 29 页。
② 周予同：《中国经学史讲义》，第 102 页。
③ 蒙文通：《漆雕之儒考》，《儒学五论》，第 65 页。
④ 章太炎：《再释读经之异议》（1935 年），马勇编《章太炎讲演集》，第 237~239 页。

太炎称："竟无仁者左右：蒙君来，赍致手书，文义奥衍，不能尽解，而大端可知也。来示谓孔子真旨未尽揭橥，为汉学宋学诸君之过……鄙人于中古儒学及宋明理学家言曾亦有所论著。既而思之，高论亦无所益。今日不患不能著书，而患不能力行，但求力行以成人，不在空言于作圣，故于鄙著尚不欲宣示大众，昨与蒙君略言一二而已。"章太炎与欧阳竟无的此番交涉主要论及"汉学宋学"未能明孔子真旨，欧阳竟无来函内容不能尽晓，然章太炎则主张如今要将宋明理学暂且放下，当行《孝经》《大学》《儒行》三书，"此三书纯属人乘，既不攀援上天，亦不自立有我"。[①] 此一主张与"论史一归于民族文化"相辅相成，为章氏晚年讲学之尤要者，其四处讲学所提倡者多与此言近似。章太炎信中所言"蒙君"者，即蒙文通。蒙文通在欧阳竟无、章太炎之间充当"信使"，章太炎也将其不愿示人的"中古儒学及宋明理学家言"与蒙文通略言一二。可知，蒙文通参与了欧阳竟无与章太炎关于"汉宋"的讨论中。虽然章太炎以"但求力行以成人，不在空言于作圣"为由，遂尚不欲将"鄙著""宣示大众"，但通过其他言论，亦可知章太炎晚年对宋明理学的态度。1933 年 10 月 23 日，章太炎在无锡国专的演讲即为《适宜今日之理学》，其言曰："儒家之学，本以修己治人为归宿，当今之世，讲学救国，但当取其可以修己治人，不当取其谈天论性。谈天论性者，在昔易入于佛法，今则易入于西洋哲学。若以修己治人为主，而命之曰儒学，则宋明诸家门户之见，都可消除。"并称"向来儒家之学，止于人事，无明心见性之说，亦无穷究自然之说"，"今若讲论性天之学，更将有取于西洋"。[②] 此论可宣之于讲堂，那么自然在"昨与蒙君略言之一二"中。现存并没有蒙文通对章氏说法的直接评论，他提倡"秦汉新儒学"亦言"儒之学，修己以安人"，不过，蒙文通侧重以"今文学"倡"内圣外王"，讲内圣专讲孟子心性之学，此与

---

① 太炎：《答欧阳竟无书》，《制言》第 9 期，1936 年，第 1~2 页。
② 太炎先生讲，诸祖耿记《适宜今日之理学》，《制言》第 57 期，1939 年，第 2~4 页。

章氏是时颇重古文,讲理学则"不当取谈天论性"或"取于西洋"的态度有不少差别。

陈寅恪曾称:"论哲学史,以为汉魏晋一段甚难。"[①] 章太炎晚年自诩于"中古哲学"颇有心得,蒙文通却对章氏之见并不认可。章太炎逝世后,《制言》即登载了其遗著《论中古哲学》,文中称,"所谓中古者,指汉至隋言,西京之言哲学者甚少","东京诸贤识虽未远,而持论必辩,指事必切,此潦水已尽寒潭将清之候也。始可与言名理","真以哲学著见者,当自魏氏始","王肃所造,其改窜道经为'人心惟危'等语,宋以来理学诸儒奉为科律",故"王肃在中古哲学中亦一大家"。总之,"大氐此土哲学,多论人生观,少论宇宙观。至世界成立万物起原之理,自《易》以外率不论,而中古为甚"。[②] 章氏阐扬"中古哲学"自然是与提倡魏晋文学、魏晋注疏相配合,"汉人牵于学官今文,魏晋人乃无所牵也","文有古今,而学无汉、晋。清世经说所以未大就者,以牵于汉学之名,蔑魏晋使不得齿列。今退而求注疏,近之矣"。[③]

黄侃之见与章太炎相同,只是以"玄学"代"哲学","哲学之称,非吾土所固有;假藉称谓,有名实乖牾之嫌;故从旧称,曰:'玄学'。肇自羲画,下庸爰兹,言玄理者,众矣。今但论汉唐,中包六代;所以为此断限者,亦以此时玄学较难考论耳"。黄侃言汉唐玄学,也是重魏晋轻两汉,"西京言玄学者,绝稀"。强调"大氐吾土玄学,多论人生,而少谈宇宙","尝谓方外哲学,思精,每过华土先贤;识大,则不逮远矣!此中国玄学与外国哲学之别也。汉唐之学,罕言理气。而宋人则视为进塾之语;中世玄学,既不迷宇宙之根源,而宋世如朱子,且曰:

---

① 朱乔森编《朱自清全集第9卷·日记》(上),1933年3月4日,江苏教育出版社,1998,第202页。

② 太炎:《论中古哲学》,《制言》第30期,1936年,第1~3页。

③ 章太炎:《论汉学》(下),章太炎、刘师培等撰,罗志田导读,徐亮工编校《中国近三百年学术史论》,上海古籍出版社,2006,第48页。

'天之上更有何物?' 当时叹以为奇妙，不悟其思智之纷纭，议论之支离，皆坐此。唐以前，无是也"，此即"中古玄学、近世玄学之别也"。① 章、黄二人扬誉魏晋"哲学"近于"人生"，于"汉""宋"颇不惬意。蒙文通在《中国史学史》中略言"荆州学派"实为汉魏学术转变之枢纽，"变汉儒之学者，始于刘表，大于王肃，而极于杜预、王弼、范宁、徐邈"。② 汤用彤对此说极为认同，其论魏晋玄学亦特重"荆州学派"。③ 章、黄皆认为中土哲学重"人世纲纪"，而"少谈宇宙"，故认为"理学须取其少支离者，明道、上蔡、象山、慈湖、白沙、阳明，各有独至，皆无支离之病"，然此类"理学高者，皆是走入天乘"，④ "大抵讲道学者出于佛而讳言佛，可谓升廪捐阶也已"。⑤ 言理学高者入于佛，此与蒙文通阐发唐代"异儒"以明宋学渊源，强调"中国固有之文明"颇有出入。

　　章太炎虽对中土哲学重"人世纲纪"极为赞扬，但在论及孔、佛优劣时，谓"孔子不过八地菩萨耳，未易与释伽齐量"。蒙文通问其所以，章太炎曰："孔子不解阿赖耶识。"蒙文通于此论极不赞同，屡次问难。最后，蒙文通举象山言，"宇宙即是吾心，吾心即是宇宙，此是第八识否?"章太炎曰然。蒙文通又曰：孟子言"万物皆备于我"，亦宜第八识也。章太炎乃慨然曰："孔子固解阿赖耶识也。"⑥ 此事出自蒙文通的回忆，章太炎是否真认可蒙文通的说法，有待详考，然此事极鲜明地反映出蒙、章二人认知孔孟之学的立场有别。此后，蒙文通发表其唯一一篇"谈天论性"的文章《儒家哲学思想之发展》，勾勒"儒家哲学"始于周秦，经两汉，直至宋明的流变，后以象山为独得孔孟要旨，

---

① 黄侃：《汉唐玄学论》，黄延祖重辑《黄侃国学文集》，中华书局，2006，第378~384页。

② 蒙文通：《魏晋之学术与史学》，《中国史学史》，第41页。

③ 汤用彤：《魏晋玄学论稿》，《汤用彤全集》(4)，河北人民出版社，2000，第72~75页。

④ 章太炎：《答黄季刚书》，《制言》第16期，1936年，第1~2页。

⑤ 黄侃著，黄延祖重辑《黄侃日记》(下)，1931年12月19日，中华书局，2007，第760页。

⑥ 蒙文通：《治学杂语》，蒙默编《蒙文通学记》(增补本)，第11~12页。

回应章太炎似在情理之中，而将此说坐实，在蒙、章二人之间穿针引线者应是蒙文通的嫡传弟子李源澄。

1928 年，李源澄考入四川大学中国文学院，时蒙文通以《经学抉原》为讲章，蒙文通"固倡廖氏之学者，源澄先生得闻其绪论而羡之"。[①] 1929 年，蒙文通遂推荐李源澄至井研廖平家中受学，成为廖平的关门弟子，蒙文通后赞其"精熟先生三《传》之学，亦解言礼"，"能明廖师之义而宏其传者"。[②] 诚如有论者称李源澄："君之为学，实根柢于蒙文通先生，遇廖氏而深邃，经章氏而广大。"[③] 李氏治学，始于礼制，发《公羊》《穀梁》之序例，其与章太炎往来书函商讨《春秋》三传颇有今古之辨的意味，同时，又借戴震《原善》与《孟子字义疏证》二书讨论义理之学，则更是针对章太炎及其"遗毒"。

李氏在贯通礼制之后欲通六艺义理，与蒙文通所言"义与制不相遗"道一同风，若以"汉宋"而言，治"汉学"言礼制，讲义理本于孟子贯通六艺经传，颇不同于世之所言"汉宋"者。不过，李氏原本意在"合六艺经传言义理者为一篇"，但自谦学力尚未能贯通义理，故以述评戴氏之书为权宜之举，此文当作于 1935 年底，1936 年 6 月发表于《艺文》杂志。大约此时，李源澄就敦促蒙文通写就《儒家哲学思想之发展》《汉儒之学源于孟子考》，而此二文则正是贯通"六艺经传言义理者"之作，言儒家哲学思想以孟子性善为轴，言汉儒源于孟子，正好驳斥清儒尊荀之说，亦可弥补李源澄之遗憾。李、蒙二人遂成一破一立、交相辉映之势，蒙文通之文以尊孟抑荀为宗，回应戴震、章太炎直至新文化派一系自为题中之义。

早在四川国学院，孔子言"命"问题即为刘师培与廖平"分辨今古"的主题之一，与廖平言"孔圣受命"不同，刘师培本于汉学求真

---

① 蒙默：《蜀学后劲——李源澄先生》，《蜀学》第 2 辑，巴蜀书社，2007，第 43 页。
② 蒙文通：《廖季平先生传》，《新四川月刊》第 1 卷第 1 期，1939 年，第 56 页。
③ 赖高翔：《李源澄传》，张学渊主编《赖高翔文史杂论》（下册），内部出版，2004，第 356 页。

求实之传，为中国学术前途考虑，故以世法言孔学："惟命之说为孔学真宗之一，实非浅近科学所能破。盖命与宇宙相终始，不为命域，惟出世法斯然，孔言惟命亦据世法言也。"进而称："今日讲说定命之理，约有六条：（一）命当研究之原因；（二）孔子论命与古说不同；（三）命之有无；（四）命所由来；（五）命可改不可改；（六）微儒论命之误。以上六者是最要紧，今一一说之。"刘氏以为，"惟命之说"发自孔子，"古说不言命，言命乃孔子新说"，"惟中国旧说论命多歧，即如孟子莫非命也，又曰知命者不立乎岩墙之下，与前说背，话出一人之口，前后不同，此何故耶？"刘师培此论已经注意到孔孟乃至后儒所言"命"说各有分歧，不能以"孔子受命"一语概之，而需从史迹、语义层面解释孔子"命"说，最后以此号召后学："诸君将此说研究清楚，则命之有无，可以决然，于中国学术前途亦有莫大之利益。"① 蒙文通所作《儒家哲学思想之发展》正是承刘师之法，扬廖师之义、衍曾学传之教。

蒙文通称："言说者，义之诠，实之宾也。世变易则言益滋，言滋而义以爽，实以淆。故学之必明其变，而义则必极其精。先圣后圣，固有其揆之一。而辞既多端，名实交互，苟规规于一往之言，以概先后之义，则将以通之，适以窒之，将以明之，适以诬之。夫知说之变而不知义之一，不得为知学；知义之一而不知词之博，又乌得为知言耶"，具体言之，"三古以还，百家间作，或异名而同实，或异实而同名。必先通其意，明其变，不滞于言，有以知异非异，同非同，然后能异所异而同所同。言之同者旨或异，欲究其旨之一，乃反在辞之参差隔越者软！"② 以"史迹"变迁区分"名实"之"义"，此法或似于傅斯年所谓"语学的观点"与"历史的观点"。

傅斯年此时撰写《性命古训辩证》，讲性命二字的古训，用法、德

---

① 刘师培：《定命论》，《四川国学杂志》第 10 号，1913 年。又见《刘申叔遗书》，第 1702~1703 页。

② 蒙文通：《儒家哲学思想之发展》，《儒学五论》，第 3 页。

学者常用的"以语言学观念解释一个思想史的问题"的方法，强调："思想不能离语言，故思想必为语言所支配，一思想之来源与演变，固受甚多人文事件之影响，亦甚受语法之影响。思想愈抽象者，此情形愈明显。"语学与历史的观点正可配合，"用语学的观点所以识性命诸字之原，用历史的观点所以疏性论历来之变。思想非静止之物，静止则无思想已耳。故虽后学之仪范典型，弟子之承奉师说，其无微变者鲜矣，况公然标异者乎？"傅斯年所称"语学的观点"与"历史的观点"多借镜西方汉学，蒙文通素未习西方语言学，其学亦不以小学见长，故其并未从语法考察文字音、形、义转变，而是强调"必先通其意，明其变，不滞于言"，"通其意"的方式自然是精熟百家之言，明其渊源流变。傅斯年又言："前如程、朱，后如戴、阮，皆以古儒家义为一固定不移之物，不知分解其变动，乃昌言曰'求其是'。庸讵知所谓是者，相对之词非绝对之词，一时之准非永久之准乎？在此事上，朱子犹胜于戴、阮，朱子论性颇能寻其演变，戴氏则但有一是非矣。""清代朴学家中惠栋、钱大昕诸氏较有历史观点，而钱氏尤长于此。若戴氏一派，最不知别时代之差，'求其是'三字误彼等不少。盖'求其古'尚可借以探流变，'求其是'则师心自用者多矣。"① 也就是说，就清儒而言，惠栋为偏干"求其古"，戴氏倾向"求其是"。蒙文通治经讲家法条例，对惠栋多有褒奖，惠、戴二人，"则惠实为优"。② 故其考察儒家哲学思想，"性命"问题多知时代之差，晓历史之情，然其所论则又以孔孟一贯之道贯穿其中，可谓其表则"求其古"，其里则"求于是"：

孔孟之道，以惩于墨家，而后脱落于陈言；以困于道家，而后推致于精眇。子思、尼子浚其源，世硕、告子派其流，荀卿以法家乱之而滞于实，《管子》以道家汇之而沦于虚，义精于《大学》，

---

① 傅斯年：《性命古训辩证》，《民族与古代中国史》，第244页。
② 蒙文通：《廖季平先生与清代汉学》，《经史抉原》，第117页。

旨邃于《系辞》，淮汉注江，洪涛直泻，斯观止矣。伏生而后，奥旨
稍隐，韩婴、陆贾，诵习不废，刘向、许慎之间，典型犹在。仲舒、
扬雄、王充始恣为异说，以骇俗取名高，儒之雄，罪之首也。①

此为蒙文通言周秦两汉儒家哲学思想发展的纲领，其所寻求的是孔孟性
道之旨的一脉相传，而其始则是论孔孟"性""命"之说。

戴震《孟子私淑录》第一条即言：

> 问：《论语》曰："性相近也，习相远也。"朱子引程子云：
> "此言气质之性，非言性之本也。若言其本，则性即是理，理无不
> 善，孟子之言性善是也，何相近之有哉！"据此，似《论语》所谓
> 性，与《孟子》所谓性者，其指各殊。孔子何以舍性之本，而指
> 气质为性？且自程朱辨别孰言气质、孰言性，后人信其说，以为各
> 指一性，岂性之名果有二欤？
>
> 曰：性一而已矣。孟子以闳先圣之道为己任，其要在言性善，
> 使天下后世晓然于人无有不善，斯不为异说所淆惑。人物之生，分
> 于阴阳气化，据其限以所分谓之命，据其为人物之本，始谓之性。
> 后儒求其说而不得，于是创言理气之辨，其于天道也，先歧而二
> 之。苟知阴阳气化之为天道，则知性矣。②

此条大义不必分析即可知程朱、戴震已经意识到孔孟言性不尽相同，而
皆自圆其说，戴震则坚持"性一而已"。诚如傅斯年所说阮元作《性命
古训》之际，陷入时代偶像之弊，"孟子昌言道统，韩愈以后儒者皆以
为孟子直得孔门之正传，在此'建置的宗教'势力之下，有敢谓孟子

---

① 蒙文通：《儒家哲学思想之发展》，《儒学五论》，第3~4页。
② （清）戴震：《孟子私淑录》卷一，何文光整理，《孟子字义疏证》，中华书局，1982，
第129页。

之说不同孔子者乎？有敢谓荀子性论近于孔子者乎？"① 蒙文通对程朱理学道统颇表怀疑，认此"时代偶像"实乃"不知孔孟之性，名同而实不同，又以孟子之义，强通孔子之言，此又自宋以来之惑"。② 是故，蒙文通从"名""实"之分入手，言："孔子固尊'命'，其言'性'，非若后之谓'性'。原始'命'、'性'之说则然。始之言'命''性'，犹后之言'性'、'情'。"以此解释"性相近，习相远"，其中所言"性"乃"情"，故孟子言性善与孔子之说名虽不同，实可相通。然"古之哲学，恒依于宗教，而不可分离，哲学中心思想之'命'，与宗教中心思想之'命'，亦混合而不分"，言"命"有纯以宗教立说，"曰'哲命'，则以哲学言，所谓'中'，所谓'道'也。'哲命'即天与人之善性，而仁义德教之所由生"。③ 言"天"亦然，宗教与哲学二者混杂。"天"与"命"之界说，则"相杂而不清，故来墨子非命之讥"。由于墨家之非难，故孟子以后言"性"而鲜言"命"，"性"之义一跃取"命"之实而代之，哲学亦离宗教而独立，"性"之新说迭起。此即孟子发展孔说之一证。

道家亦以"仁义人之性欤"质问儒家，孔子后之儒者，"必思所以答老而申孔，然后始足以救儒"。"哲命"之说，既近似于宗教，从而儒者纷纷然起而言"性"。子思作《中庸》已开"性善论"之端，孟子之学，源于子思，而又以"本心""良知"之说发挥而光大之，此孟子之进于子思者。世子、告子亦展开孔氏之说，而"终无当于孔氏之心"。④ 孟、荀之别正在于儒学传承的分流，孟子继子思言性善，并辅之以本心，成为"截然划分时代者"，荀子虽承孟子言性、言心，却是"统'血气''心知'以言'性'，统'本心''放心'以言心"，而致

---

① 傅斯年：《性命古训辨证》，《民族与古代中国史》，第241页。
② 蒙文通：《儒家哲学思想之发展》，《论学》第4期，1937年，第43页。
③ 蒙文通：《儒家哲学思想之发展》，《儒学五论》，第4页。
④ 蒙文通：《儒家哲学思想之发展》，《儒学五论》，第5～6页。

其"性恶"之说。① 荀氏不信"本心"乃遂流于道家之缪，相反，《管子》持论旨要为道家，而入于儒家者。《管子·心术篇》以"心之中又有心"言"意"，启《大学》"诚意"之说，阐发了荀卿未至之义，"《大学》之宗孟子而有进于孟子，用荀卿而善拨荀卿者"，"'慎独'者，思孟之要，旨明而毕具于斯（《大学》——引者注），此《大学》之能得思、孟之统者"。② 而《中庸》《系辞》之义，与孟子"性善"之旨一贯，"皆所以发明'心'之体、'知'之体而无或有间也"，"《易传》析义之精，为儒宗之正"，"《易传》十篇，无叛于洙泗之旨，则子弓诚不失儒家之传，而荀卿者翻子弓之罪人"。③

至此，晚周儒家思想之发展线索已明，蒙文通总结道："儒家思想，至《礼·大学》、《易·系辞》已阐发尽致；由墨翟'非命'以来而有《中庸》《乐记》之言'性'；由荀卿'性恶'以来而有《大学》《系辞》之言'知'；由惠施言天地万物一体，庄子取之以言齐物，孟子取之以言'万物皆备于我'而有《系辞》之言'形上形下'，'形上形下'之说明，此晚周儒学演进之程也。而'继善成性'之说立，孟子性善之论亦定，义益出而益精。"④ 可以说，孔子之功为撰述六艺以传古学，孟子、荀卿则应时代而破诸家异说以表彰儒术，周末诸儒则继承孔孟诸大儒之学而建立"完美之新儒学"，"孔子为集前圣之大成，周末诸儒则集孔孟以来之大成，周末学术之所以辉光日新者，由其能信道笃而不固，不苟合而从善"。⑤ 此处即有一问题，蒙文通亦认为"六经，盖至荀卿始总成之"，后来儒者，多出其门。晚周学术向汉代新儒家发展的转型时期当在荀卿之后秦汉之间，蒙文通在《中国史学史》就说战国诸子学兴，而史学转衰，遂导致周末至秦汉学术传承不明。荀

---

① 蒙文通：《儒家哲学思想之发展》，《儒学五论》，第 9 页。
② 蒙文通：《儒家哲学思想之发展》，《儒学五论》，第 12~17 页。
③ 蒙文通：《儒家哲学思想之发展》，《儒学五论》，第 19~20 页。
④ 蒙文通：《儒家哲学思想之发展》，《论学》第 4 期，1937 年，第 41~42 页。
⑤ 李源澄：《周秦儒学史论》，《论学》第 1 期，1937 年，第 34 页。

卿有弟子浮丘伯，言行颇有合于秦汉新儒家之义旨，其弟子申公又在汉初言明堂。蒙文通故推测浮丘伯或为新儒家之创始者。① 依此而言，汉代新儒学似乎是起源于荀子。这里又牵涉出"汉""宋"之"尊孟"抑或"尊荀"，具体到汉代学术则是两汉学术起源于孟子还是荀子？

汉学源于孟子抑或荀子，与此相关者不仅是两汉之学，而且牵涉清儒所言"汉学""宋学"之别。梁启超论"最近世"学术思想变迁大势时称，"南海谓子游受微言以传诸孟子，子夏受大义以传诸荀子"，后以此论"导入政治问题，美孟而剧荀"。② 梁启超亦视"孟荀问题"为光绪朝学界的核心议题，后亦言："清儒所做的汉学，自命为'荀学'。我们要把当时垄断学界的汉学打倒，便用'擒贼擒王'的手段去打他们的老祖宗——荀子。"③ 清儒是否皆自认为"汉学"本有分歧，更不论是否皆"自命为荀学"，然梁启超、夏曾佑、谭嗣同等所谓"我们"的"排荀"却也激起了章太炎"尊荀"之举。④ "排荀""尊荀"之争其学术与政治的纠葛暂且不论，不过此一系列的论争却强化了汉学源自荀子，宋学承袭孟子的说法，以"尊荀""尊孟"视为"汉宋"之对峙。

皮锡瑞试图有所调停，"荀言性恶，意在劝学，欲人学以化其性，与孟子言性善虽异，亦即宋儒变化气质之说。孔子但言性相近，未尝明言善恶，孟、荀亦各明一义耳。以李斯罪荀卿，则曾子之门有吴起，子夏之学流为庄周，又何以解？近之言汉学者，多推荀卿；专主孟子者，复诋荀卿为孔门孽派，尤不可为训者也"。但若区分"汉学""宋学"，仍主张："荀子开汉学宗派，其学笃信谨守，重在传经。孟子开宋学宗派，其学广大精微，重在传道。汉儒多传荀学，故孟子之学当时尚未显

---

① 蒙文通：《浮丘伯传》，《儒学五论》，第 66～67 页。
② 梁启超：《论中国学术思想变迁之大势》，《新民丛报》第 58 号，1904 年 12 月，第 8 页。
③ 梁启超：《亡友夏穗卿先生》，《东方杂志》第 21 卷 9 月号，1924 年，第 3 页。
④ 朱维铮：《晚清汉学："排荀"与"尊荀"》，《求索真文明——晚清学术史论》，上海古籍出版社，1996，第 333～350 页。

明，为之注者，仅一赵岐而已。唐韩愈始推尊孟子，皮日休尊孟并尊韩，开宋学之先声。"① 诋今文者，则多尊荀排孟，胡朴安持"六经皆史"说，认为"孔子之学，至晚周有荀孟二派，荀派为汉学之祖，孟派为宋学之祖，孟子虽善说诗，而非传经之嫡派，故真能传孔门之六经者，当推荀子一派"。②

近代孟荀问题所牵涉的汉宋之别，蒙文通深有体会："孟与荀比肩而弘孔子之传。孟之学出于子思，而荀则并罪思孟，独诵子弓。方诸仲尼，二氏之说大相反。汉儒之学多渊源荀卿，论学之精微不逮宋贤，后世言学，每以宋人之学为直接孟氏，而以汉人之学为源于荀卿。晚世之言，大抵若是也。"③ 也就是说，宋人重心性之学，尊孟是以宋学直承孟子，而略去两汉不论，清人多言章句训诂，则以汉人之学承自荀子。钱穆即言："近儒考论汉代经学渊源，谓自荀子。"④ 对近儒此说，蒙文通则不以为然："汉师著述之存于后者，亦义理与证据不偏废。于宋亦然。学至清世，然后有纯工考据之汉学，此学术之衰也。"⑤ 汉儒不但通经致用，重外王，亦传孔孟内圣之学，且有纯于宋儒之处：

> 语其精则性道之微，孟氏之旨若非汉师所晓者，及试考之，则汉师固不足以发明孟氏，而究其立言之旨，则若一依孟氏为说，而与荀氏之旨远。是汉学言性道仍渊源于孟子，又非特《王制》、《公羊》书传诸大端而已……孟言性善，而董之说性入于三品，则非孟内圣之微也。孟言损益为革命，而董但言改制，则非孟外王之大也。此公羊董氏之不足以尽孟，而晚近疑汉学之不源于孟也。苟

① 皮锡瑞：《经学家法讲义》稿本第 2 篇，转引自吴仰湘、姚茂军《皮锡瑞〈经学家法讲义〉稿本的内容及其价值》，《湖南大学学报》2008 年第 2 期，第 42～43 页。
② 胡朴安：《历代研究群经者之派别》，《国学汇编》第 3 集，国学研究社，1924，第 4 页。
③ 蒙文通：《汉儒之学源于孟子考》，《论学》第 3 期，1937 年，第 14 页。
④ 钱穆：《国学概论》，商务印书馆，1997，第 92 页。
⑤ 蒙文通：《廖季平先生与清代汉学》，《经史抉原》，第 116 页。

博求之，则孟氏以性善明内圣，以革命明外王，其义宛存于汉师之说，而未或息焉渍焉。一若汉儒之多出于孟子，而义高于董子者犹多，不徒《公羊》《王制》之说焉耳。①

此中"外王"一面下节详说，就内圣而言，"汉师之说，虽不必得孔孟之精微，然典型固在，未尝离孔孟之说，而以异派之说参之"，②"以韩氏之义补董生之说，然后可以孟子性善之论通于孔子性近之说"。③ 由此，孔孟性说自然相通起来，汉儒与孔孟的承接关系亦相当明了，所谓"既论两汉群儒性情定诂之实，反观周秦之说，若有以见其条贯者"。蒙文通进而批评宋人言心性之学蔑视汉儒之举，"汉人固未足以尽孟氏之旨、知《大学》之微，然其见犹得与《乐记》《中庸》齐，谓概乎未之有见则非也。自宋以来，尊《乐记》、《中庸》而轻视汉儒，是知二五而不知十；纬书更以妖妄鄙之，而未思是亦一时儒者之言，可以人而废言耶。斯皆仿佛思、孟之言而大异荀卿，正所谓庸庸之论尚无大过者也"。④

蒙文通认定汉儒源自孟子，接续了孟子心性之学，无疑成为其质疑程朱道统与近代汉宋派分的有力凭借。蒙文通认为"中国哲学，宋明有精到处"，但又指出"宋明人的缺点太多"。⑤ 就"道统"而言，宋明理学家推崇孔孟之道，但大多认为儒家道统自孟子以后就中断了，成了"不传之绝学"，直到周敦颐、二程出，此端绪才得以续接起来。蒙文通对此持有不同看法，如治《齐诗》的翼奉，"先师无不以'仁义礼智'释'性'，即无不主'性善'。以'好恶喜怒哀乐'释'情'，即无不主'情'之未善。……则翼氏而下，至汉末之许、

① 蒙文通：《汉儒之学源于孟子考》，《论学》第3期，1937年，第14~15页。
② 蒙文通：《儒家哲学思想之发展》，《儒学五论》，第25页。
③ 蒙文通：《致张表方书》，《古学甄微》，第156页。
④ 蒙文通：《儒家哲学思想之发展》，《儒学五论》，第27页。
⑤ 蒙文通：《答洪廷彦书》（1963年3月），《古学甄微》，第163页。

唐初之孔，'性善'之说，未之或昧"。① 无论是主外铄之性的董子、主内在之性的韩氏，还是以仁义礼智释性的冀氏，乃至汉末的许慎、唐初的孔颖达等，均主张性善论。因此，蒙文通认为，"孔孟之学，魏、晋、隋、唐以来，其绪固未尝坠也"。② 此外，周敦颐、张载、二程等"北宋诸家，于孟子犹有所窒，即在程氏亦未能免"。"由荀学言之，则宋明诸儒之知孟子者盖寡，其不陷于荀氏之论者无几，则亦阳孟而阴荀者欤。后之随声而言孟荀者，斯亦盲人而语日星之类也。"③ "后之随声而言孟荀者"自然是指戴震、章太炎以及拾其余唾之流，不同于蒙文通重视孟子心性之学、"革命"之义（详下节），章太炎则认为"孟子学承子思，人所共憭。若其于六艺之学，独短于礼，而小学则其所特长也"。④

1944 年蒙文通改定《儒家哲学思想之发展》一文时，则认定真正明孔孟要旨者，非陆象山莫属。"南渡以来则不然，于孟氏之言，有不违如愚无所不悦之概，即唐悦斋亦若是，而况晦庵、象山之卓绝耶！"⑤但若以孔孟之本意为标准，蒙文通认为无疑是陆优于朱，宋明之儒"每置论于周秦之儒所不论，较诸孔孟之说，每多剩义。卒之言理、言气、言太极、言心性之类，朱王不免于两困而皆失，岂儒道之固不能无弊，而有必至之势哉？要为驰心于先圣所未语，而自溺于歧违之说而然耳"，仅陆象山"卓然不惑，孟氏之本末，即象山之本末。陆氏之旨要，即孟氏之旨要，无溢义，无欠语"。⑥ 蒙文通内圣之学以孟子为本，万变不离此宗，此时则将陆象山与孟子等同，正符曾学传师门之旨，曾学传以为："象山之学，洞达本心，灼见天之所以与我者。惟此为至善，万理具备，无少欠阙，学者务自立自成，无所蹈袭□外，一洗俗学

---

① 蒙文通：《儒家哲学思想之发展》，《儒学五论》，第 24 页。
② 蒙文通：《儒家哲学思想之发展》，《儒学五论》，第 27 页。
③ 蒙文通：《儒家哲学思想之发展》，《儒学五论》第 12 页。
④ 太炎：《孟子大事考》，《制言》第 7 期，1935 年，第 4 页。
⑤ 蒙文通：《儒家哲学思想之发展》，《儒学五论》，第 28 页。
⑥ 蒙文通：《儒家哲学思想之发展》，《儒学五论》，第 32 页。

支离缠扰之弊，立起人心之陷溺，其聪明特达，盖由天授，卓然命世大儒也。"① 蒙文通正是"年五十始于象山之言有所省，而稍知所以救其失"，遂作《儒学五论》，于《儒家哲学思想之发展》一文篇末"后论"中申论此义，"此皂江先生所以称陆氏为直逼孟子者欤"。②

1937 年，蒙文通作《儒家哲学思想之发展》申明周秦两汉孔孟心性之传，那么，戴震《孟子字义疏证》所言理学、心学于周汉儒学中无所本源的主旨不得而立；《汉儒之学源于孟子考》论证秦汉新儒家直得孟子内圣外王之旨，那么，言汉学尊荀之说不攻自破。至此，"奉戴氏为之祝"的"今日之学者"，其主张自成为无稽之谈。此为言汉学一系。若以程朱为正统而言，傅斯年曾说"理学者，世以名宋元明之新儒学，其中程朱一派，后人认为宋学正统者也。正统之右不一家，而永嘉之派最露文华；正统之左不一人，而陆王之派最能名世"。③ 蒙文通壮年以还守南宋史说，在《中国史学史》中已经举浙东史说与朱子相抗，而言理学则服膺陆象山以究程朱之弊，似乎有携"左""右"二派以夺程朱正统之席的味道。两相比较，"秦汉新儒学"于内圣外王两端皆直得孔孟之传，而近代言汉宋，各执一端者，高下立见，是故"以宋明阐周秦，以周秦正宋明，庶可为善学周秦、善学宋明者也"。④

蒙文通于撰写二文前后，曾邀请李源澄至河北女子师院主讲"汉学宋学之异同"，李源澄说"未始有是非也，是非之彰也，道之所以亏也"，然则"必有同异而后有是非，欲平停是非，必先辨别同异。世故有不知其所以同所以异而是非樊然者，汉宋之是非是也"。故须先明汉学、宋学之别，"凡学问之小同小异，无时不有。若大同大异，则其所持以为学者，不可不察"，"宋人说经之大异于汉者"，仅在于《诗》与

① 曾学传：《象山学案第十九》，《宋儒学案约编》卷 15，第 1 页。
② 蒙文通：《儒家哲学思想之发展》，《儒学五论》，第 32 页。
③ 傅斯年：《性命古训辩证》，《民族与古代中国史》，第 405 页。
④ 蒙文通：《儒家哲学思想之发展》，《儒学五论》，第 32 页。

《春秋》，根源则在于"经生与儒者分途"，创作与求心安之精神不同，此乃本于汉代宋代之民性有动静之殊，张大"汉宋之争"者乃清代学术。清代考据学所标榜者曰汉学，章学诚谓之出于朱子之再传。李源澄则认为"实则皆非"，此仅为"清学"。考据学之流弊则衍至当下，而后"西学东来，国学中斩，政教学术无不仰之异域，固早已全盘西化也。学校虽有国学之科，无非考古、考古学而止耳。不必言国学，而好称时髦学者，其治国学亦必以西洋汉学家治吾国学问为师。所谓国学者，岂非徒具其名哉。于此可知汉学宋学之异同，与清代汉学之非汉非宋。今日国学之非国学"。既然如此，"治国学者，当寻求正途，毋为妄人之所惑，而捷径以窘步矣！"① "治国学亦必以西洋汉学家治吾国学问为师"，此乃"整理国故"之遗风。所言"妄人"当为胡适一系无疑，是时李源澄撰写了《评胡适〈说儒〉》《读经杂感并评胡适〈读经平议〉》一系列的文章批评胡适的各类"妄说"。

那么，在蒙、李二人心中，何为正途呢？蒙文通曾说："一个学派总是有自己的理论，清代汉学的理论何在？而汉代学术，无论是今文家或古文家，都是有自己的理论的。戴震、焦循虽有理论著作，而又和他的整个学术脱节。所以，清代汉学到晚期非变不可，不变便没有出路。"② 蒙氏说戴震、焦循"有理论著作"，所言当指二人孟子之学，但二人此学与整个学术脱节，"清代汉学到晚期非变不可"，晚期所变之学即今文学，也就是说今文学有"理论"且与其学术配合，联系杨赞襄与刘师培论今古文学时亦称今文学有理论而古文学没有，蒙氏此言与杨氏同属一脉，二人正有将今文学视为清代汉学"出路"的意味。但李氏上文中言"道咸同以来，新起之学既未得其正途，而乾嘉以来残余之学，犹固步自封，隐然若乾嘉诸师之有所畏而然者，是可怪也"。"新起之学""未得正途"概指今文学流入公羊改制一派，此说与蒙文

① 李源澄：《汉学宋学之异同》，《论学》第8期，1937年，第72页。
② 蒙文通：《治学杂语》，蒙默编《蒙文通学记》（增补本），第7页。

通严辨今文学的系谱相承。正是"新起之学未得正途，残余之学固步自封"间接导致"今日国学之非国学"。

钱穆亦认为，晚清今文学家走的是"一条夹缝中之死路，既非乾嘉学派所理想，亦非浙东史学派之意见。考据义理，两俱无当。心性身世，内外落空。既不能说是实事求是，亦不能说是经世致用。清儒到道咸以下，学术走入歧道，早无前程"。[①] 但钱穆并未有"正途""异途"之分，在1937年出版的《中国近三百年学术史》中，称"康、廖之治经，皆先立一见，然后搅扰群书以就我，不啻'六经皆我注脚'矣，此可谓之考证学中之陆王。而考证遂陷绝境，不得不坠地而尽矣"。[②] 廖平、康有为之今文学，在蒙文通看来，有真伪之分，但在钱穆眼中，则一脉相承。蒙文通是要以今文学固师门之旨，钱穆则要将今古文学一齐撕破。

## 第二节　秦汉新儒学

近代学术，以复古求解放。复古的路径其一是寻求孔学的嫡派。蒙文通由今古上溯周秦，认定鲁学是孔子的嫡派，《穀梁》与《孟子》最得孔子真义。其一是突破儒学的范畴，实现古学复兴。邓实认为："学术至大，岂出一途，古学虽微，实吾国粹。孔子之学，其为吾旧社会所信仰者，固当发挥而光大之；诸子之学，湮殁既千余年，其有新理实用者，亦当勤求而搜讨之。"[③] 胡适在《先秦名学史》中，鲜明提出，"中国哲学的将来，有赖于从儒学的道德伦理和理性的枷锁中得到解放"，"中国哲学的未来，似乎大有赖于那些伟大的哲学学派的恢复，

---

①　钱穆：《前期清儒思想之新天地》，《中国学术思想史论丛》（8），第10页。

②　钱穆：《中国近三百年学术史》，刘梦溪主编《中国现代学术经典·钱宾四卷》，第563页。

③　邓实：《古学复兴论》，《国粹学报》第9期，1905年，第4页。

这些学派在中国古代一度与儒家学派同时盛行"。① 由源及流，新文化派倡导古学复兴，自然要斩断宗纲，质疑儒学一脉相承的历史叙述。钱玄同认为孔子学说历经汉、宋、晚清的解释，"三次增加，真相益晦，（一）汉（妖妄，微言大义），（二）宋（专制、奴隶的道德），（三）晚清（新今文家，欧化）"。② 那么，重新梳理、评价周秦两汉儒学的流变成为题中要义。

一　变质与发展

整理国故运动之后，孔子与六经的传承关系被切断。顾颉刚称，"以今文说说孔子，以古文说说六经，洵其当矣。以古文说说孔子，则孔子过平常。以今文说说六经，则六经过荒渺矣"，"孔子非即六经，六经非即孔子，分而言之，乃两不相伤"。③ 不过，孔子政治思想至关紧要，"内谈正名，外谈伯道，实是当时的大题目"。④ 有一疑问自然出现："孔子只是旧文化的继续者，而非新时代的开创者。但秦汉以后是一新时代，何以孔子竟成了这个时代的中心人物？"其缘由在于孔子不全为继承旧文化，"多少含些新时代的理想"，经弟子们的宣传，遂适应于新时代的要求。傅斯年强调有一个"历史的积因"，不必有一个理性的因，"儒家到了汉朝统一中国，想是因为历史上一层一层积累到势必如此，不见得能求到一个汉朝与儒家直接相对的理性的对当"。⑤ 程憬认为春秋中期至秦代近三百年，旧社会逐渐毁坏而秦汉时的新社会逐渐形成。儒家的道德主张，启发于孔子，而大成于荀子，"能受秦汉以

---

① 胡适：《先秦名学史》，季羡林主编《胡适全集》第 5 卷，安徽教育出版社，2003，第 11~12 页。
② 钱玄同：《钱玄同日记》第 6 册，1926 年 9 月 14 日，第 3334 页。
③ 顾颉刚：《敝帚集（三）》，《顾颉刚全集·顾颉刚读书笔记（十五）》，中华书局，2010，第 281~282 页。
④ 傅斯年：《评〈春秋时的孔子和汉代的孔子〉》，《国立第一中山大学语言历史学研究所周刊》第 1 集第 7 期，1927 年，第 157 页。
⑤ 顾颉刚、傅斯年：《论孔子学说所以适应于秦汉以来的社会的缘故》，《国立第一中山大学语言历史学研究所周刊》第 1 集第 6 期，1927 年，第 125~126 页。

后的权力者的欢迎，能够维持这么久远，其理由便是因为他们的学说非常的吻合这二千年的社会的权力派的需求"。① 因此，秦汉之际，儒学演化成学术史重构的重要环节。

儒家、方士、黄老为秦汉时期主要的学术流派。夏曾佑认为"一切学术均以此三者离合而成之"，黄老常与儒术为敌，而汉儒与方士则不可分，"其所以然之故，因儒家尊君，君者，王者之所喜也；方士长生，生者，亦王者之所喜也。二者既同为王者之所喜，则其势必相妒，于是各盗敌之长技，以谋独擅，而二家之糅合成焉"，董仲舒学说"实合巫蛊厌胜神仙方士而一之，是治公羊春秋者合方士之说也"。② 整理国故运动兴起之初，胡适草拟中古哲学史，认定秦汉时期新儒教是儒、墨、方士的混合物，"《郊祀志》可代表他的背景，《五行志》可代表他的神学，董仲舒可代表他的哲学"。③ 今文家与古文家的新儒教有别，前者重在灾异，后者重在符谶，并"用《周礼》来讲古文家的新儒教"，刘歆与王莽是古文家的新儒家，董仲舒为今文家新儒教的代表。"新儒教完全是宗教的口气，它的根本目的，无论是有意还是无意，几乎全部是为政治服务的"，"宗教因素在当时是如此的突出和强有力，以致可以利用作为有成功前途的基础，在这基础上建立起一个在思想上和信仰上令人敬畏的政治宗教制度"。④ 郭沫若后来进一步主张秦汉儒家事实上完全变质，"秦以前的所谓'儒'和秦以后的所谓'儒'，虽然在其本身也有传统上的关系，但那传统是完全混淆了的。所有先秦以前的诸子百家，差不多全部都汇合到秦以后的所谓儒家里面去了。打的虽然同是孔子的招牌，但有的是吃阴阳家的饭，有的是吃道家的饭，有

① 程憬：《再论孔子学说所以适应于秦汉以来的社会的缘故》，《国立第一中山大学语言历史学研究所周刊》第2集第13期，1928年，第327页。
② 夏曾佑：《中国古代史》，第334~337页。
③ 曹伯言整理《胡适日记全编（3）》，1922年3月29日，安徽教育出版社，2001，第595~596页。
④ 胡适：《儒教在汉代被确立为国教考》，耿云志主编《胡适遗稿及秘藏书信》（8），黄山书社，1994，第360页。

的是吃法家的饭，近来也有人吃起名家的饭了"。① 变质的关键集中于秦汉新儒学的儒道抉择与孟荀分野。

梁启超自称有别于康有为以神秘性说孔子，认为孟荀作为孔子后学，"荀传小康，孟传大同；汉代经师，不问为今文家、古文家，皆出荀卿（汪中说）；二千年间，宗派屡变，壹皆盘旋荀学肘下，孟学绝而孔学亦衰"。② 夏曾佑认同秦汉儒学皆出自荀子，"必不容有非荀派者厕其间"，提倡"事君之宝而必无后患之术"，"既以固宠无患，崇美讳败为六经之微旨"，"此亦孔子尊君重生之极致"。③ 梁启超、夏曾佑遂"专以绌荀申孟为标帜"，发起"排荀"运动。在新文化运动与整理国故运动中，荀学逐渐被视作儒家知识论与中国科学精神的代表，以客观的史学研究去除中国传统的神秘化与伦理化成为新史学重镇中研院史语所的核心议题与价值取向。傅斯年认为荀子舍孟子之新路而返孔子之旧域，为儒家正传，立先王遗训，圣人的典型。傅斯年清理汉朝儒生对先秦思想的儒化，力图以荀子与朱子寻求儒学理性思想流变。古史辨派后进陈槃在系统研究秦汉时期谶纬与符应学说后，认为秦汉之际方术士常以儒学为文饰，"即孔子一派之正统儒学者，以邹衍而与孟荀合传"。④

近代学界一般认为秦代统一后，春秋战国思想便告一段落，以下是脱空时期。李源澄指出调和孟荀、融合儒道为周秦学术演进的关键要素，以此建立"完美之新儒学"，"周末学术之所以辉光日新者，由其能信道笃而不固，不苟合而从善"。⑤ 晚周新儒学融合天人思想，为汉代今文学先趋，"虽巧拙不齐，其义一也"，礼的含义"由春

① 郭沫若：《秦楚之际的儒者》，《青铜时代》，郭沫若著作编辑出版委员会编《郭沫若全集·历史编》第 1 卷，人民文学出版社，1982，第 596~597 页。
② 梁启超：《清代学术概论》，《梁启超论清学史二种》，第 68~69 页。
③ 夏曾佑：《中国古代史》，第 337~338 页。
④ 陈槃：《战国秦汉间方士考论》，《国立中央研究院历史语言研究所集刊》第 17 本，1948 年，第 36 页。
⑤ 李源澄：《周秦儒学史论》，《论学》第 1 期，1937 年，第 26~34 页。

秋贤士之尊礼，变而为儒家之礼乐也。由人心之节文而转为孝之表征，此由前期儒家到后期儒家"。① 六经之所以成为经学，源自汉初大儒将其思想托诸经文，演成经说，并非仅是注释经文。此后，钱穆、缪钺研究战国、秦汉间新儒家立论有别，其义相辅，二人往复论辩秦汉新儒学之于儒道、孟荀的传承关系。钱穆依据《易传》《戴记》考察战国秦汉间新儒家，"着眼于其新宇宙观之创立，又必着眼于其所采取老庄之宇宙论而重新弥缝补缀以曲折会合于儒家传统之人生观"，熔铸老庄激烈破坏的宇宙论与孔孟中和建设的人生论为一体，彰显秦汉新儒家在中国学术思想史的枢纽作用。② 缪钺认为秦汉新儒家继承孔孟以来儒家传统，受道家与阴阳家影响，赋予其形而上学的根据，思致精微，富于想象，是其所长；又带有阴阳家色彩。"古代天人征应术数迷信之观念"，又杂糅其间，"至西汉而其风大畅，此其弊也"。荀卿长于思辨，精于逻辑，学术纯重人本，不言天道鬼神，"其言礼乐之原，能从社会学及心理学观点立论，颇有科学精神"；若西汉儒学未熏染阴阳家思想，荀学能大行，则后人"思想必能更为开明而澄洁"，论述古代学术流变，"于此事不能不认为遗憾"。③ 钱穆认为《易传》《戴记》为秦汉间儒家著作，均出自荀卿之后，当时学术界"调和融会之风方盛"，诸书"自以采道家言为主，其于儒术亦孟荀兼采，而实以偏于荀者为多"，缪钺"剖析道家阴阳家得失极是，而于秦汉间诸儒，全以阴阳家迷信斥之，窃谓尚当细剖耳"。④ 缪钺侧重批评西汉经生发扬天人相应思想流为后世之迷信，"并非中国文化之菁华"，"荀卿为孔孟后儒学大师，博学精思，卓绝一代，西汉以降，荀学不彰，故其要义多未能发扬，此亦中国学术史

---

① 李源澄：《礼之衍变》，《中央日报·文史周刊》第 17 期，1946 年 9 月 10 日，第 12 版。

② 钱穆：《〈易传〉与〈礼记〉之中之宇宙论》，《思想与时代》第 34 期，1944 年 5 月 1日，第 25~26 页；钱穆：《中国思想史》，第 80 页。

③ 缪钺：《论荀学》，《思想与时代》第 36 期，1944 年，第 19~22 页。

④ 钱穆：《论战国秦汉间新儒家·与缪彦威书》，《思想与时代》第 35 期，1944 年，第44~46 页。

上一大问题"。①

蒙文通对近世孟荀之争深有体会，提出西汉儒者未必继承孔孟精微，典型仍在，"未尝离孔孟之说，而以异派之说参之。即荀卿'性恶'之说，亦未见有称引之者"，"汉儒之多出于孟子，而义高于董子者犹多，不徒《公羊》、《王制》之说焉耳"。② 秦汉新儒学为孔孟学说之嫡传，以孟子性善阐明内圣，以革命弘扬外王，"内圣则性道之精微，外王则损益之恢宏"，迥异于公羊改制学说。钱穆着眼于宇宙论与人生论，坚信秦汉新儒家先融会儒、道，再融会百家，成就最大。近代儒学复兴，必须"会通天人，绌人文与自然而一之"。③ 蒙文通立足于孔孟性善之旨与革命学说弘扬中华文明内圣外王之道。欧阳竟无在逝世前两个月致信蒙文通，提出欲弘扬孔学以正人心，势必"道定于孔孟一尊""学以性道文章而得其根本""研学必革命"，复兴孔学"端在孟子"。④ 蒙文通阐发秦汉新儒学，整合义理与经史之学的志趣与欧阳竟无的嘱托若合符节，且进一步构建出义理、制度、史事相配合的能动系统，折射出秦汉儒学发展与变质的价值判断恰源自民国各派学人认知"改制与革命"的分歧。

二　改制与革命

清末民初的"国学"观超越儒学，甚至视儒学为君学，"夫国学者，别乎君学而言之。吾神州之学术，自秦汉以来，一君学之天下而已"，"知有君不知有国也"，"真儒之学，只知有国，伪儒之学，只知有君"。⑤ 汉武帝罢黜百家，独尊儒术，儒家宗旨以求仕待用为职志。

① 缪钺：《论战国秦汉间新儒家·再与钱宾四书》，《思想与时代》第35期，1944年，第47~50页。
② 蒙文通：《儒家哲学思想之发展》，《论学》第4期，1937年，第18~19页。
③ 钱穆：《推止篇》，《中国学术思想史论丛》（2），台北：东大图书有限公司，1977，第471页。
④ 欧阳竟无：《复蒙文通书》，《孔学杂著》，山东人民出版社，1997，第51~52页。
⑤ 邓实：《国学真论》，《国粹学报》第27期，1907年，第1页。

康有为公羊改制学说，含有政治革命、社会改造的意味，喜言通三统与张三世，"杂引谶纬之言以实之"，其心目中的孔子，带有神秘性。① 顾颉刚指出董仲舒沿袭阴阳家系统理论提倡公羊改制，战国诸子改制目标在救民，董仲舒改制则在光耀汉家成功。近代今文学的影响在学术上是深探孔子微言，在政治上是提倡改制，在宗教上是建立孔教。② 钱穆认为董仲舒专据先秦经典立说，未有更高更新的创辟与发挥，后左右采获，调和折中，邹衍阴阳学说"更使仲舒思想，由附会而转入怪异，遂使此后的思想界中毒更深"。③ 可见，近代学人对秦汉儒学的批评集中在由今文学方士化而引发的改制学说。蒙文通指出康有为专讲《公羊》仍有所欠缺，"尊崇董仲舒，也不是今文学的全面，所以他结果只能言变法，却不能从礼家研究一王大法的具体制度"，康有为"只能算是董仲舒派的今文学而已"。④ 近代学人"仅止看到今文学与阴阳五行合在一起，似乎汉代的新儒家就是以阴阳五行、谶纬神学与儒家思想相结合为特点，硬把今文家与欧洲中世纪的宗教神学相比傅"，这只抓住表面现象，不符合事实，"不正视今文学家的政治、哲学思想"，"是抓不住今文学的实质的。今文学别有个精神，就是'革命'"。⑤ 革命是孔子思想的根本、孔子学说的最高原则，秦汉新儒学正是由此衍生扩充。李源澄折中各家学说，提出董仲舒的改制运动是创造新儒学的另一种形式，"于阴阳五行之说取之最多，皆取以证明儒术而已，于道法两家，则取其权术以行其仁义，其根本精神仍在儒家"。⑥

---

① 梁启超：《清代学术概论》，朱维铮校注《梁启超论清学史二种》，第 65 页。
② 顾颉刚：《中国近来学术思想界的变迁观》，《顾颉刚全集·宝树园文存（一）》，第 131 页。
③ 钱穆：《中国思想史》，第 103 页。
④ 蒙文通：《孔子与今文学》，《经史抉原》，第 160 页。
⑤ 蒙文通：《治学杂语》，蒙默编《蒙文通学记》（增补本），第 14 页。
⑥ 李源澄：《西汉思想之发展》，林庆彰，蒋秋华主编《李源澄集新编》（1），四川大学出版社，2017，第 268 页。

革命论是儒家思想寄托于三代"殷革夏命""受命称王"的传统论述。古文学提出复三代之制，今文学侧重继周损益的制度革新。近代儒家革命论再起，主要依托公羊学与《齐诗》《易传》。[1] 近代系统论述公羊学革命论的当属陈柱。陈柱指出新周王鲁、革命之义是否为《公羊》微旨与《春秋》条例，又当别论，但孔子与公羊学说富于革命思想显而易见。后世儒生不知革命之义，提倡"君父一体，天下无不是之君父之说"，"革命遂为学者所讳言"。孔子"制《春秋》之义以待后圣"，"以鲁化外，欲成其大一统者"；革命是一时之权，尊王为长久之经，"孔子所以倡革命之说者，诚以当时之所谓王，已昏乱无道，不足以为天下之共主"，尊王旨在大一统，"王必有可尊之道而后尊"，"《春秋》假王鲁以见革命之义，以寒独夫之胆；著尊王以见大一统之道，以维天下之人心"。[2] 无独有偶，当学界宣扬今文学"余烈未已"之际，廖平曾"命次孙宗泽辑出《公羊补证》中有关革命文字，作为外编"。[3] 马裕藻长期在北平以今文家言讲授经学史，讲述孔子作经起源与历代传经的真相，希望求得孔子经旨，不为后世传经学家所混淆，始于"孔子作经之始末"，"以刘逢禄、龚自珍、邵懿辰、康有为、崔适诸家之说终焉"。[4] 吉川幸次郎回忆马裕藻正是"把《公羊传》当作革命理论来讲的"。[5] 同为太炎门生，马裕藻以《公羊》言革命与钱玄同"超今文"的主张判若云泥。

《齐诗》有言"午亥之际为革命，卯酉之际为革政"，晚近公羊改制说多兼习《齐诗》。夏曾佑主《公羊》《齐诗》之说，多有辩论，章太炎受其影响，戊戌前后"以革政挽革命"，即本于"《齐诗》五际之说"，"方今百年之际，其殆与之符合也哉？"引述"大一统""通三

① 参见刘小枫《儒家革命精神源流考》，上海三联书店，2000，第33~59页。
② 陈柱：《公羊家哲学》，中华书局，1928，第1~8页。
③ 廖幼平编《廖季平年谱》，第80页。
④ 国立北京大学编《国立北京大学一览》，国立北京大学，1935，第172页。
⑤ 〔日〕吉川幸次郎：《我的留学记》，钱婉约译，光明日报出版社，1999，第59页。

**344**

统"之说，"以教卫民，以民卫国，使自为守而已。变郊号，柴社稷，谓之革命；礼秀民，聚俊材，谓之革政。今之亟务，曰：以革政挽革命"。① 吕思勉认为章太炎以革政挽革命，与康氏见解同类，"此文中亦以汉今文说立论"。② 廖平治经，于《诗》主《齐诗》。四变之后，以纬侯解释《齐诗》，详于天人之学，"至五变而更新，以诗为神游学，全说梦境"，"说诗在三家为齐学，然齐诗学今有四始五际六情之说，载在《续经解》中，尚无统系之可言"。不过，"六译于此等遗说，未见发明，则齐诗学仍未也"。③ 蒙文通以《齐诗》《易传》发展公羊改制、革命论。在《经学抉原》中，蒙文通详论《毛诗》为鲁学，于《齐诗》未多涉及。此时由《齐诗》谈"革命"或有廖平的启发，与邵瑞彭的交往更不可忽略。1930 年代初，蒙文通与邵瑞彭共事于河南大学，二人于经学与古史多有研讨。邵瑞彭认可蒙文通关于近代今文学的派分，以《公羊》讲今文学与以家法条例治今文经二派有别，"庄、刘诸子，好言《公羊春秋》，则为今文之学，由是学者，始言门户"。陈寿祺、陈乔枞、陈奂、陈立，"接踵而作，大氐以寻绎师法，辩章条贯为主"。二派"趣舍不尽同，要之各能自名其家。咸同以降，风气益变矣"。龚自珍、魏源传庄、刘之学，皮锡瑞与廖平谨守四陈之法，"以理董旧义，铷分家法为己任"。④ 同时称道蒙文通为廖平高足，又问学刘师培，"故其学能通两家之邮"，"阅识博闻，有深湛之思"。⑤ 邵瑞彭精研《齐诗》学，作《齐诗铨》，深合齐学家法，"以明辨《齐诗》本真为主，使佚文碎义，皆有条贯可寻，见一斑而全豹可知"，

---

① 章太炎：《论学会有益于黄人亟宜保护》，汤志钧编《章太炎政论选集》上册，第 13 页。
② 顾颉刚：《纯熙堂笔记·吕思勉评章炳麟》，《顾颉刚全集·顾颉刚读书笔记（四）》，第 294 页。
③ 张鹏一：《读廖季平〈六译馆丛书〉评语》，《国立北平图书馆馆刊》第 7 卷第 2 期，1933 年，第 99~109 页。
④ 邵瑞彭：《重刊皮氏〈驳五经异义疏证〉序》，皮锡瑞《驳五经异义疏证》，吴仰湘编《皮锡瑞全集》（4），中华书局，2015，第 337~338 页。
⑤ 邵瑞彭：《地冪古义》，《儒效月刊》第 2 卷第 1 期，1946 年，第 16~17 页。

"理董旧文，探究微旨，以明推数之法，上篹辕翼之绝学，下导来者之先路"。① 蒙文通赞誉邵氏为"齐学大师"，"洞晓六历，于阴阳三五之故，穷源竟流"，迥异于近世"侈言《公羊》齐学者"。②

蒙文通学术未涉及推数之学，探究《齐诗》侧重"革命"微旨，"因《齐诗》之说推汉氏一代之言，然后知其说之谛而皆源于孟氏也。荀氏性恶之说，在汉固无有主之者"，"孟氏所系之重，而汉师之未可轻，则以相得而益彰也。昔之论今文者，徒知井地、颁禄、巡狩、封建诸说。汉之今文悉源于孟氏，而别有大义，犹未之及，则《齐诗》五际之义"，"以性善之说窥内圣之微，以革命之说明外王之极，知仲舒之未及翼氏，而《公羊》之不敌《齐诗》，《齐诗》《公羊》之侪，胥本之孟子，固无与于荀卿也"。③ 庞俊是时作《齐诗为孟子遗学证》，主张"《齐诗》不传于荀卿"，"为孟子遗学"，"孟子传诗，假经设谊，依托象数，亦犹孟京卦气之候，公羊灾异之条，要为六艺之别传，而亦上皇之遗术"。④ 蒙文通认为辕生传《齐诗》，"能守孟荀之统"，而"《京易》之传，犹《孟》、《荀》、《齐诗》之说"。今文学思想应当以《齐诗》《京易》《公羊春秋》的"革命""素王"学说为其中心，礼家制度为其辅翼。"《齐诗》言'五际'、言'四始'，以'改政'、'革命'为依归，而原本于孟、荀，舍是则'王鲁'、'素王'之说无所谓。"汤武受命之说正和"五际""四始"说相一致。以"革命""改制"二义相比较，"晚清之学，急于变法，故侈谈《春秋》，张'改制'之说，而《公羊》之学，显于一世。然'改制'之义，才比于'五际'之'革政'"。晚近学人未能弘扬"五际""革命"之说。⑤ 是时钱穆亦感叹龚自珍治《春秋》，"知有变法，乃不知有夷夏"，"言尊

① 邵瑞彭：《齐诗铃》，《儒效月刊》第 2 卷第 5 期，1946 年，第 12~13 页。
② 蒙文通：《井研廖季平师与近代今文学》，《经学抉原》，第 96 页。
③ 蒙文通：《汉儒之学源于孟子考》，《论学》第 3 期，1937 年，第 20、23~24 页。
④ 庞俊：《齐诗为孟子遗学证》，《四川大学季刊》第 1 期，1935 年，第 1~5 页。
⑤ 蒙文通：《儒家政治思想之发展》，《儒学五论》，第 34~35 页。

史，乃知有乾嘉不知有顺康，故止于言《宾宾》而不敢言革命"。①

秦汉新儒学融合墨、道、法诸家，越出孔孟"偏于世族政治"之见，其学术根源仍在孔孟。董仲舒作了妥协，变汤武"革命"为三代"改制"，变"井田"为"限田"；坚守大义者或以身殉道，或秘密传授内学，"用阴阳五行为外衣当烟幕"，强调革命之义。今文学一分为二，一传微言大义，一为章句之学。微言根本于革命，易姓改代"是继周损益的一套创造性的革新的制度"，导源于孔子的"为兆民"以及孟子的民本主义，"这和宋儒所谓性命之道才是微言的意思全然不同"。"'革命'、'素王'、二说，如车之两轮，相依为用，缺一不可"，然而，自从董仲舒"变'易姓'之事为'继体之君'，于'汤武革命'漫曰'三代改制'，则仅当于'五际''改政'之义"，于是"'改制'之说起，而'革命'之论淆，至晚近谈'变法'而旨益隘"。② 顾颉刚承认汉代还是托古改制者有思想，"训解诸家以下劣之才而得最长久的声望和崇拜，殊不可解"，汉代理想的政治观念，如《周礼》《王制》《月令》《春秋繁露》皆出于此种思想。③ 蒙文通进一步指出今文家所言革命绝非仅是政权易帜，而是另立一王大法，彻底推行社会政治改革，"革命"与"素王"思想一以贯之。汉儒托古保全了理想的制度设计，却混淆了真正的三代古制，"我们就必须仔细分析汉代经师所讲的各种制度，清理出哪些制度是历史的陈迹，哪些制度是寄寓的理想，然后才能观察出理想制度所体现的思想实质，然后才能看出经学家思想的深远恢宏"。④

三 制度：理想与事实

近代西学东渐，一旦中学不能为"用"，中学之体、经学正统地位

---

① 钱穆：《中国近三百年学术史》，刘梦溪主编《中国现代学术经典·钱宾四卷》，第480页。
② 蒙文通：《儒家政治思想之发展》，《儒学五论》，第38页。
③ 顾颉刚：《篡史随笔·汉代之改制派与训解派》，《顾颉刚全集·顾颉刚读书笔记（一）》，第370页。
④ 蒙文通：《孔子和今文学》，《经史抉原》，第232页。

自然动摇。廖平、宋育仁一贯以"维新即复古"为宗旨，既坚守儒学义理，又阐发先王之政。经世致用，讲人伦以封建、井田等古制为本，儒家义理之学必以制度为支撑。孙宝瑄首肯廖平说经者必精求制度的观念，指出"读史之要，必精求其制度"，"制度者，经史之枢纽，圣贤精理奥义之所由见，而世界盛衰治乱所从出"。① 宋育仁认为研究经史，应当注重关系中国文化与礼制传承的重大问题。"今人不考据此等有关系大制度，而毛举细故，以为考据，号称经学家者之陋也。不知考经为何物，以为多读古书云尔，置之骨董之例，号称史学，自命文人，理学者之陋也。"② 民国学人基于各自所理解的经学与史学背后义理之别，所认知中华文化的制度及其旨趣迥异。陈寅恪以实证虚，提出中国文化的抽象理想最高之境为《白虎通》三纲六纪说，此理想体现于有形的社会制度，"儒家《周官》之学说悉采入法典。夫政治社会一切公私行动，莫不与法典相关，而法典为儒家学说具体之实现"，③ 以此为基础，揭示"吸收输入外来之学说"与"不忘本来民族之地位"的"相反而适相成"的文化出路。古史辨运动的研究重点是制度的传说及其演变，以此解构儒学的经典叙述。钱玄同公开指责汉儒对六经的研究，"不但没有把文句解释明白，他们自己的文理大都是不通的，无论今文家、古文家，都是'一丘之貉'。什么禘祫、明堂、封建、井田、宫室、祭器等等，人各一说，而且一个人还要自相矛盾，这可见他们全是望文生训，闭眼胡说"。④ 顾颉刚认为封禅、巡狩、分州、封国等制度，都经过无数次涂饰，"我们要用旧式整理法（例如阮元的《明堂论》），看他说的是哪个时代就算做哪个时代的史料，成立一个他们想象中的系统。我们还要用新式整理法（例如胡适之先生的《井

---

① 孙宝瑄：《忘山庐日记》（上），上海古籍出版社，1989，第 246 页。
② 问琴：《共和钩沉平议示子书》，《国学月刊》第 16 期，1924 年，第 18 页。
③ 陈寅恪：《冯友兰中国哲学史下册审查报告》，《陈寅恪集·金明馆丛稿二编》，第 283~285 页。
④ 钱玄同：《答顾颉刚先生书》，《读书杂志》第 10 期，1923 年，第 3 页。

**348**

田辨》)，看他是哪个时代起来的便放在哪个时代，寻出它们变迁历程"，以此恢复其真面目，考察其历史影响。① 廖平门生以家法条例沟通考据与义理，虚实相济，贯通经史，经过分析、对比"经学"与"史学"，归纳出了五种制度设计：井田、辟雍、封禅、巡狩、明堂。蒙文通以五种制度支撑今文学"革命"思想，构建"非常异义之政治学说"。

**井田** 早在四川国学院时期，廖平、刘师培争辩今古，井田即其中子题，刘师培为此特著《西汉周官师说考》和《王畿田制考》，蒙文通视"周官为阴谋之书"，为廖、刘二师与并世学者论而未决之问题，对此他一直悬而未答。民初井田制之争是近代古史研究的焦点，胡适就曾大胆假设，井田论是孟子的凭空虚造，"非愚即诬"。② 顾颉刚认为礼制多由儒者推出，"今所存之古礼，一切都是战国、秦、汉的儒者推出来的"，③ "封建为古代实事，井田则多半出于儒者理想，在思想史上，井田固极有价值之一种理论，远高出于封建也"。④ 社会性质大论战中，学界讨论"井田论的理由既不充分，证据更皆系曲解，所以可以断定井田制在周代不会存在的"，"两千年来争辩不决之井田制度，实在不过是一种社会思想罢了"。⑤ 蒙文通认为《周官》非系统完整之理想制度，"反映之社会制度亦与战国以后之实况不合而颇与西周相符，皆可证其为就旧日之档案整理而成者"。⑥ 孟子所言井田制是周代史实与汉代今文家理想之间的过渡，就史事而言，"《周官》之制，阶级最为不平，不得谓为美善"，"先儒不明周代事实之井田，与今文家理想之井

---

① 顾颉刚：《中国上古史讲义》，《顾颉刚全集·古史论文集（三）》，第 70 页。
② 胡适：《井田辨》，《胡适文存》卷二，《胡适全集》第 1 卷，第 391~416 页。
③ 顾颉刚：《沪楼日札·礼制多由儒者推出》，《顾颉刚全集·顾颉刚读书笔记（四）》，第 347 页。
④ 顾颉刚：《沪楼日札·封建与井田之矛盾》，《顾颉刚全集·顾颉刚读书笔记（四）》，第 349 页。
⑤ 高耘晖：《周代土地制度与井田》，《食货》第 1 卷第 7 期，1935 年，第 20 页。
⑥ 蒙文通：《治经杂语》，《经学抉原》，第 269 页。

田绝不侔，而谓为太平之治，乃又疑于周不得有井田，皆未深究于史者之过也"。以"《周官》为周公致太平之书，固不必然"，"明乎《周官》之井田，事至卑陋不足观，而周公之处殷人，事至惨刻不足取，昔人以此为致太平之书诚为诬，今人信此为太平之迹不应为周制更为愚，以愚诬之见，衡《周官》之真伪，事之可笑，宁过于斯！"① 此论有意回应以《周官》为三代古史核心的信古观念与整理国故运动中的疑古思潮。熊十力注重《周官》的经世价值，利于当下，其中教育制度可与当下社会借鉴，批评蒙文通"时下习气过重"，"井田是否为普遍可行之制，吾总觉以缺疑为好"，"直以卑陋轻之，似未见其可；制未尽善，时代所限"。② 柳诒徵坚信"真读孔孟书始能行真共和"，③ 更赞同熊十力所言《周官》蕴义，进而主张儒学"非若梵学欧学，亦非如流俗所讥之道学"，若将"《周官》、《学》、《庸》打成一片"，则儒学内圣外王之道"一一达到，非空言矣"。④ 蒙文通则批评熊十力"不研史学，仍奉《周官》为经典，信井田为美制"，⑤ 未能明了西周国野异制、彻助并行等制度的局限，今文家是以井田制落实"托古改制"的"一王大法"。

**辟雍、封禅与巡狩** 廖平认为今学主张射义选贤为官，古学主张世袭为官，今学为孔子创作，为新制，古学从周，为旧规。⑥ 蒙文通赞同"《射义》所陈为改制，《周礼》世官为史迹，如犀分水，泾渭判然"。《周官》中没有六遂设学的痕迹，六遂系统的官职中找不到教化的条文。《礼记·王制》提出乡之选秀，可升入国学，预于贵族之列，与《周官》所述截然不同，"《周官》所言，为贵族封建之制；《射义》、

---

① 蒙文通：《从社会制度及政治制度论〈周官〉成书年代》，《图书集刊》第 1 期，1942年，第 1~4 页。
② 熊子真：《论周官成书年代》，《图书集刊》第 2 期，1942 年，第 97~98 页。
③ 柳诒徵：《劬堂日记抄》，引自柳曾符《柳诒徵与王国维》，《劬堂学记》，第 187 页。
④ 柳诒徵：《劬堂遗札·致熊十力书（二）》，《学术集林》（6），第 31 页。
⑤ 蒙默：《蒙文通先生年谱》，《蒙文通先生诞辰 110 周年纪念文集》，第 427 页。
⑥ 廖平：《今古学考》，李耀仙主编《廖平选集》（上），第 103~104 页。

《王制》以下所言，为平等之民治，而实儒者之理想，非前代之史迹"。① 何休把这一制度描述得更为全面，"结合着井田制度说明普遍设立学校，乡秀升入国学等情况，把问题说得更为明确具体"，"使得这一理想制度更加完美"。②

《礼运》大同、小康说是近代公羊学倡言孔子改制的依据。廖平以邹衍学说配合《礼运》言"大统""小统"，"《礼运》以王为小康（小统），帝为大同（大统），为帝道王道之标目，殆已昭然若揭矣"，"由小以推大，则所云'大康'、'宏大'当与'小康'对文，则其为帝道，为大统，为海外可知"。③ 蒙文通认为秦汉新儒学的革命观必以封禅与巡狩等制度为依托，"大同""选贤"源自墨学选天子之说，儒家"素王"学说亦当源于墨家。伍非百认为，"《礼运》一篇，全符墨子之义"，"《礼运》大同之说，颇与儒家言出入，学者或疑为非孔氏书，或以为学老、庄者渗入之，实则墨子之说，而子游弟子援之以入儒耳"，由此衍生出"选天子"，"易姓受命"学说。④ 蒙文通揭示封禅隐含禅让之说，废除"大人世及"制，"选贤与能"以"官天下"，此为秦汉间新儒学之新义。"今文学莫不用禅让解释封禅，禅让学说起于战国，当然不能说三古制度已是如此。"⑤

"封禅"和"巡狩"多同时进行，然历代文献所载虚实难辨。吕思勉就困惑巡狩"谓其无之固不可，谓其有之又不可"，群经中所言制度与事实格不相入，"非制度与事实本相龃龉，乃由学者皆欲以邦畿千里之制，推之于九域一家之日"。⑥ 顾颉刚认为"巡狩、封禅"与"改历、服色"是一事，皆儒生最注意的问题，"大约即是假天命以改法度

---

① 蒙文通：《儒家政治思想之发展》，《儒学五论》，第41~44页。
② 蒙文通：《孔子和今文学》，《经史抉原》，第239页。
③ 廖平：《地球新义》卷上，转引自陈德述、黄开国、蔡方鹿《廖平学术思想研究》，四川省社会科学院出版社，1987，第127页。
④ 伍非百：《墨子大义述》，国民印务局，1933，第200页。
⑤ 蒙文通：《孔子和今文学》，《经史抉原》，第241页。
⑥ 吕思勉：《吕思勉读史札记》（上），第257~259页。

**351**

之意。方士的神仙与儒生的制度皆以巡狩、封禅为基本，由此搭连"。[1]
若将巡守制度贯彻实施，势必劳民伤财。蒙文通指出《礼记·王制》
《白虎通义·巡狩》记载通过巡狩黜陟诸侯，均无史实为证，只是今文
学家的理想，选贤任能与巡狩黜陟完全是相依而起，"今文学制度多托
古，而古无郡县之制。且虽行封建而对诸侯有选贤和黜陟等制度，则使
诸侯的废立已和郡县守令的任免相去无几，所以今文学家虽主张行封
建，但其所提倡的封建制已不同于周代的封建制"。[2] 李源澄进而明确
指出："西汉儒家上承周末儒家民本之义，言议政，承选贤之义言禅
让，天下为公之理想，遂为儒生所乐道。"[3]

**明堂** 近人考辨明堂制度即有"义""制"两种思路，王国维曾指
出："古制中之聚讼不决者，未有如明堂之甚者也。"[4] 明堂制度不见于
《榖梁》《公羊》，而存于古《周礼》、古《左传》，廖平认为"今学家
间有说古礼者，旧颇难于统属。今立一法以明之，以为讲今学者时说古
学，如《孟子》、《荀子》皆言明堂是也。此如《春秋》曲存时制之
例"。[5] 刘师培与廖平争辩今古时，作《周明堂考》考察周明堂之规制
镐、洛本来不同，但对于明堂之"义"，则言"明堂所以明道，明道惟
法，法人惟重老，重老惟宝据前说，盖即庙廷从享之制"，"似明堂即
为养老之所，古者养老必于学，此周初明堂庙学同处之征"。[6] 丁山等
学人侧重考察明堂的起源流变与制度设计，指明历代学人"家为创说，
人异其图，或曰五室，或曰九室，或曰十二堂，异说纷拿，莫衷一
是"，王国维荟萃群言，别树新义。明堂形式"犹今日民间建筑之四合
房，五室十二堂说皆不信"，"明堂五帝初为神帝，后代以人帝，当分

① 顾颉刚：《淞上读书记·巡狩与封禅》，《顾颉刚全集·顾颉刚读书笔记（二）》，第
  56页。
② 蒙文通：《孔子和今文学》，《经史抉原》，第342页。
③ 李源澄：《西汉思想之发展》，《图书集刊》第2期，1942年，第69页。
④ 王国维：《明堂庙寝通考》，《观堂集林》，第73页。
⑤ 廖平：《今古学考》，李耀仙主编《廖平选集》（上），第100页。
⑥ 刘师培：《左盦外集·周明堂考》，《刘申叔先生遗书》，第1314页。

别观之"。① 李源澄曾质疑刘师培晚年的两汉古文学，接连发表《明堂制度论》与《读明堂位校记》，称："明堂为天子布政之宫，其来久矣"，汉人"不以明堂为明堂，而以为祀上帝之所，此明堂之所以纷歧矣。异说纷纭，由不求其本，苟知明堂为布政之宫，璧雍、太庙、灵台皆为衍说，岂曰幽冥而莫知其源哉"。② 蒙文通认为明堂制度基于孟子"民为贵"思想，"无明堂，则民贵徒虚说"。今文家"鉴周人之旧典，而别为一王之新法"，主张"致万民而询国危"，废除乡、遂差别，"外朝旧制，其与议者曰工商兵农，而地限于六乡。明堂新规，其与议者为乡学之秀，为智识分子，所选极于四海"，此即"今文家'新王大法'之进于周旧者"。③ 蒙季甫将蒙文通的观念条理化，指出儒家激于法家功利主义者之说，不满贵贱阶级之不合乎理性，"于是复倡大同选贤之治，尚称尧舜之禅让，而以前者为小康，然选贤禅让之义虽高，而实现愈难，故不得不更思其次，而为明堂之治，明堂有议事之制"，儒家以选贤不可尽得，"故以共议之公开政治，代君主之独裁政治，法治人治，两善具备，开政治思想史上之新纪元，而后世之说明堂者，徒□□于堂室户牖之制，而于其所寄托之深意或昧焉，此不可不为之说也"。④

革命不仅是"王者异姓受命"，而且更需要圣者改制立法，创立一套新的制度，"改正朔，易服色，殊徽号，异器械，别衣服"。井田、辟雍、封禅、巡狩、明堂诸制，"此皆今文学非常异义可怪之论，以其时不敢显言，故辞多枝叶，实儒家精义所在，而不能见诸行事者也"。⑤ 蒙文通认为"周之治为贵族，为封建，而贵贱之级严；秦之治为君权，

---

① 丁山：《五行考原兼论明堂五帝》，《丁山子学研究未刊稿》，凤凰出版社，2011，第99页。

② 李源澄：《明堂制度论》，《学艺》第 14 卷第 2 期，1935 年，第 13~19 页；《读明堂位校记》，《学艺》，第 14 卷第 6 期，1935 年，第 11~13 页。

③ 蒙文通：《儒家政治思想之发展》，《儒学五论》，第 50~53 页。

④ 蒙季甫：《儒家政治思想之变迁》，《史学季刊》第 1 卷第 1 期，1940 年，第 91 页；蒙季甫：《文通先兄论经学》，《蒙文通学记》（增补本），第 78 页。

⑤ 李源澄：《西汉思想之发展》，《图书集刊》第 2 期，1942 年，第 71 页。

为专制，而贫富之辨急；'素王革命'之说，为民治，为平等，其于前世贵贱贫富两阶级，殆一举而并绝之，是秦汉之际，儒之为儒，视周孔之论，倜乎其有辨也"。① 秦汉儒生总结诸子百家之学，融会百家而综其旨要衍化为新儒学。蒙氏有意发扬秦汉新儒学，"自孔孟以下，儒者也；今文章句之学，则经生也；古文训诂之事，则史学也；三变而儒道丧、微言绝，大义乖，皆汉师之罪"，今日讲学，"操经生之业以读诸子，固未若以诸子之学求儒者之旨而合之经生之业"，廖平"自谓为哲学非经学，盖非哲学固不足以尚论儒家，此井研之所以为先觉也"。②

全面抗战时期，金毓黻倡导和而不同、求是为归的学术宗旨，赞誉章太炎、康有为、廖平、王国维四人为当世少有之"备有经师之规模，而兼具人师之风范者"，廖平今文学"传授不若王氏之盛，而能绵延不绝，以自张一军"，蒙文通正是廖平绝学之嫡传。③ 程千帆敏锐察觉出蒙文通与廖平学术的传承关系，认为蒙文通"是把廖季平那些稀奇古怪的想法用现代学术加以表现出来的"。④ 顾颉刚认可蒙文通以"撰述"之义研究中国史学史，基于蒙文通"能批判接受西洋史学史权威的方法"，视之为"治史学史最有成就"，并非赞同蒙文通创造性地以秦汉新儒学超越经今古文之争。⑤ 顾颉刚坚持"我们今日研究古代学术，求是而已，绝不当谈致用"。⑥ 1949 年，吴敬轩致信顾颉刚，提出"中国有经学，故学问不落于空谈；西洋有科学，故哲学、艺术亦能不蹈于玄虚"，"吾人今日治经，宜立新系统、新见解，以经说所得汇为各科知识之资料，构成中国文化史之主要内容，此或为现代学者治经之目的，

① 蒙文通：《儒家政治思想之发展》，《儒学五论》，第 55 页。
② 蒙文通：《论经学遗稿三篇》，《经学抉原》，第 207 页。
③ 《金毓黻文集》编辑整理组校点《静晤室日记》第七册，第 5274~5278 页。
④ 程千帆：《桑榆忆往》，第 157 页。
⑤ 蒋星煜：《顾颉刚论现代中国史学与史学家》，《文化先锋》第 6 卷 16 期，1947 年，第 5 页。关于近代经史转型与民国学界中国史学史叙述的关系，参见张凯《经史分合：民国时期〈中国史学史〉的两种写法》，《社会科学战线》2012 年第 8 期。
⑥ 顾颉刚：《纯熙堂笔记·对于崔述、康有为之评价》，《顾颉刚全集·顾颉刚读书笔记（四）》，第 295 页。

而有异于昔日抱残守缺笃守家法之经生者"。顾颉刚回应战国、秦汉儒生将古史料转化为经典,今日学者使命恰是将经典转化为古史料,"我辈生于今日,其所担之任务,乃经学之结束者而古史学之开创者","必将经典弄清,中国文化史方能写作,否则识其外层而不能解其核心,于事仍无益也"。① 顾颉刚将澄清经典所蕴含的古史实情视为中国文化的内层与核心,蒙文通阐发秦汉新儒学的大义微言以资实践传统文化的现代转化。会通民国各学术流派的方法与宗旨,或能在义理、制度、史事之间建构有效的能动关系。

## 第三节 "以国故整理科学"

1944 年底,蒙文通应邀至国立东北大学作讲演,主题为《国史体系》,开场,蒙文通便总结了其近年来国史研究的宗趣:

> 现在一般人都很重视专家,但是在这次大战中美国人已经感到只是"专"尚不足应付一切,所以要在专家修养之外,施以特种训练,以适合现实要求。现在世界学木也走向"综合",尤其很多学者在计划甚至着手写空前未有的巨著。
>
> 近数十年来出版这类性质的著述,如《科学大纲》、《世界史纲》、《新史学》,以及《新史学与社会科学》等,尤其后二者,明白指出史学与其它科学的关联,这种关联,乃是以一定的哲学为基础的。根据这个观点,我们可以说中国历史是整个而有系统的,她的政治、经济文化……都是合拍的。
>
> 说到中国历史体系,首先要说到近数十年来论中国历史者,受

---

① 顾颉刚:《沪楼日札·经学之任务》,《顾颉刚全集·顾颉刚读书笔记(四)》,第350~351 页。

"历史法则"影响甚巨，实在说来，"历史法则"仅是欧洲历史的法则，并不能适用于中国历史，况且这法则仅为欧洲一部分史家所承认，关于这问题，我曾写过几篇文章，即（一）儒家政治思想发展（二）秦之社会（三）从周官左传中所见周代商业（四）汉代商业。这几篇文章都是针对着这说法的。[1]

蒙文通治史并不排斥"社会科学"，"喜读汉译社会、经济各家名著，也常从正面、反面受到启发。所写一些文章虽未明确写上这点，但在考虑问题时常常是从这里出发的"。[2] 建议初学者可以多学点社会科学，并推荐班兹的《新史学与社会科学》，觉得此书"比之只知以考据为史学者高明多了"。[3] 1932 年为河南大学历史系同事张仲琳教授编著的《西洋近世史》作序时，蒙文通对中国现代史学的发展抱有极大的信心，"夫中国旧为史学发达之国，由今之情观之，最近以往，又将为史学迈进之时"，其具体的建设途径，则为"移治西史之法，以董理国史而发扬之"，[4] 但蒙文通对以欧洲历史的法则讲中国历史并不认同。因此，顾颉刚评价蒙文通"能批判接受西洋史学史权威的方法"[5] 是有所根据的。实际上，在蒙文通执教平津时，对社会科学治史的利弊感同身受。

1930 年代的北平学界，在"新汉学"的影响之下，业已形成"非考据不能言学"的氛围，不过以社会科学治史的风气日盛，就连北大文学院，亦曾在胡适的主持下邀请布朗博士在北大讲演《历史与社会科学》，其主张研究历史学可分为三派：（一）研究过去文献及历代人物历史，所有正统派历史学家，亦即考据学；（二）哲学派历史学家，

① 蒙文通讲，黎明记《国史体系》，《国立东北大学校刊》第 6 期，1944 年，第 1 页。
② 蒙文通：《治学杂语》，蒙默编《蒙文通学记》（增补本），第 2 页。
③ 蒙文通：《治学杂语》，蒙默编《蒙文通学记》（增补本），第 13 页。
④ 蒙文通：《西洋近世史序》，张仲琳编著《西洋近世史》，京城印书局，1932，第 1~2 页。
⑤ 蒋星煜：《顾颉刚论现代中国史学与史学家》，《文化先锋》第 6 卷 16 期，1947 年，第 5 页。

以主观态度研究历史；（三）以客观态度研究历史学，即由社会科学家研究历史学。当下则"社会科学与历史学关系甚为切要，希望历史有不能研究者，则交由社会科学家研究"。[①] 而在京派学者与青年学生之间更是存在明显的精神差异，亲历其事的陶希圣有过典型的概括：到1930年代，"五四以后的文学和史学的名家至此已成为主流。但是学生群众的中间，却有一种兴趣，要辩论一个问题，一个京朝派文学和史学的名家不愿出口甚至不愿入耳的问题，这就是'中国社会是什么社会'"。[②] 此一分歧甚至导致在面对学生的学术演讲中不谈及此类话题就很可能被轰下台的地步。以创建"新史学"为职志的丁迪豪等人正是试图站在唯物史观的立场批评此前各派史家，蒙文通亦在被讥讽之列，"蒙文通教授讲上古史说到黄帝乘龙上天，特别起劲，'小臣们攀着龙胡子，半空中堕下了，掉到地上变为一个弓'，有一位学生起来质问说，先生这话是从何处得来？他回答道：'先师廖季平先生这样说的。'学生说，廖季平又如何知道？愕然不能对"。[③] 虽说《历史科学》乃极端的例子，却反映在社会史论战之后，唯物史观逐渐跃居"史观派"主流的趋势。

战时学人聚集西南，国难之际，重视史学的民族主义教育等社会功能，使得学派分歧退至后台，在同仇敌忾的气氛中，"和而不同"成为各派共识。正如上章所述，以顾颉刚、蒙文通为代表的成都学界就有意调和"史料与史观"，1943年各类全国性的文史学会纷纷成立，在形式上弥合了学派的分歧。但实际上，不同的声音在向更纵深的层次蔓延，并随着抗战的结束，政治立场的分化愈演愈烈。以翦伯赞为代表的左派学者多批评言考据的古典学派为史学界中之反动倾向，"近来，在中国史学的领域中，发现了一种复古的倾向，这种复古的倾向表现于有人企

① 《布朗博士 昨在北大讲演》，《北平晨报》1935年12月5日，第9版。
② 陶希圣：《潮流与点滴》，台北：传记文学出版社，1979，第124页。
③ 寒心：《人间的怪剧：荒斋独语之二》，《历史科学》第1卷第3、4期合刊，1933年，第6页。

图把中国的史学研究拉回古典学派的道路。这里所谓古典学派即指乾嘉学派的'末流之末流'","这种复古的倾向是中国史学向前发展中的一个反动"。① 唯物史观则因诸多共通性缺陷为学界一致反对,而且"文化与政治分不开的",童书业就站在国民党的立场上批评:"现在一般公式主义者所称的'科学的史学',其实只是'科学'其名而'公式'其实,'史学'其名而'宣传'其实。他们所谓'以社会科学治史',其实也只是'社会科学'其名而'主义'其实,'治史'其名而'鼓吹主义'其实。这样名不符实的口号,是我们所坚决反对的!"② 而他所希望的则是"新宋学"运动,"所谓'新宋学'运动,是指近来一班喜讲道理的学者的讲道理运动。这班学者的讲学,往往被人们误解,认为有某种用意,他们既不容于传统的学术界,又不容于自认为'前进'的思想界,在新旧两派的夹攻下,他们的处境可谓很苦","目前的'新宋学运动'的根柢,当然还很浅薄,它还不曾成为学术的主潮,然而其趋势已很明显,是应用汉学的实证精神来讲道理,这是它与旧宋学不同之点。旧宋学是完全主观的、独断的,而新宋学则是客观的、批判的;旧宋学所发挥的是个人的玄想,而新宋学所发挥的则是依据科学的、发现的、相对的真理,和社会政治的实际情况而产生的理论,旧宋学是宗教化的玄学,新宋学是科学化哲学或思想",并坚信"未来的思想的主流,也属新宋学一派"。③

不过,所谓"史料与史观""新汉学与新宋学"各派所宣讲之"科学""道理",在蒙文通看来皆西学子孙,言哲学则唯物、唯心相争,"自顷欧洲思想入中国,以唯心、唯物之论张,以唯物自夸者,恒斥中国说为唯心。兹二者诚无独有偶、相映成趣。乃今之学人亦颇有以唯心

---

① 翦伯赞:《正在展开中之史学的反动倾向》,《文萃杂志》第二年第15、16期合刊,1947年,第42页。
② 童书业:《"新史学"批判(一)》,《中国国民》第1卷第4期,1946年,第10页。
③ 童书业:《新汉学与新宋学》(1946年12月13日),《童书业史籍考证论集》(下),中华书局,2005,第777~780页。

**358**

自诩而斥唯物者, 使安国(孙盛)处于今日, 知必超心、物以立论而会其同, 所应反讯者希止十数端哉!"① 言史学则借"科学"之名, 以西方法则为准绳, "晚近研习中国史学者, 以能袭西方之陈言为名高, 而惮于就国史以创立东方法则, 削足适履, 弊何可讳。盖亦以近世学人, 生活动荡, 学未充实, 不得尽其材也"。② 在某种程度上, 哲学、史学这一困境皆可谓整理国故之流弊。蒙文通究周秦儒家之大义, 自是超越唯物、唯心, 立儒家思想之本, 且自信"今后必有孙盛其人, 拭目俟之也"。③

就国史而言, 蒙文通意图重建国史体系, 以国故整理科学, "翁泳霓氏常谓, 以科学整理国故, 不若以国故整理科学为效之宏。诚以以科学整理国故, 为效仅止于国故, 所裨只于一国家。以国故整理科学, 则为效渗入于科学, 所裨将被于世界, 其为功可以道里计哉?""国故"(中)与"科学"(西)的分殊似可以中西地理之别来说明, "欧洲文化肇端于地中海, 居大陆之中; 其发展由地中海东部而至中部, 以至全部, 由大西洋而发展以至全世界。其民族则由希腊人, 而罗马人, 而条顿人。中国则海环大陆之外, 自古至今, 始终为中国民族所掌握。欧洲文化史之发展为寒进, 为北进, 而中国之文化为南进, 背驰如此, 安得以中国史比拟于西洋史耶?"若如言唯物者所言, 经济为历史决定因素, "则地理尤为经济中之重要决定", 中西地理环境已经显然不同, 而若必强以历史演进之法则相同, "诚亦不思之甚矣"。④

然而, 中西之间最大的不同, 则在于文化之别。"中国地广人众, 而能长期统一, 就因为有一个共同的传统文化。欧洲较中国小、人口较中国少, 反而长期是个分裂局面, 就因没有一个共同的传统文化。中国这个传统文化, 说到底就是儒家思想。要把中国的历史和现实讲清楚,

① 蒙文通:《治学杂语》, 蒙默编《蒙文通学记》(增补本), 第10页。
② 蒙文通:《〈周官〉〈左传〉中之商业》,《图书集刊》第5期, 1943年, 第1页。
③ 蒙文通:《治学杂语》, 蒙默编《蒙文通学记》(增补本), 第10页。
④ 蒙文通:《〈周官〉〈左传〉中之商业》,《图书集刊》第5期, 1943年, 第1页。

离开了儒家思想是不行的。"① 儒家思想则落实于经学，"由秦汉至明清，经学为中国民族无上之法典，思想与行为、政治与风气，皆不能出其轨范"。然由儒学演化为经学则成于"秦汉新儒家"之手，"六经之删合为一，未必出于孔子。六经为古文献，而汉人所言者为理想之新制度，乃旧文献与此新制度无抵触者，此非六经成于新儒家之手乎！正以新理想新制度之产生而六经始必有待于删定也。是则晚周之诸子入汉一变而为经学，经学固百家言之结论，六经其根柢，而发展之精深卓绝乃在传记，经其表而传记为之里也"。正由此经传结合而成之新儒学方才可以理解："东周为旧社会之崩溃，而儒以衰者，以旧儒学之偏于旧社会也。汉初为新社会之长成，而儒反以大盛者，以新儒学之融合百家有以应新社会之需要也。又能笃守传统文化之核心，发挥仁义之说，因时制宜，集长去短，其能压倒百家，独尊千载，不亦宜乎。"② 由此亦可引出"经说"与"历史"的"辩证"关系：

> 周之制为封建，而贵贱之辨严；秦之制奖兼并，而贫富之辨起。先汉经说者，固监于二代之败，显然反对其阶级之政者也。商贾盛于周，君权极于秦。先汉经说者，固显然摈抑商贾与君权者也。故窃谓周也，秦也，先汉经说也，截然而为三。非周制既敝、秦焰已张之后，何易有此宏义？此汉师之持义，固有监于历史之衍变，其迹有未可掩者。即以周秦而言，百家之学，亦何莫非因时势之激刺，而陈义日以新。汉师经说，固源于诸子，非能独异。则历史之有关于思想，其孰能非之。至若汉世帝王，既采儒家经济之思想，以抑商贾；经生亦让步其政治之主张，而不绌君权。中国历史亦于此而植其基。遂与欧美之事以迥异。③

---

① 蒙文通：《治学杂语》，蒙默编《蒙文通学记》（增补本），第2页。
② 蒙文通：《论经学遗稿三篇》，《经史抉原》，第149、152~153页。
③ 蒙文通：《儒学五论·题辞》，《儒学五论》，第15~16页。

也就是说，西汉今文学乃是儒学激于周制与秦政，吸收诸子学说之精华演变而来。汉代王权为改制而尊六经，今文学也为此作出"让步"，绌"革命"而言"改制"。至此，中国历史之根基建立，遂与西欧社会之发展分道扬镳：

> 自汉而下，二千余年，社会经济无显著之变动者，求诸经生之说，有固然也；而君主之制，遂亦维系于永久，倘亦基于是耶！盖儒者固尝据墨家选天子之义，以明大同之道、天下为公之说。至是乃不得不舍此而思其次。凡汉以下可得而论者，皆儒者之第二义也。二千年来，所影响于历史者，莫非此道。①

《儒学五论》中"广论"各篇就是为明此"儒者之第二义"而作，"先汉经说之所由树立者，以周秦历史之衍变，自汉而下历史之所由为一轨范者，亦先汉经说所铸成。先后思想，与今文之不相离也如彼，而先后历史，与今学之不相离也如此"。"广论"各篇文章正是秉此宗旨，论中国与西欧历史发展殊途，以此回应中国社会史论战之后，以"西法"规范"国史"的潮流。

前文已经提到，蒙义通对"井田制"的讨论即有意回应社会史论战，但蒙季甫仍强调："他当时并不仅是为了认识西周社会，更重要的是进行对比研究，用以认识今文家'托古改制'的'一王大法'。"②蒙文通认为中国历史有内在系统，西方的历史法则并不适用中国，蒙文通关注的焦点是中国社会史论战中"商业"与"封建社会"之争。陶希圣在《中国社会之史的分析》一书中，否认中国经过奴隶社会阶段，认为中国封建制度早在春秋战国时代就由于商业资本的发展而崩坏了，进而引申为"中国的历史发展受到商业资本主义制约"，此即著名的

① 蒙文通：《儒学五论·题辞》，《儒学五论》，第16页。
② 蒙季甫：《文通先兄论经学》，蒙默编《蒙文通学记》（增补本），第76页。

"陶希圣主义"。"商业资本具有分解旧社会形态的功能"这一观念被广泛接受，并成为陶希圣所引领的中国社会史研究的基本前提之一。经过社会史论战，嵇文甫认为"现在假如有谁还简单的专就商业资本上讨论中国是否封建社会，那简直要发生常识问题了"。① 不过，社会史论战中各家言论均不同程度地以历史单线进化为指导，用西方历史模式套用中国历史。蒙文通认为西欧社会发展的五阶段论是以经济发展为基本因素，政治、社会、文化均适应经济发展而发展。"这说法既然尚有一部欧洲史家所不赞同，自然更不能拿来解释中国历史。"②

蒙文通质疑以欧洲的历史法则支配国史，考察周秦史事证明中国历史与西方法则异趣，中国封建制度与商业相辅相成。中国历史上西周春秋时期封建制度发展最完备，但商业异常发达，周代诸侯士大夫与商贾关系融洽，且以商业发达为安定时代的政治表征。商业社会与封建政治相辅并进，"'商业经济之决然腐蚀封建社会'，其说决不能施之于国史"。③ 周代施行授田之制，宗法有共财之用，井田有通财货之义，严辨世族、庶人等级，而无贫富显然之殊；秦本西戎，种族与文化有别，商鞅改制，在法家思想下执政，无贵贱而皆平等，贫富阶级取代贵贱之别。④ 周秦学者纷纷主张均富与重农学说，秦汉君主专制确立，重农抑商成为中国历史的根本国策，商人阶级受到极大打击，这与欧洲君主专制要靠工商业的支持不同。⑤ 商业经济不仅没有腐蚀封建社会，封建政治与商业经济，同其盛衰，相依为命。钱穆也怀疑西方历史分期的普世性，认为"以中国传统政治观念，即不许资本势力之成长"，"中国已往社会，亦尽可非封建、非工商，而自成一格"。⑥

蒙文通赞成马克思所说中国历史至某一时期后，就与西洋历史分道

① 嵇文甫：《中国经济史·序》，马乘风：《中国经济史》，商务印书馆，1937，第2页。
② 蒙文通讲，黎明记《国史体系》，《国立东北大学校刊》第6期，1944年，第1页。
③ 蒙文通：《〈周官〉〈左传〉中之商业》，《图书集刊》第5期，1943年，第12页。
④ 蒙文通：《秦代之社会》，《儒学五论》，第110~114页。
⑤ 蒙文通：《汉代之经济政策》，《儒学五论》，第120~127页。
⑥ 钱穆：《国史大纲》，商务印书馆，1948，第18~19页。

扬镳，这一时期正是西汉：春秋战国时期，贵族被打倒，平民阶级兴起，"中国从西汉之后便走入另一方面"，"所以有人说汉以来二千年是过渡时期，具有相当正确性的"。蒙文通将秦汉之后认定为"过渡性"，并不是以"停滞不变"予以否定、批判，而是赞扬"在汉代既非是公平的井田制，又不是礼运上理想中世界大同社会，而是一种相当合乎人情的。社会上贫富之间，无甚悬殊。即是富有一定限度，贫也能保持一定水准，这便是'平等在两头，自由在中间'"。[①] 中国有共同的传统文化，"说到底就是儒家思想。要把中国的历史和现实讲清楚，离开了儒家思想是不行的"。[②] 儒家思想既是中西文化最大的区别，又是中西历史分途的关键因素。李源澄声援乃师之说："中国历史与西洋史分道而驰，在秦汉大一统之后，而儒学实为其主因。儒学对中国历史之贡献，无俟乎言。"儒学虽有其弊端，但"皆儒学衍进上之不能得其正当发展所致，无伤其根本，刮垢摩光，则其光彩日新也"。[③] 蒙文通以经说与历史之辩证关系实践"以国故整理科学"，其著《儒学五论》正是一种"刮垢摩光"的工作，从中也牵涉如何评判中西文化的优劣这一难解之题。

1941 年 6 月，罗忠恕倡导发起东西文化学社，钱穆在《东西文化学社缘起》中称："今我中华文化，在此积贫积弱之后，其有需于一番去腐生新之工作，既已为吾中华有识之士所共认。而西方文化自十八世纪以来二百年间，以各种新机器之发见，而使社会人生忽然到达一从未前有之境界，而人类内心智能之发展，以及人群组合，国内国际各方面，均未能与新机器之发明联系并进，遂使人类社会同时遭遇创古未有之新难题。最近三十年来，世界大战争已两度激起，实为西方文化亦需要急速有一番去腐生新之努力之强有力之启示与证明。抑且此世界两大文化，实有为全人类根本幸福前途计，而有相互了解与相互沟通之必要

---

① 蒙文通讲，黎明记《国史体系》，《国立东北大学校刊》第 6 期，1944 年，第 2 页。
② 蒙文通：《治学杂语》，蒙默编《蒙文通学记》（增补本），第 2 页。
③ 李源澄：《儒学对中国学术政治社会之影响》，《东方杂志》第 42 卷第 7 期，1946 年，第 33 页。

与义务。"① 沟通中西文化、促进文化交流，正是东西文化学社的主要任务。1942 年 11 月 19 日，罗忠恕、蒙文通、顾颉刚、钱穆等人在成都正式组织"东西文化学社"，罗忠恕被推选为社长。罗忠恕约请国内学者张东荪、冯友兰、梁漱溟、邵子力诸人，以及国外学者泰戈尔、罗素、杜威、爱因斯坦参加"东西文化学社"，亲自主持学术讲座，交流东西文化。后又得到刘文辉的赞助，在成都华西后坝 101 号购置了学社社址，成立东西文化交流所。早在 1941 年，罗忠恕所领导的华西大学文学院曾举行系列讲座讨论中西文化问题，"感于大学中学术分门别类，虽各有专精，惟受大学教育，不可不在专习之学科外，对于文化有整体的认识，以免除偏枯狭隘之见，乃决定本年度设立文化讲座，每周星三午后四钟，在事务所大礼堂举行公开讲演。由本院及友校教授担任讲演"。当时也拟定了题目，详见表 6-1。

表 6-1　文学院 1941 年度特设文化讲座

| 时间 | 演讲者 | 题目 |
|---|---|---|
| 1941 年 10 月 8 日 | 华大文学院院长罗忠恕 | 文化与大学教育 |
| 1941 年 10 月 15 日 | 齐鲁大学史学教授钱穆 | 世界文化之三型 |
| 1941 年 10 月 22 日 | 华大社会系主任李安宅 | 文化与种族 |
| 1941 年 10 月 29 日 | 华大史学系蒙文通 | 中国文化的一贯性 |
| 1941 年 11 月 5 日 | 金大哲学教授倪青原 | 哲学在文化上的地位 |
| 1941 年 11 月 12 日 | 华大史学教授何鲁之 | 西洋文化之精神的基础 |
| 1941 年 11 月 19 日 | 金大文学院院长刘衡如 | 中国文化之发展 |
| 1941 年 11 月 26 日 | 华大教务长方叔轩 | 中国的艺术 |
| 1941 年 12 月 3 日 | 金女大文学教授陈钟凡 | 文化与中国文学 |
| 1941 年 12 月 10 日 | 华大哲学教授高公翰 | 希腊文化与中国文化 |
| 1941 年 12 月 17 日 | 华大史学教授常燕生 | 文化之有机的发展 |
| 1942 年 1 月 8 日 | 华大社会学教授姜蕴刚 | 人类文化之展望 |

资料来源：《文学院本年度特设文化讲座》，《华西协合大学校刊》第 30 周年第 5 期，1941 年，第 13 页。

---

① 钱穆：《东西文化学社缘起》（1941 年 6 月），《文化与教育》，广西师范大学出版社，2004，第 17~18 页。

上述演讲，是否如期举行，暂不得其详，但从此类活动不难看出，蒙文通与当时学界都关心一个重大问题："中国文化与西方文化孰优孰劣，二者间之关系如何？"此问题自然从近代中西交往之初便已存在，世界大战之愈演愈烈，更使得解决这一难题迫在眉睫，西方学界也不得不然。抗战时，英国牛津、剑桥两大学的教授们曾致信成都华西坝五大学（华西、金陵、金陵女子文理、齐鲁、燕京）教授，题目为《中国传统文化在应付国难时的作用》。五大学公推顾颉刚先生拟定复信，这一任务最后由魏明经代笔，交送主持中英交流的罗忠恕和刘国钧（金陵女子文理学院的文学院长），后由钱穆先生节选，罗忠恕等译为英文，送给牛津、剑桥的教授会。[1] 二战中对西方文明的再次反思，似乎又为中国文化复兴提供了契机，钱穆就称："西方文化中之战争、分立、变动，均非人类所需求，而中国文化之大同和平，则为人类所日夕求之者，中国文化有居上之势，此吾人引以自慰者也。"[2] 对于中西文化优劣，蒙文通早有定见："夫今世之国家，其政权操于资本家者有之，操于无产者有之，曰独裁，是强凌弱也。曰民治，亦众暴寡也。又从而美之名曰服从多数。"然此两种体制虽有不同，但皆以"己私"为中心，"未适于是非之公"，未得"拔本塞源之义"。是此乃欧洲文化，"直商业民族之产物，而贱丈夫之所为"，中国两千年之历史则不然，"忠恕以为教，睿哲以为师，考选贤达以共治"，是所谓"西方学者称我之历史为智识之选举，为超阶级之政权，而方效其考铨之制者也"。[3] 并指出："凡欧洲史中资本与劳动之争，地主农奴之争，为患稽天者，于中国史悉无之"，"欧美今日所不能解决者，中国于二千年前已处之有其方。是安得以我自然科学之后于人，而谓我历史亦后于人耶？"[4]

---

① 魏明经：《我和徐旭生先生的三十五年联系》，中国人民政治协商会议河南省委员会文史资料研究委员会编《河南文史资料》第24辑，1987，第95页。
② 钱穆：《中国文化之特性及其将来》，《东方文化》第1卷第5、6期合刊，1943年，第17页。
③ 蒙文通：《儒学五论·自序》，《儒学五论》，第154页。
④ 蒙文通：《汉代之经济政策》，《说文月刊》第4卷合订本，1944年，第539页。

在蒙文通看来，"惟中国为能服善而从是，故其历史有哲学无宗教"。哲学乃理智之公，宗教则情感之偏见。"居今日欲舍从是之学，而屈于任情之教"，是愚者之所为也。基于此，盲从西学，以西方历史法则裁定中国历史之发展，可谓"惟察其表，而不思其本"，"陷于浅末不自警"。相反，从中国之历史演进实情而论，"儒者内圣外王之学，匪独可行于今日之中国，以西方学术之趋势衡之，直可推之于全人类而以创造其将来"。①

"既以先汉经说，为子史之中心，亦即中国文化之中心。复将以是示大法于将来，臻至道与至盛"，结集出版《儒学五论》正有此意，"无事非究古义，亦无事非究将来"。《儒家哲学思想之发展》一篇明"孔孟之道，三古所为训也。中国文明之准也"；《儒家政治思想之发展》以"理想"与"陈迹"分别今古，发挥秦汉新儒学即今文学之"义理"与"制度"。从学术渊源上言，是对廖、刘师说之扬弃，而从当时语境而言，自是批评所谓"超今文学"者，以"虚诡之说相夸煽，诬古人而欺后生"。如果说，言"超今文"意在以史学立场辨伪，"通经致用"在他们眼中早已不合时宜，那么蒙文通此一"钩索坠文，表此孤义"之举，正有"所为削楮而慨然者"：

> 自古文之学盛而经术晦、哲学绝，乱师儒之微言于姬周之史迹，凡经训所陈"革政"之义，其为建国宏规、政治思想，体大而思精者，说且不明，安望见之于行事？于是儒之为儒，高者谈性命，卑者坏形体，所谓"经世之志""天子之事"者，暗而不彰，以后生之惛昧，疑先哲为狂愚，是亦学与政俱废之所由也。今浮邱、高堂之学虽久蔀，若起其沉疴，振其绝绪，尤足以为致治之术，立国之规，侈谈民族文化者，其亦在此而不在彼耶！②

---

① 蒙文通：《儒学五论·自序》，《儒学五论》，第 154~155 页。
② 蒙文通：《儒家政治思想之发展》，《儒学五论》，第 60 页。

此一慨叹，道尽了《儒学五论》以秦汉新儒学阐发儒家内圣外王之义，以期为"建国宏规"的抱负。是时新儒家一系，或为"高者谈性命"，或"以科学整理国故"，此之流可谓"卑者坏形体"，蒙文通不与二者为伍，既不空言义理，更不妄自菲薄，而是持儒史相资的立场，本之"秦汉新儒学"以"国故整理科学"："于后言之，则史也固资乎儒。于始言之，则儒也亦资乎史。世益降，史益变，而儒亦益变。儒史相资于不穷，为变不可及。"本于此，方可"入出于百氏，上下及千载，推昔人之陈说，示大法于将来"。①

---

① 蒙文通：《儒学五论·自序》，《儒学五论》，第 149~150 页。

# 结语:"缘今粗解圣言微"

蒙文通遗文中存有一首诗,一枚书室印章手印,诗云:"当年桶底脱耶(也)非,祇(缘)今粗领(解)圣言微。传经伏女曾过我,为检遗书(编)述(测)指归。"① 印章则名为"匡老反韩复孟室"。② 诗与印章传达了蒙文通治学的旨趣,钩沉史事,隐约可以体会"伏女""反韩"之语似乎有意针对章太炎、黄侃一系,若要探明此意,或可以"发明之学"与"发现之学"为切入点。

"中国学问的方法,不在于发现,而在于发明",后人以"倾向资料主义"解释"发现之学",大体不差。③ 其实,黄侃并不排斥新材料,"无论历史学、文字学,凡新发见之物,必可助长旧学,但未能推翻旧学。新发见之物,只可增加新材料,断不能推倒旧学说","所贵乎学者,在乎发明,不在乎发见,今发见之学行,而发明之学替"。④ 何谓

---

① 蒙文通:《诗、曲遗草》,蒙默编《蒙文通学记》(增补本),第56页。
② 《曾用书室章"匡老反韩复孟室"印拓及书室名来由手记一则》,蒙默编《蒙文通学记》(增补本),"插图"。
③ 〔日〕吉川幸次郎:《我的留学记》,第79~80页。
④ 黄侃讲,黄焯记《黄先生语录》,张晖编《量守庐学记续编:黄侃的生平和学术》,生活·读书·新知三联书店,2006,第3、2页。

"发明"？黄侃又言："发见一，推明二，改善三，钩沈四，扶微五，暗中六。学术之事，尽此六道矣。"① 也就是说，"发明"之旨为"扶微、暗中"，"《诗》、《书》以训诂为先，《易》、《礼》、《春秋》以义理为要。《诗》、《书》之训诂明，即知其义，《易》、《礼》、《春秋》之训诂明，犹未能即知其义也"。黄侃精研三礼之学，钱玄即称其"论学三礼方法，多来自积年体会，极为精辟扼要"。黄侃所自期的"发明"之旨，集于三礼，其论学礼之宗旨为："今之学三礼，决非为复冕弁之服，鼎俎之设，而在于考究上古典章制度，明民族文化之发展。虽于时无用，但何害钻研？而况制礼之义，亦有不可尽亡者，讲信修睦，今日岂可摒弃乎？"② "明民族文化之发展"，存"讲信修睦"之义近于黄侃所求之"义理"。求其本，存其真则成为"发明"的第一义，"今言保国，第一当全匡廓。今言治学，第一当保全本来"。③ "保全本来"故不忘伏生存经之功，"治经者不择今文古文，使无伏生在前，则《古文尚书》亦不能读。刘子骏曰，与其过而废之，毋宁过而存之"。④ 章太炎亦以伏生自况，"吾辈但当保存国故，作秦代之伏生耳"。⑤ 诚如钱穆所言，"太炎论史，三途同趣，曰归一于民族文化是已"。⑥ 黄侃又言，"我辈学问，以汉学为表面，以申韩为骨子"。⑦ 此语道破了章、黄二人重视"民族文化"，"扶微业，举绝学"的根荄。

　　章、黄言伏生为"保存国故"，蒙文通则言伏女为求"圣言指归"；

---

① 黄侃著，黄延祖重辑《黄侃日记》（下），1932 年 8 月 30 日，第 831 页。
② 钱玄：《记蕲春黄先生讲三礼》，《量守庐学记》，生活·读书·新知三联书店，1985，第 152 页；黄侃：《礼学略说》，《黄侃国学文集》，第 340~377 页。
③ 黄侃讲，黄焯记《黄先生语录》，张晖编《量守庐学记续编：黄侃的生平和学术》，第 2 页。
④ 黄侃讲，黄焯记《黄先生语录》，张晖编《量守庐学记续编：黄侃的生平和学术》，第 7 页。
⑤ 章太炎：《答黄季刚书》，黄侃著，黄延祖重辑《黄侃日记》（下），1931 年 12 月 3 日，第 757 页。此信后节选发表于《制言》第 16 期（1936 年 5 月）。
⑥ 钱穆：《余杭章氏学别记》，《中国学术思想史论丛》（8），第 343 页。
⑦ 黄侃讲，黄焯记《黄先生语录》，张晖编《量守庐学记续编：黄侃的生平和学术》，第 5 页。

章、黄探求民族文化发展，是本于道法家的历史观，所谓根本在"申韩"，蒙文通以孔孟之道为"中国文明之准"，[①] 是为儒家史观，"匡老反韩复孟"可谓其"内圣外王"之旗帜。到了 1960 年代，蒙文通仍坚信："在中国，孔孟之道是为人治世之道，是人民千年来的选择，是绝对不会泯灭的。"[②] "今古文辨义"固然不可概括廖平、蒙文通与章太炎、黄侃学术异趣的全部，但"今""古"二学，一重"义理制度"，一重"名物训诂"，诚是二派学术异趣的根本。如若综合考察章、黄一脉在民国学界的势力，及其与民国新学术缘起、流变的密切关系，似可将"今古文辨义"看作"蒙文通与民国学界"分殊的源头与缩影。蒙文通与民国学界的关系始自廖平、刘师培争辩今古，终于"非常异义可怪之论"与"超今文"截然分流。"沉思今古事"贯穿了蒙文通学术的始终，而以蒙文通学术与行事为线索，则可探求晚清民国学界由"今古"至"经史"，再转入"汉宋"的渊源脉络。

乾嘉以降，汉宋纷争成为清学主题，"道咸新学"的突起以及公羊改制的沉浮，使得经今古文学由别子成大宗，因为康有为而盛极一时的经今文学，成为晚清学术思想的插曲与变奏。清廷覆灭，民国肇建，倡言孔教似乎成为经今文学之归宿。诚如顾颉刚所言，"今文学的影响在学术上是'深探孔子的微言'，在政治上是'提倡改制'，在宗教上是'建立孔教'"。[③] 学术、政治、宗教的递进正反映了晚清至民初经今文学影响层面的重心转移。1920 年代，持古文立场的学者批评今文学多因"建立孔教"而发，这也正是蒙文通在首次出川争辩今古，返川之后"议蜀学"、批判顾炎武一系清学误入歧途的同时，更急于摒除今文学内部的浮辞，重构近代今文学系谱的重要原因，其著《经学抉原》

---

① 蒙文通：《儒学五论·自序》，《儒学五论》，第 150 页。

② 刘伯谷：《敬忆蒙文通先生二三事》，《蒙文通先生诞辰 110 周年纪念文集》，第 18 页。

③ 顾颉刚：《中国近来学术思想界的变迁观》（1919 年），《中国哲学》第 11 辑，第 307 页。

正是意图证明以礼制为本，按家法条例治《穀梁》才是今文学正宗。如果说，"倡言孔教"成为康有为经今文学的绝唱，那么，"无心插柳柳成荫"，经今文学意在"尊经于古史之上"，却"反使经等于诸子"，受康有为启发的古史辨运动成为近代经史递嬗的重要枢纽。"近世古史之研究，实导源于晚清之今文学，廖季平师与南海康氏之言'托古改制'，本以解经学之纠纷，乃一变而为古史之探索。经与史之关系可知也。"① 其实，近代今文学内部已经派分，廖平《今古学考》以礼制分今古，遍说群经，其意义更在于触及了两汉今、古学之争的经义分殊，② 与康有为"新学伪经"之说的分别，用廖平的话而言，就是一为"经学之根柢门径"，一则"不出史学、目录二派之窠臼"，这似乎暗示了民国古史研究的两种路径。以康有为为代表的晚清今文家的历史观，特别是刘歆造伪说，成为古史辨派推翻原有古史观念，甚至将经学一并打倒的重要武器，"经学"系统被古史研究消解；蒙文通研究古史，源自廖平之学，遂以古史三系说重建上古国史，澄清经史关系，以史证经，申明儒学在中国文化中的地位。

1930 年代，治国学者群趋史学一途，经史易位几成定局，蒙文通的学术与行事亦经历了"由经入史"的转变。循着"新学伪经"的思路，民国学人多将刘歆造伪说视为经今古文纷争的症结，而解决经今古文问题成为重建上古史的重要环节，"经学上之问题，同时即为史学上之问题"，"以史学来为经学显真是"势所必然。蒙文通以礼制平分今古，其突破今古文学的关键也是礼制，而突破的目的则是寻求"古今文家"与周秦学术间"义理"的传承。今文学立场的分别以及由此而导致古史研究的异趣，注定了蒙文通虽由经入史，但是其"史学"与"新史学"大相径庭。诚如有论者言："近代中国各个阶段形形色色的

---

① 李源澄：《论经学之范围性质及治经之途径》，《理想与文化》第 5 期，1944 年，第 26 页。

② 郜积意：《汉代今、古学的礼制之分——以廖平〈今古学考〉为讨论中心》，《"中央研究院"历史语言研究所集刊》，第 77 本第 1 分，2006 年，第 34 页。

新史学，大都是欧美史学风生水起的折射。"① 由于各派各阶段趋新学
人接受欧美新知的不同，"新史学"内部各流派不破不立，难以融合，
但有一点似可肯定：若以史料与史学而论，新史学之"史义""史法"
多源自或嫁接西方法则，② 而将中国原有四部之学皆视为"史料"，甚
至连当"史料"的资格都没有。正如宋育仁所言，"史学"是"传述孔
门经学之绪余，乃发挥孔门之学而非自辟一途为学也"。蒙文通治史以
"今文义理"为归宿，其"史学"以今文义理为"统宗"，此一"义
理"即孔子"所重在窃取之义"，此"义"不脱离"史"，且"为后王
立法"，为中华文明之准则。若离此而言"史学"则不过"史考""史
料"而已。以新史学的眼光看来，蒙文通"能以经学分析古史，各归
其方土流别"，但"时流于想象主观，而不免于荒唐"。③ 因此，蒙文通
"史学"的本意在民国学界隐而不彰。不过，近 30 年来，考古学的发
展又印证了蒙文通此类"主观想象"的"科学性"。④ 蒙文通"史学"
的彰显要依靠考古发现来定性为"科学的预见"，此事本身就体现经史
易位的时代趋势，但又引发如下思考：新史学以史代经，将经学视为史
料，并无不可，但经学中的"义理"是否全无意义？毕竟史学既有考
据与科学的一面，还有义理与艺术的一面。蒙文通的学术地位在民国以
降的沉浮，似乎暗示了二者之间并非截然对立，诚有珠联璧合的可能。

其实，民国新旧史学各路通人详论"史法"，考辨"事""制"，
均殊途同归，其分殊恰在"史学"之"义"，由此则牵涉出"汉宋之
争"在民国的演变。民国以降，汉宋之争表面上虽然逐渐淡化，其精
神则依旧贯穿新旧、中西、科玄等派分争辩之中，钱穆即言："此数十

---

① 桑兵：《近代中国的新史学及其流变》，《史学月刊》2007 年第 11 期，第 5 页。
② 诸多所谓新史学的批评者亦然，貌似"守旧""传统"，其实"于先儒说甚浅尝"，
仅"仍以孔子为是，此一点尚不差"。参见刘咸炘《推十文集·与徐季广书》，《推
十书》第三册，第 2212 页。
③ 姜亮夫编著《楚辞书目五种》，上海古籍出版社，1993，第 362 页。
④ 童恩正：《精密的考证　科学的预见——纪念蒙文通老师》，《文史杂志》1986 年第
1 期。

年来，中国学术界，不断有一争议，若追溯渊源，亦可谓仍是汉、宋之争之变相。"① 民国学界隐然存在"新汉学"与"新宋学"的分殊，此一"汉宋之争的变相"也成为各派学人或"复古求解放"，或沟通中西新旧的聚焦点。1920 年代，梁启超之徒甘蛰仙曾提倡取宋明理学"向道之精神"及清代汉学"治学方法"综合运用之，以期达到"今后向新宋学，超汉学之目的"。② 1930 年代，胡适更是延续了"整理国故"时"新汉学"的思路，致力于"考证学方法"的提炼与推广，在中国思想史中则注重发掘"反理学"因素。陈寅恪、蒙文通诸学人于是时盛赞"汉人之经学，宋人之史学"，或即有意针对胡适"新汉学"一系，蒙文通更希冀以"西汉家言""南宋之说"解决清季以来的汉宋之争。

国难之际，儒学复兴，熊十力的弟子周通旦批评清儒"以矜奇炫博拾零缀碎之学，兴汉宋学无谓之争，遂使经学义旨，歧而为二"，固"吾人研究经学，欲于汉宋而外，另辟新径"，"远迈两汉，直溯先秦，探圣贤之口说，抉六经之真源，采当地之说经，作今后之取则"，而"六经之真相以显"。③ 如果说，熊十力一系旨在"返本"，那么，蒙文通在抉经史源流之后，"究儒史相资之故"，立足于"秦汉新儒学"言"发展"。言宋学，举浙东史说与朱子相抗，以陆象山纠程朱之弊，携"左""右"二派以夺程朱正统之席，而"秦汉新儒学"则于内圣外王两端皆直得孔孟之传，"汉师著述之存于后者，亦义理与证据不偏废"，"孟氏以性善明内圣，以革命明外王，其义宛存于汉师之说，而未或息焉湮焉"。言内圣，"祛其似，究其变，说益晚而益邃，以推孔孟之说于至精，而诐邪之辞不得作"；言外王，则以五种制度支撑今文学"革命"思想，倡"一王大法"，构建"非常异义之政治学说"。蒙文通此

---

① 钱穆：《新亚学报发刊词》，《新亚学报》第 1 期，1955 年，第 1 页。
② 甘蛰仙：《最近二十年来中国学术蠡测——为〈东方杂志〉二十周年纪念作》，《东方杂志》第 21 卷第 1 期，1924 年，第 124 页。
③ 周通旦：《先秦经学论》，《孔学》创刊号，1943 年，第 139 页。

说，或有"非常异义""毛举细故"之讥，然得乃师欧阳竟无之激赞，"唯我文通，始足以谈孔学"，"今欲不忘大教以正人心，应谈最胜极最胜三事"：一、"道定于一尊"；二、"学得其根本"；三、"研学必革命"。对此三事，蒙文通与欧阳竟无原则一致，在具体内容上或有同有异。① 欧阳竟无以"匡老反韩复孟"命名蒙文通之书室，即是以"发扬儒家相嘱"，蒙文通"日夕念之不敢忘"，② "宜黄欧阳先生，晚年颇重儒学，尝以明孔孟之旨嘱文通，此何可忘。久拟闭户涤虑，从容属草，以赞中国文化扬弃之盛业，所至幸也"。③ 蒙文通结集出版《儒学五论》则正是复欧阳师之命，"复孟"不必多说，"匡老反韩"其意或针对章、黄"以汉学为表面，以申韩为骨子"。

在经史嬗变的洪流中，蒙文通以经今文学为立场，与民国学界各流派深入沟通，进而重构了"今古""经史""汉宋"诸问题，以期"推昔人之陈说，示大法于将来"，开儒学之新路，实现儒学在"二千年未有之大变局"中的权变。就在《儒学五论》出版之际，蒙文通在建构"国史体系"时称，宋明两代，"入于心理强制时代，祖述孔孟的朱子学"兴盛起来；"至于清代学术呢，只是反对宋明理学。说是汉学，其实只是考证而已"，"考证只可以说是治学法一种"，"很合乎科学方法，这是清代唯一可取的地方"；"现在正是心理自由时代，即思想解放时代，对任何学说，不能随便轻视。应当自己加以细心研究，才能批评。以后又要进入思想专制时代，这时代将是继承宋人治学精神，清人治学方法"。④ 值此"开放"至"专制"的渐变时期，《儒学五论》意在阐发绝学，"俟乎方来之彦者"。

---

① 张志强：《经、史、儒关系的重构与"批判儒学"之建立——以〈儒学五论〉为中心试论蒙文通"儒学"观念的特质》，《中国哲学史》2009 年第 1 期，第 109 页。

② 《曾用书室章"匡老反韩复孟室"印拓及书室名来由手记一则》，蒙默编《蒙文通学记》（增订本），"插图"。

③ 蒙文通：《致张表方书》（1952 年），《古学甄微》，第 157 页。

④ 蒙文通讲，黎明记：《国史体系》，《国立东北大学校刊》第 6 期，1944 年，第 2~4 页。

1949 年鼎革之际，蒙文通对此一抱负仍念念不忘，欲将尊经国学专科学校与尚友书塾合并。据刘伯谷回忆："己丑春，先君（指刘咸炘——引者注）生前所办尚友书塾在先生（指蒙文通——引者注）的建议下拟与先生创办之尊经国学专科学校合并，定名为'尚友文学院'，先生当时告我说：'刘先生取名'尚友'，是有其深刻意义的（指尚论古之人，诵其诗，读其书），我办'尊经'，也是有这个意思，我们都在为国家留文化根根。"① 蒙文通说办"尊经"与尚友书塾意思相同，"为国家留文化根根"，其所指的文化当是"经学"无疑。同年，蒙文通在一则笔记中坚信经学为中国文化之中心，"其力量之宏伟、影响之深广，远非子、史、文艺可与抗衡"。而清末改制以来，"昔学校之经学一科遂分裂而入于数科，以《易》入哲学，《诗》入文学，《尚书》、《春秋》、《礼》入史学，原本宏伟独特之经学遂至若存若亡，殆妄以西方学术之分类衡量中国学术，而不顾经学在民族文化中之巨大力量、巨大成就之故也"，"经学即是经学，本为一整体，自有其对象，非史、非哲、非文，集古代文化之大成、为后来文化之先导者也"。② 此后的历史印证了蒙文通对时代、学术变迁大势的判断，"宋人治学精神，清人治学方法"似可化约为"史观"与"史料"的沉浮。时至今日，似乎又进入了"心理自由之时代"，与时俱进，反思中西格义、"史料"与"史观"的派分势在必行。

现代社会以劳动分工为基础，时下的学术研究立足于分科、专题与断代，与现代社会分工相辅相成，日趋专业化与标准化。现代科学学术体系的建立实为不得不然的时代趋势，分科之学有助于人们各尽专长，立足于既有社会分工，精进职业技术，丰富专业知识，实现职业化与体制化，使日常实践更加精确。但若以单一的现代学科观念去理解、判断

① 刘伯谷：《敬忆蒙文通先生二三事》，《蒙文通先生诞辰 110 周年纪念文集》，第 17 页。据张循称，蒙文通所说"根根"一词是典型的四川方言，由此可推刘氏的回忆非常准确，尚保留着口语的原貌。
② 蒙文通：《论经学遗稿三篇·丙篇》，《经史抉原》，第 149~150 页。

一切学问或者学术系统，学术势必走向支离，沦为技艺，在一定程度上逐步远离日常生活经验，有意无意回避或推诿根源性问题，无法体察与领会作为整体的学术与文化系统，难以有效探讨中国道路、中国文化往何处去等重大问题。另外，从经史子集的四部之学到现代分科之学，新文化派倡导以科学整理国故，以现代社会科学与进化观念解释、评判中国思想与学术，中国传统文化成为现代学科的材料与注脚，衍为客观性知识，逐渐丧失致用的价值与实践的功能，切断中国文化传统与现代社会的有机联系。一如余英时先生所断言："我可以负责地说一句：20世纪以来，中国学人有关中国学术的著作，其最有价值的都是最少以西方观念作比附的。如果治中国史者先有外国框框，则势必不能细心体会中国史籍的'本意'，而是把它当报纸一样的翻检，从字面上找自己所需要的东西。（你们千万不要误信有些浅人的话，以为'本意'是找不到的，理由在此无法详说）"① 那么，以蒙文通与民国学界之分合为线索，回到晚清民国"用夷变夏"的历史现场，呈现晚清民国学术的复杂情景，可为理清中西学术纠缠另辟新径。

---

① 余英时：《论士衡史》，上海文艺出版社，1999，第459页。

# 参考文献

一　档案

四川档案馆藏国立四川大学档案

四川档案馆藏四川省参议会档案

四川档案馆藏四川省立图书馆档案

四川档案馆藏四川省教育厅档案

四川档案馆藏四川省博物馆档案

浙江大学档案馆藏"国立浙江大学档案"

二　报刊

《北京大学研究所国学门周刊》《北平晨报》《成大史学杂志》《重光》《出版周刊》《大公报》《大公报·史地周刊》《大公报·图书副刊》《大公报·文学副刊》《东方文化》《东方杂志》《东南日报·读书之声》《独立评论》《读书通讯》《广东国民大学图书馆馆刊》《广益丛报》《光华大学半月刊》《国粹学报》《国风》《国立东北大学校刊》《国立北京大学四川同乡会会刊》《国立北平图书馆馆刊》《国学丛刊》《国学荟编》《国学季刊》《国学图书馆年刊》《国学月刊（四川）》《儒效月刊》《河南图书馆馆刊》《华国月刊》《华文月刊》《华西大学校刊》《甲寅》《甲寅周刊》《京报》《警钟日报》《九经朴学报》《孔

学》《离骚》《历史科学》《历史语言研究所集刊》《理想与文化》《励学（山东大学）》《论学》《民国日报·国学周刊》《内学》《青鹤》《清华学报》《清华周刊》《申报》《史地学报》《史地杂志》《食货》《史料与史学》《史学》《史学论丛》《史学季刊》《史学集刊》《史学杂志》《史学专刊》《蜀学报》《说文月刊》《四川大学国学会刊》《四川大学季刊》《四川大学校刊》《四川大学周刊》《四川官报》《四川国学杂志》《四川教育官报》《斯文半月刊》《图书季刊》《图书集刊》《图书月刊》《图书展望》《微妙声》《文萃杂志》《文腴月刊》《文化先锋》《文汇报·史地周刊》《文教丛刊》《文史汇刊》《文献特刊》《文学集刊（四川大学）》《文讯月刊》《文哲月刊》《无锡国专季刊》《现代史学》《新民丛报》《新青年》《新四川月刊》《新中国日报》《学衡》《学术世界》《亚东时报》《燕京学报》《燕京社会科学》《益世报·读书周刊》《益世报·社会思想》《艺文》《渝报》《禹贡》《月刊》《责善半月刊》《朝华月刊》《浙江省立图书馆馆刊》《哲学评论》《政艺通报》《志林》《制言半月刊》《中等教育季刊》《中国国民》《中国学报（民元）》《中国学报（洪宪）》《中华图书馆协会会报》《中心评论》《中央大学半月刊》《中央日报》《中央日报·文史副刊》《尊经社讲演汇编》

三　史料汇编

北京大学文学院编《国立北京大学文学院课程一览》（1931~1935年度），北京大学文学院，1935。

北京大学文学院编《国立北京大学文学院课程一览》（1935~1936年度），北京大学文学院，1936。

北平辅仁大学编《北平辅仁大学文学院概况》，北平辅仁大学，1936。

东大国学研究会编《国学研究会演讲录》第1集，商务印书馆，1923。

国家档案局明清档案馆编《戊戌变法档案史料》，中华书局，1958。

国立北京大学编《国立北京大学一览》，国立北京大学，1935。

国立成都大学编《国立成都大学一览》，国立成都大学，1929。

国立中央大学文学院编《国立中央大学一览·文学院概况》，国立中央大学教务处出版组，1930。

纪昀总纂《四库全书总目提要》，河北人民出版社，2000。

教育部编《全国专科以上学校教员研究专题概览》，商务印书馆，1937。

闵尔昌纂录《碑传集补》，台北：明文书局，1985。

上海国学研究社编《国学汇编》，国学研究社，1924。

王学珍、郭建荣主编《北京大学史料》，北京大学出版社，2000。

无锡国学专修学校编《无锡国学专修学校概况》，无锡国学专修学校，1933。

严可均编《全上古三代秦汉三国六朝文》，中华书局，1958。

中国人民政治协商会议四川省绵阳市委员会文史资料研究委员会编《绵阳市文史资料选刊》第 5 辑，1990。

中国人民政治协商会议四川省绵阳市委员会文史资料研究委员会编《绵阳市文史资料选刊》第 10 辑，1992。

张骥等修，曾学传等纂《温江县志》，《中国地方志集成·四川府县志辑》，巴蜀书社，1992。

赵所生、薛正兴主编《中国历代书院志》，江苏教育出版社，1995。

中国科学院图书馆整理《续修四库全书总目提要》，齐鲁书社影印，2006。

四　文集、日记、笔记、回忆录、年谱、访谈

曹伯言整理《胡适日记全编》，安徽教育出版社，2001。

曹述敬：《钱玄同年谱》，齐鲁出版社，1986。

陈黻宸：《陈黻宸集》，中华书局，1995。

陈奇：《刘师培年谱长编》，贵州人民出版社，2007。

陈平原、夏晓虹编《北大旧事》，生活·读书·新知三联书店，1998。

陈寅恪：《陈寅恪集·书信集》，生活·读书·新知三联书店，2002。

陈寅恪：《陈寅恪集·金明馆丛稿二编》，生活·读书·新知三联书店，2009。

陈智超编注《陈垣来往书信集》，上海古籍出版社，1990。

陈中凡：《陈中凡论文集》，上海古籍出版社，1993。

陈柱等著《清儒学术讨论集》，商务印书馆，1930。

程千帆：《桑榆忆往》，上海古籍出版社，2000。

杜春和、韩荣芳、耿来金编《胡适论学往来书信选》，河北人民出版社，1998。

方守道辑，高庚恩重辑《蜀学编》，成都尊经书局，光绪十四年（1888）；锦江书局重刊，光绪二十七年（1901）。

冯友兰：《三松堂全集》，河南人民出版社，2000。

顾颉刚：《顾颉刚日记》，台北：联经出版事业股份有限公司，2007。

顾颉刚著，印永清辑《顾颉刚书话》，浙江人民出版社，1998。

顾颉刚：《顾颉刚全集》，中华书局，2010。

顾颉刚等编著《古史辨》（1~7），上海古籍出版社，1982。

顾廷龙校阅《艺风堂友朋书札》，上海古籍出版社，1980。

郭齐勇编《熊十力生平与学术：存斋论学集》，生活·读书·新知三联书店，2008。

傅杰编《自述与印象：章太炎》，上海三联书店，1997。

傅宏星编《大家国学·钱基博卷》，天津人民出版社，2008。

耿云志、欧阳哲生编《胡适书信集》，北京大学出版社，1996。

耿云志主编《胡适遗稿及秘藏书信》，黄山书社，1994。

韩定山：《我所亲历的甘肃存古学堂》，中国人民政治协商会议甘肃省委员会文史资料研究委员会编《甘肃文史资料选辑》第4辑，甘肃人民出版社，1964。

何域凡：《存古学堂嬗变记》，《四川文史资料选辑》第33辑，四川人民出版社，1984。

何兹全：《爱国一书生：八十五自述》，华东师大出版社，1997。

贺昌群：《贺昌群文集》，商务印书馆，2003。

黄季陆：《黄季陆先生论学论政文集》，台北："国史馆"，1986。

黄侃讲，黄焯记《黄先生语录》，《量守庐学记续编》，生活·读书·新知三联书店，2006。

黄侃著，黄延祖重辑《黄侃国学文集》，中华书局，2006。

黄侃著，黄延祖重辑《黄侃日记》，中华书局，2007。

黄曙辉编校《刘咸炘学术论集》，广西师范大学出版社，2007。

黄夏年主编《巨赞集》，中国社会科学出版社，1995。

黄延复、王小宁整理《梅贻琦日记（1941~1946）》，清华大学出版社，2001。

〔日〕吉川幸次郎：《我的留学记》，钱婉约译，光明日报出版社，1999。

江瀚：《慎所立斋文集》，沈云龙主编《近代中国史料丛刊》（709），台北：文海出版社，1966。

姜亮夫：《姜亮夫全集》，云南人民出版社，2003。

姜亮夫：《姜亮夫文录》，云南人民出版社，1999。

姜义华、张荣华编校《康有为全集》，人民大学出版社，2007。

蒋天枢：《陈寅恪先生编年事辑》（增订本），上海古籍出版社，1997。

金克木：《记曾星笠（运乾）先生》，《学林漫录》第9集，中华书局，1984。

《金毓黻文集》编辑整理组校点《静晤室日记》，辽沈书社，1993。

罗常培：《苍洱之间》，辽宁教育出版社，1996。

刘成禺：《世载堂杂忆》，辽宁教育出版社，1997。

《刘光第集》编辑组：《刘光第集》，中华书局，1986。

刘节：《刘节日记（1939—1977）》，大象出版社，2009。

李劼人：《李劼人选集》第5卷，四川文艺出版社，1986。

刘梦溪主编《中国现代学术经典·梁启超卷》，河北教育出版社，1996。

廖平：《六译馆丛书》，四川存古书局，1921。

梁启超：《饮冰室合集》，中华书局，1989。

刘师培：《刘申叔遗书》，江苏古籍出版社，1997。

李学勤：《古文献论丛》，上海远东出版社，1996。

刘咸炘：《推十书》，成都古籍书店影印，1996。

廖幼平编《廖季平年谱》，巴蜀书社，1985。

刘寅生、房鑫亮编《何炳松文集》第2卷，商务印书馆，1997。

李燿仙主编《廖平选集》，巴蜀书社，1998。

柳诒徵：《劬堂遗札》，《学术集林》第6卷，上海远东出版社，1995。

柳曾符、柳定生选编《柳诒徵史学论文集》，上海古籍出版社，1991。

柳曾符、柳定生选编《柳诒徵史学论文续集》，上海古籍出版社，1991。

柳曾符、柳佳编《劬堂学记》，上海书店出版社，2002。

蒙文通：《古学甄微》，《蒙文通文集》第1卷，巴蜀书社，1987。

蒙文通：《古族甄微》，《蒙文通文集》第2卷，巴蜀书社，1993。

蒙文通：《经史抉原》，《蒙文通文集》第3卷，巴蜀书社，1995。

蒙文通：《古地甄微》，《蒙文通文集》第4卷，巴蜀书社，1998。

蒙文通：《古史甄微》，《蒙文通文集》第5卷，巴蜀书社，1999。

蒙文通：《道书辑校十种》，《蒙文通文集》第6卷，巴蜀书社，2001。

蒙文通：《儒学五论》，广西师范大学出版社，2007。

蒙文通：《蒙文通全集》，巴蜀书社，2015。

蒙文通：《蒙文通学记》（增补本），生活·读书·新知三联书店，2006。

蒙文通：《中国史学史》，上海人民出版社，2006。

蒙文通：《道出于三：论经济、制度和学术》，巴蜀书社，2023。

吕思勉：《吕思勉读史札记》，上海古籍出版社，2005。

吕思勉：《吕思勉遗文集》，华东师范大学出版社，1997。

马勇编《章太炎书信集》，河北人民出版社，2003。

马勇编《章太炎讲演集》，河北人民出版社，2004。

梅鹤孙著，梅英超整理《清溪旧屋仪征刘氏五世小记》，上海古籍出版社，2004。

明立志等编《蒋梦麟学术文化随笔》，中国青年出版社，2001。

牟润孙：《注史斋丛稿》，中华书局，1987。

欧阳竟无：《欧阳竟无集》，中国社会科学出版社，1995。

欧阳哲生整理《傅斯年全集》，湖南教育出版社，2003。

彭铸君供稿，政协文史研究委员会整理《彭芸生年谱》，《崇庆县文史资料选辑》第 5 辑。

钱穆：《八十忆双亲　师友杂忆》，生活·读书·新知三联书店，1998。

钱玄同：《钱玄同文集》，中国人民大学出版社，1999。

上海图书馆编《汪康年师友书札》，上海古籍出版社，1986。

释印顺：《太虚大师年谱》，宗教文化出版社，1995。

四川大学历史文化学院：《蒙文通先生诞辰 110 周年纪念文集》，线装书局，2005。

谭宗浚：《止庵笔语》，民国 11 年（1922）刻本。

谭宗浚：《荔村草堂诗钞》，《续修四库全书》第 1564 册，上海古籍出版社，2002。

谭宗浚：《蜀秀集》，成都试院，清光绪五年（1879）。

汤志钧编《章太炎政论选集》，中华书局，1977。

唐君毅：《唐君毅全集》，台北：台湾学生书局，1988。

陶亮生：《先师向乔仙言行忆录》，《成都文史资料》总 19 辑，1988。

陶希圣：《潮流与点滴》，台北：传记文学出版社，1979。

陶元甘：《记四川通志局及四川省通志馆》，《四川文史资料选辑》

第 32 辑，1984。

万仕国编著《刘师培年谱》，广陵书社，2003。

万仕国校注《刘申叔遗书补遗》，广陵书社，2008。

汪东：《寄庵随笔》，上海书店，1987。

王承军：《蒙文通先生年谱长编》，中华书局，2012。

王代功：《湘绮府君年谱》，《晚清名儒年谱》（13），陈祖武选《清人年谱系列》，北京图书馆出版社，2006。

王德毅编著《姚从吾先生年谱》，台北：新文丰出版有限公司，2000。

王国维：《观堂集林》，河北教育出版社，2001。

王国维：《王国维遗书》，上海古籍书店，1983 年影印本。

王闿运：《湘绮楼日记》，岳麓书社，1996。

王利器：《往日心痕——王利器自述》，山西人民出版社，1997。

王栻主编《严复集》，中华书局，1986。

魏明经：《我和徐旭生先生的三十五年联系》，《河南文史资料》第 24 辑，1987。

温江县志办人物编写组整理《著名教育家曾学传事略》，温江政协文史资料研究委员会编《温江县文史资料选辑》第 1 辑，1987。

沃丘仲子：《近代名人小传》，北京图书馆出版社，2003。

郇国义、吴修艺编校《刘师培史学论著选集》，上海古籍出版社，2006。

吴宓著，吴学昭整理注释《吴宓日记》，生活·读书·新知三联书店，1998。

吴虞：《吴虞集》，四川人民出版社，1985。

吴虞：《吴虞日记》，四川人民出版社，1984。

吴之英：《寿栎庐丛书》，名山吴氏刻本，1920。

吴之英：《吴之英文集》，四川大学出版社，2008。

夏承焘：《天风阁学词日记》，《夏承焘集》第 5 册，浙江古籍出版社、浙江教育出版社，1997。

夏君虞:《宋学概要》,商务印书馆,1937。

向燕南、杨树坤:《任继愈先生访谈录》,《史学史研究》2004 年第 4 期。

谢无量:《蜀学会叙》,藏中国国家图书馆,版权信息不详。

谢兴尧:《堪隐斋杂著》,山西古籍出版社,1998。

徐一士:《一士类稿》,重庆出版社,1998。

杨树达:《积微居小学金石文字论丛》(增订本),科学出版社,1955。

杨树达:《积微翁回忆录》,北京大学出版社,2007。

杨向奎:《杨向奎学述》,浙江人民出版社,2000。

叶圣陶:《叶圣陶抗战时期文集》,人民教育出版社,2005。

俞樾:《俞曲园书札》,大中书局,1932。

苑书义、孙华峰、李秉新主编《张之洞全集》第 12 册,河北人民出版社,1998。

《以文会友》编委会编《以文会友》,河北人民出版社,2006。

曾学传:《宋儒学案约编》,版权信息不详。

张尔田:《遁堪文集》,1948 年刊行本。

张杰、杨燕丽选编《追忆陈寅恪》,社会科学文献出版社,1999。

张世林:《学林春秋(初编上册)》,朝华出版社,1999。

张邃青:《河南大学的片断回忆》,中国人民政治协商会议河南省委员会文史资料研究委员会编《河南文史资料》第 1 辑,河南人民出版社,1979。

张文虎:《舒艺室诗存》,《近代中国史料丛刊》第 966 册,台北:文海出版社,1966。

张学渊主编《赖高翔文史杂论》,内部出版,2004。

章太炎:《章太炎全集》,上海人民出版社,1985。

章太炎、刘师培等撰,徐亮工编校《中国近三百年学术史论》,上海古籍出版社,2006。

章太炎:《国学演讲录》,华东师范大学出版社,1995。

章太炎著，徐规注《訄书详注》，上海古籍出版社，2000。

赵启霖：《赵瀞园集》，湖南出版社，1992。

中国人民政治协商会议江苏省无锡县委员会编《钱穆纪念文集》，上海人民出版社，1992。

朱乔森编《朱自清全集》，江苏教育出版社，1997。

朱师辙：《能观法师传略》，《法音》1985年第3期。

朱维铮编《周予同经学史论著选集》，上海人民出版社，1983。

朱希祖：《朱希祖文存》，上海古籍出版社，2006。

五 著作

〔美〕艾尔曼：《从理学到朴学——中华帝国晚期思想与社会变化面面观》，赵冈译，江苏人民出版社，1997。

白寿彝：《中国史学史》，上海人民出版社，1986。

北京辅仁大学校友会编《北京辅仁大学校史（1925~1952）》，中国社会出版社，2005。

蔡尚思：《中国历史新研究法》，中华书局，1940。

仓修良编注《文史通义新编新注》，商务印书馆，2017。

车行健：《现代学术视域中的民国经学》，台北：万卷楼图书公司，2011。

陈德述、黄开国、蔡方鹿：《廖平学术思想研究》，四川社会科学院出版社，1987。

陈以爱：《中国现代学术研究机构的兴起——以北大研究所国学门为中心的探讨（1922~1927）》（修订本），江西教育出版社，2002。

程恭让：《抉择于真伪之间：欧阳竟无佛学思想探微》，华东师范大学出版社，2000。

戴震：《孟子字义疏证》，中华书局，1982。

邓之诚：《中华二千年史》，商务印书馆，1933。

房德邻：《儒学的危机与嬗变：康有为与近代儒学》，台北：文津出版社，1992。

冯友兰：《中国哲学简史》，赵复三译，天津社会科学院出版社，2005。

傅斯年：《民族与古代中国史》，河北教育出版社，2002。

顾颉刚：《当代中国史学》，上海古籍出版社，2002。

顾颉刚：《古史辨自序》，河北教育出版社，2000。

桂文灿：《经学博采录》，《续修四库全书》第179册，上海古籍出版社，1995。

郭湛波：《近五十年中国思想史》，山东人民出版社，1997。

胡适：《戴东原的哲学》，商务印书馆，1927。

胡昭曦、刘复生、粟品孝：《宋代蜀学研究》，巴蜀书社，1997。

〔美〕华勒斯坦等著，刘健芝等编译《学科·知识·权力》，生活·读书·新知三联书店，1999。

黄开国：《廖平评传》，百花洲文艺出版社，1995。

黄寿祺：《群经要略》，华东师范大学出版社，2000。

金毓黻：《中国史学史》，河北教育出版社，2003。

康有为：《新学伪经考》，上海古籍出版社，1987。

黎靖德编，王星贤点校《朱子语类》，中华书局，1994。

李帆：《刘师培与中西学术：以其中西交融之学和学术史研究为核心》，北京师范大学出版社，2003。

李帆：《章太炎、刘师培、梁启超清学史著述之研究》，商务印书馆，2006。

李源澄：《经学通论》，路明书店，1944。

刘龙心：《学术与制度：学科体制与现代中国史学的建立》，新星出版社，2007。

刘师培：《清儒得失论》，中国人民大学出版社，2004。

柳诒徵：《中国文化史》，上海书店，1947。

罗志田：《国家与学术：清季民初关于"国学"的思想争论》，生活·读书·新知三联书店，2003。

罗志田：《近代读书人的思想世界与治学取向》，北京大学出版社，2009。

罗志田：《近代中国史学十论》，复旦大学出版社，2003。

罗志田：《裂变中的传承：20世纪前期的中国文化与学术》，中华书局，2003。

罗志田：《权势转移：近代中国的思想、社会与学术》，湖北人民出版社，1999。

罗志田：《昨天的与世界的：从文化到学术》，北京师范大学出版社，2021。

吕思勉：《经子解题》，华东师范大学出版社，1995。

马乘风：《中国经济史》，商务印书馆，1937。

皮锡瑞：《经学通论》，中华书局，1954。

皮锡瑞著，周予同注释《经学历史》，中华书局，2004。

齐思和：《中国史探研》，中华书局，1981。

钱基博：《古籍举要》，世界书局，1933。

钱基博：《中国现代文学史》，刘梦溪主编《中国现代学术经典·钱基博卷》，河北教育出版社，1996。

钱穆：《国学概论》，商务印书馆，1997。

钱穆：《两汉经学今古文平议》，商务印书馆，2001。

钱穆：《素书楼余沈》，《钱宾四先生全集》第52册，台北：联经出版事业股份有限公司，1993。

钱穆：《文化与教育》，广西师范大学出版社，2004。

钱穆：《中国近三百年学术史》，刘梦溪主编《中国现代学术经典·钱宾四卷》，河北教育出版社，1999。

钱穆：《中国史学名著》，生活·读书·新知三联书店，2001。

钱穆：《中国通史参考材料》，台北：东升出版事业有限公司，1980。

钱穆：《中国学术思想史论丛》（8），安徽教育出版社，2004。

钱穆：《中国学术思想史论丛》（9），《钱宾四先生全集》第 23 册，台北：联经出版事业股份有限公司，1993。

钱穆口述，胡美琦、何泽恒、张蓓蓓整理《讲堂遗录》，《钱宾四先生全集》第 52 册，台北：联经出版事业股份有限公司，1993。

钱穆口述，胡美琦、何泽恒、张蓓蓓整理《经学大要》，《钱宾四先生全集》第 52 册，台北：联经出版事业股份有限公司，1993。

饶宗颐：《中国史学上之正统论》，上海远东出版社，1996。

桑兵、关晓红主编《先因后创与不破不立：近代中国学术流派研究》，生活·读书·新知三联书店，2007。

桑兵：《国学与汉学：近代中外学界交往录》，浙江人民出版社，1999。

桑兵：《晚清民国的国学研究》，上海古籍出版社，2001。

桑兵：《晚清民国的学人与学术》，中华书局，2008。

商衍鎏：《清代科举考试述录及有关著作》，百花文艺出版社，2004。

宋育仁：《重修〈四川通志〉例言》，昌福公司，1926。

粟品孝：《朱熹与宋代蜀学》，高等教育出版社，1998。

汤志钧：《戊戌时期的学会和报刊》，台北：台湾商务印书馆，1993。

童书业：《中国疆域沿革略》，开明书店，1949 年三版。

王东杰：《国家与学术的地方互动——四川大学国立化进程（1925～1939）》，生活·读书·新知三联书店，2005。

王尔敏：《中国近代思想史论》，社会科学文献出版社，2003。

王汎森：《古史辨运动的兴起》，台北：允晨文化出版公司，1987。

王汎森：《中国近代思想与学术的系谱》，台北：联经出版事业公司，2003。

王国维：《古本竹书纪年辑校今本竹书纪疏证》，黄永年校点，辽宁教育出版社，1997。

王玉璋：《中国史学史概论》，商务印书馆，1944。

隗瀛涛主编《四川近代史稿》，四川人民出版社，1990。

吴少珉、赵金昭主编《20世纪疑古思潮》，学苑出版社，2003。

伍非百：《墨子大义述》，国民印务局，1933。

向宗鲁：《校雠学》，商务印书馆，1944。

杨宝华、郭德昌：《中国省市图书馆概况（1919～1949）》，书目文献出版社，1985。

杨钧：《草堂之灵》，岳麓书社，1985。

余嘉锡：《目录学发微》，中国人民大学出版社，2004。

余英时：《戴震与章学诚》，生活·读书·新知三联书店，2000。

余英时：《论士衡史》，上海文艺出版社，1999。

余英时：《钱穆与中国文化》，上海远东出版社，1994。

余英时：《中国近代思想史上的胡适》，台北：联经出版事业公司，1984。

余英时：《中国思想传统的现代诠释》，江苏人民出版社，1998。

张循：《道术将为天下裂——清中叶"汉宋之争"的一个思想史研究》，广西师范大学出版社，2017。

张循：《从此殊途——儒学社会性格的明清嬗蜕》，巴蜀书社，2022。

张仲琳编著《西洋近世史》，京城印书局，1932。

张志强主编《重新讲述蒙元史》，生活·读书·新知三联书店，2016。

章学诚：《文史通义》，中华书局，1958。

赵沛：《廖平春秋学研究》，巴蜀书社，2007。

政协四川省文史资料研究委员会，四川省文史馆编《四川近现代文化人物》，四川人民出版社，1989。

周鼎：《刘咸炘学术思想研究》，巴蜀书社，2008。

周辅成：《论人和人的解放》，华东师范大学出版社，1997。

周予同：《中国经学史讲义》，上海文艺出版社，1999。

朱维铮：《求索真文明》，上海古籍出版社，1996。

朱维铮：《走出中世纪二集》，复旦大学出版社，2008。

六　论文

安东强：《张之洞〈书目答问〉本意解析》，《史学月刊》2010年第12期。

鲍有为：《经史之间：蒙文通的素王革命论》，《史学理论研究》2022年第3期。

蔡梦羽：《蒙文通1949年后的经学思想研究》，上海师范大学硕士学位论文，2019年。

蔡长林：《清代今文学派发展的两条路向》，彭林编《经学研究论文选》，上海书店出版社，2002。

曹峰：《20世纪关于杨朱的研究：以蒙文通、郭沫若、侯外庐、刘泽华等人为中心》，《社会科学》2019年第9期。

陈来：《二十世纪中国的理学儒者——蒙文通的中期理学思想研究》，《哲学研究》2024年第6期。

陈奇：《刘师培的后期经学》，《贵州师范大学学报》1999年第1期。

陈以爱：《整理国故运动的兴起、发展与流衍》，台北：政治大学历史系研究部博士学位论文，2002年。

陈勇、官陈：《早期中国史学史研究范式论略——以蒙文通为考察中心》，《史学理论研究》，2021年第1期。

崔海亮：《蒙文通对廖平"今古学"的继承和发展——以〈孔子和今文学〉为中心》，《宜宾学院学报》2010年第7期。

邓广铭：《怀念我的恩师傅斯年先生》，《台大历史学报》第20期，1996年11月。

丁纪：《20世纪的"原儒"工作》，《四川大学学报》2003年第3期。

傅正：《蒙文通经史思想研究》，北京师范大学博士学位论文，2017年。

葛兆光：《〈新史学〉之后——1929 年的中国历史学界》，《历史研究》2003 年第 1 期。

顾颉刚：《中国近来学术思想界的变迁观》，《中国哲学》第 11 辑，人民出版社，1984。

郭书愚：《清末四川存古学堂述略》，四川大学硕士学位论文，2002 年。

郭书愚：《四川存古学堂的兴办历程》，《近代史研究》2008 年第 2 期。

郭勇、张丽萍《四川存古学堂及四川国学学校考略》，《蜀学》第 3 辑，巴蜀书社，2008。

何俊、吴洁：《性情·风气·识裁：章学诚论朱陆异同》，《湖南大学学报》2023 年第 1 期。

贺根民：《史学莫精于宋：论蒙文通的慕宋文化观念》，《宋代文化研究》，2021 年。

胡逢祥：《现代中国史学专业学会的兴起与运作》，《史林》2005 年第 3 期。

胡昭曦：《蜀学与蜀学研究榷议》，《天府新论》2004 年第 3 期。

黄涛：《试论蒙文通的经学立场与史学研究——以〈古史甄微〉为中心》，《史学理论与史学史学刊》，2016 年第 1 期。

江湄：《中唐儒"道"复兴与史学观念的转变》，《河北学刊》2003 年第 3 期。

景海峰：《清末经学的解体和儒学形态的现代转换》，《孔子研究》2000 年第 3 期。

李红岩：《20 世纪 30 年代的"封建"论争》，中国社会科学院历史研究所编《封建名实问题讨论文集》，江苏人民出版社，2008。

李洪岩：《史术通贯经术——柳诒徵之史观》，近代中国网（http://www.china1840-1949.com），访问时间：2002 年 11 月 12 日。

李晓宇：《蒙文通先生佛学研究中的经学问题》，《宗教学研究》

2006 年第 4 期。

李晓宇：《王闿运受聘尊经书院史事考》，《四川大学学报》2008 年第 2 期。

李晓宇：《尊经书院与近代蜀学的兴起》，《湖南大学学报》2008 年第 5 期。

李学勤：《弘扬国学的标志性事业》，《西南民族大学学报》2005 年第 9 期。

林齐模：《关于汤用彤生平几点史实的考证》，《中国哲学史》2008 年第 2 期。

林庆彰：《李源澄著作目录》，《中国文哲研究通讯》第 17 卷第 4 期，2007 年 12 月。

林庆彰：《郑振铎论〈诗序〉》，《庆祝乔衍琯教授七秩晋五嵩寿论文集》，台北：文史哲出版社，2003。

林庆彰：《中国经学史上的回归原典运动》，http：//www. chinese. nccu. edu. tw/2007/ann/thumb/100024-1. pdf，访问时间：2008 年 3 月 24 日。

刘复生：《表宋风，兴蜀学——刘咸炘重修〈宋史〉简论》，《四川大学学报》2003 年第 5 期。

刘复生：《刘咸炘〈蜀学论〉及其在学术史上的意义》，《社会科学研究》2006 年第 3 期。

刘俊哲：《试论蒙文通的理学史观》，《蜀学》，2011 年第 1 期。

刘浦江：《邓广铭与二十世纪的宋代史学》，《历史研究》1999 年第 5 期。

刘巍：《从援今文义说古文经到铸古文经学为史学——对章太炎早期经学思想发展轨迹的探讨》，《近代史研究》2004 年第 3 期。

刘巍：《二三十年代清学史整理中钱穆与梁启超胡适的学术思想交涉——以戴震研究为例》，《清华大学学报》1999 年第 4 期。

刘巍：《经典的没落与章学诚"六经皆史"说的提升》，《近代史研究》2008 年第 2 期。

刘巍：《康有为、章太炎和晚清经今古文之争》，收入桑兵、关晓红主编《先因后创与不破不立：近代中国学术流派研究》，生活·读书·新知三联书店，2007。

刘巍：《章学诚"六经皆史"说的本源与意蕴》，《历史研究》2007 年第 4 期。

刘兴淑：《论蒙文通的儒学观》，《孔子研究》，2017 年第 5 期。

刘学：《经史张力及其调适——以蒙文通史学史书写为核心》，《国学论衡》2018 年。

刘耀：《经术与诸子：廖平、蒙文通的经史传承与民国学术》，《四川师范大学学报》2012 年第 5 期。

卢毅：《"整理国故运动"与中国现代学术转型》，北京师范大学历史系博士学位论文，2003 年。

路新生：《试论疑古史学对蒙文通的影响——以蒙文通的中国传说时代古史研究为例》，《齐鲁学刊》2010 年第 3 期。

蒙默：《试述蒙文通先生关于佛典与道经之研究》，《蜀学》第 6 辑，2011 年。

蒙默：《蜀学后劲——李源澄先生》，《蜀学》第 2 辑，巴蜀书社，2007。

缪敦闵：《刘师培〈礼经旧说〉研究》，台湾暨南国际大学硕士学位论文，2000 年。

聂文华：《邓广铭宋史研究学术渊源考——以蒙文通宋史课程的讲授为中心》，《史学月刊》2015 年第 3 期。

桑兵：《"了解之同情"与陈寅恪的治史方法》，《社会科学战线》2008 年第 10 期。

桑兵：《晚近史的史料边际与史学的整体性——兼论相关史料的编辑出版》，《历史研究》2008 年第 4 期。

尚小明：《抗战前北大史学系的课程变革》，《近代史研究》2006 年第 1 期。

尚小明：《中研院史语所与北大史学系的学术关系》，《史学月刊》2006年第7期。

粟品孝：《"蜀学"再释》，《蜀学》第3辑，巴蜀书社，2008。

王川：《陈寅恪与四川学者的交往述论》，《中山大学学报》2004年第6期。

王川：《近代学者李源澄的生平事迹及其学术成就》，《历史教学》2008年第22期。

王川：《李源澄先生（1909~1958）学术年谱简编》，《中国文哲研究通讯》第18卷第3期，2008年9月。

王东杰：《国中的"异乡"：二十世纪二三十年代旅外川人认知中的全国与四川》，《历史研究》2002年第3期。

王东杰：《学术"中心"与"边缘"互动中的典范融合：四川大学历史学科的发展（1924~1949）》，《四川大学学报》2006年第4期。

王东杰：《走向多元动态的思想史——王汎森〈中国近代思想与学术的系谱〉读后》，《历史研究》2005年第6期。

王锐：《激活儒家思想的批判性——蒙文通的"儒史相资"论表微》，《哲学研究》2022年第3期。

王信凯：《柳诒征与民国南北学界》，"近代中国国家的型塑：领导人物与领导风格国际学术研讨会"，东海大学、暨南国际大学2007年12月15~17日。

吴根友：《蒙文通的"经子关系"思想探论》，《中国文化》2023年第1期。

吴铭能：《贯通四部　圆融三教——蒙默先生谈蒙文通先生的学术》，《蜀学》第6辑，巴蜀书社，2011。

吴仰湘　姚茂军：《皮锡瑞〈经学家法讲义〉稿本的内容及其价值》，《湖南大学学报》2008年第2期。

吴忠良：《南高史地学派与中国史学会》，《福建论坛》2005年第2期。

郗方园：《中国近代经学史上的蒙文通》，《新经学》2023 年第 1 期。

谢桃坊：《批评今文经学派——刘师培在四川国学院》，《成都大学学报》2008 年第 2 期。

许惠琪：《刘师培论"六经皆史"》，《中国文学研究》第 22 期，2006 年 6 月。

许全胜：《沈曾植年谱长编》，华东师范大学博士学位论文，2004 年。

许小青：《从国学研究会到国学院——东南大学与 20 年代早期南北学术的地缘与派分》，《江苏社会科学》2006 年第 2 期。

杨向奎：《论"古史辨派"》，《中华学术论文集》，中华书局，1981。

杨翼骧：《史学研究的今与昔——访杨翼骧先生》，《史学史研究》1994 年第 4 期。

喻中：《经史之间：蒙文通对法家的阐释》，《文史哲》2018 年第 4 期。

张瑞龙：《"六经皆史"论与晚清民国经史关系变迁研究》，《中国文化研究》2005 年第 4 期。

张昭君：《章太炎的〈春秋〉、〈左传〉研究》，《史学史研究》2000 年第 1 期。

周雷鸣：《民国史学的一次世界之旅——中央研究院参加国际历史学会始末》，《史学史研究》2008 年第 2 期。

周书灿：《论蒙文通上古民族文化理论建构》，《人文杂志》2012 年第 2 期。

周燕石：《刘申叔未刊著述介词》，《文教资料》1990 年第 1 期。

朱瑞熙：《国内大学最早开设宋史课的准确时间》，《四川大学学报》2008 年第 5 期。

朱仲玉：《中国史学史书录》，《史学史研究》1981 年第 2 期。

**图书在版编目（CIP）数据**

"义与制不相遗"：蒙文通与近代学界 / 张凯著.
北京：社会科学文献出版社，2024.12. --（近代中国
的知识与制度转型丛书）. --ISBN 978-7-5228-4883-9

Ⅰ.K092.5

中国国家版本馆 CIP 数据核字第 2024LL1424 号

近代中国的知识与制度转型丛书
"义与制不相遗"：蒙文通与近代学界

著　　者 / 张　凯

出 版 人 / 冀祥德
责任编辑 / 石　岩
责任印制 / 王京美

出　　版 / 社会科学文献出版社·历史学分社（010）59367256
　　　　　地址：北京市北三环中路甲 29 号院华龙大厦　邮编：100029
　　　　　网址：www.ssap.com.cn
发　　行 / 社会科学文献出版社（010）59367028
印　　装 / 三河市尚艺印装有限公司

规　　格 / 开　本：787mm×1092mm　1/16
　　　　　印　张：25.25　字　数：361 千字
版　　次 / 2024 年 12 月第 1 版　2024 年 12 月第 1 次印刷
书　　号 / ISBN 978-7-5228-4883-9
定　　价 / 98.00 元

读者服务电话：4008918866